서울대 최종학 교수의
숫자로 경영하라
VI

서울대 최종학 교수의
숫자로 경영하라 VI

| 최종학 지음 |

숫자 속에 감춰진 구조와 진실을 들여다보다

| 지은이의 말 |

『숫자로 경영하라 6』을 출간하면서

2022년 『숫자로 경영하라 5』를 출간한 지 3년 만에 6권을 출간하게 됐다. 2009년 출간한 『숫자로 경영하라』에 실렸던 글 중 가장 먼저 쓴 글이 2008년에 썼던 글이니, 그때부터 무려 17년이라는 긴 시간이 지났다. 17년 전 서울대 회계학 전공 교수 중 가장 젊었던 필자가 이제 가장 나이가 많은 교수가 됐다. 그만큼 시간이 많이 흘렀는데, 그동안 변함없이 '숫자로 경영하라' 시리즈를 애독해주신 독자분들께 진심으로 감사드린다. 독자 여러분의 격려가 없었다면 여기까지 오지 못했을 것이라고 확신한다.

지난 5권에서도 머리말에 민감한 글이 많이 수록됐다고 이야기했는데, 특히 6권에는 더욱 민감한 내용들이 많다. 정부기관, 정치권, 그리고 특정 기업이나 시민단체를 직격하는 글들이다. 필자는 필자의 전문 분야가 아니거나 잘 모르는 일들을 '아는 체'하면서 나서지 않는다. 그런데 지난 몇 년간 권력자나 권력기관, 그리고 시민단체가 자신들의 정치적 목표를 달성하기 위한 수단으로 회계를 오용하는 일이 수차례 발생했다. 또한 일부 기업이나 개인도 제도의 미비나 애매한 회계처리를 이용해 특정 목표를 달성하려고 시도하는 일이 있었다. 그런 일들이 발생했을 때 그에 대해 저항하고 비판하다 보니 민감한 글들을 계속해서 쓰게 됐다. 조용히 학문연구에 매진하면서 살고 싶은 필자의 입장에서는 '이런 부끄러운 일이 다시 일어나서는 안 된다'라는 마음에서 쓴 글인데, 그 글이 자신들의 입맛에 맞지 않는다고 특정 정치집단이나 언론의 공격을 받는 일도 발생했다. 살해 협박도 받았으며 검찰에 불려가 왜 글을 썼냐고 조사를 받기도 했다. 진실을 이야기하는 것이 이렇게 힘든 세상이 됐다는 것이 정말 안타깝다.

 그동안 필자의 글을 읽어오신 독자들은 알겠지만, 필자는 개인 감정이나 선호를 글에 반영하지 않고 객관적인 입장에서 쓰려고 노력한다. 알려진 사실(fact)이 아닌 필자의 개인적인 견해를 서술할 때는 사실이 아닌 필자의 생각임을 분명하게 밝힌다. 또한 필자가 직접 아는 사실이 아니라 제3자로부터 들은 이야기라면 '전해 들었다'고 명확히 구분해서 표현했다. 어떤 소문이 있다고 해서 그 소문이 반드시 진실은 아니다. 예를 들어 필자가 글에서 비판한 내용은 필자가 다양한 소문 중 사실관계를 확인하거나 다른 방식으로 진위 여부를 거의 확신한 내용뿐이며, 필자가 확신하지 못하거나 필자가 잘 모르는 일이라면 굳이 글에서 언급하거나 비판하지 않는다. 또한 강한 정치적 성향을 가진 사람들과는 달리, 사실이 아닌 일을 사실들 사이에 교묘하게 끼워 넣어 과장하려고 하지도 않는다. 필자가 글을 이용해 출세하거나 정치적으로 이용하려는 생각이 없으므로 굳이 사실을 과장하거나 왜곡할 필요도 없다. 따라서 특정 정치적 성향을 가진 독자라고 하더라도, 선입관을 버리고 글에서 소개된 객관적인 사실들을 보면서 논리적으로 판단하기 바란다. 앞뒤 선후관계와 관련된 사실을 모두 종합해서 보면, 언론 보도를 통해서는 잘 볼 수 없었던 전체적인 그림을 파악할 수 있을 것이다.

필자의 비판 대상이 된 사람들이나 기업 또는 기관 입장에서는 필자의 글을 읽기 거북할 것이다. 그러나 누구의 잘못을 비난하려는 목적에서 글을 쓴 것이 아니라, 사례를 통해서 많은 기업, 경영자, 그리고 기타 이해관계자들이 교훈을 얻기를 바라는 목적에서 본서를 저술한 만큼 너그러운 마음으로 이해해주셨으면 한다. 따라서 필자가 그런 일을 계획하거나 직접 실행한 사람이 누구인지를 알고 있는 경우라도, 글에서는 대부분 이름을 밝히지 않았다. 이 책의 내용을 공부함으로써 한국의 제도가 개선되고 기업이 발전한 결과, 국가와 국민이 더욱 부강해지는 것이 필자의 목표일 뿐이다. 혹시 이해관계자들이 볼 때 틀린 내용이 있다면, 필자에게 알려주시기 바란다. 반드시 수정하고 사과를 하도록 하겠다. 또한 드물지만 필자가 더 많은 사적인 내용을 알고 있는 경우라도, 언론 보도, 법원 판결문, 공시자료, 재무제표나 연차보고서 등을 통해 공개된 자료가 아니라면 대부분 본서의 집필에 사용하지 않았다는 점도 밝힌다.

6권의 뒷부분에는 필자가 지난 2023년 언론에 칼럼으로 연재했던, 회계와 크게 관련되지 않은 짧은 글들을 몇 편 수록했다. 처음 언론에 발표했을 때보다는 분량이 많이 보강되었지만, 그래도 다른 장의 어려운 글들과는 성격이 다른 쉬운 글이다. 일반 언론에 게재되는 칼럼의 속성상 복잡한 내용이 아니라 일상적이고 재미있는 사례들을 기반으로 했다. 읽으면서 잠시 머리를 식히기도 하고 간단한 지식을 배울 수 있는 기회가 되기를 바란다.

본서를 저술하는 과정에서 고맙게도 많은 분의 도움을 받았다. 서울대학교의 선후배 교수님들과 서울대학교 CFO 과정이나 기타 경영자 과정에서 만난 많은 기업인과의 교류를 통해 필자는 큰 그림을 볼 수 있는 안목을 기를 수 있었다. 원고를 읽으면서 많은 조언을 준 대학원 제자들(구혜진, 김범준, 김유진, 안혜진, 유재호, 하원석)에게도 감사를 표한다. 사회에서 다양한 경험을 한 훌륭한 제자들이 많으니 필자의 부족한 점을 보완하는 데 큰 힘이 된다. 필자야 이제 나이가 들었지만, 이런 젊은 제자들이 활약하고 있으니 마음이 든든하다. 또한 원고가 〈동아비즈니스리뷰〉에 연재되는 동안 편집과정에서 여러 도움과 조언을 주신 김남국과 김윤진 기자에게도 감사를 표한다.

마지막으로 그동안 부족한 글을 읽고 성원해주신 독자 여러분께 다시 한번 진심으로 감사를 전한다.

신록의 푸르름이 더해가는 6월
서울대학교 관악 캠퍼스의 연구실에서
최종학

| 차례 |

지은이의 말 『숫자로 경영하라 6』을 출간하면서   4

1부 | 진실을 이야기하는 것이 혁명이다

실질지배력의 보유 여부는 어떤 기준으로 판단하는가?   15

실질지배력의 보유 여부 판단기준은? | 현대오일뱅크와 쉘의 합작사 설립 조건 | 현대쉘베이스오일에 대한 회계처리를 둘러싼 논란 | 방어권인가, 경영권인가? | 삼성바이오로직스의 방어권을 둘러싼 논란 | 카카오의 질의에 대한 전기오류수정협의회의 답변은? | 방어권에 대한 논란의 결론은?

피투자회사 주식 재분류 회계처리의 의미와 효과:
아시아나항공과 삼성바이오로직스   41

이마트·신세계인터내셔널과 네이버의 전략적 제휴 | 유의적인 영향력 또는 실질지배력을 보유한 경우의 회계처리 | 지분법 손익의 회계처리와 손익계산서에서의 분류 | 주식 인수 옵션이 존재하는 경우 실질지배력 보유 여부 판단 | AB InBev와 금호산업·아시아나항공의 사례 | LG CNS와 삼성전자의 사례 | 피투자회사 주식의 분류에 대한 회계적 판단이 변경된 아시아나항공의 사례 | 실질지배력이나 유의적인 영향력 변경이 발생한 경우의 회계처리 | 기업의 본질가치가 변한 것은 아니다 | 삼성바이오로직스의 삼성바이오에피스 주식 분류 변경에 대한 회계처리 | 상장 후 삼성바이오로직스 주가 상승 이유는?

삼성바이오로직스의 회계처리를 둘러싼 논란의 진실 I
합병 발표 7개월 후 알려진 회계처리가
합병 전 주가에 영향을 줄 수 있을까?   75

삼성바이오로직스의 설립과 바이오젠과의 합작 | 바이오시밀러 약품 개발과 셀트리온 사례 | 막대한 자금을 투자한 결과 약품 개발의 성공 | 임상실험의 성공과 에피스의 공정가치 평가 | 옵션 행사 판단에 따른 막대한 이익의 기록 | 지배력 상실 회계처리에 대한 공시 내용 | 삼성바이오로직스의 코스피 시장 상장 | 참여연대의 분식회계 의혹제기와 반론 | (구)삼성물산과 제일모직의 합병과 로직스 회계처리의 관련성 | 삼성바이오로직스의 공모가는 과대평가되었는가? | 국제회계기준과 미국회계기준의 차이 | 정권 교체와 금감원의 감리 착수

삼성바이오로직스의 회계처리를 둘러싼 논란의 진실 II
금감원, 정반대로 논리를 바꿔 분식회계라고 판단을 내리다   103

원칙중심 회계기준과 규정중심 회계기준의 차이 | 금감원의 1차 감리 실시와 안건의 감리위원회 상정 | 금감원의 전례 없는 행동과 주장의 변화 | 치열한 홍보전과 여론의 반응 | 금감원-감리위원회-증권선물위원회 | 바이오젠의 옵션 행사 통보와 증선위의 판단 | 박용진 의원이 공개한 제보문건의 내용 | 금감원 3차 주장의 근거-① 방어권 | 금감원 3차 주장의 근거-② 사업의 성공가능성과 가치평가 | 증권선물위원회의 판단과 검찰의 수사 시작

삼성바이오로직스의 회계처리를 둘러싼 논란의 진실 III
8년에 걸친 수사와 재판의 결론은?   131

금감원의 3차 주장에 대한 거시적 반론 | 문건 내용에 대한 미시적 해석과 반론 | 방어권 때문에 공동경영 상태였다는 주장에 대한 반론 | 가치평가가 회사 설립시점부터 가능했다는 주장에 대한 반론 | 자신의 말을 스스로 뒤집는 금감원의 주장 | 증권선물위원회의 결정과 그 후에 발생한 일들 | 한국공인회계사회와 회계학계의 반응 | 검찰의 수사와 기소, 그리고 재판 | 1심 재판 결과와 이에 대한 각계의 반응 | 2심 판결과 대법원 상고 | 우리가 꿈꾸는 정의는 무엇인가?

삼성바이오로직스의 회계처리를 둘러싼 논란의 진실 IV
이 사건과 관련된 개인적인 생각들   159

사건에 대한 주장들의 모순 | 필자에 대한 겁박과 회유 시도 | 삼성이나 다른 대기업 집단에 대한 비판 | 책임질 수 있는 진실만 이야기하자 | 이 사건 때문에 고통받은 다수의 피해자 | 사과하지 않는 사건의 가해자들 | 거짓말인가, 아니면 잘 몰라서인가 | 감사의 인사를 전합니다! | 필자가 쓴 두 칼럼의 소개

2부 | 총수익스왑을 활용한 거래와 제도의 보완

총수익스왑과 콜옵션이 부가된
전환사채를 활용한 현대그룹의 경영권 방어   189

현대엘리베이터와 넥스젠캐피탈의 총수익스왑 거래 | TRS 거래를 통해 발생한 큰 손실 | 쉰들러의 계속되는 소송 제기와 엇갈린 법원의 판결 | 현대엘리베이터의 사모 콜옵션 전환사채 발행 | 분리형 신주인수권부사채에 대한 규제 | 악화된 여론과 쉰들러의 소송 제기 | 트럼프-김정은 회담과 현대엘리베이터의 주가 변화 | 현 회장의 옵션 실행과 생각해볼 점들

주주총회 때 의결권을 잠깐 빌려서 행사할까? 　　　　　　　219

TRS 거래의 일반적인 구조 | 맥쿼리인프라펀드를 둘러싼 대결 | 법원이 TRS 거래를 인정한 판단 이유 | 맥쿼리가 표 대결에서 승리한 이유는? | 사조산업을 둘러싼 대주주와 소액주주들의 갈등 | 주 회장 측의 대응과 씁쓸할 결말 | 손쉬운 제도적 보완이 가능할까? | 현실적인 해결책은? | 또 하나의 문제점과 개선방안 | 의결권을 제외한 TRS 거래의 탄생

SK그룹 최태원 회장의 TRS 거래를 이용한
'LG실트론 주식의 의결권' 인수 　　　　　　　251

SK그룹의 LG실트론 인수 | SK실트론 잔여지분 인수를 위한 SK그룹과 최태원 회장의 TRS 거래 | 부채로 기록되지 않는 TRS 거래의 특징 | TRS 거래를 한 이유와 시민단체의 비난 | 공정거래위원회의 조사 착수 | 공정거래위원회의 결정과 최 회장의 반발 | 불법적인 TRS 거래의 사례들 | SK실트론의 미래 전망과 조언

3부 | 회계정보 속에 숨겨진 진실을 보자

영업손익과 영업외손익의 차이 　　　　　　　281

극적인 화해와 SK이노베이션 및 LG화학의 물적분할 | SK와 LG의 서로 다른 회계처리 | 셀트리온헬스케어와 셀트리온 사이의 거래 | 셀트리온헬스케어의 판권 매각에 대한 분류와 논란 | 영업손익과 당기순손익의 차이 | 정보이용자들의 잘못된 판단 | 영업이익을 높여 표시하기 위해 사용되는 방법들 | 앞으로 변경 예정인 영업이익의 정의와 계산방법 | 우리가 해야 할 일은?

부채인가, 자본인가? 전환우선주를 둘러싼 논란 　　　　　　　313

전환우선주의 회계상 분류방법 | 우선주 vs. 보통주 투자의 장점과 단점 | 전환우선주와 전환권조정 조항이 생겨난 이유 | 전환권조정 사용에 대한 반대 견해 | 알테오젠의 전환우선주 발행과 회계처리 이슈 | 규제관용과 회계처리상의 혼란 | 전환권조정과 관련된 기업들의 공시 내용 | 전환권을 부채로 분류한 기업들의 공시 내용 | 혼란에 대한 해결방법은?

전환형 영구채권과 HMM 매각을 둘러싼 논란   343

부채와 자본 분류의 중요성 | IFRS의 도입에 따른 부채와 자본 분류기준의 변화 | IFRS 도입 이전 기업들이 상환우선주를 활용한 이유 | IFRS 도입 이후 기업들이 상환우선주를 사용하지 않는 이유 | 자본으로 분류되는 영구채권의 탄생 | 흥국생명의 영구채권 콜옵션 미행사가 자본시장에 미친 여파 | 현금결제형 영구채권과 전환형 영구채권의 차이 | 현대상선의 영구채권 발행 사례 | 팬데믹의 발생과 HMM의 회복 | HMM의 인수대금은 어떻게 결정됐을까? | 변화된 산업은행의 모습과 HMM의 매각 결정 | 하림과 HMM의 미래는? | 영구채권에 대한 공시를 강화해야…

SK에코플랜트가 상환전환우선주와
전환우선주를 발행한 이유는?   377

막대한 자금조달로 인한 재무건전성의 악화 | 이자비용의 급증과 우선주 발행을 통한 자본의 확충 | 우선주, 상환우선주, 전환우선주, 상환전환우선주의 회계처리 | 전환비율이 확정되어 있지 않은 전환우선주와 상환전환우선주 | 부채냐 자본 분류가 가져오는 차이 | SK에코플랜트가 발행한 상환전환우선주의 특징 | 가산(step-up) 조항의 복잡한 의미 | 배당률이 증가하는 전환우선주의 회계상 분류 | 회사의 상장계획과 2023년 및 2024년 발생한 일들 | SK에코플랜트의 미래 전망과 발전 방향

4부 | 경영에 대한 단상

'대리인 문제' 드러난 대우조선해양, 빠른 매각이 정답이다	408
사랑에 빠져 결혼하면 일도 더 잘할까?	414
회계감사 제도의 개선을 위한 제언	420
최고경영자의 멋진 외모, 기업에 도움이 될까?	426
〈이상한 변호사 우영우〉가 알려주는 공정한 평가와 보상의 중요성	432
합스부르크 가문이 나폴레옹에게 패배한 이유	438
내부통제제도를 제대로 갖춰야 부정을 예방할 수 있다	444
남성적인 얼굴을 가진 CEO가 일도 잘할까?	450

"사기가 판치는 시기엔 진실을 이야기하는 것이 혁명이다." 유명한 영국의 소설가 조지 오웰의 말에서 1부의 제목을 땄다. 총 6편의 글로 구성된 1부에서는 지난 몇 년간 한국 기업계의 큰 관심사였던 삼성바이오로직스의 회계처리를 둘러싼 논란의 전말을 소개한다. 처음 두 편의 글에서는 이 회계처리가 무엇인지와 동일한 회계처리를 했던 다른 기업들의 사례를 소개한다. 다음 세 편의 글은 삼성바이오로직스의 회계처리를 둘러싼 논란에 대해 시기별로 자세히 소개한다. 무엇이, 왜 분식회계라는 주장이 시간이 흐름에 따라 어떻게 바뀌어갔는지 알고 나면 이 사건의 본질이 무엇인지 알게 될 것이다. 마지막 글에서는 필자가 이 사건에 대해 느낀 개인적인 감정을 적었다. 이 글을 읽어보면 필자가 이 사건에 대해 장문의 글을 쓰게 된 이유를 이해할 수 있을 것이다. 이런 일이 아직까지 한국에서 벌어진다는 점이 정말 아쉽다.

1부

진실을 이야기하는 것이 혁명이다

실질지배력의 보유 여부는 어떤 기준으로 판단하는가?

국제회계기준(IFRS)에 따르면 투자회사가 피투자회사에 대한 실질지배력을 행사할 수 있는 경우 투자회사와 피투자회사의 재무제표를 합친 연결재무제표를 작성해야 한다. 그런데 실질지배력 존재 여부를 판단할 때 여러 정황이나 상황을 고려해야 하는 등 전문가적 재량이 포함된다는 문제점이 있다. 거의 동일한 상황에서도 실질지배력의 존재 여부에 대해 전문가들조차 다른 판단을 내릴 수 있다 보니, 특정 의도가 있는 기업들은 다른 기업을 연결하거나 연결하지 않겠다는 의사결정을 자의적으로 할 수 있는 여지가 있다. 관련 사안을 다루는 감독기관도 마찬가지다. 최근 몇 년간 이 문제를 두고 발생한 논란과 그 사건의 내용과 정확한 판단기준이 무엇인지를 정리해 소개한다.

MANAGING BY NUMBERS

　현대중공업지주는 2022년 3월 열린 주주총회에서 사명을 HD현대로 바꾸고 새 대표로 정기선 씨를 선임했다. 이로써 정주영-정몽준-정기선으로 이어지는 3세대 경영이 시작됐다. HD현대의 주력 회사는 흔히 '현대조선'이라고 이름이 잘못 알려진 현대중공업을 비롯해 현대일렉트릭, 현대제뉴인, 현대오일뱅크 등이다. 이런 큰 변화가 의결된 주주총회에서는 안건에 대한 별다른 반대가 없었다. 아주 조용히 주주총회가 이뤄져서 사명이 바뀌었다는 것도 거의 보도되지 않았을 정도다. 승계과정에서 큰 논란이 벌어졌던 몇몇 기업들의 경우와 상당한 차이(?)가 있다.

　HD현대의 자회사 중 현대오일뱅크는 원래 1964년 창립된 극동석유(극동정유)를 모체로 하며, 석유화학공업과 석유 및 윤활유 제조 및 판매가 주사업 분야다. 1993년 현대그룹이 경영위기에 빠진 극동정유를 인수해 사명을 현대정유로 바꿨다. 2002년 현 사명으로 바꾼 후 2010년 들어 현대중공업그룹이 경영권을 인수해서 오늘에 이르렀다. 주유소 업계로만 따지면 국내에서 SK에너지와 GS칼텍스 다음이다.

2021년 말부터 현대오일뱅크는 코스피 시장 상장을 준비했다. 현대오일뱅크는 지난 2012년과 2018년 두 차례에 걸쳐 상장을 시도했으나 실패한 바 있다. 이런 이유로 '상장 3수생'이라고도 불렸다. 이번 세 번째 상장 시도 당시에도 러시아-우크라이나 전쟁이 발생하면서 에너지 가격이 급등하고 불확실성이 높아지는 등의 이슈로 여러 어려움을 겪었다. 한국거래소에 상장예비심사청구서를 접수하면 45일 이내에 심사 결과를 알려주게 되어있는데, 2021년 12월에 회사가 예비심사청구서를 접수했지만 다음해 6월이 되어서야 결정이 내려졌기 때문이다. 상장을 통해 현대오일뱅크가 속한 현대중공업그룹은 보유지분 일부를 외부에 매각해 약 1조 원의 자금을 확보하는 것을 목표로 한다고 알려져 있었다. 6월 상장허가가 내려졌지만, 2022년 들어 러시아-우크라이나 전쟁과 세계적인 인플레이션의 여파로 주식시장이 몹시 침체되어있었기 때문에 7월 현대오일뱅크는 상장계획 취소를 발표했다.

현대오일뱅크가 2012년 상장을 추진하다가 자발적으로 보류한 이유는 당시 회사의 실적이 악화되던 시기였기 때문이다. 원하는 가격에 공모할 수 없겠다고 판단되자 상장계획을 철회한 것이다. 2022년에는 회사 실적은 좋지만 주식시장 자체가 침체기라 원하는 가격에 공모할 수 없다고 판단해서 상장을 취소했을 것이다. 이처럼 2012년과 2022년의 상장 취소 이유는 유사한 점이 있다.

그런데 2018년의 상장 취소 이유는 좀 다르다. 세계금융위기 발발 이후 지속된 조선업계의 심각한 불황 때문에 현대중공업그룹이 위기에 처한 2018년, 부족한 자금 마련을 위해 현대중공업그룹은 다시 현대오일뱅크의 상장을 추진한다. 상장 시 주식을 팔아 마련한 자금으로 중공업에서 발생한 손실을 메꾸려고 계획한 것이다. 그런데 이때는 생각지도 못하던 회계 이슈 때문에 상장계획이 좌절됐다. 회계상 지배력이 존재하는지 여부와 관련된 이슈다. 그 자세한 내막을 살펴본다.

실질지배력의 보유 여부 판단기준은?

현재 한국 상장기업에 적용하는 국제회계기준(K-IFRS)에 따르면, 피투자회사의 지분을 보유하고 있는 투자회사가 피투자회사에 대해서 실질지배력을 행사하고 있다면 피투자회사를 포함한 연결재무제표를 작성한다. 실질지배력을 행사하지는 못하더라도 20% 이상의 지분을 보유한다면 피투자회사에 유의적인 영향력을 미칠 수 있다고 간주해 지분법(equity method)이라는 방법을 이용해 회계처리한다.[1] 즉 실질지배력이 있느냐의 여부에 따라 회계처리가 완전히 달라진다. 연결재무제표 작성의 대상이 되는 피투자회사를 종속회사라고 부르며, 이와는 달리 지분법 적용 대상이 되는 피투자회사를 관계회사라고 부른다.
    종속회사나 관계회사로 분류된 자회사의 경우 주가변동에 대해서는

---

1 20%라는 것이 절대적인 기준은 아니다. 20%에 미달해도 다른 요인(예를 들자면 밀접한 사업상 관계나 이사의 지명권 등)을 고려하면 유의적인 영향력을 미칠 수 있으며, 20%가 넘더라도 유의적인 영향력이 없다고 볼 수 있는 경우도 존재한다.

투자회사가 회계처리하지 않는다. 즉 피투자회사의 주가가 아니라 회계장부에 나타나는 장부가치의 변동을 기준으로 모회사가 회계처리를 하는 것이다. 이에 반해 투자회사가 보유하고 있는 피투자회사의 지분비율이 20% 미만이라면 주식의 시가대로 평가한다. 즉 보유하고 있는 피투자회사 주식가격이 올라가거나 내려가느냐에 따라 발생한 평가손익을 손익계산서와 재무상태표에 반영하는 것이다.

회계나 자본시장에 대한 전문가가 아니라면 투자회사 A와 피투자회사 B를 연결해 연결재무제표를 작성하거나 연결재무제표 작성을 하지 않고 지분법 회계처리를 한다는 두 회계처리 방법의 차이점이 무엇인지 잘 알지 못한다. 회계처리의 차이 때문에 재무제표상에 표시되는 회사의 규모나 이익이 얼마나 크게 달라지는지 잘 알지 못하기 때문이다. 예를 들어 A가 B의 지분 50%를 보유한 경우 실질지배력을 갖추고 있다고 판단해 연결재무상태표를 작성한다면 B의 자산, 부채, 자본 모두가 A의 자산, 부채, 자본에 더해진다.[2] 마찬가지로 손익계산서를 작성할 때도 B의 수익과 비용 모두가 A의 수익과 비용에 더해진다. 그런데 만약 50%의 지분을 보유하고 있더라도 실질지배력이 없어 지분법 회계처리를 한다면 B의 자본(=자산-부채) 중 A가 보유한 지분비율에 해당하는 50%만큼만 A 회사의 재무제표상의 수치에 더해지게 된다. 따라서 두 방법으로 작성한 재무제표상에는 상당히 큰 수치의 차이가 발생한다. 마찬가지로 지분비율이 20%에 미달해 시가에 따라 회계처리하는

---

2 A와 B 사이에 내부자 거래가 없다는 것을 가정하고 설명한 내용이다. 내부자 거래가 있다면 그에 대한 내용을 조정해야 한다.

국제회계기준위원회 홈페이지(ifrs.org)
국제회계기준위원회는 미국과 일본을 제외한 세계 각국이 공동으로 사용하는 회계기준을 제정하는 역할을 한다.

경우도 큰 차이가 발생할 수 있다. 예를 들어 현재는 재무상황이나 경영성과가 좋지 않지만 미래의 발전가능성이 높다고 평가되는 제약·바이오 업종이나 자동차 배터리 관련 업종의 경우, 재무제표상으로는 적자가 발생하는 기업도 주가가 매우 높을 수 있다. 따라서 재무제표에 표시되는 수치(장부가치)와 주가 사이에 큰 차이가 날 수 있다는 점을 이해할 수 있을 것이다.

이렇게 실질지배력이 존재하는지 여부에 따라 판단하라는 말은 쉽지만, 현실에서는 투자회사가 피투자회사에 대한 실질지배력을 보유하고 있는 것인지 판단하기 어려운 경우가 존재할 수 있다. 지분비율이 50%가 넘더라도 실질지배력을 보유하지 못할 수도 있으며, 반대로 지분비율이 50% 미만이라도 실질지배력을 보유하고 있을 수도 있기 때문이다. K-IFRS 제1110호에서는 실질지배력의 개념을 정의한 후 실질지배력 보유 여부에 따른 원칙적인 연결범위 판단기준을 제시하고 있다.[3] 실질지배력은 '투자자가 피투자자에 대한 관여로 변동이익에 노출되거나 그에 관한 권리가 있고, 투자자의 힘으로 그러한 이익에 영향을 미치는 능력'으로 정의된다.[4] 이처럼 기준이 존재하기는 하지만, 그럼에도 불구하고 기업이 지배력에 관한 경제적 실질을 판단하는 데 있어서 여러 정황이나 객관적 상황을 종합적으로 고려해야 하는 등 전문가적 판단과 재량이 포함된다는 문제점이 있다. 따라서 거의 동일한 상황에서도 회사에 따라 실질지배력이 있는지에 대해 서로 다른 판단을 내릴 수 있다.[5]

그렇기 때문에 특정 의도가 있는 기업들이 다른 기업들을 연결 또는 연결하지 않겠다는 의사결정을 자의적으로 할 수 있는 여지가 존재한

---

[3] K-IFRS 제1110호가 적용되기 이전에는 제1027호가 적용됐다. 그런데 제1027호에는 실질지배력의 개념이 명확하게 설명되어 있지 않아 회계기준을 어떻게 해석할지에 대한 이견이 많았다. 그 이견을 해소하기 위해 좀 더 자세한 설명을 추가한 제1110호가 만들어진 것이지만 제1110호에도 일부 애매한 점이 존재하는 것이다.

[4] '변동이익에 노출된다'라는 말의 의미가 헷갈릴 수 있다. 비즈니스 관계가 있는 회사라면 서로 거래에서 손익이 발생하기 때문이다. 예를 들어 대기업에 납품하는 협력사라면 대기업과의 관계에서 변동이익이 발생할 수 있으며, 대기업에게는 납품가나 계약조건에 영향을 미치는 힘도 일부 있다고 볼 수 있다. 그러나 위 조항에서 의미하는 것은 비즈니스 관계가 아니라 투자조건에 따라 투자회사가 피투자회사의 이익에 영향을 미칠 수 있느냐 여부다. 예를 들어 피투자회사 지분의 30%만 소유했지만 계약조건에 따라 30%보다 많은 힘을 발휘해서 배당률을 투자회사에게 유리하게 변경할 수 있거나 거래조건을 변경할 수 있는 힘이 투자회사에게 있다면 '변동이익에 영향을 미치는 능력'이 있다고 볼 수 있다.

[5] 필자는 『숫자로 경영하라 5』에 실린 '현대자동차는 기아자동차를 지배하지 못하는가?'라는 글에서 현대자동차가 기아자동차(현 기아)에 대한 실질지배력이 없다고 판단해 연결재무제표 작성을 하지 않는다는 사실을 소개했다. 또한 '사상 최대의 분식회계 사건? SK(주)를 둘러싼 연결재무제표 작성 범위 논란'이라는 글에서는 SK C&C는 SK(주)에 대한 실질지배력이 없다고 판단해서 연결재무제표를 작성하지 않지만, SK(주)는 SK텔레콤이나 SK이노베이션 등의 다른 피투자회사에 대해서는 실질지배력이 있다고 판단해서 연결재무제표를 작성했다는 내용을 설명했다. SK C&C가 보유하고 있던 SK(주)의 지분비율이나, SK(주)가 보유하고 있던 SK텔레콤이나 SK이노베이션 등의 다른 자회사에 대한 지분비율은 거의 유사했는데도 이렇게 판단이 달라지는 경우가 존재한다.

다. 예를 들어 큰돈을 버는 우량한 계열사라면 되도록 실질지배력이 있다고 보아 연결하려고 할 수 있다. 그래야 투자회사가 더 크고 수익성이 좋은 것처럼 재무제표에 나타나기 때문이다. 그러나 반대로 재무상태도 나쁘고 적자가 나는 계열사라면 지배력이 없다고 보아 연결하지 않고 지분법 회계처리를 하려고 할 수 있다.

현대오일뱅크와 쉘의 합작사 설립 조건[6]

현대쉘베이스오일은 현대오일뱅크와 글로벌 정유기업인 쉘이 각각 60%, 40%의 지분을 보유한 회사다. 2012년 현대오일뱅크는 당시 사업 포트폴리오가 원유 정제에 편중되어 있어 유가변동에 따라 마진이 널뛰기하는 불안정한 상황을 타개하고자 윤활기유 사업에 진출하기로 결정한다.[7] 그래서 글로벌 정유사인 쉘과 합작으로 윤활기유 생산회사인 현대쉘베이스오일을 설립한 것이다. 쉘에서 원재료를 공급받아 윤활기유를 생산한 후, 현대오일뱅크와 쉘뿐만 아니라 다른 판매처에 판매하는 것을 목적으로 하는 회사다.

설립 당시 현대쉘베이스오일의 이사회 5인 중 현대오일뱅크 측이 3인, 쉘 측이 2인을 임명했다. 지분비율이 60 대 40이므로 이사회도

---

[6] 본 사례에 대한 보다 자세한 내용은 다음 논문을 참조하라.
박재환·정남철, '연결범위 결정 시 지배력 판단에 관한 사례연구', 〈회계저널〉, 2020년

[7] 윤활기유란 윤활유를 만들기 위한 기본 원료로서 베이스 오일(Base oil)이라고 불린다.

지분비율에 따라 임명한 것이다. 현대오일뱅크는 설립시점부터 지분 60%만 보유했음에도 실질지배력이 있다고 판단해서 연결재무제표를 작성해서 현대쉘베이스오일 이익의 100%를 모두 자사 이익으로 반영해왔다. 이사 중 과반수를 임명할 수 있으므로 실질지배력이 있다고 본 것이다. 일반적인 경우 이사회나 주주총회에서 과반수의 의결권을 확보해 일반결의 안건을 통과시킬 능력을 보유하고 있으면 실질지배력이 있다고 보기 때문이다(K-IFRS 제111호 B35). 즉 특별결의 사항까지 통과시킬 수 있어야 실질지배력을 보유하고 있다고 보지 않는다.[8]

그렇지만 두 회사 간에 체결한 합작계약서를 보면 과연 현대오일뱅크가 실질지배력을 가지고 있다고 판단할 수 있는지가 불확실하게 보이는 여러 내용이 존재한다. 대부분의 회사에서 이사회에서 의견이 대립한다면 이사 과반수 출석과 출석 이사 중 과반수 찬성 원칙에 따라 각 안건에 대해 의결한다. 그런데 이 합작사의 경우 이사가 5인이므로 이사의 과반수는 3인이다. 따라서 현대오일뱅크 측이 임명한 이사 3인만으로 이사회를 열어서 일반결의에 해당하는 안건을 통과시킬 수 있다. 또한 이 회사의 경우 75% 이상의 이사들이 찬성해야만 특별결의 항

---

[8] 일반결의 사항은 일상적인 경영활동에서 자주 일어나는 일을 말한다. 일반결의 사항은 과반수의 주주가 출석해 출석한 주주 중 과반수가 동의하면 통과된다. 그러나 특별결의 사항은 일상적인 경영활동에서 자주 일어나지 않지만 경영에 큰 영향을 미치는 중대한 사항을 말한다. 특별결의 사항은 2/3 이상의 주주가 출석해 출석한 주주 중 과반수가 동의하면 통과된다. 법에 규정된 특별결의 사항은 ① 정관의 변경, ② 영업의 전부 또는 일부의 양도, 영업 전부의 임대 또는 경영 위임, ③ 회사의 영업에 중대한 영향을 미치는 다른 회사와의 영업 일부 또는 전부의 양수, ④ 주식매수선택권의 부여, ⑤ 이사 또는 감사의 해임, ⑥ 자본금의 감소, 합병 및 분할, 사후설립의 임의 해산, ⑦ 주주외의 자에 대한 전환사채 및 신주인수권부사채의 발행, ⑧ 주식의 포괄적 교환, 주식의 포괄적 이전, 주식의 할인 발행 등이다.

현대오일뱅크
현대오일뱅크는 쉘과 합작으로 현대쉘베이스오일이라는 회사를 설립한다. 이 회사의 설립을 위한 쉘과의 계약 내용이 문제가 되어, 현대오일뱅크는 회계처리를 사후적으로 수정한다.
ⓒHD현대오일뱅크

목으로 규정된 항목의 안건이 통과될 수 있는 것으로 규정되어 있었다. 즉 이사 5인 중 4인 이상 이사의 동의를 받아야만 하므로, 양측이 모두 동의하지 않는다면 특별결의를 할 수 없다.

그런데 합작계약서에 특별결의 사항으로 규정된 내용들이 다른 회사들과 달리 좀 독특하다. 회사 업무규칙, 내부규정의 제정, 사업계획과 재무실행계획 승인, 파견직원 고용 및 해임, 자본적 지출 승인, 예산 승인 등이다. 이런 내용들은 일상적인 경영활동에서 수시 또는 매년 일어나는 일로서, 대부분의 다른 회사에서는 특별결의가 아니라 일반결의 사항에 해당한다. 이 회사에서 일반결의 사항에 해당하는 일로 규정된 것들은 정말 사소한 것으로서, 자본적 지출 예산 내의 100억 원 초과 지출, 운영경비 예산 내의 10억 원 초과 지출, 설비 보험 가입, 서울 사무소 이전 등의 일이다. 100억(10억) 원이 얼마나 큰돈이냐를 판단하는 것은 상대적인 개념이겠지만, 회사의 매출액이 발생한 시점인 설립 2년 차가 되었을 때의 자산과 자본 규모가 각각 4,200억 원과 1,800억 원 정도인 것과 비교해보면 별로 중요하지 않은 금액이라는 것을 알 수 있다.

현대쉘베이스오일에 대한 회계처리를 둘러싼 논란

이상의 계약 내용들에 대한 설명을 보면, 현대쉘베이스오일은 아주 사소한 일들만 일반결의 사항으로 규정되어 있으며, 일상적인 경영활동에서 수시로 발생할 수 있는 다른 대부분의 사항들은 두 합작당사자의 동의가 모두 필요한 특별결의 사항으로 규정되어 있다. 이런 상황에서는 현대오일뱅크 측이 이사회를 지배하기 때문에 실질지배력을 보유하고 있다고 보기 힘들다. 그럼에도 불구하고 2012년 회사 설립시점부터 현대오일뱅크 측은 현대쉘베이스오일을 지배한다고 판단해 연결재무제표를 작성해왔다. 즉 지분비율에 따라 60%만 기록하는 지분법 회계처리를 했을 경우와 비교할 때, 100%를 연결하면 현대오일뱅크의 재무제표에 반영되는 수치가 더 크게 기록된 것이다.

상장을 추진하는 회사는 금융감독원(이하 금감원)이 지정한 회계법인에게 감사를 받아야 한다. 따라서 2018년 상장을 위해 현대오일뱅크는 지정된 회계법인으로부터 감사를 받았다. 지정 회계법인은 감사를 실시하던 중 이 회계처리의 문제점을 발견한다. 회사는 특별결의 사항으로 지정된 항목들은 소수지분을 보유한 쉘의 이익이 현대오일뱅크 측의 부당한 의사결정 때문에 침해되는 것을 막기 위한 방어권 차원의 규정일 뿐이며 경영권은 현대오일뱅크 측이 보유한다고 주장했다. 그렇지만 회계법인 측은 이런 주장에 동의하지 않았다. 일부 언론이나 기업계는 이런 회계법인 측의 견해에 대해 지나치게 보수적으로 본다고 비난하기도 했다.

의견이 대립되자 둘은 어떤 해석이 맞는지에 대해 금감원에 질의했다. 그 결과 열린 질의회신연석회의에서 회의 참가자들은 회계법인의 의견이 옳다는 결론을 내린다.⁹ 방어권 차원의 규정이 아니라고 본 이유는 방어권이란 근본적이고 예외적인 변화와 관련된 사항에 적용되는 내용인 데 반해, 이 건의 경우 특별결의 사항으로 규정된 내용들이 앞에서 설명한 것처럼 일상적인 경영활동 중 수시로 발생하는 일들에 대한 것이기 때문이다. 따라서 현대오일뱅크 측과 쉘이 공동으로 현대쉘베이스오일을 지배하고 있다고 본 것이다. 방어권에 대한 좀 더 자세한 내용은 후술한다.¹⁰

질의회신연석회의의 판단 결과 현대오일뱅크는 2012년부터 2017년까지의 재무제표를 모두 수정하게 됐다. 연결재무제표 작성을 중지하고 지분법 회계처리로 바꾼 것이다. 상당히 큰 수치의 재무제표 수정을 한 결과 현대오일뱅크는 자동적으로 금감원의 회계감리 대상 기업이 됐다. 따라서 감리 결과가 나올 때까지 상장할 수 없었다. 규정상 감리 결과에 따라 경고나 주의보다 높은 단계의 징계를 받으면 상장절차를 진행할 수 없기 때문이다.

이렇게 되자 현대오일뱅크는 2019년 1월 들어 지분 17%를 사우디아라비아의 국영 기업인 아람코에 1조 4천억 원에 매각했다. 회계법인이 바뀐 후 거의 1년의 시간이 흐른 시점이다. 현금을 마련해 모회사인

---

9   질의회신연석회의란 회계처리에 대한 질문이 제출되었을 때 전문가들이 모여 회의를 열어, 올바른 회계처리가 무엇인지에 대한 판단을 내리도록 만들어진 회의다.

10 현대오일뱅크와 유사한 경우로 당진에코파워나 SK루브리칸츠의 사례가 있었다. 합작파트너와의 계약조건에 따라 공동지배로 분류되는 경우다. 즉 주주총회에서 일반결의를 받아야 하는 사항들을 독자적으로 결정할 수 있어야 회계상 경영권을 가지고 있다고 볼 수 있다.

현대중공업그룹의 위기를 넘겨야 하는 급박한 상황인데 언제 내려질지 모르는 감리 결과를 계속해서 기다릴 수 없었기 때문이다. 자금 조달의 결과 현대오일뱅크를 당장 상장할 필요성은 줄어들었다. 그 결과 현대중공업그룹은 상장계획을 철회했다. 금융위원회가 현대오일뱅크가 상장할 수 있는 수준인 경징계 결정을 내린 시점과 상장계획을 철회한 시점이 거의 일치한다는 것은 참 아이러니다. 그 후 2년의 시간이 흐른 후 2021년 업황이 크게 개선되자 2022년 들어 다시 상장계획을 꺼내놓았지만, 전 세계적인 불경기가 닥치면서 주식시장이 침체하자 다시 상장계획을 접게 된 것이다.

방어권인가, 경영권인가?

지금부터는 앞에서 잠깐 언급하고 넘어간 방어권에 대해 설명한다. K-IFRS 제1110호 문단 B26과 27에 규정된 방어권이란 '이 권리의 보유자에게 기업을 지배하는 힘을 부여하지 않지만 보유자의 이익을 보호하기 위해 마련한 제도들'을 말한다. 여러 주주가 존재하는 기업의 경우, 지배주주가 다른 주주들에게는 손해가 되지만 자신에게는 이익이 되는 의사결정을 함부로 하지 않도록 중요한 항목들에 대해서는 비지배주주의 동의를 받도록 규정한 것을 의미한다. 또한 방어권은 '피투자자의 활동에 미치는 근본적인 변화와 관련되거나 예외적인 상황에 적용된다'고 명시하고 있다. 즉 일상적으로 늘 일어나는 의사결정에 대한 내용은 방어권이 대상이 아니며, 이런 일도 다른 주주들의 동의를 얻어야 한다면 회계적으로는 지배주주도 경영권을 보유하고 있지 못한다고 볼 수 있다. 즉 지배주주와 다른 주주들이 공동경영을 한다고 보는 것이다. 여기에서 이야기하는 경영권은 일반적으로 이야기하는 경영권과는 다른 회계상의 개념이니 오해하지 않기 바란다.

2012년 바이오젠과 삼성바이오로직스(이하 로직스)는 15 대 85의 비율로 합작해 삼성바이오에피스(이하 에피스)라는 회사를 설립한다. 단 바이오젠이 보유한 옵션을 행사하면 지분비율이 50 대 50으로 변하게 되어 양측은 단독으로는 회사를 지배할 수 없어 공동지배 상황에 놓이게 된다. 이 회사는 6개의 신약을 개발하는 것을 사업목적으로 하는 회사이며, 이사회는 바이오젠이 임명한 1인과 로직스가 임명한 4인으로 구성됐다. 이 경우 로직스는 주주총회에서 일반결의와 특별결의 사항을 모두 통과시킬 수 있을 만큼의 지분을 보유하고 있다. 그렇지만 10가지 사항에 대해서는 반드시 바이오젠이 동의해야만 할 수 있다고 계약을 했다. 필자의 개인적인 해석일 수도 있겠지만, 이 10가지 사항들은 다른 합작회사들의 계약뿐만 아니라 재무적 투자자의 투자를 받거나 금융사로부터 돈을 빌린 회사들이 맺는 주주간계약이나 채무약정에도 대부분 등장하는 것이다. 로직스는 에피스를 지배하고 있다고 판단해 연결재무제표를 작성한다.

2017년 로직스의 회계처리에 대해 감리(1차 감리라고 불림)를 시작한 금감원은 로직스가 고의적으로 대규모 분식회계를 저질렀다고 결론을 내린다. 2015년 당시 '아직 사업이 성공할지 불확실한 상황인데 바이오젠이 보유한 옵션을 앞으로 행사할 것이라고 무리하게 가정해서 경영권을 잃었다고 판단, 연결재무제표 작성을 중지하는 회계처리를 했다'

라는 주장이었다.[11]

  금감원 측의 주장에 대해 삼성 측은 강력하게 반발했고 양측은 치열한 논쟁을 벌였다. 그러던 중 시간이 흘러가면서 바이오젠의 옵션 행사가 가능한 기간의 만기가 다가온다. 약품 개발에 성공한 후 생산이 예정대로 진행되면서 기업의 가치가 크게 증가한 것이 더욱 명백해진 상황이었다. 즉 사업의 성공이 아직 불확실한 상태라 옵션을 행사하지 않을 것이라는 금감원의 주장이 틀리고, 앞으로 바이오젠이 옵션을 행사할 것으로 봤다는 로직스의 주장이 옳다는 것을 보여주는 일이 발생한 것이다.

삼성바이오로직스의 방어권을 둘러싼 논란

이런 상황에 처하자 금감원은 다시 감리를 실시하고(2차 감리라고 불림), 그 후 분식회계가 저질러진 시기, 이유, 그리고 금액을 모두 바꾼 새로운 결론을 내린다. 2차 감리의 결론은 회사 설립시점부터 로직스가 에피스를 지배한 것이 아니라 공동경영이었던 것으로 봐야 한다는 것인데, 그런 판단의 근거는 크게 2가지였다. 첫째는 에피스가 개발한 바이오시밀러 약품은 개발하기 쉽기 때문에 회사 설립시점부터 사업에 성공할 것이 예측 가능했다. 또한 회사에 대한 가치 평가도 가능했고 평가

---

11 보다 자세한 내용은 본서에 실린 '피투자회사 주식 재분류 회계처리의 의미와 효과: 아시아나 항공과 삼성바이오로직스'라는 글과 삼성바이오로직스의 지배력 상실 회계처리를 둘러싼 논란에 대한 네 편의 글을 참조하기 바란다.

해보면 가치가 매우 높았으므로 바이오젠이 옵션을 행사하는 것을 회사 설립시점부터 예측할 수 있었다는 것이다.[12] 둘째는 바이오젠과 로직스가 맺은 10가지 바이오젠의 동의를 받아야 하는 사항 중 2가지가 방어권이 아니라 경영권에 해당하는 것으로서, 그 두 항목 때문에 2012년부터 로직스는 에피스에 대한 경영권을 보유하지 못했다는 것이다.

금감원이 문제 삼은 두 항목은 '지적재산권과 제품 관련 자산 전부 또는 대부분의 매각 및 양도'와 '회사 사업에 새로운 제품 추가'였다. 나중에 삼성과 금감원이 분식회계 여부를 둘러싸고 법정다툼을 벌이게 되는데, 이때는 첫 번째 항목에 대한 이야기는 빠지고 두 번째 항목인 '회사 사업에 새로운 제품 추가'만 남는다. 새로운 제품을 개발하는 것은 경영활동 과정에서 자연스럽게 발생할 수 있는 일이고, 사전에 양측이 동의한 6개 제품의 개발이 완료되면 회사가 새로운 제품을 추가로 개발하는 것이 당연하다고 볼 수도 있다. 그러므로 이 경우 바이오젠의 동의를 받아야 한다는 것은 바이오젠이 단순한 방어권이 아니라 경영권을 보유하고 있다는 의미라는 것이 금감원의 주장이었다. 이 주장을 들어보면 '그렇게 볼 수도 있겠다'고 고개를 끄덕이게 된다.

그렇지만 이 주장이 옳지 않다고 볼 수 있는 여지도 충분히 존재한다. 에피스는 로직스와 바이오젠이 6개 약품에 대한 바이오시밀러 약품을 공동으로 개발하기 위해 세운 합작회사다. 1개 제품(약품)을 개발하

---

[12] 이 주장은 본고의 주제와 관련이 없으므로 더 이상 소개하지 않지만, 약품 개발과 상업적 성공이 쉽다는 금감원의 주장이 옳은지에 대해서는 독자분들이 각자 판단해보기 바란다. 또한 이 주장은 '2015년까지도 약품 개발에 따른 사업 성공을 예상할 수 없었다'는 금감원의 1차 감리 후 내어놓은 분식회계라는 판단의 근거와 완전히 반대라는 점에도 주목하기 바란다.

는 데 대략 1,500억~2천억 원이 소요되는 것으로 추산되며, 이런 막대한 비용을 소모한다고 하더라도 개발에 성공한다는 보장은 없다.[13] 그렇다면 합의된 6개 약품 외의 새로운 제품을 개발한다는 것은 회사의 사업목적을 변경하는 것이며, 동시에 엄청난 돈이 소요되는 일이다. 이런 특수한 일이 발생할 때 합작 파트너의 동의를 받는 것이므로 방어권이라고 볼 수 있다. 앞에서 설명한 것처럼 회계기준에 방어권은 '피투자자의 활동에 미치는 근본적인 변화와 관련되거나 예외적인 상황에 적용'된다고 하고 있는데, 새로운 약품을 개발하는 것은 회사의 사업목적인 6개 약품 개발계획을 바꾸는 근본적인 변화이며 회사를 일상적으로 운영하며 6개 약품을 개발하는 상황에서는 발생하지 않는 예외적인 상황이라고 볼 수 있기 때문이다.

물론 드물겠지만, 금감원의 주장처럼 2천억 원 정도 투자해 새로운 약품을 개발하는 것은 일상적인 경영활동 과정에서 흔히 일어나는 것이므로 근본적인 변화나 예외적인 상황이 아니라고 해석하는 경우도 있을 수 있다.[14] 이처럼 사람마다 해석이 다를 수 있다는 점을 이해하기 바란다.[15]

---

[13] 이 점은 필자의 개인적인 생각일 뿐이다. 금감원이 2차 감리 후 내놓은 주장에 따르면, 바이오시밀러 제품 신약의 개발과 상업적 성공은 상당히 쉬워서 회사 설립시점부터 성공을 충분히 확신할 수 있는 정도다.

[14] 참고로 설명하면, 회사 설립시점의 에피스의 자본규모는 3천억 원이다. 또한 설립 이후 제품개발 과정에서 보유하던 자금이 고갈됨에 따라 증자를 해서 2015년에는 6천억 원으로 증가한다. 2015년 말까지 이 중에서 3,400억 원 정도를 손실처리 했다. 이 정도 규모의 회사에서 2천억 원 정도의 돈을 사용해야 하는 투자의사결정이 일상적인 경영활동에서 흔히 일어나는 일인지 아니면 아주 특수한 것인지에 대해서는 독자 여러분들이 스스로 판단하기 바란다.

카카오의 질의에 대한 전기오류수정협의회의 답변은?

어쨌든 금감원은 이 조항은 방어권이 아니라 경영권에 해당된다고 해석했다. 그렇지만 만약 금감원의 해석만이 옳다고 인정한다면, 앞에서 이미 언급한 것처럼 합작투자를 한 기업, 재무적 투자자들로부터 투자를 받은 기업, 그리고 금융사와 부채약정을 맺은 기업 중에서 계약서를 살펴보면 위에서 설명한 조항에 해당하는 내용들이 거의 틀림없이 포함되어 있을 것이다. 따라서 이런 기업의 대부분이 분식회계를 저지르고 있다고 볼 수 있는 가능성이 있다.[16]

이와 관련된 다른 사례를 소개한다. 카카오페이는 카카오가 60%의 지분을 보유하고 있는데, 카카오페이를 설립할 때 많은 중국 앤트그룹(알리페이)이 2대주주로서 참여했다. 당연히 카카오와 알리페이는 주주간계약을 맺었지만, 그럼에도 불구하고 카카오는 카카오페이를 지배한다고 판단해 연결재무제표를 작성했다. 그러던 중 2021년 카카오를 감사하는 회계법인이 교체된다. 신임된 회계법인이 회계처리를 살펴보다가 '카카오가 카카오페이를 지배하고 있다'는 판단에 대해 의문을 제기한다. 자세한 내용은 공개되지 않아 알 수 없지만, 신임 회계법인은 로

---

15 필자는 본고에서 1차 및 2차 감리의 핵심적인 내용만 간략히 소개한 것이다. 다른 자세한 내용은 본서의 '삼성바이오로직스의 지배력 상실 회계처리를 둘러싸고 벌어진 논란의 진실'에 대한 네 편의 글을 참조하기 바란다.

16 합작투자기업, 재무적 투자자의 투자를 받으면서 주주간계약을 맺은 기업, 금융사로부터 자금을 빌리면서 부채약정을 맺은 기업들은 계약서를 꼭 확인해보기 바란다. 이런 내용들이 계약 내용 중에 대부분 포함되어 있기 때문이다. 예를 들면 특정 금액 이상의 투자, 배당, 차입 등을 하려면 계약 상대방의 동의를 받아야 한다는 내용이다.

카카오 로고
카카오와 중국 안트그룹은 합작으로 카카오페이를 설립했다. 안트그룹이 중요한 의사결정 사항에 대한 동의권을 갖고 있었는데, 전기오류수정협의회는 카카오가 경영권을 보유하거나 보유하지 않다고 보는 2가지 견해가 모두 가능하다는 의견을 내놨다.
© Kakao Corp.

직스가 바이오젠과 맺은 합작계약보다 더 강하게 카카오의 행위를 제약하는 조항들이 주주간계약에 포함되어 있었다고 판단했다고 전해 들었다. 만약 금감원의 로직스에 대한 주장이 옳다면, 카카오페이를 지배하고 있다는 카카오의 회계처리는 당연히 잘못된 것으로 볼 수 있었다.

왜 그런 판단을 신임 회계법인이 내렸는지 필자도 알지 못한다. 카카오와 투자자들이 맺은 주주간계약 내용이 명확하게 공시되지 않고 있기 때문이다.[17] 금감원이 로직스 측에 대해 주장하는 이야기를 카카오의 경우에 동일하게 적용해보자. 카카오가 회사의 크기나 성과를 과장해서 표시하기 위해, 즉 지배력이 없는 카카오페이를 마치 지배력을 가지고 있는 것처럼 카카오에 연결해서 재무제표에 표시하기 위해 계약내용을 고의적으로 외부 투자자들에게 알리지 않고 있다고도 볼 수 있

---

17 다만 일부 공시내용을 보면 특정 조건이 발생할 때 알리페이가 동의하지 않는다면 알리페이의 지분을 카카오가 되사줘야 한다는 내용이 포함되어 있는 듯하다. 보통의 주주간계약에는 등장하지 않는 예외적이고 강한 내용이기는 하다. 논란의 대상이 될 정도로 중요한 내용이라면 당연히 사후적이라도 내용을 공시하는 것이 바람직하다고 생각한다.

다. 금감원의 주장이 바로 이것이다.[18] 그렇지만 다른 각도에서 생각해 보면, 별로 중요하지도 않은 계약 내용 모두를 외부 이해관계자들에게 알릴 필요는 없다. 투자자의 판단에 영향을 미칠 만한 중요한 사항만 공시하면 되는데, 카카오는 이 계약 내용이 투자자의 판단에 영향을 미칠 만한 중요한 내용이 아니라고 판단했었을 가능성도 있다. 상식적으로 볼 때 주주가 둘뿐인 비상장회사에서 두 주주 사이에 맺은 계약인데, 그 내용이 외부 이해관계자들에게 중요한 것이라고 볼 가능성은 낮을 것이다.

전임 회계법인과 회사 측이 카카오가 지배력을 보유하고 있으므로 연결재무제표를 작성하는 것이 옳다고 주장하는 상황에서, 신임 회계법인은 어떤 회계처리가 옳은 것인지 확신할 수 없었던 것으로 보인다. 그래서 이 내용을 전기오류수정협의회에 질의했다. 협의회는 감사인 교체 후 전임 감사인과 신임 감사인이 회계처리에 대한 의견이 달라서 갈등이 생길 경우, 전문가들이 모여서 회의를 통해 옳은 답을 도출하자는 의도에서 감독기관의 권고(또는 지시)에 따라 공인회계사회 주관으로 2020년 설립된 모임이다. 질의에 대해 협의회에서 여러 전문가가 모여 회의한 결과, 카카오에게 경영권이 있다고도 볼 수 있으며 없다고도 볼 수 있다는 판정을 내린다. 즉 두 해석이 모두 가능하다는 결론이다. 이 결론의 결과 카카오는 기존 회계처리를 수정하지 않았다.

---

18 로직스의 경우도 바이오젠과 맺은 계약 내용을 외부에 자세히 공시하지 않았다. 금융당국은 이런 로직스의 행동이 중요한 계약 내용을 숨기기 위해 고의로 은폐한 것이라고 판단했다. 공시를 했다면 이런 오해가 생기지 않았을 것이다.

방어권에 대한 논란의 결론은?

협의회가 통계나 내용을 발표하지 않아 명확히 알지는 못하지만, 최근 2년간 이 경우와 거의 동일한 방어권과 관련된 질의가 다수 협의회에 제기된 듯하다. 이에 대해 협의회는 거의 대부분 두 해석이 모두 가능하다고 판단을 내렸다고 전해진다.[19] 즉 동일한 사항에 대해서 기업이나 회계법인에 따라 다른 판단을 내릴 수 있다는 점을 인정한 것이다.[20]

그렇다면 이제 다시 로직스의 회계처리 문제로 돌아가보자. 카카오의 회계처리가 옳다면 로직스의 회계처리는 어떤가? 정확한 답이 있다고 보기 어렵다는 것이 필자의 견해다. 즉 필자는 카카오의 경우처럼 로직스도 2가지 해석이 모두 가능하다고 보지만, 사람에 따라서는 한 가지만 옳다고 볼 수도 있을 것이다. 만약 한 가지 답을 꼭 골라야 한다면, 필자는 로직스가 경영권을 갖고 있다는 원래 로직스의 판단을 지지한다. 수천억 원의 투자가 필요한 일은 매우 중요하고 예외적인 일이라고 생각되기 때문이다. 카카오의 회계처리가 둘 다 가능한데 로직스의 회계처리가 금감원이 주장하는 방법만 옳다고 보기는 힘들다. 앞에서 설명한 것처럼, 카카오 사례가 로직스의 경우보다 더 강한 제약조건이 있

---

19 필자가 이곳저곳에서 들은 여러 질의 사례를 종합해 대략적으로 10건 이상의 유사한 질의가 제기되었다고 추산된다. 언론에 공개된 자료가 아니므로 정확히 몇 건의 사례가 있었는지와 그 자세한 내용은 필자도 알지 못한다.

20 『숫자로 경영하라 5』에 실린 '사상 최대의 분식회계 사건? SK(주)를 둘러싼 연결재무제표 작성 범위 논란'이라는 글에는 한미사이언스의 사례가 소개되어 있다. 규제기관이 실질지배력이 있다고도 볼 수 있지만 없다고노 볼 수 있는 2가지 해석이 다 가능하다고 판단을 내렸던 사례다.

는 계약이라고 전해 들었기 때문에 이런 판단을 내린 것이다.

　이런 복잡한 사항에 대해 내 해석만 옳고 다른 사람의 해석은 틀렸다고 할 수 있을까? 금감원의 해석이 옳다면, 카카오페이를 비롯해서 유사한 회계처리에 대해 질문했던 다수 기업의 질문에 대해 협의회에서 전문가들이 모여 회의하고 판단해서 답변한 내용도 틀렸음을 의미한다. 과연 누구의 해석이 맞는지 독자 여러분 스스로 판단해보기 바란다.

　다만 국내 거의 대부분 기업은 이런 조항을 방어권이라고 해석하지 경영권이라고 해석하지 않고 있다는 점을 다시 한번 언급하도록 하겠다. 만약 금감원의 해석만이 옳다면 합작투자를 한 기업, 재무적 투자자와 주주간계약을 맺은 기업, 금융사로부터 차입을 하고 부채약정을 맺은 기업들 대다수도 분식회계를 하고 있는 셈이다. 이들의 수를 모두 센다면 상장기업으로만 최소 수백 개는 될 것이다. 금감원은 과거 한 번도 이 회계처리가 잘못됐다고 하지 않았었다. 로직스 사건을 기점으로 금감원의 판단이 변한 것이라면, 그 전까지는 아니더라도 사건 이후에는 다른 기업의 회계처리를 문제 삼아야 할 텐데 이후에도 이런 일은 한 번도 없었다.

　그렇다면 금감원은 로직스 사건과 관련해서 왜 이렇게 이상한 행동을 했을까? 이 질문에 대한 답이 궁금하다. 또한 앞으로 기업들이나 회계법인은 유사한 일이 발생했을 때 도대체 무엇을 근거로 판단을 내려야 하는지도 혼란스럽다. 감독기관의 역할이 시장에 질서를 가져오는 것이 아니라 혼란을 초래하는 것인지 궁금하다. 어떻게 보면 전문가들에게는 논란거리가 아니라 상식에 가까운 내용을 설명하는 글을 필자가 써야 한다는 현실이 안타깝다.

회계 속 뒷이야기

2011년 KT&G는 인도네시아 담배회사 트리삭티의 지분 51%를 인수하고, 지배력을 취득했다고 판단해 연결재무제표를 작성했다. 당시 트리삭티는 적자를 기록하던 작은 회사였다. 그 후 KT&G에서는 내부 출신 새 사장이 취임했으며 2018년에 연임에 성공했다. 그런데 KT&G가 사장 선출을 준비하던 시기, 정치권에서는 왜 KT&G가 마음대로 사장을 선출하냐며 압박을 넣기 시작했다. 정권 고위층에서 사장을 임명할 것이니 선임절차를 중지하라는 것이었다. 과거 공기업이었던 KT&G가 민영화된 지 오랜 시간이 지났는데도 불구하고 정부가 사장을 임명하겠다고 나섰던 것이다. 동시에 금감원과 경찰은 KT&G에 대한 조사에 착수했고, 조사 착수 시점부터 KT&G가 고의적으로 대규모 분식회계와 배임을 저질렀으니 부도덕한 경영진은 물러나야 한다는 뉴스가 친여당 성향 언론에 수차례 보도됐다. 주주총회 때 정부가 지배하는 IBK기업은행은 보유하고 있는 지분을 이용해 반대표를 던졌지만, 그럼에도 불구하고 외국인 주주 및 국내 소액 주주의 압도적 지지를 받아 사장은 연임에 성공했다. 정권의 반대에도 불구하고 그동안 회사를 잘 경영했다고 대부분의 주주들이 판단했다는 것을 의미한다. 주주들이 정부의 압력을 물리친 드문 사례다.

　당시 회계 이슈로서 논란이 됐던 것이 트리삭티에 대한 실질지배력을 KT&G가 보유하고 있느냐에 대한 것이었다. 금감원은 KT&G가 51%의 지분을 가졌더라도 경영권을 제약하는 내용이 계약서에 포함되어 있으므로 지배력을 보유하지 못한다고 주장했다. 따라서 연결재무제표 작성을 해서는 안 된다는 것이다. 필자는 구체적인 주주간계약 내용이 무엇인지 모르므로 이 판단이 적정한 것인지에 대해서 알지 못한다. 문제가 된 항목이 단순한 방어권인지 아니면 경영권인지에 대해서 증권선물위원회의 심의 과정에서 상당한 논란이 벌어졌다고 하니 판단이 쉬웠던 사항은 아닌 듯하다.

　본문에서 설명한 것처럼, 모회사 입장에서는 현재 적자가 나고 또 앞으로 당분간 적자가 날 것 같은 자회사를 연결할 유인은 별로 없다. 연결재무제표를 작성하면 트리삭티의 손실 전부가 KT&G의 재무제표에 반영되기 때문이다. 연결하지 않고 지분법 회계처리를 하면, KT&G가 트리삭티 지분 중 51%를 보유 중이니 손실 중 51%만 KT&G 재무제표에 반영된다. 즉 연결재무제표를 작성하지 않아야 KT&G의 재무제표가 좋아 보이는 것이다. 즉 연결을 하지 않는다면, 재무제표를 좋게 표시하게 위해 고의적으로 틀린 회계처리 방법을 선택했다고 공격받을 수 있다.

　그러나 현재 적자가 많이 나는 자회사도 앞으로 흑자 전환해서 이익이 날 것이라고 예상한다면 연결을 하는 것을 선호할 수 있다. 연결재무제표를 작성하면 적자를 100% 모회사에 연결하지만, 나중에 흑자전환 하면 흑자도 100% 모회사에 연결할 수 있기 때문이다. 이런 이유에서 금감원은 'KT&G가 실질지배력이 없다는 것을 알면서도 고의로 연결 재무제표를 작성했다고 주장'하지 않았을까 추측한다.

그렇다면 앞으로 흑자전환을 해서 이익이 많이 날 것이라고 KT&G가 판단했다고 볼 수 있는 근거는 무엇일까? 첫째, KT&G가 트리삭티를 매수했다는 것 자체가 앞으로 회사가 잘될 것이라고 판단했기 때문이다. 둘째, 당시 작성한 사업계획서에 앞으로 경영이 개선되어 수년 후에는 흑자전환을 할 수 있을 것이라는 내용이 당연히 있었을 것이다. 금감원이 로직스에 대한 1차 감리 이후 말을 바꿔 2차 감리 때 주장한 내용이다.[1] 즉 사업계획서에 따르면 회사 설립시점부터 미래의 성공이 예상됐었고, 그래서 투자했다는 것이다. 이 주장이 옳다면 대부분의 피투자회사는 연결을 하는 것이 맞는 회계처리다. 실패를 예상하는데 트리삭티처럼 M&A를 하거나 로직스처럼 새 회사를 설립할 리 없기 때문이다.[2]

2020년 들어 금감원이 상정한 처벌안을 심의한 증권선물위원회는 이 회계처리가 '과실'이라고 판단했다. '고의'라고 판단했다면 사장과 CFO는 해임되고 검찰에 고발된다. 따라서 사장은 자리에서 물러나 수사를 받고 부도덕한 경영자로 몰릴 수 있었다. 그러나 다행히 증권선물

---

[1] 즉 특정 지배회사가 피지배회사를 연결하든 연결하지 않든, 만약 이 회사를 혼내주자고 권력기관에서 결정한다면 얼마든지 두 회계처리 모두 고의 분식회계라고 공격할 수 있는 여지가 있다는 의미다. 권력자들이 이런 결정을 하지 않더라도, 이들에게 잘 보여 승진하고 싶은 금감원 실무진에서 이런 행동을 할 유인도 충분히 존재한다.

위원회가 고의적인 분식회계가 아니고 금액도 크지 않다고 판단한 결과 임기를 지킬 수 있었다. 그 후 사장은 다시 연임에 성공했다.

이런 사건들의 내막을 보면 실질지배력에 대한 판단이 재무제표에 큰 영향을 미친다는 것을 이해할 수 있을 것이다. 어떤 판단을 내렸든 간에 관계없이, 논란거리가 될 수 있는 주주간계약의 내용이 무엇이며 왜 그런 판단을 내렸는지에 대한 좀 더 자세한 정보를 공시하기 바란다. 투자자들에게 필요한 정보를 제공하는 당연한 의무를 이행하는 것이며, 그래야 불필요한 오해나 공격도 막을 수 있다. 필자가 찾아본 바에 의하면, 국내 대부분의 기업은 이 내용에 대한 공시가 부족한 감이 있다. 삼성바이오로직스 사건이 크게 논란의 대상이 된 이후에도, 유사한 이슈를 가진 다른 기업들의 공시 행태는 아직 바뀌지 않았으니 아쉽다.

---

2 금감원이 이 회계처리를 '고의적인 분식회계'라고 주장한 또 하나의 이유로 다음과 같은 사항이 있을 수 있다. '회계법인에게 M&A 계약서를 제공하지 않지 않았을까?'라고 추측한다. 대부분의 기업은 계약서를 회계법인이 봐야 한다는 것을 알지 못한다. 그리고 실질지배력에 대한 판단을 내리는 경우가 드문 일이므로, 일부 회계사도 계약서를 봐야 한다는 것을 모를 수 있다. 따라서 회사는 계약서를 보여주지 않았고, 회계법인은 51%를 취득했으니 당연히 경영권이 있는 것이라 생각하고 계약서를 보자고 하지 않았을 수 있다. 어쨌든 이는 필자의 추측일 뿐이다. 기업의 회계 담당자는, 계약서를 회계법인에게 제공하지 않았다가 나중에 잘못된 회계처리라고 문제가 된다면 회사가 분식회계를 감추려고 고의적으로 계약서를 숨겼다고 볼 수 있는 여지를 제공하는 것이라는 것을 명심하기 바란다.

피투자회사 주식
재분류 회계처리의 의미와 효과:
아시아나항공과 삼성바이오로직스

실질지배력이 있다고 판단되면 지배회사 A와 피지배회사 B는 하나의 경제적 실체가 되기 때문에 A는 지배기업으로서 종속기업인 B를 합친 연결재무제표를 작성해야 한다. 그런데 A가 B의 주식을 보유하던 기간 동안 지배력이 존재하는지에 대한 판단이 변할 수 있다. 판단이 변하면 그동안 장부가치로 기록되어온 주식 보유기간 도중 일어난 시가변동을 한꺼번에 회계장부에 기록하기 때문에, 만약 시가변동이 많았다면 대규모 손익이 기록될 수 있다. 이런 보유 주식의 재분류에 따른 회계처리는 기업의 본질가치에는 영향을 주지 않으며, 기업가치가 달라졌다고 오해한 일부 투자자로 인해 일시적으로 흔들리더라도 장기적으로 주가에 영향을 미치지 않는다.

MANAGING BY NUMBERS

한 회사가 다른 회사의 주식을 보유하는 경우는 흔하다. 그런데 그 주식을 얼마만큼 보유하고 있느냐에 따라 회계처리가 달라진다. 예를 들어 투자회사 A가 피투자회사 B의 주식 중 20% 미만을 보유하고 있으면 이 보유주식을 공정한 가치(대부분 경우 시가)로 평가한다. 예를 들어 B의 주식이 상장되어 있다면 B의 시가를 A의 재무상태표에 기록하며, B의 가치가 변한 부분만큼만 평가손익으로 포괄손익계산서에 기록한다. 만약 시가가 상승(하락)했다면 평가이익(평가손실)을 적는 것이다.

보유 목적이 무엇이냐에 따라 회계처리가 변한다. 단기매매 목적으로 B의 주식을 취득해 보유한 것이라면 이 주식을 재무상태표에서는 유동자산의 일부(정확한 명칭은 당기손익-공정가치측정 금융자산 또는 FVPL 금융자산)로 분류하고, 보유 중 발생한 평가손익은 포괄손익계산서에서 당기순손익에 포함시킨다. 그러나 만약 단기매매 목적이 아닌 다른 이유로 타사의 주식을 취득해서 보유한다면 예외적으로 이 주식을 비유동자산의 일부(정확한 명칭은 기타포괄손익-공정가치측정 금융자산 또는 FVOCI 금융자산)로 분류하고, 평가손익은 포괄손익계산서에서 기타포괄손익에 포함시킨다. 즉 이 경우 평가손익이 당기순손익 계산에 포함되지 않는다.[1]

단기매매 목적이란 주식을 매수해 보유하다가 오르면 팔아 돈을 벌겠다는 목적을 말한다. 즉 개인이 주식투자를 하는 것과 비슷하다. 기업도 개인투자자와 마찬가지로 여유자금을 이용해 주식투자를 할 수 있다. 단기매매 목적으로 주식을 매입한 경우 투자자 입장에서는 시가 변동이 매우 중요하다. 따라서 시가가 변동한 만큼 평가손익을 계산해 당기순손익 계산에 포함시킨다. 그러나 단기매매 목적이 아니라면 주식을 상대적으로 오랫동안 보유할 것이므로 당기에 발생한 시가변동이 주는 의미가 상대적으로 덜 중요하다. 그러므로 이 주식의 경우 발생한 평가손익을 당기손익에 포함시키지 않고 기타포괄손익에 포함한다.

단기매매 목적이 아닌 다른 이유로 주식을 매수한다는 것은 무엇을 말하는 것인지 다음 사례를 보면 쉽게 이해할 수 있을 것이다. 2021년 이마트·신세계인터내셔날과 네이버는 전략적 제휴에 합의하고 보유하고 있던 자사주를 서로 교환했다. 쿠팡에 대항해 두 회사가 유통 부문에서 서로 협력하기로 하면서, 이를 보증하기 위해 상대방의 주식을 서로 보유하기로 한 것이다. 그 결과 이마트는 1,500억 원, 신세계인터내셔날은 1천억 원 가치의 네이버 주식을 보유하게 됐다. 네이버도 각각 동일한 액수의 두 회사 주식을 보유하게 됐다.

---

[1] 포괄손익계산서의 구조를 알아야 이 말의 의미를 쉽게 이해할 수 있을 것이다. 포괄손익계산서를 보면 당기순손익이 계산된 후, 당기순손익에 기타포괄손익을 더해 포괄손익이 계산된다.

이마트·신세계인터내셔날과 네이버의 전략적 제휴

이마트는 단기매매 목적이 아니라 전략적 제휴 목적으로 네이버의 주식을 취득한 것이므로 단기간 내에 이 주식을 매각할 가능성은 낮다. 따라서 이마트는 이 주식을 재무상태표에서 비유동자산(기타포괄손익-공정가치측정 금융자산)으로 분류했다. 그런데 2022년 동안 빅테크 기업들에게 불경기가 닥치면서 네이버 주가가 하락한 결과, 이마트는 2022년 약 800억 원, 신세계인터내셔날은 약 500억 원의 평가손실을 기록했다. 앞에서 설명한 것처럼, 이 평가손실은 포괄손익계산서에서 당기순손익 계산에는 포함되지 않고 기타포괄손익의 일부로 분류된다.

네이버도 이 거래로 취득한 이마트와 신세계인터내셔날의 주식을 비유동자산으로 분류했다. 다만 네이버는 이마트·신세계인터내셔날 외에도 CJ그룹 등 다수의 기업과 전략적 제휴를 맺고 있기 때문에 이들의 주식도 보유하고 있다. 이를 모두 합치면 2021년 말 기준 보유 중인 기타포괄손익-공정가치측정 금융자산이 2조 원이 넘는다. 따라서 이들 개별 기업에 대한 평가손익을 합쳐 2022년 약 4,300억 원의 평가손실을 기타포괄손익의 일부로 기록했다. 보유 중인 주식의 시가가 하락해서 큰 피해를 본 것이다. 그 결과 당기순이익은 약 1조 원이었지만, 당기순이익에 기타포괄손실을 합쳐서 계산한 포괄이익은 6,200억 원이다.

이상에서 설명한 이마트나 네이버 사례는 보유 중인 주식이 상장 주식이므로 명확한 시가가 존재한다. 만약 시가가 존재하지 않는 비상장 주식이라면 가치평가를 해서 공정한 가치가 얼마인지 결정해야 한다.

신세계 백화점
신세계인터내셔널과 이마트는 네이버와 전략적 제휴를 하기로 하고, 이를 보장하는 의미로 약 2,500억 원어치의 주식을 교환해서 보유하고 있다.
ⓒ Shinsegae Group

평가 결과, 가치가 변했다면 변한 만큼 평가손익을 기록한다.[2]

단 신뢰할 만한 가치를 평가하는 것이 불가능하다면 시가 대신 장부가를 이용해 재무제표에 가치를 기록할 수 있다. 상대적으로 설립 초기의 비상장 기업으로서 연구개발에 집중하는 중이라 아직 뚜렷한 매출이 발생하고 있지 않은 기업의 경우를 예로 들 수 있다. 물론 이런 기업도 많은 가정을 해서 주관적 가치를 평가할 수 있겠지만, 상대적으로 다수가 신뢰할 만한 공정한 가치를 평가하는 것은 불가능하기 때문이다. 예를 들어 제약 업종 스타트업이 현재 진행 중인 약품의 개발에 성공하

---

2 이렇게 설명하니 시가가 존재하는 상장 기업 주식은 모두 시가로 평가하는 것으로 오해할 수 있다. 시가가 존재하지만 이 시가가 공정한 가격이라고 볼 수 없는 특수한 경우라면 시가를 이용하지 말아야 한다. 과거 나노스(현 SBW생명과학)의 주식을 다수 보유한 (주)광림이 나노스의 주식을 처음에는 시가로 표시했으나, 나노스의 내재가치에 비해 주가가 터무니없이 높다고 판단한 감사인이 시가를 인정할 수 없다고 주장해 회사도 시가평가를 포기한 바 있다. 이런 경우에는 공정한 가치를 평가해 기록해야 한다. 그 후 나노스나 광림 모두 쌍방울 그룹의 대규모 주가조작 사건과 관련된 것이 적발되어 주가가 1/10 수준으로 폭락했다.

는 경우 큰돈을 벌 수 있겠지만 성공할 가능성을 객관적으로 예측하기 어렵다. 만약 연구개발에 실패할 경우 기업의 존립 자체가 어려울 수도 있다. 이처럼 ① 각 경우의 수가 발생할 확률이 불확실하거나 ② 경우의 수에 따른 기업가치 추정치의 편차가 크다면, 공정한 가치를 신뢰성 있게 추정하는 것이 대단히 어렵다. 따라서 이런 경우라면 장부가로 기록을 유지하다가 신뢰할 만한 가치평가를 할 수 있는 시기가 오면 그때부터 시가로 평가한다.[3]

유의적인 영향력 또는 실질지배력을 보유한 경우의 회계처리

투자회사 A가 피투자회사 B의 지분을 일정 수준 이상 취득한다면 피투자회사의 재무정책과 영업정책에 대한 의사결정에 참여할 수 있는 적극적 능력을 갖게 된다. 지분비율이 20%가 넘는다면 '유의적인 영향력(significant influence)을 가진다'고 표현한다.[4] 이 경우 지분투자는 단순한 주가 상승을 통해 투자수익을 올리거나 사업상 협력을 하기 위한 것

---

[3] 이런 설명이 가치평가 자체가 불가능하다는 의미는 아니다. 예를 들어 개발 중인 약품이나 기술을 외부에 매각하려면 거래 가격 결정을 위해 가치평가를 할 수도 있다. 그러나 이런 평가가 가능하다고 해서 그것이 재무제표 작성 시 보유손익을 인식하는 데 사용할 수 있을 만큼 신뢰할 만한 가치평가가 가능하다는 의미는 아니다. 회계처리를 통해 평가손익을 재무제표에 기록하기 위해서는 앞에서 설명한 조건들이 갖추어져야만 가능하다. 금융감독원도 신뢰성 있는 가치평가가 가능한 조건들에 대한 내용이 규정된 가치평가 지침을 발표한 바 있다.

[4] 지분율이 20%에 미달한다고 하더라도 다른 방법으로 피투자회사의 재무정책과 영업정책에 대한 의사결정에 참여할 수 있다. 예를 들어 주주간계약에 따라 이사 중 1인을 지명할 수 있는 권리가 있다면 지분비율과 관계없이 유의적인 영향력이 있다고 볼 수 있다.

이 아니라, 피투자회사 B의 경영에 적극 참여해 투자회사 A가 원하는 효익을 얻기 위한 것이다. 이 경우 B를 관계기업(associate)이라고 부르고 A가 보유한 B의 주식을 관계기업투자주식(비유동자산)으로 분류한다. 그리고 이 주식은 지분법(equity method)을 이용해 회계처리한다.

지분법 회계처리란 주식 취득시점에 취득원가로 기록한 후, 보유 중 발생하는 시가변동은 무시하고 장부가치의 변동만을 회계처리하는 방법이다. 즉 취득시점 이후 발생한 피투자회사의 장부가치 변동액 중 투자회사의 지분비율만큼만 투자회사의 해당 자산(즉 관계기업투자주식)과 손익(지분법손익)으로 기록하는 방법이다. 만약 A가 B의 주식을 30% 보유하고 있는데 B에서 1천억 원의 이익이 발생했다면 B의 장부가치(즉 자본)는 1천억 원만큼 커진 것이다. 이 중 30%인 300억 원을 A가 지분법이익으로 포괄손익계산서에 적고, 동시에 재무상태표의 관계기업투자주식 계정도 300억 원만큼 증가시키는 것이다.

투자회사가 피투자회사 의결권의 50%를 초과해 소유한 경우 또는 50% 미만이지만 실질적으로 지배력을 행사하는 경우,[5] 투자회사는 피투자회사에게 유의적인 영향력을 미치는 수준을 넘어 피투자회사의 재무정책과 영업정책을 결정할 수 있는 능력을 갖게 된다. 이를 회계적으로 실질지배력(control)을 가졌다고 표현한다.[6] 이때 투자회사는 지배회사(parent), 피투자회사는 종속회사(subsidiary)라고 부른다.

지배회사와 종속회사는 법적으로는 별도의 회사이지만 실질적으로

---

[5] 지분율은 50% 미만이지만 실질적으로 지배력을 행사하는 경우에 대해서는 본서에 실린 '실질지배력은 어떤 기준으로 판단하나'라는 글을 참조하기 바린다.

는 하나의 경제적 실체라고 할 수 있다. 물론 별도재무제표를 작성할 때 지배회사 A는 지분법을 이용해서 종속회사 B의 주식에 대한 회계처리를 하지만, 별도재무제표에 추가해 A가 B를 지배한다는 경제적인 실질을 반영하기 위해 A와 B를 합친 연결재무제표를 작성한다. 즉 A는 별도재무제표와 연결재무제표를 동시에 작성한다. 연결재무제표를 작성할 때도 B의 시가가 아니라 장부가치를 기준으로 A의 장부가치와 합한다.

지분법 손익의 회계처리와 손익계산서에서의 분류

이상에서 설명한 지분비율에 따른 회계처리의 차이를 간단히 요약하면 다음 페이지 〈그림 1〉과 같다.

한 가지 명심할 사항은, 지분법 회계처리를 하거나 연결재무제표를 작성하는 경우 모두 장부가치를 이용해 회계처리를 한다는 점이다. 즉 타회사에 대해 보유하는 지분비율이 20%에 미달한다면 시가변동을 평가손익으로 회계처리하지만, 지분비율이 20% 이상인 경우(또는 20%에 미달하더라도 다른 방식으로 유의적인 영향력을 미치고 있다고 판단되는 경우)라면 시가변동은 무시하고 장부가치를 기준으로 회계처리를 한다. 그 결과 시가와 장부가치 사이에 큰 차이가 발생하는 경우도 있을 수 있다.

---

6   회계상 용어는 실질지배력이지만, 일상적으로는 경영권이나 통제권 등의 용어를 사용한다. 그러나 회사에서 일상적으로 사용하는 '경영권을 가졌다'는 표현이 꼭 '회계상 실질지배력을 가졌다'는 의미와 일치하지는 않는다. 즉 회사에는 경영권을 가졌다고 생각하더라도 회계상으로는 경영권을 보유하고 있지 못할 수 있으며, 반대의 경우도 가능하다.

•• 〈그림 1〉 지분율에 따른 회계처리방법의 차이

지분율 < 20%	20% ≤ 지분율 ≤ 50%	50% < 지분율 또는 실질지배력 보유
• FVPL 금융자산 • FVOCI 금융자산	• 관계기업투자주식 • 지분법 적용	• 종속기업투자주식 • 연결재무제표 작성

　지분법손익은 위에서 소개한 회사들의 주 영업활동에서 발생한 것이 아니므로 포괄손익계산서에서 영업외손익 항목으로 분류된다. 따라서 영업이익 규모에 영향을 미치지 않는다. 그러므로 피투자회사가 다수 존재하거나 피투자회사의 가치변동이 많았던 기업의 경우 큰 규모의 지분법손익이 발생할 수 있다. 영업이익에 영업외손익을 합쳐 법인세차감전순이익이 계산되고, 법인세차감전순이익에서 법인세를 차감해 당기순손익이 계산된다. 따라서 지분법손실이 큰 경우라면 영업이익이 흑자임에도 불구하고 당기순손실을 기록하는 경우도 발생할 수 있다. 따라서 영업이익만 보고 회사의 수익성을 판단하는 오류를 범하지 않기를 바란다. 지분법손익은 매년 지속적으로 발생하는 항목이므로 금년에 발생한 금액과 유사한 금액이 내년도에도 발생할 가능성이 높다. 그러므로 이를 무시하고 영업이익만 보면 안 된다.[7]

7　이런 사례가 보도된 다음과 같은 기사를 참조하기 바란다.
　https://www.thebell.co.kr/free/content/ArticleView.asp?key=202306131618087480106027
　https://www.itooza.com/common/iview.php?no=2023030211225019249
　https://dealsite.co.kr/articles/80502

그렇지만 지주사의 경우는 타 회사의 주식을 보유하면서 경영에 영향을 미치는 것이 주 영업활동이다. 따라서 지주사는 지분법손익을 매출(또는 영업수익)로 분류해 영업이익 계산에 포함시키는 경우도 있다.[8] 예를 들어 SK그룹은 2021년 말 SK텔레콤에서 분리해 중간지주사인 SK스퀘어를 설립했다. SK스퀘어는 SK쉴더스와 11번가를 포함한 종속회사 및 SK하이닉스를 포함한 다른 계열사들의 주식을 다수 보유하고 있다. 그중에서도 SK하이닉스의 지분 중 20.1%를 보유하고 있다. 20.1%란 〈그림 1〉에서 볼 수 있듯 20%라는 기준을 초과하므로, SK스퀘어는 SK하이닉스에 유의적인 영향력을 미친다고 판단해 SK하이닉스를 관계기업으로 분류하고 지분법 회계처리를 적용하고 있다. 이 주식의 장부가치는 2021년 말 SK스퀘어 설립 당시 약 14조 원에 이를 정도로 막대하다.

그런데 SK하이닉스가 2023년 9조 원의 큰 손실을 기록한 결과, SK스퀘어는 2023년에만 약 2조 원의 지분법손실을 기록했다. 2022년도에는 3,600억 원의 지분법이익을 기록했었다. SK스퀘어는 이 금액은 매출(또는 영업수익)의 일부로 분류했다. 즉 지주사냐 지주사가 아니냐에 따라, 그리고 지주사의 경우도 어떻게 회계처리를 하느냐에 따라 지분법손익이 포괄손익계산서에서 매출액이나 영업외손익 중 어느 항목으로 분류되는지가 달라진다는 점을 알 수 있다.

---

[8] 2027년도부터 적용 예정인 새 국제회계기준에서는 지주사의 경우도 지분법손익이 영업이익에 포함되지 않는다. 따라서 2027년도부터 지주사들은 손익계산서에 표시되는 영업이익이 크게 줄어들게 될 것이다. 그러나 당기순이익 규모는 변하지 않는다.

주식 인수 옵션이 존재하는 경우 실질지배력 보유 여부 판단

국제회계기준(International Financial Reporting Standards, IFRS)에서 지분법 회계처리나 연결재무제표 작성에 대한 내용을 규정한 부분은 이처럼 간단(?)하지만, 이 기준을 적용하다 보면 실질지배력이 있는지를 판단하기 애매한 경우가 종종 발생한다. 필자는 『숫자로 경영하라 5』에 실린 '사상 최대의 분식회계 사건? SK(주)를 둘러싼 연결재무제표 작성 범위 논란'이라는 글에서, (주)SK C&C가 SK(주)의 주식을 다수 소유하고 있음에도 불구하고 SK(주)를 실질적으로 지배하지 못하고 있다고 판단해 연결재무제표를 작성하지 않은 사례를 소개했다. 이에 대해 금융감독원에서 처음에는 고의적인 분식회계라고 강력히 처벌하겠다고 했었지만, 나중에 이 주장을 접고 처벌하지 않았다. 동일한 글에서 한미사이언스가 한미약품을 지배하고 있는지를 두고 벌어진 논란도 소개했다.

위 두 사례가 동일한 사안에 대해서 전문가들도 판단이 다를 수 있다는 것을 보여주는 경우다. 지분비율이 50% 이하라도 다른 사항을 종합적으로 고려해보면 실질지배력을 가지고 있다고 볼 수 있는 경우도 있으며, 지분비율이 50%를 초과하더라도 일상적인 경영활동에 대해서 다른 주주 등의 동의를 받아야 한다면 실질지배력이 없다고 볼 수 있다.[9] 이에 비해 IFRS 도입 이전 과거 상장기업들이 사용하던 K-GAAP(현재는 비상장기업들만 사용)이라고 불리는 회계기준은 훨씬 간

---

[9] 후자의 사례는 본서에 실린 '실실지배력은 어떤 기준으로 판단하나'라는 글을 참조하기 바란다.

SK하이닉스의 낸드플래시
반도체 생산 공장 M15
SK스퀘어는 SK하이닉스의 주식을 다량으로 보유하면서 지분법 회계처리를 하고 있다. 따라서 SK하이닉스의 손익의 변동에 따라 SK스퀘어의 손익도 큰 영향을 받는다.
© SK하이닉스

단해서, 지분비율만을 기준으로 지배력이 있는지 여부를 판단한다.

대다수 회사는 되도록이면 실질지배력을 보유한 것으로 분류해서 연결재무제표를 작성하고 싶어할 것이다. 그래야 자산이 더 큰 것처럼 이익도 더 많은 것처럼 재무제표에 표시할 수 있기 때문이다. 그러나 이건 피투자회사 B가 이익을 창출하는 일반적 기업일 때 이야기다. 만약 B가 손실을 보고하고 있는 회사라면 오히려 그 반대로 B를 연결하지 않으려고 할 유인이 존재한다. 연결하지 않아야 A의 상황이 더 좋은 것처럼 보이기 때문이다.

피투자회사 주식을 추가로 인수할 수 있는 옵션이 존재한다면 회계처리가 더 복잡해진다. IFRS에 따르면, 주식을 인수할 수 있는 옵션이 있다면 ① 옵션이 현재 행사 가능한지 여부와 ② 옵션이 실질적인지 여부에 따라 실질지배력을 보유하고 있는지에 대한 판단이 달라진다. 첫째, '옵션이 현재 행사 가능하다'는 말의 의미는 옵션을 행사하는 데 시기상 제약이 없다는 뜻이다. 예를 들어 2025년 1월 1일 현재 옵션을 보유하고 있지만 이 옵션이 2030년 1월 1일이 지나야 행사할 수 있는 조건이라면, 2030년 1월 1일이 돼야 ① 조건이 만족된다. 이 조건은 이해하기 쉬우므로 더 이상의 설명은 생략한다. 둘째, '옵션이 실질적이다'라는 말은 객관적으로 볼 때 옵션이 행사될 가능성이 높다는 의미다. 즉 앞으로 옵션이 행사될 가능성이 높다면 그 옵션이 행사될 것으로 가정하라는 의미다. ①과 ② 조건을 모두 만족한다면 옵션이 행사될 것으로 가정해 실질지배력을 누가 가지고 있는지를 판단한다.[10]

예를 들어 A가 B의 주식 중 30%를 보유하고 있으며 추가로 25%를 취득할 수 있는 옵션도 보유하고 있다고 가정해보자. 이 경우 A가 이 옵션을 행사할 것으로 예상되는지를 따져봐야 한다. 옵션이 행사되면 A가 B의 지분 중 55%를 보유하는 것이므로, 만약 다른 조건이 없다면 A는 B를 연결한 연결재무제표를 작성해야 한다. 그런데 만약 이 옵션이 공정한 가치로 행사가 가능한 조건이라면(이 경우 옵션이 등가격이라고 표현한다) 또는 옵션을 행사하면 A가 돈을 벌 수 있는 조건이라면(이 경우 옵션이 내가격이라고 표현한다) A가 앞으로 옵션을 행사할 가능성이 높다고 볼 수 있다. 이런 경우라면 옵션이 실질적으로 보아 A가 B에 대한 실질지배력을 가지고 있는 것으로 분류한다. 즉 옵션 행사 이전부터 A와 B를 합한 연결재무제표를 작성한다.

그러나 A가 옵션을 행사하면 공정한 가치보다 더 비싼 가격으로 B의 주식을 인수해야 하므로 손해를 보거나 또는 공정한 가격으로 인수하더라도 인수 후 추가적인 지출이 상당히 발생해서 손해를 볼 것이라고

---

10 만약 미래 특정 시점이 되어서야만 행사할 수 있고 현재는 행사할 수 없는 옵션이라면, 객관적으로 옵션이 행사될 가능성이 높다고 판단되더라도 옵션은 실질적이 아니다. ① 조건에 따라 행사가 가능한 시점이 되었을 때 옵션이 실질적으로 변하는 것이다.

예상된다면(이 경우 옵션이 외가격이라고 표현한다) 어떨까? 이 경우에는 옵션이 실질적이지 않다고 본다. 즉 옵션이 행사되지 않을 것으로 보고 연결재무제표를 작성하지 않는다.

AB InBev와 금호산업·아시아나항공의 사례

그런데 이런 판단은 기계가 아니라 사람이 내리는 것이다. 경우에 따라서는 전문가라고 하더라도 옵션이 실질적인지에 대해 서로 다른 판단을 내릴 수 있으며, 판단 과정에서 회사의 주관이 개입될 여지도 있다. 예를 들면 옵션을 행사하면 앞으로 얼마를 벌 수 있는지 또는 얼마의 비용을 부담해야 하는지를 예측해야 하는데, 사람에 따라 그 예측이 달라질 수 있다. 의도적으로 재무제표가 더 멋지게 보이도록 판단하는 회사도 있을 수 있으며, 특정 회사를 혼내주기 위해 해당 회사가 한 판단이 틀렸다고 관계당국이 주장할 가능성도 있다.

예외적이지만 옵션이 현재 외가격인지 내가격인지 여부와 관계없이 항상 실질적인 경우도 있다. IFRS에서는 다음과 같은 2가지 사례로 들고 있다. 첫째, 지분 파킹(parking)의 경우다. 둘째, 옵션을 행사하면 시너지 효과가 발생할 수 있는 경우다.

첫 번째는 A가 B 보유지분의 일부 또는 전부를 C에게 매각했지만 이 주식을 다시 사올 수 있는 옵션을 보유한 경우다. 이런 경우를 한국 자본시장에서는 지분 파킹이라고 부른다. 대개 현재 돈이 부족해서 자산 일부를 내다 팔지만 앞으로 그 자산을 다시 사오려는 경우 지분 파킹 거래를 한다. 이런 사례로 『숫자로 경영하라 4』에 나오는 '오비맥주의 성공요인과 국세청과 벌인 분쟁의 전말'이라는 글에서 소개한, 세계 최대의 맥주회사 AB InBev가 OB맥주를 사모펀드에 5년 이내에 되사는 조건으로 매각했던 거래를 예로 들 수 있다. AB InBev의 재무상황이 악화되자 OB맥주를 잠시 사모펀드에 팔았다가 나중에 형편이 나아지자 양자가 사전에 합의한 공정한 가격에 다시 사온 것이다. 돈이 부족해서가 아니라 정부의 규제를 피하기 위해 지분 파킹 거래를 할 수 있다.[11] 특별한 다른 사유가 없는 한(예를 든다면 지분을 다시 사오면 손해가 되는 경우), 지분 파킹 거래는 법률적으로는 주식을 매각했더라도 회계적으로는 매각 이전과 동일하게 회계처리를 한다. 회계상 용어를 사용하면 '진성매각(true sales)이 아니라고' 보는 것이다.[12]

비슷한 경우로 아시아나항공과 금호타이어의 사례가 있다. 2006년 대우건설을 인수한 후 재무적 어려움에 직면한 금호아시아나그룹 계열사 금호타이어는, 2010년 들어 보유하고 있던 자회사 금호사옥(주) 지분 80%를 다른 계열사 아시아나항공에 매각한다. 그렇지만 금호타이

---

[11] 예를 들어 지배주주가 50%의 지분을 보유하고 있는 회사 C가 존재하는데, 만약 정부가 지배주주가 30% 이상의 지분을 보유한 외부 회사와 거래하는 것을 금지했다고 가정해보자. 이때 30%에 1주 미달하는 만큼만 주식을 보유하고 나머지 주식 20%는 팔아버리는 것이다. 그렇지만 이 주식을 다시 사올 수 있는 옵션을 보유하고 있다면 계속해서 이 주식을 보유하고 있는 것으로 간주해서 회계처리를 하라는 것이다.

[12] 거래조건에 따라서 주식을 다시 사올 수 있는 옵션이 없더라도 회계상 진성매각으로 인정받지 못할 수 있다. 예를 들어 C의 주식을 매수한 기업 D가 마음대로 C의 주식을 처분할 권한이 없는 경우나 별도 계약을 통해 C가 매각 후에도 매각한 자산을 배타적으로 사용할 권리를 계속 보유하고 있는 경우 등이면 대부분 진성매각으로 인정받지 못한다. 즉 법률적 매각과 회계적 매각 사이에는 차이가 있을 수 있다.

어는 이 주식을 공정한 가격에 다시 취득할 수 있는 옵션(즉 옵션이 등가격인 상황)을 보유하고 있었다. 지금 현금이 필요하기 때문에 잠깐 여유가 있는 계열사에 주식을 넘겼지만 나중에 형편이 개선되면 되사오겠다는 의지를 가지고 있는 것이다. 따라서 이 계약조건은 지분 파킹에 해당된다. 그렇기 때문에 법적으로는 금호사옥(주)의 주인이 금호타이어에서 아시아나항공으로 바뀌었지만, 회계적으로는 금호사옥(주)가 계속 금호타이어의 자회사인 것처럼 분류한다. 그 결과 금호타이어가 금호사옥(주)의 재무제표를 포함해서 연결재무제표를 작성했다. 따라서 아시아나항공은 금호사옥(주)의 지분 80%를 취득했음에도 불구하고 연결재무제표를 작성하지 않고 지분법 회계처리만 수행했다.[13]

LG CNS와 삼성전자의 사례

두 번째는 A가 B의 지분을 인수할 때, 인수가격 자체는 외가격이지만 B의 지분을 인수하면 시너지 효과가 발생해 A가 손해를 보지 않을 것으로 기대되는 사례다. 예를 들어 A가 옵션을 행사해서 B의 지분을 추가로 인수한다면 독자적인 경영권을 보유하게 되고, 그렇다면 A의 기존 사업과 B의 사업을 결합해 시너지 효과가 발생할 수 있는 경우다.

---

[13] 이 사례는 지분 파킹 거래로도 볼 수 있지만, 공정한 가격에 다시 취득할 수 있는 옵션이므로 옵션이 등가격에 해당한다. 따라서 지분 파킹 거래가 아니라고 하더라도 옵션이 실질적인 것으로 판단할 수 있다.

LG CNS의 사례가 이에 해당한다고 볼 수 있다. 2011년 LG CNS는 에이치앤아이피라는 조그만 회사의 주식 32%와 추가적으로 주식 26%로 전환이 가능한 전환사채를 보유하고 있었다. 다만 이 회사가 자본잠식 상황이라 전환사채의 가치는 거의 존재하지 않았다. 사채로 계속 보유한다고 해도 이 사채를 회수할 수 없으며, 사채를 주식으로 전환하는 옵션을 행사하려면 약간의 돈을 에이치앤아이피에 지불해야 했다. 즉 옵션이 미미한 외가격 상태였다. 그럼에도 불구하고 옵션을 행사하면 경영권을 LG CNS가 가져올 수 있고, 그렇다면 LG CNS의 사업과 결합해 시너지 효과를 발생될 수도 있다. LG CNS의 경영능력이 중소기업인 합작파트너보다는 뛰어나다고 볼 수 있기 때문이다. LG CNS는 그런 의도하에 에이치앤아이피에 대한 실질지배력을 가지고 있다고 판단해 연결했던 것으로 보인다. 시너지 효과가 얼마가 될지에 대한 판단은 상당히 애매하므로, 동일한 상황에 처한 회사들 중에는 시너지 효과가 미미하다고 판단해 옵션이 실질적이지 않다고 볼 수도 있을 것이다. 즉 인수하면 시너지 효과가 있을 것이라고 무조건 단정할 수는 없다.

LG CNS 사례는 옵션의 행사가격이 '외가격(옵션을 행사하면 약간의 손해를 보는 경우)'인 경우다. 옵션 행사가격이 외가격이 아니라 '깊은 외가격(즉 옵션을 행사하면 큰 손해를 보는 경우)'이라면 시너지 효과가 일부 있더라도 옵션을 행사하는 것이 손해다. 따라서 옵션이 깊은 외가격이라면 시너지 효과의 존재 여부에도 불구하고 옵션이 실질적이지 않은 것으로 봐야 한다. 삼성전자의 경우 2023년 1월 로봇을 개발하는 회사인 레인보우로보틱스의 일부 지분과 경영권을 확보할 수 있을 만큼의 지분을 추가로 시가에 매수할 수 있는 옵션을 매수했지만, 매수 직후 레인보우로보틱스의 주가가 5배가 될 만큼 급등하자 이 옵션이 실질적이지 않은 것으로 판단했다. 즉 상승한 주가가 레인보우로보틱스의 내재가치보다 과다하게 비싸므로 당시의 주가대로 옵션을 행사한다면 큰 손해가 된다고 본 것이다. 따라서 레인보우로보틱스를 연결시킨 연결재무제표를 작성하지 않았다. 삼성전자의 인수가 알려지자, 앞으로 삼성전자가 레인보우로보틱스의 기술을 많이 활용할 것이므로 레인보우로보틱스의 경영성과가 크게 향상될 것이라고 투자자들이 판단한 듯하다. 그래서 주가가 무려 5배나 뛰었을 것이다. 이런 사례가 있으니, 시장가격에 따라 옵션을 행사하는 것이라도 그 시장가격이 꼭 등가격이라고 볼 수는 없다.

이런 회계처리는 IFRS 도입 이전 사용하던 K-GAAP와 크게 다르다. K-GAAP에서는 옵션은 행사된 후에야 회계처리를 하는 것으로 규정되어 있어서 옵션이 행사되기 이전 실질적인지 여부를 따질 필요가 없어 간단하다. 이 방법은 미국회계기준과 동일한 것이었다. 따라서 IFRS 도입 초기 이런 변경된 회계기준에 대해 잘 알지 못하고 잘못된 회계처리를 수행했던 경우도 일부 존재했었을 수 있다.

피투자회사 주식의 분류에 대한 회계적 판단이 변경된 아시아나항공 사례

주식을 취득할 때 어떤 방식으로 회계처리할 것인지 결정해서 적용하는 것이지만, 취득 이후 회계처리가 변경될 수 있다. A라는 회사가 보유하고 있던 B 회사의 지분을 더 취득하든가 지분 일부를 매각한 경우 실질지배력이나 유의적인 영향력을 취득하거나 상실할 수 있기 때문이다.[14] 드물기는 하지만, 이런 지분의 물리적 거래 없이도 보유주식의 분류에 대한 회계적 판단이 변할 수 있다.

앞에서 금호타이어가 금호사옥(주)의 주식 80%를 2010년 아시아나항공에게 매각했지만, 보유하고 있던 옵션이 실질적이라고 판단해 매각 이후도 이전처럼 계속해서 금호사옥(주)의 재무제표를 포함한 연결재무제표를 작성했다고 설명했다. 즉 아시아나항공은 금호사옥(주)의 주식 중 80%를 보유하고 있음에도 불구하고 실질지배력이 없고 지분 20%와 옵션을 보유한 금호타이어가 실질지배력을 가지고 있다고 본 것이다. 그러다가 아시아나항공은 2017년 들어 금호타이어가 보유한 옵션이 실질적이지 않다고 판단했다. 즉 과거의 판단을 변경한 것이다. 왜 이런 변화가 일어났을까?

금호사옥(주)를 아시아나항공에게 매각한 2010년 당시, 금호아시아나그룹은 대우건설 인수 실패 때문에 발생한 막대한 부채를 갚지 못해 채권단의 공동관리를 받는 중이었다. 2017년 금호아시아나그룹 박삼구 회장은 채권단이 매각하겠다고 시장에 매물로 내놓은 금호타이어와 금호산업의 지분을 사들이기 위해 온갖 방법을 동원해 돈을 끌어모았다. 당시 돈을 모으던 과정에서 벌어진 계열사 자금 횡령과 배임 행위 때문에 박 회장은 2022년 1심 재판에서 10년 형을 선고받았으며 2천억 원대 규모의 민사소송이 별도로 벌어지고 있다. 박 회장이 불법적인

---

[14] 『숫자로 경영하라 5』에 실린 '현대자동차는 기아자동차를 지배하지 못하는가?'라는 글에 금호산업과 오리온의 회계처리가 등장한다. 이 두 기업의 예가 이 설명에 해당된다.

레인보우로보틱스 홈페이지
(rainbow-robotics.com)
레인보우로보틱스의 주식 일부와 추가 주식을 인수할 수 있는 옵션을 삼성전자가 매수하자 주가가 5배나 폭등한다. 그러자 삼성전자는 옵션이 실질적이지 않다고 판단한다.
© RAINBOW ROBOTICS

행동을 벌여서 아시아나항공에게 끼친 손해를 배상하라고 주주들이 제기한 소송이다.

박 회장이 금호타이어를 되찾기 위해 노력했음에도 불구하고, 2017년 산업은행을 주축으로 한 채권단은 보유 중이던 금호타이어 주식을 중국 기업 더블스타에 매각하기로 결정했다. 더블스타가 약 6천억 원으로 금호타이어가 발행하는 신주를 인수해서 1대주주가 되는 것이다. 그 결과 채권단은 2대주주로 내려앉게 된 것이다.

이런 일이 진행되던 2017년 말 아시아나항공은 금호타이어가 보유하고 있는 옵션이 실질적이라던 과거의 판단을 바꿔 실질적이지 않다고 봤다. 금호사옥(주)는 금호아시아나그룹의 본사 사옥을 소유하고 관리하면서 계열사들에게 임대주는 회사다. 따라서 금호아시아나그룹 소속사일 때의 금호타이어는 금호사옥(주)를 계속 지배할 유인이 있다. 그러나 금호타이어가 외부에 매각되어 금호아시아나그룹에서 떨어져 나갈 것으로 보이는 상황에서는 금호타이어가 옵션을 행사해 금호아시아나그룹 사옥을 보유하고 관리하는 회사를 다시 사올 필요가 없다. 그런 이유에서 금호타이어가 앞으로 옵션을 행사하지 않을 것이라고 아시아나항공의 판단이 변한 것이다. 필자의 개인적인 견해지만, 이러한 결정은 충분히 합리적이다.

또한 (주)카카오가 보유 중이던 두나무의 지분비율이 20% 미만으로 감소했는데도 불구하고, 카카오가 주주간계약에 따라 두나무의 이사 중 1인을 지명하므로 계속해서 유의적인 영향력을 보유하고 있는 것으로 간주해 회계처리한 사례가 있다. 그러다가 나중에 이사를 더 이상 임명하지 않겠다고 정책을 바꾸면서, 지분비율의 변화가 없었는데도 불구하고 유의적인 영향력을 미치지 않는 것으로 판단을 변경해 회계처리를 바꾼 바 있다. SK루브리칸츠가 일복(ILBOC, Iberian Lube Base Oil Company)과 합작으로 투자해 다른 회사를 설립하는데, 이 합작사에 대한 추가적인 지분을 인수할 수 있는 옵션을 보유하고 있었다. 처음에는 이 옵션이 실질적이지 않다고 판단했지만, 몇 년 후 사업이 성공하자 옵션이 실질적이라고 판단을 바꿔 합작사에 대한 실질지배력을 획득했다고 봤다. 즉 지분비율의 변동과 무관하게, 지배력이나 유의적인 영향력을 보유 또는 상실했는지에 대한 판단은 상황의 변화에 따라 바뀔 수 있다.[15]

---

[15] 삼성바이오로직스에 대한 1차 감리 때 금융감독원은 한 번 실질지배력에 대한 판단을 하면, 실제로 지분율의 변화가 있는 경우가 아니라면 결정적인 사건(예를 들면 옵션의 실제 행사)이 일어나지 않는 한 지배력 변경에 대한 판단을 바꾸면 안 된다고 주장했었다. 또한 우리나라에 삼성바이오로직스 외에는 이렇게 판단을 변경한 사례가 없다고 설명했다. 이 주장이 옳다면, 위의 사례에서 2017년 옵션이 실제 행사되거나 옵션을 행사하지 않겠다는 금호타이어의 공식적인 발표도 없었는데 아시아나항공이 옵션이 실질적인지에 대한 판단을 바꿔 지배력 변경 회계처리를 한 것은 분식회계에 해당된다. 그런데 금융감독원에서 이 판단의 변경을 문제 삼은 적은 없다. 즉 금융감독원의 두 회사의 회계처리에 대한 해석이 정반대다. 또한 위에서 소개한 사례들이 있으니 국내에 삼성바이오로직스 사례가 유일하다는 금융감녹원의 설명도 사실이 아니다.

실질지배력이나 유의적인 영향력 변경이 발생한 경우의 회계처리

그런데 실질지배력이나 유의적인 영향력의 변경이 발생하면 회계처리가 복잡하다. 앞에서 피투자회사의 주식을 보유한 경우 ① 20% 미만을 보유한 경우는 시가로 회계처리하고, ② 20% 이상을 보유하지만 실질지배력을 보유하는 것이 아니라면(즉 유의적인 영향력만 미치는 경우라면) 지분법 회계처리를 하고, ③ 실질지배력을 보유한다면 지배회사와 피지배회사의 재무제표를 합쳐 연결재무제표를 작성한다고 설명했다. 이 중에서 지분법이나 연결재무제표의 작성 두 방법은 모두 시가가 아니라 회계장부에 적혀있는 장부가치를 기준으로 회계처리를 하는 방법이다. 일반적인 경우 특정 기업의 장부가치가 높다면 시가도 높지만, 특수한 경우 장부가치와 시가 사이에 큰 차이가 발생할 수도 있다. 신기술이나 신제품 개발에 성공해서 주가가 크게 올랐지만 아직 해당 기술이나 제품의 상업화가 되기 전인 스타트업을 예로 들 수 있다.

그런데 한 기업이 타 기업의 주식을 보유하고 있는 동안 보유 주식의 분류에 대한 판단이 변경될 수 있다. 예를 들어 ①→② 또는 ①→③으로 변했다고 생각해보자. 이제까지는 시가변동을 회계장부에 반영해서 평가손익을 기록했었으므로, 분류에 대한 판단이 변한 시점의 해당 주식의 장부가치는 시가로 기록돼있다. 이 경우 판단이 변한 순간부터는 장부가치의 변동만을 이용해 회계처리한다.

이와는 달리 ②→③ 또는 ③→②의 변동이 일어난 경우를 생각해보자. 시가변동을 회계장부에 기록하지 않고 장부가치 변동만을 기록해왔던 경우다. 이 경우 판단의 변동이 일어난 시점의 장부가치와 시가를 비교한다. 과거 시가가 변동하더라도 이를 회계장부에 반영하지 않았었는데, 이 누적된 시가변동분을 지배력에 대한 판단이 변한 시점에 한꺼번에 회계장부에 반영하는 것이다. 즉 과거 해당 주식의 보유기간 동안 시가가 상승(하락)했다면 그만큼 평가이익(손실)을 회계장부에 적고, 주식의 장부금액을 그만큼 증가(감소)시키는 것이다. 자산재평가와 유사한 회계처리라고 보면 이해하기 쉬울 것이다. 그 후로는 장부가치의 변동만을 이용해 회계처리한다. ②→①의 경우나 ③→①의 경우도 동일하게, 주식 보유기간 동안의 시가변동을 한꺼번에 회계장부에 반영한 후 앞으로는 ①에 맞게 회계처리를 하면 된다.

　이 복잡한 지배력/유의적인 영향력 변경 관련 회계처리 방법은 한국의 독자적 회계기준인 K-GAAP를 사용할 때는 존재하지 않았다가 2011년 IFRS가 도입되면서 적용하게 됐다. 필자는 『숫자로 경영하라 5』에 실은 '현대자동차는 기아자동차를 지배하지 못하는가?'라는 글에서, IFRS 도입 당시 피투자회사 지분 변경 회계처리를 수행한 여러 기업의 사례를 소개했다. 예를 들어 2011년 현대자동차는 기아자동차(현기아)에 대한 실질지배력을 잃었다고 판단해(즉 ③→②) 기아자동차 주식의 보유기간 동안의 누적 주가변동액 약 6,500억 원을 이익으로 기록했다. 정확한 금액은 공시되지 않았지만 2011년 SK C&C도 SK(주)에 대한 실질지배력을 잃었다고 판단해 수천억 원의 이익을 기록한 바 있다.[16] SK C&C의 회계처리에 대해 조사한 금융감독원은 이 회계처리가 분식회계라고 주장했지만, 나중에 올바른 회계처리라는 것을 인정한 바 있다. 이 두 사례는 주식 보유기간 동안 시가가 상승했던 경우며,

그 반대로 시가가 하락해서 평가손실을 기록한 경우에 대해서도 소개한 바 있다. 즉 지분의 분류 변경이 일어난다면 주식의 보유기간 동안의 누적 가치변동을 기계적으로 평가손익으로 기록한다.

이상에서 설명한 복잡한 내용을 간단히 종합하면 다음과 같다. 피투자회사 지분의 분류 변동이 일어난다면, 변동이 일어난 시점에 보유 중이던 주식을 시가로 매각하고 동일한 가격으로 해당 주식을 신규로 취득한 것처럼 회계처리한다. 따라서 기존 장부가치가 시가보다 낮다면 매각/취득 시점에 이익을, 반대로 장부가치가 시가보다 높다면 손실을 기록한다.

기업의 본질가치가 변한 것은 아니다

현대자동차나 SK C&C의 사례는 IFRS 도입시점인 2011년 회계처리이며, 2011년 이전부터 각각 기아자동차나 SK(주)의 주식을 보유하고 있던 경우다. 도입 이전과 이후의 실질지배력의 존재 여부에 대한 판단기준이 다르기 때문에 IFRS가 적용되는 동안 실질지배력 존재 여부에 대한 판단이 달라진 사례는 아니다. 이와는 달리 아시아나항공의 경우는 2017년 보유하고 있던 금호사옥(주)의 주식에 대한 판단을 ②→③으로 변경한 사례다. 즉 IFRS를 적용하는 동안 판단이 달라진 것이다. 또

---

16 이에 대해서는 『숫자로 경영하라 5』에 실린 '사상 최대의 분식회계 사건? SK(주)를 둘러싼 연결재무제표 작성 범위 논란'이라는 글을 참조하기 바란다.

한 지분비율이 변한 것이 아니라 보유하고 있는 지분은 동일한데 그 지분의 지배력 존재 유무에 대한 판단이 변한 드문 사례다.

아시아나항공은 이 주식을 2010년부터 보유하면서 지분법 회계처리를 해왔는데, 분류에 대한 판단이 변경된 시점인 2017년 이 주식의 가치를 시가로 평가해야 한다. 금호사옥(주)는 상장기업이 아니므로 가치평가를 해야 하는데, 회사의 자산이 대부분 부동산으로 구성되어 있으므로 부동산 가치가 회사 가치의 대부분을 차지할 것이다. 2017년 평가를 실시한 결과 아시아나항공은 총 1,168억 원의 평가이익을 기록할 수 있었다. 즉 7년의 주식 보유기간 동안 금호사옥(주)의 가치가 그만큼 증가한 것으로 평가한 것이다. 당시 부동산 가격이 폭등했었으므로 그 덕을 봤을 것으로 생각된다.

이런 회계처리를 했다고 해서 실제로 기업의 내재가치가 크게 증가했다고 오해하지 않기 바란다. 회계처리 유무와 관계없이 회사의 본질은 변하지 않았다. 아시아나항공이 보유하고 있는 금호사옥(주) 주식의 가치는 회계처리 전과 후가 동일하다. 즉 지배력 변경 시 기록한 손익은 회계상의 손익일 뿐 현금흐름과 관련이 없다. 이렇게 현금흐름을 동반하지 않은 손익을 발생액(accruals)이라고 부른다. '이익 = 현금흐름 + 발생액'이다. 이 주식을 처분해야지만 현금이 아시아나항공으로 유입될 것이다.

보유 중인 주식의 가치가 커진 것(즉 금호사옥(주)의 가치가 증가한 것)은 2017년 시점이 아닌 그보다 과거에 발생한 일이며 2017년에 이를 회계장부에 기록한 것뿐이다. 따라서 이론적으로는 큰 손익을 기록했다고 하더라도 주가가 변하지 않아야 한다. 주가는 기업의 내재가치를 반영하므로, 2017년 이전에 금호사옥(주)의 가치가 상승했기 때문에 아

아시아나항공 비행기
아시아나항공은 금호사옥(주)의 주식 중 80%를 보유 중이었지만 실질지배력이 없다고 판단해오다가, 2017년 지배력을 획득했다고 판단을 바꿔 큰 평가이익을 기록한다.
ⓒ HANJIN KAL.

시아나항공 주가는 이를 이미 반영하고 있어야 한다. 즉 이 이익은 이미 일어난 기업가치의 변동을 사후적으로 2017년에 재무제표에 기록한 것뿐이다. 또한 이 이익은 영업이익에 포함되지 않는 영업외수익이며, 일시적으로 1회만 발생한 것일 뿐 지속적으로 발생하는 항목이 아니다. 영업외손익에 포함되는 이런 일시적 항목들은 영업이익에 포함되는 지속적 항목들과 비교할 때 주가와의 관련성이 상당히 떨어진다. 따라서 이익의 본질을 잘 모르는 일부 투자자들이 이 회계처리 때문에 기업의 가치가 상승했다고 착각해 주가가 올라간다고 해도 상승의 정도는 미미하리라 예측할 수 있다. 조금만 시간이 지나면 주가는 다시 내재가치 수준으로 복귀할 것이다.[17]

---

[17] 영업손익 및 영업외손익의 차이와 각각의 주가 관련성 등에 대한 보다 자세한 내용은 본서에 실린 '영업손익과 영업외손익의 차이'를 참조하라. 영업외손익으로 분류되는 항목 중에도 지속성이 높은 항목은 영업손익 계산에 포함되는 항목들처럼 중요한 비중으로 살펴봐야 한다. 이자비용이나 지분법손익은 영업외손익으로 분류되지만 상대적으로 지속성이 높은 항목이다.

삼성바이오로직스의
삼성바이오에피스 주식 분류 변경에 대한 회계처리

2011년 제일모직의 자회사 삼성바이오로직스(이하 로직스)는 미국 제약사 바이오젠과 85 대 15라는 비율의 합작으로 삼성바이오에피스(이하 에피스)를 설립했다. 이 회사는 6종의 바이오시밀러(Biosimilar) 약품을 개발하는 것을 목표로 했다. 로직스는 85%의 지분을 가지고 있었으므로 에피스를 종속회사로 간주해 연결재무제표를 작성했다. 바이오젠은 2018년까지 행사할 수 있는 옵션을 보유하고 있었는데, 이 옵션을 행사하면 지분을 50%까지 확대할 수 있다. 즉 바이오젠이 옵션을 행사하면 로직스와 바이오젠의 지분비율이 50 대 50이 된다. 그렇다면 두 회사 모두 에피스를 단독으로 지배할 수 없으므로 공동경영 상태가 된다. 공동경영이라면 연결재무제표를 작성하지 말고 지분법 회계처리만 수행해야 한다.

바이오젠은 약품 개발에 성공하면 옵션을 행사할 것으로 예상된다. 1종의 약품 개발에 대략 2천억 원 정도의 비용이 소모된다. 약품 개발이 진행되는 동안에는 상당한 자금을 투자해야 하고, 약품 개발이 성공하더라도 제품의 판매가 발생하기 전에는 손실만 발생한다. 손실이 발생하는 동안 옵션을 행사해 더 많은 손실을 부담할 필요가 없다. 즉 사업이 성공할 것이 가시화된다면 옵션을 행사하지만, 불확실성이 큰 회사 설립시점에는 미래가 어떻게 될지 모르는데 굳이 옵션을 행사할 필요가 없다. 즉 옵션이 실질적이지 않은 것으로 보였기에 로직스는 에피스에 대한 지배력을 가지고 있다고 판단했다. 실제로 에피스는 설립 시점부터 2015년까지 총 3,300억 원의 손실을 기록한다. 실제 사용된 현금은 이보다 월등히 많아, 영업활동에서 유출된 금액과 투자활동에 사용된 금액을 합하면 1조 3천억 원이나 됐다. 이 돈의 대부분을 삼성 측이 부담하고 있었다.

그러던 중 2015년 들어 에피스는 두 약품 개발에 성공한다. 바이오시밀러 약품의 개발은 개발 자체뿐만 아니라 속도도 중요하다. 먼저 개발해서 시장을 선점하는 것이 중요하기 때문이다. 제품을 개발하는 데는 성공했지만 개발 시기가 남들보다 늦어 실패한 사례도 다수 있다. 그런데 에피스는 두 약품 모두 동일 약품을 개발 중이던 경쟁사가 다수 있었는데도 불구하고 최초로 개발에 성공해 관계당국에 판매승인을 신청하거나 승인을 받았다. 그러자 로직스는 옵션이 실질적이지 않다는 과거의 판단을 실질적이라고 바꿨다. 약품 개발에 성공해 에피스의 가치가 급등했으니 앞으로 바이오젠이 옵션을 행사할 것이라고 본 것이다.[18]

이렇게 지배력에 대한 판단이 변하면서 로직스는 보유 중인 에피스의 주식 가치를 (앞에서 설명한 것처럼) 시가로 매각하고 다시 취득한 것처럼 회계처리해야 했다. 당시 수행한 가치평가 결과 에피스의 가치는 5조 3천억 원인 것으로 평가됐다. 그 결과 로직스는 총 4조 5천억 원의 평가이익을 기록했다. 회사의 가치가 커진 것을 반영한 회계처리를 한 것이다. 이 평가에 따르면 바이오젠은 옵션을 행사하면 투자금액과 비교할 때 엄청난 이익을 얻는다.

---

18 실제로 바이오젠이 옵션을 행사한 것은 옵션의 행사기한 만기가 된 2018년이다.

상장 후 삼성바이오로직스 주가 상승 이유는?

로직스가 이 4조 5천억 원의 이익만 공시한 것이 아니다. 이 주식 중 일부를 바이오젠에 넘겨주어야 하므로, 그에 해당하는 손실 1조 8천억 원도 동시에 기록했다. 즉 결과적으로 이 회계처리의 결과 로직스가 기록한 순이익은 2조 7천억(=4.5조-1.8조) 원이다. 앞에서 설명한 것처럼 이 때 기록한 이익은 현금흐름을 동반한 것이 아니라 발생액일 뿐이다. 이 회계처리 때문에 기업가치가 증가하는 것이 아니라, 이미 증가했지만 그동안 회계장부에 반영하지 않았던 기업가치를 뒤늦게 반영한 것이다. 따라서 이 회계처리 때문에 기업가치가 증가한 것으로 오해하지 않기 바란다. 회사의 현금창출능력이나 미래가치는 회계처리 전후 전혀 바뀌지 않았다. 따라서 이 회계처리가 주가에 미치는 영향도 거의 없다.

에피스를 자회사로 거느린 로직스의 주가는 개발된 약품을 판매해서 얼마만큼의 돈을 벌 수 있는지에 대한 시장의 평가에 따라 결정되는 것이다. 로직스가 2016년 상장할 때의 공모가와 비교할 때 현재 주가가 5배쯤 되고 시가총액은 50조 원이 넘는다. 이 주가 상승의 이유가 2015년 말 기준으로 이루어진 주식의 분류 변경 회계처리 때문이 아니라는 의미다. 상장 연도인 2016년까지도 회사는 영업손실을 기록했으며, 당기순손익의 흑자전환은 로직스의 상장 후 2년이 지난 2018년부터다. 로직스의 손익에 대한 자료는 〈그림 2〉에 제시되어 있다. 2015년 기록한 2조 7천억 원의 영업외이익 때문에 2015년 양(+)의 당기순손익을 기록했을 뿐, 영업손익은 2015년 당시도 큰 적자였다는 점을 알 수 있다.

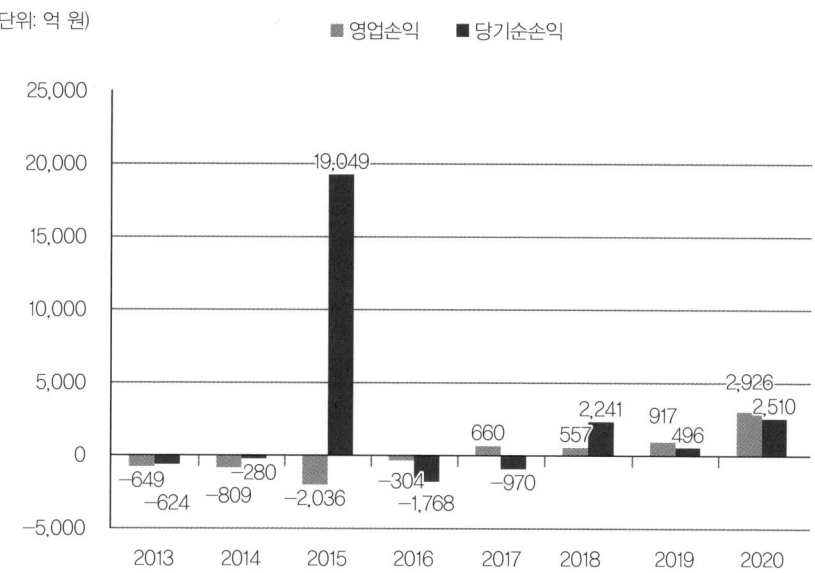

〈그림 2〉 삼성바이오로직스의 영업손익과 당기순손익 변화

이런 점들을 보면 재무제표상 보고된 회사의 경영성과와 무관하게 상장 후 주가가 엄청나게 올랐다는 것을 알 수 있다. 회사의 미래에 대한 시장의 긍정적인 전망 때문이다. 즉 이 회계처리 때문에 주가가 올랐다고 오해하지 말기 바란다. 이 사건의 자세한 전말은 별도의 글로 소개하도록 하겠다.

회계 속 뒷이야기

필자의 글을 많이 읽어본 독자들은, 필자가 복잡한 사건의 내용 중 핵심만을 골라 요약해 전달하려고 노력한다는 사실을 알고 있을 것이다. 그런데 지분의 분류 변경에 대한 앞의 두 편의 글에서는 왜 온갖 복잡한 이야기나 사례들을 다 자세히 설명하는지 궁금할 수 있다. 두 편의 글이 모두 구체적인 회계기준이 어떠하다는 내용을 다루기 때문에 읽기 어렵고, 읽고 나서 글에 등장하는 세부 내용을 다 기억하기 힘들 것이다. 필자도 이런 사례에 대한 자료를 수집하기 위해 많은 시간을 소비했다.

앞의 두 글을 쓴 목적은 크게 2가지다. 첫째, 실질지배력이나 유의적인 영향력의 존재 여부나 변경에 대한 내용이 워낙 복잡하다 보니, 회계처리를 담당하는 직원들이나 CFO를 포함한 기업인들은 거의 다 알지 못한다. 이에 대해 잘 모르는 회계사나 회계학 교수도 있다. 따라서 이런 분을 위해 자세한 설명과 관련 사례를 제시한 것이다. 실질지배력이나 유의적인 영향력의 존재 여부나 변경에 대한 판단이 재무제표에 큰 차이를 가져오는 만큼, 회계와 관련 있는 일을 하시는 분이라면 이런 중요한 사항들을 잘 알아둘 필요가 있다. 둘째, 삼성바이오로직스의 회계처리를 둘러싼 논란의 자세한 전말을 독자 여러분들에게 소개하기 위함이다. 이 사건을 설명하기 위해서는 실질지배력의 존재 여부에 대한 판단과 지배력 회계처리에 대한 이해가 필요한데, 그러다 보니 이에 관한 두 편의 글을 우선 소개한 것이다. 이 두 편의 글을 읽고 이해해야 삼성바이오로직스의 회계처리가 무엇인지에 대해 정확히 이해할 수 있을 것이다.

다수의 독자는 옵션이 아직 행사되지 않았는데도 불구하고 옵션이 앞으로 행사될 것이라고 객관적으로 예측되는지를 따져서 '옵션이 실질적인지'를 결정해야 한다는 점에 대해서 이상하게 생각될 것이다. IFRS 도입 이전 우리나라에서 사용하던 회계기준(그리고 지금도 비상장 회사들이 사용하는 회계기준, K-GAAP라고 부른다)이나 미국회계기준에서는 존재하지 않는 방법이기 때문이다. 이런 규정이 생긴 이유는 고의적인 거래설계(transaction design)를 없애기 위해서다. 거래설계란 규정이 존재할 때 그 규정을 회피할 수 있는 방식으로 불필요한 거래를 만들어내는 행위를 말한다.

예를 들어 A사의 지배주주가 51%의 주식을 보유해 지배력을 행사하고 있는 B라는 회사가 있다고 가정해보자. A사는 B사와 많은 거래를 하고 있다. 그런데 만일 지배주주가 30% 이상의 지분을 보유한 다른 회사와의 거래를 금지하는 법이 제정된다면, 그 규제를 회피하기 위해 지배주주가 B의 주식 중 30%에 한 주가 모자라는 주식만 남기고 다른 주식 21%는 외부의 인물 C(주로 페이퍼컴퍼니)에게 매각할 수 있다. 그런데 이 주식이 외부에 유출되면 지배주주는 B에 대한 지배력을 잃게 된다. 그러므로 이 지분이 외부에서 거래되지 못하도록, 지배주주는 C와 별도의 계약을 맺어서 매각한 주식을 다시 사올 수 있는 옵션을 보유할 수 있다. 그 대신 C에게 별도의 혜택을 제공한다. 약간의 수수료를 지불하는 등의 방법이다. 이런 경우가 발생하는 것을 막기 위해 '옵션이 실질적'이라면 옵션이 행사된 것으로 간주하고 실질지배력이 존재하는지에 대한 판단을 하라는 회계기준이 만들어진 것이다. 즉 IFRS에 따르면, 위에서 소개한 거래는 법적으로는 매각에 해당할지라도 마치 매각하지 않은 것처럼 회계처리가 이루어져야 할 가능성이 높다. IFRS가 '법적 외형'이 아니라 '경제적 실질'에 따라 회계처리하라는 철학을 가진 회계기준이므로, 이 철학에 따라 이런 규정이 만들어진 것이다.

그렇지만 이런 회계기준에도 문제점이 존재한다. 객관적으로 볼 때 옵션이 앞으로 행사될 것으로 판단되는지가 애매하기 때문이다. 명확한 규정이 없으므로 사람에 따라 판단이 달라질 여지가 있다. 이런 판단의 차이를 이용해서 고의적으로 어떤 목표를 이루기 위해 특정 회계처리를 선택하는 기업도 있을 수 있으며, 반대로 특정 기업을 혼내주겠다는 의도를 가지고 규제기관이 기업이 선택한 회계처리가 틀렸다고 처벌할 위험도 존재한다. 판단의 차이라면 처벌을 하지 않고 훈계만 하는 게 옳을 텐데, 이런 사소한 차이를 엄청난 잘못을 저지른 것처럼 부풀려 외부에 홍보하면서 부당하게 과다한 처벌을 내리려는 행위를 규제기관에서 가끔 시도하고 있으니 안타깝다. 특히 앞에서 소개했던 KT&G나 SK C&C의 사례처럼, 정치적인 의도가 결합되어 이런 일들이 벌어지는 것을 보니 더욱 안타깝다. 필자가 정치에 대해서는 거의 알지 못하고 관심도 없지만, 이런 모습을 보면 한국 정치의 개혁이 꼭 필요하다고 느낀다. 또한 정치인들의 부당한 지시를 적극 따르는 모습을 이제까지 보여왔던 규제기관도 개혁이 필요하다. 규제기관이 정권의 입맛에 맞게 행동하는 게 아니라, 과연 무엇이 더 옳은 일인지를 판단해서 행동하기를 바란다.

삼성바이오로직스의 회계처리를 둘러싼 논란의 전말을 소개하는 내용의 글이 뒤에 이어진다. 이 글의 대부분은 사건이 발생했던 당시인 2017년과 2018년에 걸쳐 작성했다. 그리고 3편에 등장하는 2019년 이후에 발생한 사건들만 나중에 업데이트한 것이다. 분량이 두 배쯤 될 정도로 자세한 글을 작성해두었다가 내용을 요약해 소개하는 것인데도 불구하고 내용이 길다. 사건 자체가 복잡하고 내용이 크게 다른 여러 주장이 등장하기 때문이다. 이런 황당한 사건이 후진국도 아닌 선진국 한국에서 발생한다는 것 자체가 정말 아쉽다. 앞으로 다시는 이런 일이 일어나지 않기를 간절히 기원한다.

삼성바이오로직스의
회계처리를 둘러싼 논란의 진실 I
—
합병 발표 7개월 후 알려진 회계처리가 합병 전 주가에 영향을 줄 수 있을까?

2017년 참여연대는 로직스가 2015년 말 바이오젠의 옵션이 아직 행사되지 않았는데도 앞으로 행사될 것으로 간주하고 보유 중이던 자회사 에피스 지분의 분류를 변경하는 회계처리를 진행한 것은 분식회계라고 주장했다. (구)삼성물산과 제일모직의 합병 이전에 제일모직 주가를 올리기 위해 제일모직의 자회사에서 분식회계를 행했다는 것이다. 그런데 합병비율 산정(2015년 5월)은 로직스 회계처리(2015년 12월)와 외부 공시(2016년 3월) 이전에 이뤄졌기 때문에 이 같은 주장은 시기적으로 맞지 않는다. 한국공인회계사회와 금융감독원은 회계처리가 적정하다고 판단했다. 하지만 2017년 정권 교체가 되면서 금융감독원은 재조사에 착수했고 2018년 분식회계라고 입장을 바꿨다.

MANAGING BY NUMBERS

2018년 중반부터 2019년 초까지 약 1년간 가장 세간의 관심을 받은 기업 관련 뉴스는 무엇일까? 필자는 일부에서 '삼성바이오로직스(이하 로직스)의 분식회계'라고 부르고 다른 편에서는 '금융감독원의 분식회계 조작'이라고 부르는 사건이 아닐까 생각한다. 몇몇 언론사에서 2018년 10대 뉴스의 하나로 뽑았을 정도로 이 사건은 회계 관련 일로는 전례 없이 큰 관심을 받았고 치열한 논란의 중심에 섰다. 이 사건과 관련해 참여연대나 일부 정치인은 삼성을 강하게 비판했다. 하지만 삼성이나 관련 회계법인, 한국공인회계사회, 다수의 회계 전공 교수와 회계사는 논란이 된 회계처리가 분식회계가 아니라는 견해를 밝혔다.

이런 보도 내용을 접하는 대중들은 아마 매우 혼란스러웠을 것이다. 전체적인 내용을 잘 모른 채 단편적인 주장을 접하면 사건의 내막이 무엇인지 파악하기가 거의 불가능하기 때문이다. 필자도 많은 사람으로부터 사적인 자리에서 이 사건에 대한 질문을 받았다. 내막을 잘 모르는 일부 학자나 회계사들도 진실에 대해 궁금해했다. 설명하려 해도 내용이 복잡하니 간단히 요약하기 힘들었다.

설명에 앞서 이 사건 진행 과정에서 로직스의 회계처리가 왜 분식회계인지를 둘러싼 서로 다른 3가지 주장이 등장한다는 점을 밝힌다. 참여연대의 주장과 금감원의 두 주장이다. 금감원의 두 주장이라고 언급한 이유는, 금감원이 이 사건을 진행하던 약 1년 동안 로직스의 회계처리가 왜 분식회계인지에 대한 공식 주장을 한 번 변경했기 때문이다. 따라서 제일 처음 제기된 참여연대의 주장을 1차 주장, 금감원의 초기 주장을 2차 주장, 그리고 금감원의 마지막 주장을 3차 주장이라고 부르겠다. 1차 주장과 2차 주장은 비슷하지만, 2차와 3차 주장은 거의 정반대일 정도로 다르다. 검찰도 기소할 때 1심 때와 2심 때의 기소 내용이 크게 바뀌었다. 이렇게 서로 다른 주장이 시기에 따라 뒤섞여 언론에 소개됐으니, 내막을 잘 모르는 사람들이 혼란스러운 것은 당연하다.

또 한 가지 밝힐 점은 이 사건이 일반적인 분식회계와는 크게 다르다는 점이다. 일반적 분식회계는 존재하지 않는 가짜 이익을 적어 기업의 가치를 부풀리려는 것이 대부분이다. 하지만 이 사건은 기업의 본질가치와 관련이 없다. 기업가치가 증가한 것은 맞는데, 그 증가한 가치를 언제 어떤 방법으로 회계장부에 기록할 것인가에 대한 견해 차이만 있다.

그렇다면 과연 이 사건의 숨겨진 진실은 무엇인지 알아보자. 내용이 복잡하므로 총 세 편의 글로 나누어 설명하도록 하겠다. 이 세 글을 구분해서 각각 원고 1, 2, 3으로 부르겠다.

삼성바이오로직스의 설립과 바이오젠과의 합작

로직스는 2011년 말 삼성그룹에서 의약품 위탁생산업(contract manufacturing organization, CMO) 사업에 진출하기 위해 제일모직의 자회사로 설립됐다. CMO는 메이저 제약사들을 대신하는 하청업체로서, 제약사들이 제공한 방법에 따라 약품을 대신 생산해주는 사업이다. 당시 로직스에는 자체적으로 의약품을 개발할 기술이 없었다. 그렇다고 CMO만 해서는 큰 회사로 성장하는 데 한계가 있다. 이에 회사는 의약품 개발 기술을 확보하기 위해 해외 메이저 제약사들에게 합작제안을 하지만 모두 거부당한다. 그러다가 찾아낸 파트너가 중견 제약사 바이오젠(Biogen Idec Therapeutics Inc.)이다. 로직스와 바이오젠은 85 대 15의 비율로 투자해 삼성바이오에피스(이하 에피스)라는 회사를 2012년 설립한다. 자금은 삼성이, 기술은 바이오젠이 공급하는 형태다. 에피스가 약품 개발과 개발된 약품의 생산을 맡고, 약품이 개발되면 해외에서 판매 승인을 받는 것과 그 후 생산된 제품의 유통 및 판매 과정의 상당 부분은 바이오젠이 담당하기로 했다.

계약에 의하면 바이오젠은 에피스 이사 중 1인에 대한 지명권을 보유하고 있다. 따라서 회계적 용어를 사용하면, 바이오젠 입장에서 에피스는 경영권(회계상의 용어는 지배력)은 없지만 '유의적인 영향력'을 행사할 수 있는 관계회사에 해당한다.[1] 바이오젠은 일정한 금액을 지불하면 보유 중인 옵션을 행사할 수 있고, 행사하면 에피스의 지분을 50%까지 취득할 수 있다. 즉 옵션을 행사하면 로직스와 바이오젠이 50 대 50의 비율로 에피스를 공동지배하게 된다.

에피스 설립 당시는 로직스가 에피스의 지분 중 85%를 보유하고 있으므로, 로직스는 에피스를 지배하고 있다는 판단에 에피스를 종속회사로 분류해 연결재무제표를 작성한다. 일반적인 경우 50%를 초과하는 지분을 보유하고 있어 주주총회의 일반결의에 해당하는 안건을 통과시킬 능력이 있다면 지배력을 보유하고 있다고 본다. 연결재무제표란 모회사(지배회사)와 모회사가 지배하는 자회사(종속회사)를 하나의 경제적 실체로 간주해, 이 둘 재무제표 총액을 서로 합쳐 재무제표를 작성하는 것이다.

바이오젠이 보유한 형태의 옵션을 경영학에서는 '실물 옵션(real option)'이라고 부른다. 위험이 큰 투자를 할 때 위험을 회피하기 위해 사용하라고 경영학 교과서에서 추천하는 방법이다. 투자 초기 성공가능성이 낮은 상황에서는 적은 자금만 투자했다가, 시간이 지남에 따라 성공가능성이 높아졌다면 옵션을 행사해 추가적인 지분을 확보함으로써 성공의 과실을 누리는 것이다. 반대로 실패가 명확해지면 더 이상의 투자를 중지하고 사업을 포기하면 된다. 이런 형태의 투자기법은 투자자(옵션 보유자)에게는 유리하고 피투자자(옵션 발행자)에게는 불리한 방법이다. 피투자자 입장에서 보면 사업 초기 위험을 부담하다가, 만약 사업이 성공하면 과실을 투자자와 공유해야 하기 때문이다.[2] 이런 계약을 했

---

1 당시 바이오젠이 경영권을 보유하지 않았다는 점은 필자와 로직스의 판단이며, 바이오젠도 사업보고서에 '경영권을 보유하고 있지 않다'고 서술하고 있었던 점으로 보아 바이오젠도 동일한 판단을 내리고 있었던 점을 알 수 있다. 그런데 금감원은 2018년 그전까지 제시했던 주장을 변경해서, 바이오젠이 에피스 설립 때부터 경영권을 로직스와 공동으로 행사하고 있었다는 새 주장을 내세우기 시작했다. 이 바뀐 주장에 대해서는 원고 2와 원고 3에서 설명한다.

•• 〈그림 1〉 삼성바이오에피스의 지배구조

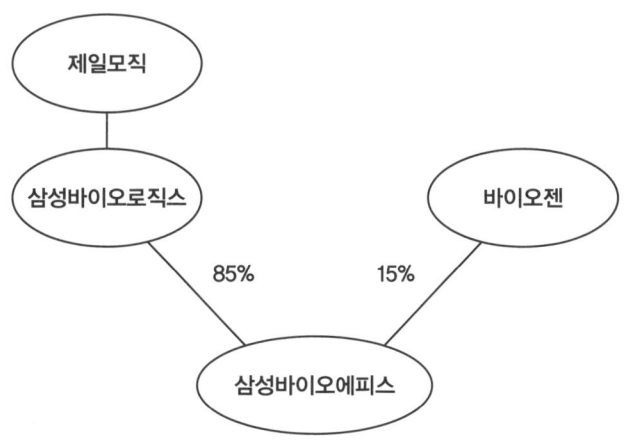

다는 것은, 계약 체결 당시 바이오젠이 로직스보다 우월적 위치에 있었다는 것을 말해준다. 약품 개발에 대한 기술이 없던 삼성이 기술을 제공할 합작사를 찾다 보니 협상의 주도권을 바이오젠이 가지고 있었던 것으로 보인다. 바이오젠 입장에서는 사업의 성공가능성을 낮게 봤으므로 스스로의 자금 투자 없이 기술만 제공하고 결과를 지켜보다가, 만약 약품 개발에 성공하면 성공의 과실은 함께 누리겠다는 의도를 가졌던 것이다. 즉 당시 상황을 보면 바이오젠이 앞으로 옵션을 행사할 것인지의 여부를 예측하는 것이 불확실했다. 최소한 필자는 불확실했었다고 생각한다.

---

2 이 글에서는 투자하는 경우만 설명했으나, 사업에서 철수할 경우에도 한 번에 철수하는 것이 아니라 순차적 의사결정을 하는 방법도 실물 옵션에 해당된다.

바이오시밀러 약품 개발과 셀트리온 사례

약품 개발을 위해서는 막대한 자금과 오랜 시간이 소요되지만 성공가능성은 매우 낮다. 그렇지만 개발에 성공해 시장을 선점한다면 전 세계를 대상으로 판매할 수 있으므로 큰 수익을 창출할 수 있는 가능성이 높다. 즉 전형적인 고위험-고수익 사업이다. 우수한 기술력이 있으면서 동시에 큰 위험을 부담할 수 있는 자금력도 가진 소수 메이저 제약사가 전 세계 의약품 시장을 장악하고 있는 이유다.

당시 로직스가 개발하려고 한 '바이오시밀러(biosimilar)' 약품이란, 오리지널 약품의 특허가 만료되었을 때 이를 모방해 유전자 재결합 또는 세포배양을 통해 생산된 복제약을 말한다. 화학약품을 결합해 만드는 오리지널 의약품이나 다른 복제약들과는 전혀 다른 방식이지만 대량 생산이 가능하다. 그렇지만 일반적 복제약과 비교할 때 바이오시밀러 약품은 개발기간과 임상기간이 더 길고 허가규정도 엄격하다. 그래서 제품을 개발하고 생산 후 판매할 때까지 오랜 시간과 큰 비용이 소요된다. 그러나 일단 선발주자가 되어 제품 판매에 돌입하면, 위에서 설명한 이유들 때문에 경쟁자가 쉽게 진입할 수 없다. 물론 어렵다고는 하지만 상대적으로 신약 개발보다는 성공확률이 높다.[3] 다만 여기서 성공확률이라는 것은 약품을 개발하는 데 성공한다는 의미일 뿐 사업적 성공을 말하는 것은 아니다. 업계 특성상 약품을 남보다 먼저 개발해 시장을 장악하는 것이 중요하기 때문이다. 신약의 특허가 만료되는 시점에 해당 약품을 가장 빨리 개발해 시장에 내놓아야 돈을 벌 수 있고, 2등만 해도 투자금을 회수하는 정도로 만족해야 한다. 3등이라면 투자금을 회

셀트리온
셀트리온과 삼성바이오로직스는 대표적인 의약품 위탁생산업체다. 두 회사 모두 크게 성공해 한국 의약업계를 주도하는 기업으로 발전했다.
ⓒ 셀트리온

수하는 것도 힘들다고 한다.[4]

바이오시밀러 의약품을 생산하는 또 다른 유명한 회사는 셀트리온이다. 셀트리온은 서정진 회장이 2002년 설립해 이끌어왔다. 지금은 셀트리온이 '코스닥 대장주'라고 불리지만, 과거 성공하기 전까지는 서 회장을 사기꾼, 셀트리온을 실체가 없는 유령회사라고 부르는 사람도 많았다. 사기가 드러나 셀트리온의 주가가 폭락할 것이라면서, 주가가 하락하면 돈을 벌 수 있는 공매도에 베팅한 투자자도 많았다. 그래서 오랜 기간 동안 코스닥 시장에서 셀트리온에 대한 공매도 금액이 압도적 1위를 차지했었다. 그만큼 성공의 길이 험난하다는 것을 말해준다.

---

3 여기에 언급된 내용은 언론 보도와 인터넷에 게시된 내용, 그리고 로직스와 동일한 바이오시밀러 의약품을 생산하는 셀트리온의 홈페이지에 언급된 자료를 이용한 것이다. 이런 견해와는 달리 금감원은 3차 주장 때 바이오시밀러 분야는 약품 개발이 쉽기 때문에, 개발에 착수하기만 하면 성공이 거의 확실하다고 볼 수 있다는 견해를 내세웠다. 따라서 회사 설립시점부터 성공이 예상됐다는 주장이다. 필자가 여러 의약업계 관계자에게 이에 대해 질문한 결과, 필자의 질문을 받은 관계자들 모두 이런 금감원의 의견에 동의하지 않았다. 이렇게 성공가능성이 높은 분야라면 당시까지 왜 해외 메이저 제약사들이 진출을 못 하고 있었을지, 왜 바이오젠이 직접 연구개발을 수행하지 않고 에피스에 기술을 제공해 합작을 했는지 궁금하다.

4 셀트리온의 경우 약품 개발 성공단계에 접어들었지만 경쟁업체들이 먼저 성공해 시장을 장악했기 때문에 더 이상의 개발을 포기한 사례가 있다. 또한 에피스가 개발에 성공한 약품도, 동일한 약품을 개발하던 경쟁사들이 에피스의 성공을 보고 더 이상의 개발작업을 중지한 경우도 있었다.

막대한 자금을 투자한 결과 약품 개발의 성공

로직스와 바이오젠은 6종의 약품을 연구개발하는 것에 합의하고 에피스를 설립했다. 2012년 설립 이후 에피스는 연구개발에 몰입한다. 2013년 3종의 약품에 대한 임상실험 3단계(전문용어로는 3상)에 접어드는 성과가 있었다.[5] 엄청난 자금을 투자하고 수백 명의 연구인력을 스카우트해 연구개발에 집중한 결과가 예상보다 빨리 나타나기 시작한 것이다. 그러나 연구개발 과정에 큰 비용이 소모되는 바, 2014년 들어 회사 설립 때 투자했던 자금이 고갈되어 증자를 해야 할 상황에 처했다. 그런데 바이오젠이 추가출자를 거부했으므로 로직스가 단독으로 출자를 했다. 따라서 지분율은 처음의 85 대 15에서 92 대 8로 변한다. 2014년까지도 바이오젠이 사업의 성공가능성을 높게 보고 있지 않았다는 증거다. 만약 성공가능성이 높다고 판단했다면 바이오젠은 증자에 참여해 자신의 지분비율을 유지하려고 했을 것이다.

 2014년까지 에피스가 영업활동에서 잃은 현금과 투자활동에 사용된 현금을 합하면 총 4,327억 원이다. 이 수치는 〈표 1〉에 제시되어 있다. 〈표 1〉에는 등장하지 않지만, 2015년분까지 합치면 총 7천억 원 정도다. 이 돈을 로직스에서 자체자금 또는 차입을 통해 대부분 부담하고 있었다. 따라서 재무활동에서 조달된 현금이 큰 양(+)의 금액임을 알 수 있다. 로직스는 막대한 투자금을 마련하기 위해 에피스의 상장을 추진했다.

---

[5] 바이오시밀러 업계의 연구개발은 '개발품목 선택 → 세포주 개발 → 비임상실험 → 임상실험 → 시판허가' 단계를 통해 이루어진다.

〈표 1〉 설립 초기 삼성바이오에피스의 현금흐름

(단위: 억 원)

구분	2012	2013	2014
영업활동에서 조달된 현금	-319	-397	-469
투자활동에서 조달된 현금	-743	-1,462	-937
재무활동에서 조달된 현금	2,399	900	2,006

    2014년 1종의 약품이 임상 3상에 진입했다. 로직스 측의 주장에 의하면, 이때까지는 앞으로 사업이 성공할 것인지가 불확실해 에피스의 가치가 얼마인지를 신뢰할 만한 수준으로 평가할 수 없었다. 신뢰할 만한 수준의 가치평가를 하기 위해서는 사업이 성공할 확률과 성공 시 얼마를 벌 수 있는지를 상당히 객관적으로 예측할 수 있어야 하고, 예측값들의 편차가 유의적이지 않아야 한다. 편차가 유의적이지 않다는 말은, 서로 다른 값들이 발생했을 때 그 값의 차이가 의사결정에 큰 영향을 미치지 않아야 한다는 의미다. 이런 내용들은 회계실무에서 널리 사용되며, 금감원이 제정한 가치평가 실무지침에도 등장한다.

임상실험의 성공과 에피스의 공정가치 평가

    이 말이 미래를 정확히 예측할 수 있어야 한다는 의미는 아니다. 만약 성공확률이 30~40% 정도라면 성공할 가능성이 높다고 보기 힘들므로 신뢰할 만한 가치평가를 하기 힘들다. 그러나 만약 성공확률이 70~80%쯤 된다면 어느 정도 신뢰할 만한 가치평가를 할 수 있을 것이다. 예를 들어 1조 원을 투자한 약품 개발이 성공할 경우 낙관적 시나리오에서는 10조 원, 중간 시나리오에서는 8조 원, 비관적 시나리오에서는 6조 원을 번다는 등의 예측이 가능할 것이다. 그리고 시나리오별 발생확률도 어느 정도 예측 가능하다. 즉 이 경우 정확하지는 않더라도 어느 정도 신뢰할 만한 가치평가가 가능하다. 그렇지만 약품 개발과 사업화의 성공가능성이 낮다면, 성공할 확률의 예측도 힘들지만 성공과 실패했을 경우의 예측치의 편차가 너무 크다. 실패하면 투자한 1조 원의 돈만 잃고 회사문을 닫아야 한다. 이런 경우라면 신뢰할 만한 가치평가를 할 수가 없다.

　에피스의 경우 2015년 말까지 세 제품이 임상 3상을 마쳤고 두 제품은 국내외에서 판매허가를 받았다. 두 약품 모두 다수의 경쟁업체를 제치고 최초로 개발에 성공한 것이다. 사업이 성공했다고 볼 수 있는 상황이다. 그러자 바이오젠은 2014년에 불참했던 유상증자에 참여한다. 즉 바이오젠도 2015년 들어 사업이 성공했다고 판단했다는 점을 추측할 수 있다. 셀트리온이 회사 설립 후 10년째에 한 가지 약품의 판매허가를 얻었다는 점과 비교하면, 에피스가 4년 만에 두 약품의 판매허가를 받았다는 점은 놀랄만 하다. 삼성의 과거 성공비결이 '막대한 자금 투자와 빠른 속도의 실행'이라는 학계의 평가와 잘 어울리는 일이다.

　이런 일이 벌어지기 직전 (구)삼성물산과 제일모직이 합병한다. 합병 관련 회계처리를 하기 위해서는 합병 당사자들의 공정가치를 평가해야 한다.[6] 따라서 2015년 중순 제일모직은 자회사들의 공정가치 평가를 안진회계법인에 의뢰한다. 그 결과 에피스의 가치는 5조 3천억 원으로 평가됐다.[7] 이때까지만 해도 에피스는 연구개발을 위해 자금을 사용하기만 하고 버는 돈은 없는 적자 회사였다. 회사의 흑자전환은 생산설비를 도입하고 제품생산을 시작해서 판매가 진행된 이후에야 발생할 것이므로, 앞으로도 당분간은 적자가 유지될 수밖에 없는 상황이다.[8] 그렇지만 경쟁업체들을 제치고 최초로 약품 개발에 성공했으므로, 앞으로 이 약품을 생산해 판매하기 시작하면 큰돈을 벌 것으로 전망되므로 기업가치가 높게 평가된 것이다.

이렇게 되자 로직스는 앞으로 바이오젠이 옵션을 행사할 것으로 판단했다. 전문적인 용어로는 '옵션이 실질적인 권리에 해당된다'고 봤다. 바이오젠이 옵션을 행사해서 지분 50%를 확보하면 큰돈을 벌 수 있을 것으로 예상되기 때문이다.[9] 그렇다면 로직스와 에피스는 더 이상 지배회사-종속회사 사이가 아니라 관계회사 사이로 변하게 된다. 로직스와 바이오젠이 모두 50%의 지분을 보유했으므로, 둘 중 하나가 독단적으로 경영의사결정을 내릴 수 없다. 즉 양자의 공동경영 상태로 접어든다.

---

[6] 너무 복잡한 이야기라 자세한 설명을 생략하지만, 공정가치 평가를 통해 합병하는 두 당사자에 대한 영업권이 얼마인지를 계산한다. 이 공정가치 평가는 합병비율이나 인수대금 계산에 영향을 미치는 것이 아니다. 합병비율이나 인수대금이 정해짐에 따라, 그 이후에 회사의 공정가치와 인수대금(또는 합병비율에 따라 정해진 회사의 가치) 사이의 차액을 영업권이라고 회계장부에 기록하는 회계상의 절차일 뿐이다.

[7] 비슷한 시기에 다른 목적으로 수행된 한영회계법인의 평가에서도 에피스의 가치는 4조 9천억 원으로 추정됐다. 즉 둘 사이에 큰 차이가 없다는 점을 알 수 있다.

[8] 실제 흑자 전환은 2018년도에 이루어진다.

참여연대 홈페이지
(peoplepower21.org)
시민단체인 참여연대는 제일모직과 삼성물산이 합병할 때 이재용 회장의 지분비율이 높은 제일모직에 유리하게 합병하고자, 제일모직의 자회사인 로직스가 대규모 분식회계를 수행했다고 주장했다.
ⓒ 참여연대

옵션 행사 판단에 따른 막대한 이익의 기록

그런데 이렇게 되면 회계처리가 무척 복잡하다. 2015년까지 로직스는 에피스를 종속회사로 판단해서 연결재무제표를 작성해왔다. 연결재무제표를 작성하는 경우에는 시가와 관계없이 지배회사와 종속회사의 장부가치를 총액 합산한다. 즉 에피스의 기업가치가 크게 증가한 것은 로직스의 회계장부에 반영되지 않는다. 에피스의 회계장부에는 역사적으로 발생한 사건들만 기록되어 있을 뿐, 미래 사업이 성공해 돈을 잘 벌 수 있을 것이라는 기대 때문에 기업가치가 높게 평가된 것은 기록되어 있지 않기 때문이다. 그런데 이 사례의 경우처럼 로직스가 에피스에 대한 경영권을 상실했거나 앞으로 상실할 것이라고 판단하면 지분의 분

---

9 전문용어로는 옵션이 '과거 외가격(out-of-the-money) 상태에 있다가 내가격(in-the-money) 상태로 접어들었다'라고 표현한다. 이렇게 되면 옵션이 실제로 행사되었는지의 여부에 관계없이, 합리적으로 볼 때 앞으로 행사될 것으로 판단되므로 이를 '옵션이 실질적인 권리'가 되었다고 말한다. 국제회계기준에 따라 이런 경우 옵션이 행사된 것으로 간주해 지배력이나 유의적인 영향력이 존재하는지에 대한 판단을 한다. 즉 옵션이 실제로 행사되었느냐를 기준으로 판단하는 것이 아니다. 좀 더 자세한 내용은 본서에 실린 '피투자회사 주식 재분류 회계처리의 의미와 효과: 아시아나항공과 삼성바이오로직스'라는 글을 참조하기 바란다.

류를 변경하는 회계처리를 해야 한다.[10]

그 과정은 다음과 같다. 이제까지의 에피스의 누적가치변동분을 일시에 로직스의 회계장부에 반영한 후 그다음부터 지분법 회계처리를 한다.[11] 이 사건에서 논란이 된 것은 지분법 회계처리가 아니므로, 이해하기 어렵다면 지분법에 대한 설명 부분은 무시해도 된다. 논란이 된 부분은 에피스의 누적 가치변동분을 일시에 로직스 회계장부에 반영해야 하는 점이다. 앞에서 설명한 것처럼, 에피스의 가치는 2014년까지는 (로직스의 주장에 따르면) 연구개발이 진행 중이었기 때문에 성공한다는 보장이 없으므로 불확실성이 커서 신뢰할 만한 가치평가를 할 수 없었다. 그러다 2015년 동일한 약품을 개발하던 다수의 경쟁업체들을 제치고 1등으로 개발에 성공해 국내외에서 시판허가를 받은 결과 불확실성이 줄어들어 신뢰할 만한 가치평가가 가능해졌다. 따라서 지배력 상실 회계처리를 실시하게 됐다. 즉 가치평가를 통해 계산된 누적 가치상승분을 한꺼번에 회계장부에 반영해[12] 로직스는 4조 5천억 원의 영업외수익(종속기업투자이익)을 기록한다. 또한 동시에 이 증가한 기업가치 중 1조

---

10 보유 중인 지분의 회계상 분류를 변경하는 회계처리에 대한 보다 자세한 설명과 이 회계처리를 실시했던 다른 기업들의 사례는 본서에 실린 '피투자회사 주식 재분류 회계처리의 의미와 효과: 아시아나항공과 삼성바이오로직스'라는 글을 참조하기 바란다. 여기서 주의할 점은 옵션이 지금 당장 행사될 필요는 없다는 점이다. ① 현재 행사가능한 옵션이면서, ② 합리적으로 볼 때 지금부터 미래 옵션 만료 시점까지의 기간 중 어느 시점에 바이오젠이 옵션을 행사할 것이라고만 판단되면 옵션이 행사되어 로직스가 경영권을 상실한 것으로 보는 것이다.

11 지분법은 유의적인 영향력을 미치는 피투자 관계회사의 장부에 표시된 지분가치가 변한 순액만큼만을 투자회사의 회계장부에 합산하는 방법이다. 예를 들어 이 사례와 같이 옵션을 행사한 후 50 대 50의 지분비율이 된다면, 에피스의 장부가치 변화분의 순액 중 50%만 로직스의 장부가치에 더해준다. 자산재평가를 하는 것이라고 이해하면 된다.

•• 〈그림 2〉 삼성바이오로직스의 경영성과 변화 추세

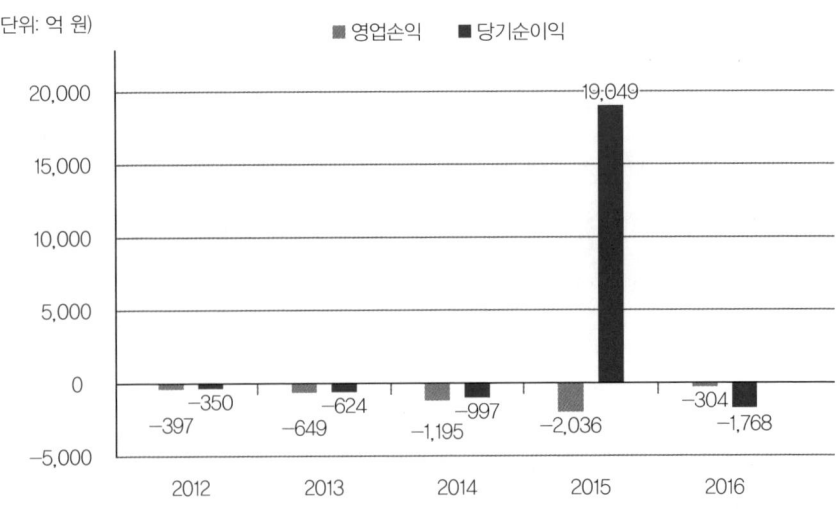

8천억 원에 해당하는 지분을 바이오젠에게 넘겨야 하므로, 이에 해당하는 금액을 영업외비용(파생상품평가손실)으로 기록한다. 이 회계처리를 제외하면 큰 영업손실이 발생했는데, 이 회계처리가 합해지면서 로직스는 2015년 동안 총 1조 9천억 원의 당기순이익을 기록했다. 2015년 말 기준으로 이 회계처리가 이루어진다. 2012년부터 2015년까지 로직스의 경영성과는 〈그림 2〉에 제시했다. 또한 로직스는 로직스가 이런 회계처리를 하자고 최초에 제안한 것이 아니라 회계감사를 수행하던 삼정

---

12 가치평가를 처음 실시하기 이전에는 신뢰할 만한 가치를 평가할 수 없었으므로 장부가치로 회계장부에 기록되어 있었다. 이 장부가치와 평가를 통해 측정된 가치의 차액이 누적 가치상승분이다.

회계법인에서 이 사실을 발견해 회계처리를 수정해야 한다고 주장했으며, 그 주장을 로직스가 최종적으로 받아들여서 회계처리를 한 것이라고 설명했다. 즉 로직스가 고의적으로 가치를 부풀리기 위해 이 회계처리를 한 것이 아니라는 반론이다.

지배력 상실 회계처리에 대한 공시 내용

로직스는 2012년부터 2013년까지 바이오젠이 보유한 옵션의 존재 여부에 대해 공시하지 않았다. 옵션의 실행 여부가 지배력의 존재 여부에 영향을 미치는 중요한 사실이므로 공시해야 했다고 볼 수도 있지만, 아직 사업 초기라 옵션이 실행될 가능성이 높지 않은 상태였으므로 외부 이해관계자가 볼 때 중요한 정보가 아니라고 판단해 공시하지 않았다고 볼 수도 있다.[13] 그러다 2014년 들어 옵션이 존재한다는 것을 공시하기 시작한다. 즉 2014년 들어서는 사업이 계획대로 잘 진행됨에 따라 앞으로 옵션이 실행될 가능성이 있다는 것을 인지했으므로 공시를 시작했다고 볼 수 있다.

  2015년 지배력 상실로 인한 지분의 분류 변경 회계처리를 수행하면서, 이 회계처리에 대한 회사의 공시 내용은 〈표 2〉와 같다. 4조 5천억

---

[13] 어떻게 판단했든 옵션의 존재 여부나 옵션의 조건을 사전에(특히 2014년) 공시하지 않은 것은 아쉽다고 생각한다. 그러나 아쉽다고 해서 이런 경우를 모두 처벌할 수는 없다는 것이 개인적인 의견이다. 판단은 사람에 따라서 다를 수 있기 때문이다. 처벌하더라도 경미한 수준의 처벌('주의'나 '경고' 정도의 행정처분)이 가능할 뿐이다.

•• 〈표 2〉 삼성바이오로직스의 지배력 상실 회계처리에 대한 공시 내역

당사는 당기 중 삼성바이오에피스(주)에 대한 지배력을 상실하여, 해당 기업 및 동기업의 종속회사를 연결대상 종속기업에서 제외하고, 동 주식의 공정가치 금액을 관계기업투자주식으로 분류하였습니다. (중략) 삼성바이오에피스(주) 투자 지분에 대한 지배력이 상실되어 계산된 처분 손익은 다음과 같습니다.

(단위: 천 원)

구 분	금 액
취득 주식의 공정가치(A)	4,808,578,367
지배력 상실 시점의 순자산(B)	290,531,810
비지배지분(C)	25,563,205
당기손익으로 재분류되는 포괄손익(D)	773
종속기업투자이익(A−B+C+D)	4,543,610,535

원이라는 수치가 어떻게 계산되었는지를 설명한 내용이다.

당시 에피스는 미국 나스닥 시장 상장을 추진하고 있었다. 설립 초기 미래가 불확실한 상황에서 연구개발에 필요한 막대한 자금을 삼성 측이 모두 부담하기가 힘들기 때문에 상장을 통해 자금을 조달하기를 바랐을 것이다. 한국 주식시장에 상장하기 위해서는 흑자를 기록해야 하는 조건이 있었는데, 에피스는 적자상태였으므로 상장조건에 부합되지 않았다. 그러나 미국 나스닥 시장(그리고 기타 대부분의 선진국 시장)은 흑자 여부와 관계없이 성장성이나 미래전망 등이 좋다면 상장할 수 있다. 즉 상장 여부를 시장의 평가에 맡기는 것이다. 그래서 에피스는 나스닥 상장을 계획한 것으로 추측된다.

삼성바이오로직스의 코스피 시장 상장

이때 증권거래소가 '우수한 한국 기업을 외국에 뺏겨서는 안 된다'면서 상장조건을 개선하겠다고 나선다. 그 결과 2016년 금융위원회를 설득해 기술특례상장제도를 도입했다. 기술이 우수한 기업은 적자라도 상장할 수 있도록 제도를 바꾼 것이다. 우수한 기업이 국내에 상장해야 국내 투자자들도 그 혜택을 함께 누릴 수 있다는 이유에서다. 증권거래소 대표단이 수차례 삼성을 방문해 회의를 가졌고, 정부도 이를 적극 지원(또는 압박)한다. 경제부총리와 금융위원장도 직접 나섰다. 이에 삼성도 방향을 바꿔 에피스가 아닌 로직스의 코스피 시장 상장을 추진하게 된다.[14]

상장을 위해서는 상장 전 한국공인회계사회에 의해서 '재무제표 감리'를 받아야 한다. '감리'란 재무제표가 회계기준에 따라 제대로 작성되어 있는지를 자세히 조사하는 것이다. 상장기업들은 정기적으로 재무제표 감리를 받는데 비상장기업들은 주주나 채권자가 소수에 불과하기 때문에 자주 감리를 받지 않는다. 상장기업에 대해서는 금감원이 감리를 하는데, 비상장기업에 대해서는 금감원을 대신해 공인회계사회에서 감리를 수행하고 있다.

공인회계사회에서는 감리 중 문제가 된 2조 7천억(=4.5조−1.8조) 원의 이익을 기록한 회계처리에 대해 집중한다. 적자만 기록하던 회사가 갑자기 큰 흑자가 발생한 것은 누가 보더라도 이상한 일이었다. 여러 전

---

14 나중에 알려진 일이지만, 2015년 말 당시 에피스의 나스닥 상장이 좌절되었다고 한다. 그래서 에피스를 로직스로 바꿔 상장을 추진한 것이 아닐까 추측한다.

문가가 모여 왜 이 회계처리가 이루어졌는지와 회계처리가 옳은지에 대해 조사했다. 결과적으로 공인회계사회는 이 회계처리가 적정하다고 판단했다. 그래서 상장이 이루어진다. 만약 이때 이 회계처리에 문제가 있다고 판단했다면 아마 상장이 2~3년 정도 지연되었을 것이다.

그 결과 2016년 11월 로직스는 코스피 시장에 상장됐다. 기술특례상장제도의 도입 후 첫 번째 상장 사례다. 많은 애널리스트가 긍정적인 의견을 발표했으며, 언론에서도 큰 기대감을 표시했다. 공모가는 13만 원이었는데 상장 직후부터 주가가 폭등했다. 그 결과 2016년 말 15만 원대, 2017년 중반 30만 원 대까지 주가가 상승했다. 주주들이 큰돈을 벌게 된 것이다. 2015년 위에서 설명한 지분의 분류 변경 때문에 기록한 영업외수익으로 반짝 이익을 기록하기는 했지만, 2016년과 2017년에도 계속 큰 적자를 기록하던 기업의 주가가 이렇게 폭등했다는 것은 드문 일이었다. 당시 제약바이오 산업에 대한 투자자들의 기대감이 얼마나 컸는지 짐작할 수 있다.

참여연대의 분식회계 의혹제기와 반론

로직스 상장 이후인 2017년 들어 참여연대는 (1) '거래소와 금융당국이 삼성에 특혜를 베풀기 위해 상장규정을 변경해 로직스를 상장하게 했다'는 비난성명을 발표했다. 따라서 '이런 특혜를 베푼 담당자를 처벌해야 한다'고 주장했다. 그리고 (2) (구)삼성물산과 제일모직이 합병해 (신)삼성물산이 탄생할 때,[15] 이재용 회장이 많은 지분을 보유한 제일모직 가치를 부풀려 이 회장에게 유리하도록 합병비율을 조작하기 위해 (2-1) 분식회계를 통해 제일모직 자회사 로직스의 이익을 부풀렸고 그 결과 로직스 상장 시 공모가도 부풀렸다고 주장했다. (2-2) '바이오젠이 옵션을 행사하지 않았는데 앞으로 행사할 것이라고 가정한 것'이 분식회계를 하기 위한 것이며, 바이오젠의 사업보고서에 '에피스는 로직스의 자회사'라고 기록되어 있다는 점을 봐도 '바이오젠이 당시 옵션을 행사할 의도가 없었다'는 증거라고 주장했다. (2-3) 가치평가를 할 때 적자회사의 가치를 터무니없이 부풀려 평가했다고 주장했다. 참여연대와 긴밀한 관계에 있는 몇몇 정치인도 유사한 주장을 되풀이했다. 필자는 이 주장을 앞에서 설명한 것처럼 '1차 주장'이라고 부르겠다. 로직스의 회계처리와 참여연대의 1차 주장 사이의 차이점은 〈표 3〉에 요약했다.

(1) 주장에 대해 금융위원회는 강하게 반발했다. 금융위원회가 상장규정 변경을 주도한 것이 아니라 '증권거래소가 규정 개정을 건의해와 해외에 없는 불필요한 규제를 없애는 차원에서 변경한 것'뿐이라고 설명했다. 증권거래소는 '우수한 기업을 해외가 아니라 국내에 상장하도록 유도하기 위해 열심히 노력한 것이 특혜냐?'라고도 반론하고, '상장 후에 주가가 올라 많은 내국인 주주들이 큰 이익을 본 것을 봐도 얼마나 국부창출에 도움이 되었는지 알 수 있을 것'이라고 주장했다. 로직스가 비상장기업으로 남아있었다면 주주가 (신)삼성물산과 바이오젠 둘뿐

---

15 삼성물산과 제일모직이 합병해 탄생한 회사의 명칭이 삼성물산이다. 따라서 동일한 이름을 가진 이 두 회사를 구분하기 위해 합병 전의 회사를 (구)삼성물산, 합병 후의 회사를 (신)삼성물산이라고 부르겠다.

〈표 3〉 로직스의 회계처리와 참여연대의 1차 주장 비교

구분	2012년 (회사설립)	2013년	2014년	2015년 (판매승인)	2016년	2017년	2018년 (옵션행사)	2019년
로직스 (실제 회계처리)	연결재무제표 작성			지분법 회계처리				
참여연대 (1차 주장)	연결재무제표 작성						지분법 회계처리	

주장한 당사자	주장 내용	회계처리의 이유
로직스 (=공인회계사회와 금감원의 최초 견해)	2015년 약품 개발에 최초로 성공해 바이오젠이 옵션을 행사할 것이 거의 확실시되고 신뢰할 만한 가치평가가 가능하게 됐으므로, 옵션이 실질적인 상태로 전환됨. 따라서 로직스가 에피스에 대한 지배력을 상실해서 지분의 분류 변경 회계처리 수행.	국제회계기준의 규정에 맞게 지분의 분류 변경 회계처리함.
참여연대 (1차 주장)	옵션이 행사되지 않았는데 앞으로 행사될 것으로 간주하고 미리 회계처리 하는 것은 분식회계. 옵션 행사 시점까지 기다렸다가 행사되면 그때 지분의 분류 변경 회계처리를 해야 함.	(구)삼성물산과 제일모직의 합병 이전 제일모직의 주가를 올리기 위해 터무니없이 에피스의 가치를 과대평가해 분식회계를 함.

이므로 이 두 회사만 에피스 가치가 상승한 혜택을 누리겠지만, 국내 상장을 통해 많은 투자자가 로직스 주식을 매수해 주주가 되었으므로 주가 상승의 혜택을 함께 누리게 되었다는 설명이다. '상을 주어야 할 일을 특혜를 베풀었다고 매도한다'며, '새로운 일을 하면 이렇게 트집을 잡으니 누가 열심히 일하겠느냐'고 불만을 표시한 증권거래소 관계자도 있었다.

⑷삼성물산과 제일모직의 합병과 로직스 회계처리의 관련성

(1)보다 더 큰 언론의 스포트라이트를 받은 것이 (2)의 주장이었다. ㈜삼성물산과 제일모직을 합병하는 과정에서 이재용 회장에게 유리하도록 주가를 조작하기 위해 벌인 부도덕한 행위라는 비난이었다. 이재용 회장이 제일모직의 지분을 ㈜삼성물산 지분보다 더 많이 가지고 있었으므로, 이재용 회장에게 유리하게 합병하려면 제일모직의 주가가 높아야 한다. 그래서 제일모직의 자회사 로직스에서 대규모 이익을 기록하는 분식회계를 했다는 것이다. 따라서 합병을 무효로 해야 한다는 주장도 제기됐다. 이런 이야기를 듣고 수 많은 사람들이 분노한 것은 당연하다.

그런데 (2) 주장에 대해 로직스나 한국공인회계사회, 또 상장을 주관한 증권사 등 여러 관련 집단에서 다수의 반론을 제기했다. 우선 (2) 주장은 사건이 벌어진 시기를 혼동하고 있다. ㈜삼성물산과 제일모직의 합병은 2015년 5월 이사회 결의 후 발표됐고 7월 주주총회에서 합병이 승인됐다. 두 회사의 합병비율은 법률에 따라 이사회 결의 이전 한 달 (즉 4~5월) 동안 두 회사의 평균 주가에 따라 결정된다.

논란이 된 회계처리는 2015년 말 기준으로 이루어졌고 2016년 3월 열린 주주총회 이후 재무제표에 포함되어 외부에 공개된 것이다. 즉 (2) 주장이 옳다면, 분식회계를 통해 부풀린 로직스의 가치가 로직스 모회사인 제일모직 주가에 반영되어 제일모직 주가가 과다하게 상승했어야 한다. 그래서 제일모직에게 상대적으로 유리하게 형성된 주가에 따라 합병비율이 결정됐어야 한다.[16] 그런데 이 회계처리는 합병 발표시점보다 7개월 후인 12월 31일 기준으로 이루어지고 10개월 후인

〈그림 2〉 관련 사건의 발생 순서

2015. 4~5. ─ 합병비율 계산에 사용된 주가
2015. 5. ─ 이사회에서 합병 결의
2015. 9. ─ 합병 실시
2015. 12. ─ 지분의 분류 변경 회계처리 기준일
2016. 3. ─ 회계처리가 반영된 재무제표 발표

2016년 3월 주주총회 이후 외부에 공시됐으므로, 이 회계처리가 합병 발표 1개월 전 주가에 영향을 미쳤다는 비판은 틀린 것이다. 이처럼 시간 순서를 보면 (2) 주장은 명백히 잘못된 것이다.[17] 시간 순서에 대해서는 〈그림 2〉를 참조하기 바란다.

합병 이전 기간에는 로직스에서 발생한 수천억 원의 손실(〈그림 1〉 참조)이 로직스의 모회사 제일모직의 재무제표에 지분법 회계처리를 통해 포함되어 있었다. 따라서 만약 2015년 말 큰 이익을 기록하기 위해 그 이전 로직스를 설립해 경영해온 것이라면, 합병 이전 기간 발생한 로

---

16 (구)삼성물산과 제일모직이 합병해 (신)삼성물산이 탄생하는 과정에는 많은 진통이 있었다. 헤지펀드 엘리엇이 합병비율이 (구)삼성물산 주주들에게 불리하게 산정되었다고 주장하면서 소송도 제기했었다. 필자는 합병비율 계산의 기초가 되는 당시 합병 전 주가의 적정성에 대해서 논의할 만큼 자세한 정보를 가지고 있지 못하다. 합병에 대한 좀 더 자세한 이야기는 『숫자로 경영하라 5』에 실린 '합병을 원한다면 소액주주의 마음을 얻어라'라는 글을 참조하기 바란다.

17 참여연대의 일부 인사들도 이 주장이 사건이 발생한 시기와 맞지 않는다는 것을 나중에 알게 되자 '제일모직의 가치가 합병 전부터 높았다는 것을 보여주는 방법으로 제일모직에 유리한 합병비율을 사후적으로 합리화하려고 제일모직의 자회사 로직스에서 분식회계를 수행했다'고 주장을 살짝 바꿨다. 그렇지만 이렇게 바꾼 주장은 거의 외부에 알려지지 않았다.

직스의 큰 적자가 로직스의 모회사 제일모직 재무제표에 반영됐으므로 제일모직 주가에 부정적인 영향을 미쳤다는 결론에 도달하게 된다. 즉 합병 전 제일모직의 주가가 로직스 때문에 부풀려졌다는 참여연대의 주장과는 정반대의 일이 벌어졌던 것이다.

삼성바이오로직스의 공모가는 과대평가되었는가?

분식회계를 통해 적자회사를 흑자회사로 바꿔 기록해 2016년 로직스 상장 시 공모가를 과대평가했다는 주장에 대한 반론도 제기되었다. 상장 시 공모가에 대한 평가는 이익이나 시장상황, 동종업계 다른 기업들의 주가 등 여러 가지 사항을 비교해 이루어진다. 물론 이익이 높은 기업의 공모가가 높게 평가되는 것은 당연하다. 그런데 이때 주로 사용되는 이익은 영업이익으로서, 문제가 된 회계처리를 통해 로직스가 얻은 영업외손익 항목은 특별한 경우가 아닌 한 가치평가 때 고려사항이 아니다. 여기서 말하는 특별한 경우란 반복적으로 발생해 기업의 본질가치에 영향을 미치는 것을 의미하는데, 로직스가 기록한 이익은 1회만 발생한 일시적 이익이다. 따라서 (2-1)은 상장절차나 가치평가에 대한 무지에서 비롯된 비난이다.

　로직스가 기록한 영업외이익은 기업의 본질가치와는 관련이 없는 것으로서, 단지 회계처리 절차의 결과로 기록하는 발생액(accruals) 때문에 나타난 것이다.[18] 이 이익을 기록했다고 해서 기업의 본질가치를 부풀리는 것도 아니라 과거 발생한 가치 상승을 뒤늦게 기록한 것뿐이다.

금융감독원
금융감독원은 논란이 된 회계처리에 대해 적정하다는 의견을 발표한다. 그러다 정권이 교체된 직후 재조사에 착수했는데, 그 직후부터 고위 인사들이 분식회계라는 의견을 널리 알리기 시작했다.
ⓒ 금융감독원

 로직스가 이 회계처리에 대해 공시한 내용도 "…발생한 일시적 이익으로, 당사의 영업과는 관계가 없는 회계적인 이익입니다. 투자자께서는 이러한 사항을 숙지하시어 투자판단에 착오가 없도록 하시기 바랍니다."이다. 만약 로직스가 주가를 부풀릴 목적을 가지고 있었다면 이런 내용을 공시하지 않았을 것이다.

 또한 이 이익은 2015년도의 이익이고, 2016년 들어 로직스가 11월 상장할 때까지 1,500억 원의 적자가 발생했다. 그렇다면 상장을 주관하는 증권사나 애널리스트가, 2016년 발생한 큰 손실은 무시하고 2015년에 발생한 일시적 영업외이익만을 보고 공모가를 부풀려 평가했을 것이라고는 믿기 어렵다.[19] 만약 터무니없이 부풀려 가치평가를 한 결과 공모가가 부풀려졌다면, 상장 이후 시간이 지남에 따라 기업가치에 대한 여러 진실된 정보가 드러나면서 주가는 점점 하락할 것이라고 예측할 수 있다. 그런데 당시 상황을 보면 주가는 상장 이후 꾸준히

---

18 발생액이란 현금흐름을 동반하지 않고 회계처리 때문에 생기는 항목을 말한다. 따라서 기업의 본질가치에는 영향을 미치지 않는다.

상승해서, 이런 논란이 일어나던 2017년 6월 말 주가는 공모가의 두 배가 넘는 30만 원에 달했다. 즉 사후적으로 볼 때도 공모가가 부당하게 부풀려졌다고 보기 힘들다. 오히려 상장 당시 공모가가 실제가치보다 너무 낮게 책정되었으므로, 상장 후 단기간 동안에 주가가 크게 올랐다고 볼 수 있다.

국제회계기준과 미국회계기준의 차이

(2-2)에 대한 반론은 다음과 같다. 바이오젠은 미국 회사로서 미국 회계기준에 따라 회계처리를 한다. 그런데 미국회계기준은 한국 및 대부분의 국가에서 사용 중인 국제회계기준(International Financial Reporting Standards, IFRS)과 여러 측면에서 다르다. 특히 본 사건과 관련해서는 '지배력의 존재 여부 판단기준'이라는 이슈가 적용되는데, 피투자회사에 대한 지배력을 투자회사가 보유하고 있느냐 또는 보유하고 있지 못하냐를 판단하는 문제다. 미국회계기준은 거래의 완전성(거래가 완전하게 이루어졌느냐의 여부)을 중요한 판단의 근거로 보기 때문에, 실제로 옵션

---

19 로직스에 기록된 영업외이익은 로직스의 모회사인 제일모직의 지분법손익(영업외손익의 항목 중 하나)으로 기록된다. 따라서 이 영업외이익이 제일모직의 주가에 큰 영향을 미쳤다고도 보기 힘들다. 더군다나 이 이익은 앞에서 설명한 것처럼 합병 이전에 기록된 것이 아니다. 따라서 혹시 이 이익이 주가에 일부 영향을 미친다고 하더라도, 합병 이전 주가에 영향을 미쳤다는 주장은 틀릴 수밖에 없다. 합병 이전 시기에는 로직스에서 발생한 큰 손실이 로직스의 모회사 제일모직의 지분법손실로 기록되어 있었다.

이 행사되어야 옵션 행사에 따른 지배력 변경(즉 상실 또는 취득) 회계처리를 한다. 즉 2015년 말 당시 바이오젠이 옵션을 행사하지 않은 상태로 재무제표를 작성한 것은 미국회계기준에 따라 올바르게 회계처리한 것이다.

그런데 IFRS에서는 미국회계기준과는 달리 거래의 완전성보다도 거래의 경제적 실질을 더 중요시한다. 그래서 옵션을 아직 행사하지 않았더라도 합리적으로 볼 때 앞으로 옵션을 행사할 것이라고 판단되면 경제적 실질은 옵션을 행사한 것과 동일한 것으로 간주한다. 그래서 옵션을 행사했다고 가정해 회계처리한다.[20] 즉 이 사건의 경우, 옵션 행사의 결과 지배회사가 종속회사에 대한 지배력을 상실한 것으로 간주해야 한다. 따라서 지배회사와 종속회사를 연결해서 연결재무제표를 작성하는 것이 아니라 유의적인 영향력을 행사할 뿐이라고 보아 지분법 회계처리만 하게 된다. 이에 반해 참여연대는 옵션을 아직 행사하지 않았는데 행사한 것으로 간주할 수 없으며, 옵션을 행사해야만 회계처리를 하는 것이라고 주장했다. 즉 2015년부터 지분법 회계처리를 하는 것이 아니라 옵션이 행사되는 시점(2018년에 실제로 행사됨)부터 해야 된다는 주장이다. 이런 주장을 보면 참여연대가 미국회계기준과 IFRS(또는 K-GAAP)를 혼동하고 있다는 점을 알 수 있다.

---

20 단 이런 해석은 필자와 여러 회계 전공 저명 교수들, 로직스에 대한 감리를 수행한 한국공인회계사회 및 여러 회계사들, 그리고 박근혜 정권 당시의 금감원의 해석이다. 문재인 정권에 들어서 금감원은 2차 주장을 내세울 때 그렇지 않다고 반론을 제기했다. 2차 주장에 대해서는 다음 편 글을 참조하기 바란다.

정권 교체와 금감원의 감리 착수

참여연대는 금감원에 이 회계처리가 맞는지에 대한 질의를 제출했다. 여러 야당 정치인이 이 사건에 대해 언급하면서 삼성그룹 수뇌부를 처벌할 것을 주장하고 관련 뉴스가 언론에 계속 보도되면서 여론의 주목을 받고있던 사건이므로, 금감원도 이 사건에 대해 조사를 실시하고 회의를 열기도 했다. 그 결과 금감원은 이 회계처리가 적정하다는 판단을 내리고 2016년 12월 21일 이런 결론을 발표했다. 드디어 논란이 끝나고 이 사건이 잠잠해진 듯했다.

그러나 이런 생각은 착각에 불과했다. 2017년 봄, 박근혜 정권이 끝나고 문제인 정권이 출범했다. 금융당국에도 시민단체 출신의 인사들이 고위층에 등용된다. 그러자 금감원은 로직스를 포함한 몇몇 대기업들에 대한 감리를 시작했다.[21] 사건이 새로운 국면으로 접어든 것이다. 조사 착수 직후부터 벌써 이런 부도덕한 일을 벌인 이재용 회장과 기타 삼성그룹 관계자들을 엄중하게 처벌하겠다는 정권이나 금감원 고위 인사의 발언이 수차례 언론에 보도됐다. 재조사가 막 시작된 시점인데 벌써 결론이 내려진 듯한 모습이다.

---

[21] 당시 벌어진 SK그룹에 대한 조사 사례는 『숫자로 경영하라 5』에 실린 '사상 최대의 분식회계 사건? SK(주)를 둘러싼 연결재무제표 작성 범위 논란'이라는 글을 참조하기 바란다. 이 글에서 언급한 사건도 정치인들의 개입에 의해 별로 중요하지 않은 회계처리를 둘러싼 이견이 엄청나게 확대됐던 경우다.

삼성바이오로직스의 회계처리를 둘러싼 논란의 진실 II

금감원, 정반대로 논리를 바꿔 분식회계라고 판단을 내리다

정권이 바뀌자 금감원은 삼성바이오로직스의 회계처리가 옳다는 기존 주장을 뒤집고 분식회계를 주장하며 안건을 감리위원회에 상정했다. 로직스가 에피스의 가치를 과대평가했다는 논리를 처음에 내세웠으나, 로직스의 주가가 상승해 과대평가 논란이 불식되자 이 주장을 철회했다. 그리고 사업의 성공가능성이 불확실하므로 옵션 행사 여부를 예측할 수 없는데도 옵션이 행사될 것이라고 무리하게 가정해 지배력 상실 회계처리를 한 것이 문제라고 지적했다. 이후 2018년 6월 바이오젠이 옵션을 행사하겠다고 공식 통보하면서 옵션 행사가 예상 가능했다는 점이 드러나자 금감원의 2차 주장도 설득력이 약해졌다. 그러자 금감원은 로직스가 2012년 에피스 설립시점부터 지배권을 갖고 있지 않았으며 약품 개발의 성공가능성이 높아 바이오젠의 옵션 행사가 충분히 예상됐다는 정반대 주장을 새롭게 내놨다.

MANAGING BY NUMBERS

 2017년 초 문재인 정권이 들어서자 금감원은 이 사건에 대한 감리에 착수한다. 본고에서는 이 당시의 감리를 1차 감리라고 부른다. 당시 금감원 내에서도 로직스의 회계처리에 대해 의견이 갈린 것 같다. 금감원장이 모 언론사와 인터뷰한 내용에 따르면 '올바른 회계처리'라고 보고한 처음 조사를 담당했던 직원을 문책성 전보인사 시키고, 다른 부서에서 일하던 유능한 다른 직원을 골라 조사에 투입했다고 한다. 당시 일부 시민단체 인사나 정치인들이 적극적으로 나서서 '경영권 승계를 위해 막대한 분식회계를 저지른 삼성과 이재용 회장을 처벌하라'는 요구를 계속했다. 언론에서도 이런 주장을 여과 없이 그대로 보도했다. 금감원이 조사에 막 착수한 시점인데, '금감원이 어떤 이유에서 분식회계라고 판단했다'라는 뉴스도 친여당 성향 언론에 계속 보도됐다. 이미 분식회계가 발생했다는 것을 기정사실화하고 있었던 것이다.
 로직스 직원 및 로직스를 감사하거나 평가를 담당한 회계사들을 대상으로 한 조사가 광범위하게 계속되자 로직스에서도 이에 대한 방어에 나선다. 변호사를 선임하고 여러 회계학 전공 교수에게 논란의 대상이 된 회계처리의 적정성에 대한 검토를 요청한다. 이런 요청에 따라 서울대 팀, 연세대 팀, 고려대 팀, 이화여대 팀 등에서 관련 자료를 받아 검토한 후 의견서를 작성해 제출한다. 2017년 가을의 일이다.[1]

교수들이 제출한 의견서는 약간씩 다른 관점에서 문제에 접근했지만, 공통적인 의견은 '로직스의 회계처리가 잘못됐다고 볼 수 없다'는 것이었다. 내용의 핵심을 정리하면 '종속회사에 대한 지배권을 보유하고 있는지 상실했는지는 여러 상황을 종합적으로 고려해 판단해야 하며', '2015년 말 당시 경쟁사들을 제치고 1등으로 약품 개발에 성공하고 시판허가를 받은 상황을 고려해보면 사업에 대한 불확실성이 줄어들어 신뢰할 만한 가치평가가 가능하게 되었으며', '가치평가를 하면 옵션의 가치가 매우 크게 평가되므로 바이오젠이 앞으로 옵션을 행사할 것이라고 합리적으로 예상할 수 있는 상황'이었다. 따라서 '옵션 행사를 가정하면 로직스가 경영권을 잃게 되므로, 연결재무제표 작성을 중지하고 지분법 회계처리로 바꾸는 것을 포함한 지분의 분류 변경 회계처리를 한 것은 충분히 합리적인 회계처리'라는 것이다.

또한 교수들은 로직스의 회계처리가 유일하게 옳은 회계처리라고 주장하지 않았다. 국제회계기준(International Financial Reporting Standards,

---

[1] 의견서 작성에 참여한 교수들은 대부분 재무회계 분야에 정통한 저명 교수로서, 과거 분식회계 여부에 대한 최종판단을 내리는 역할을 수행하는 증권선물위원회 위원이나 감리위원회 위원을 역임한 사람도 많았다. 필자도 서울대 팀의 일원으로서 의견서 작성에 참여했다. 분식회계 혐의로 감리를 받는 기업들이 전문가들에게 회계처리에 대한 의견을 요청하는 것은 일반적인 일이다.

서울대학교 정문
서울대학교 경영대학의 재무회계 전공 교수들은 로직스의 회계처리가 올바르다는 의견서를 작성해 제출했다. 그 결과 이들은 나중에 엄청난 협박이나 회유 시도를 받게 된다.
ⓒ 서울대학교

IFRS)하에서는 동일한 사항에 대해서도 전문가의 판단이 다르다면 서로 다른 회계처리가 이루어질 수 있다. 하나만 옳고 다른 것은 틀린 방법이 아니라, 충분히 합리적인 근거가 있다면 서로 다른 회계처리도 모두 옳을 수 있다는 것이다. 따라서 로직스의 회계처리가 충분히 합리적인 회계처리라는 의미는 경우에 따라서는 다른 해석도 있을 수 있다는 여지를 인정한 것이다. 예를 들어 2015년 말 기준으로 사업 성공이 예상됐다고 볼 수도 있지만, 사람에 따라서는 2015년 말은 아직 불확실했고 2016년이 되어야 사업 성공이 충분히 예상됐다고 볼 수도 있다는 의미다.

또한 서울대 팀의 의견서에는 '로직스와 바이오젠의 계약서를 살펴보면 로직스가 바이오젠의 동의를 구해야만 하는 사항도 일부 존재하지만 이는 통상적으로 투자를 보호하기 위해 계약서에 포함되는 방어권 범주에 속한 것들이다. 따라서 설립시점부터 2015년까지는 로직스가 에피스에 대한 경영권을 행사하고 있었던 것으로 판단된다'는 내용도 등장한다. 이 내용은 금감원의 2차 주장과는 관련이 없지만, 나중에 제시되는 3차 주장과 관련된 중요한 내용이다. 따라서 이런 내용이 의견서에 포함되어 있었다는 점을 우선 소개한다.

원칙중심 회계기준과 규정중심 회계기준의 차이

여기에서 IFRS에 대한 설명이 필요하다. IFRS가 2011년 한국에 도입되기 이전 사용하던 회계기준은 규정중심 회계기준(rule-based accounting standards)이다. 대부분의 상황에 대해 어떻게 회계처리할지를 자세히 규정하고 있기 때문이다. 이에 반해 IFRS는 원칙중심 회계기준(principle-based accounting standards)이라고 부른다. 복잡한 상황에 대해 모두 자세한 규정을 마련할 수 없으므로, 어떻게 회계처리할지에 대한 기본 원칙만을 규정해 놓았다. 그리고 그 원칙을 현실에 적용할 때 전문가가 무엇이 합리적인지를 원칙에 따라 판단해 회계처리하라는 것이다. 현재 거의 모든 나라가 IFRS를 사용하고 있지만, 미국과 일본은 IFRS가 아니라 규정중심으로 제정된 독자적인 회계기준을 사용하고 있다. 우리나라도 비상장기업들에 대해서는 IFRS 도입 전 사용하던 회계기준을 일부 변용한 규정중심 회계기준 K-GAAP를 사용하고 있다.

일부에서 원칙중심 회계기준이 더 우수하다고 주장하는 이유는, 미국 산업계에 큰 후폭풍을 남겼던 엔론(Enron)의 막대한 분식회계가 규정중심 회계기준의 허점을 교묘하게 이용해서 발생했기 때문이다.[2] 회계기준에 규정되어 있지 않은 부분을 이용해 엔론이 막대한 부채를 회계장부에 기록하지 않고 숨겨두었다. 만약 당시 부채가 존재하는지 여부를 판단하는 IFRS 기준을 적용하면, 엔론은 이 금액을 부채로 기록했어

---

[2] 2002년 발생한 엔론 사건에 대한 보다 자세한 내용은 『숫자로 경영하라 2』에 실린 '엔론 몰락과 세계금융위기 발발 원인의 유사점'이라는 글을 참조하기 바란다.

야 한다. 그러나 IFRS가 모든 면에서 우수하다고는 할 수 없다. IFRS는 의사결정을 위한 큰 틀에 해당하는 원칙만 제공하므로 전문가가 그 원칙을 어떻게 적용할 것인지 판단해야 한다. 그런데 복잡한 상황에서는 전문가들조차도 견해가 다를 수 있다. 예를 들면 피투자회사에 대한 지분비율이 50%가 안 되지만 실질지배력을 보유하고 있다고 판단할 수도 있고, 그 반대로 실질지배력이 없다고 판단할 수도 있다.[3] 따라서 똑같은 상황에서도 기업에 따라 다른 회계처리를 할 수 있다는 것이 IFRS의 약점이다. 이런 약점을 보완하기 위해 왜 그런 판단을 했는지의 이유에 대해 자세히 공시하도록 IFRS에서는 규정하고 있다. 공시 내용을 보고 정보이용자들이 나름대로 판단해 회계정보를 사용하라는 취지다.

이런 IFRS의 특징을 이 사건에 적용해보면, IFRS에서는 경영권을 계속 보유하고 있는지 또는 상실되었는지를 판단하는 여러 원칙을 제시하고 있다. 전문용어를 이용해 설명하면, 바이오젠이 보유한 옵션이 '실질적인 잠재적 의결권'이 되었는지를 원칙에 따라 판단하는 것이다. 의견서를 작성한 회계 전문가들은 '당시 에피스에 대한 가치평가 결과를 고려하면 옵션이 내가격 상태로 변했고,[4] 그렇다면 바이오젠이 보유한 옵션이 실질적인 잠재적 의결권으로 전환되었다고 볼 수 있다'고 해석했다. 참여연대의 1차 주장과 반대되는 결론이다.

---

[3] 이런 사례에 대해서는 『숫자로 경영하라 5』에 실린 '사상 최대의 분식회계 사건? SK(주)를 둘러싼 연결재무제표 작성 범위 논란'이라는 글을 참조하기 바란다.

[4] 옵션이 '내가격'이라는 의미는 옵션을 행사하면 돈을 벌 수 있다는 의미다. '등가격'이라면 공정한 가격으로 옵션이 행사가능한 것이며, '외가격'이라면 옵션을 행사하면 손해가 된다는 의미다. 옵션이 등가격 또는 내가격이라면 앞으로 옵션이 행사될 것으로 본다.

금감원의 1차 감리 실시와 안건의 감리위원회 상정

금감원의 재조사(1차 감리라고 불림)는 크게 2가지 방향으로 수행됐다. 가치평가에 대한 것과 지분의 분류 변경 회계처리에 대한 것이다. 첫째, 가치평가에 대한 이슈는 에피스의 가치를 과다하게 평가했다는 내용으로서, 당시 참여연대나 정치인들에 의해 가장 중요한 문제점이라고 집중적으로 언급되던 이슈다. 금감원은 가치평가를 수행한 안진회계법인 담당자를 불러 삼성의 압력을 받아 가치를 부풀려 평가보고서를 작성했는지에 대해 조사했다. 이 부분 조사가 분식회계에 대한 조사보다 더 앞서서 진행되었다. 진행 도중 금감원장이 회계법인이나 가치평가 업무에 관여하는 평가기관, 그리고 상장이나 M&A 등을 중개하는 증권사 대표들을 모아 회의를 하면서 '어떻게 이렇게 터무니없이 부풀려 평가를 할 수 있느냐'며, '앞으로는 가치평가를 제대로 하라'는 훈계를 하기도 했다. '금감원이 조사 과정에서 가치평가가 부실하게 이루어졌다는 것을 발견했다'고도 수차례 보도됐다. 당시 금감원의 조사 내용은 몇몇 친여당 언론에 속보처럼 중계되고 있었다.

그런데 금감원은 가치평가에 대한 조사를 나중에 다 중단했다. 그리고 더 이상 이 문제에 관해서 언급하지 않았다. 필자가 내부 정보를 모르니 왜 이런 일이 발생했는지 정확히 알지 못하지만, 이유는 충분히 추측해볼 수 있다. 가치를 부풀렸다고 조사하는 도중 로직스의 주가가 계속 상승했다. 에피스의 가치를 5조 3천억 원으로 평가한 것을 과대평가라고 봤는데, 로직스의 시가총액이 30조 원을 넘어 40조~50조 원까지 상승했다.[5] 그 결과 만약 가치평가가 부실하다고 처벌한다면, 가치를 과대평가한 것이 아니라 과소평가한 잘못을 저질렀다고 처벌해야 하는 상황에 처하게 됐다. 그래서 과대평가 이야기가 조용히 사라진 것으로 보인다.

둘째, 지분의 분류 변경 회계처리에 대한 조사다. 금감원은 로직스와 로직스를 감사한 삼정회계법인, 그리고 삼정회계법인 이전에 감사를 담당한 안진회계법인 관련자들을 불러 조사했다. 특히 로직스에서 지분의 분류 변경에 대한 회계처리를 하자고 먼저 제안한 것인지에 대해 로직스 직원들과 감사를 담당한 삼정회계법인 회계사들에게 각각 질문했는데, 이들은 모두 삼정회계법인 측에서 먼저 가치평가 결과를 보고 옵션이 행사될 가능성이 높다고 보아 회계처리를 바꿔야 한다고 했다고 진술했다고 알려졌다. 로직스 직원들은 지분의 분류를 변경하는 회계처리가 무엇인지 몰랐는데, 회계사들이 이게 올바른 회계처리라고 알려줘 따랐다는 것이다. 다른 회계법인도 이 회계처리가 맞다고 동의했었다는 소식도 알려졌다.

금감원의 전례 없는 행동과 주장의 변화

2018년 5월, 금감원은 조사를 마치고 '분식회계가 발견됐으므로 이를

---

5 로직스의 가치 중 에피스가 얼마 정도의 부분을 차지하는지 정확하게 알지 못하지만, 필자가 수소문해 들어본 애널리스트들의 견해에 따르면 약 20~40% 정도다. 로직스의 가치가 40조 원이라면 에피스의 가치는 대략 8조~16조 원이라는 의미다.

분식회계 이슈에 대해 심의하는 감리위원회에 상정한다'는 소식을 언론에 발표한다. 자본시장과 관련된 이슈에 대해서 금감원은 검사와 같은 역할을 하고, 금융위원회 산하에 설치되어 있는 증권선물위원회(이하 증선위)가 판사와 같은 역할을 한다.[6] 감리위원회는 회계 관련 이슈에 대해서 증선위에 자문하는 역할을 하는 조직이다. 5인의 증선위원 중 회계 전문가는 1인뿐이다. 따라서 복잡한 회계 관련 이슈에 대해 판단할 때 도움을 받기 위해 감리위원회라는 산하 위원회에서 올린 권고안을 참조해 의사결정을 하도록 한 것이다. 감리위원회는 외부 회계전문가들뿐만 아니라 검사, 변호사, 금감원과 금융위원회 직원들로 구성되어 있다.

그런데 금감원의 이 발표는 2가지 측면에서 전례가 거의 없는 일이었다. 첫째, 분식회계에 대한 발표가 있으면 주가가 폭락해 투자자가 피해를 입는다. 따라서 정확한 사실이 확정된 후에야 발표를 한다. 즉 금감원의 조사가 끝난 후라도 감리위원회와 증선위에서 금감원 주장의 사실 여부와 처벌 수준에 대한 정확한 판단을 내린 후 내용을 발표하는 것이다. 감리위원회나 증선위 심의 과정에서 분식회계가 아니라고 결정되는 경우나 처벌 강도가 경감되는 경우가 종종 있다. 검찰이 기소한 사건이라도 법원에서 무죄 판결을 받는 경우나 형량이 줄어드는 경우가 종종 있다는 점과 유사하다. 그런데 이런 공식 절차를 밟아 재판을 하기 전 금감원 단독으로 유죄라고 발표한 셈이다. 요즘 경찰이나 검찰을 둘

---

[6] 한 기관이 검사와 판사의 역할을 모두 담당하면 권한이 너무 커지므로 이런 구조를 만들어 권한을 분산한 것이다. 가끔 '이 두 기관을 통합해야 한다'는 주장이 제기되곤 한다.

러싸고 논란이 되고 있는 '피의사실 공표'에 해당하는 행동이다. 둘째, 발표시점도 묘하다. 금감원이 기자회견을 연 시점은 금감원장 직위가 공석이던 때였다.[7] 원장도 없는 시점에 유례가 거의 없는 일이 발생한 것이다. 이를 보면 발표를 하라고 고위층 인사가 특별히 지시한 듯하다.

본고에서 2차 주장이라고 부르는 금감원의 발표 내용에는 참여연대의 1차 주장에 등장하는 '기업가치를 과다하게 평가해 분식회계를 했다'는 언급이나 '분식회계를 통해 제일모직 지분을 다수 소유한 이재용 회장이 유리하도록 합병비율이 조작되었다'는 내용이 빠졌다. 앞에서 설명한 것처럼 로직스의 주가가 너무 많이 올라 2015년에 기업가치를 과다하게 평가했다고 이야기할 수 없었으며, 합병 수개월 후 벌어진 회계처리를 합병 전 주가에 의해 결정되는 합병비율과 연결시킬 수 없었기 때문이다. 따라서 '터무니없이 가치를 부풀려 평가했다'라는 말은 빠지고, '미래의 성공가능성이 불확실해 신뢰할 만한 가치평가를 할 수 없는 상황인데 가치가 높다고 판단해 지배력 상실 회계처리를 했다'고 살짝 바뀌었다. 회사 설립시점에 피투자회사 주식의 분류에 대한 판단을 한 번 했다면, 옵션의 실행 같은 결정적인 사건이 발생하지 않는 한 분류를 변경하는 회계처리를 할 수 없다는 주장도 했다. 그런데 이 설명에는 왜 분식회계를 저질렀는지에 대한 내용이 없었다. 이런 여러 주장의 차이점은 〈표 1〉에 정리했다.

---

[7] 당시는 문재인 대통령 집권 후 초대 금감원장으로 임명되었던 최 모 씨가 원장 임명 이전 저질렀던 부정과 관련된 의혹으로 사임한 후였다. 그 후 참여연대 출신의 김 모 전 국회의원이 금감원장으로 임명되었는데, 김 의원도 여성 문제 및 도덕성 관련 여러 사건이 알려지면서 물러났다. 따라서 원장 직위가 공석인 상태가 지속되던 동안 이 일이 발생한 것이다.

•• 〈표 1〉 삼성바이오로직스의 회계처리, 참여연대의 1차 주장, 금감원의 2차 주장 비교

구분	2012년 (회사설립)	2013년	2014년	2015년 (시판허가)	2016년	2017년	2018년 (콜옵션 행사)	2019년
로직스 (실제 회계처리)	연결재무제표 작성			지분법 회계처리				
참여연대 (1차 주장)	연결재무제표 작성						지분법 회계처리	
금감원 (2차 주장)	연결재무제표 작성						지분법 회계처리	

주장한 당사자	주장 내용	회계처리의 이유
로직스 (=공인회계사회와 금감원의 최초 견해)	2015년 약품 개발에 최초로 성공해 바이오젠이 옵션을 행사할 것이 거의 확실시되고 신뢰할 만한 가치평가가 가능하게 됐으므로, 옵션이 실질적인 상태로 전환됨. 따라서 로직스가 에피스에 대한 지배력을 상실해서 지분 분류 변경 회계처리 수행.	국제회계기준의 규정에 맞게 지분의 분류 변경 회계처리함.
참여연대 (1차 주장)	옵션이 행사되지 않았는데 앞으로 행사될 것으로 간주하고 미리 회계처리 하는 것은 분식회계. 옵션 행사 시점까지 기다렸다가 행사되면 그때 지분의 분류 변경 회계처리를 해야 함.	(구)삼성물산과 제일모직의 합병 이전 제일모직의 주가를 올리기 위해 터무니없이 에피스의 가치를 과대평가해 분식회계를 함.
금감원 (2차 주장)	2015년 당시 사업의 성공가능성이 불확실했으므로 신뢰성 있는 가치평가를 할 수 없었음. 따라서 가치가 높아 바이오젠이 옵션을 행사할 것이라고 볼 근거가 부족하므로 지분의 분류를 변경하는 회계처리를 할 수 없음.	언급 없음.

치열한 홍보전과 여론의 반응

금감원의 주장이 이렇게 많이 바뀌었는데도 불구하고 바뀐 내용을 외부에 잘 알리지 않았다. 주장이 바뀌었다는 것을 외부에서 알게 되는 것을 원하지 않았기 때문일 것이다. 의견이 바뀐 것을 알게 되면 '뭔가 이상하다'는 점을 국민이 깨닫게 될 가능성이 높다. 따라서 언론과 정치인들 및 참여연대 인사들은 관련 뉴스를 언급할 때 '합병비율을 조작하기 위해 기업가치를 과다하게 평가해 큰 이익을 적었다'는 1차 주장을 되풀이했다. 소수의 사람만 '합병비율을 사후 합리화하기 위해 분식회계를 저질렀다'는 새로운 이야기를 꺼냈지만, 이런 이야기는 거의 알려지지 않았었다.

    당시 친여당 성향 모 신문사가 회계처리가 틀리지 않다는 의견서를 제출한 교수들의 이름을 특정해, '이들이 돈에 매수되어 로직스를 지지하는 의견서를 제출했다'는 내용의 기사를 보도한다. 일부 교수들의 개인정보를 인터넷에 유출해 공격을 유도하는 일도 있었다. 그러자 특정 정치집단의 팬덤이 일사불란하게 반응했다. 이 기사에 '어떻게 교수가 이럴 수가 있느냐'나 '돈에 양심을 팔아넘긴 파렴치한 교수들'이라는 비난 댓글이 쇄도하고, 직접 전화, 문자, 이메일을 통해 교수들에게 욕설이나 협박을 하기도 했다. 반대 의견을 제시하는 전문가 집단의 입을 막으려는 시도가 시작됐던 것으로 생각된다.

    금감원은 2차 주장에서 2012년 회사 설립시점 로직스가 에피스의 경영권을 보유하고 있다고 판단한 것을 틀렸다고 하지 않았다. 2012년부터 2014년까지 로직스가 에피스를 연결해 연결재무제표를 작성한 회계처리는 옳지만, 2015년 로직스가 에피스에 대한 지배력을 상실했다고 판단해서 연결재무제표 작성을 중지하고 지분법 회계처리로 바꾼 것은 고의적인 분식회계라고 주장했었다. 2015년 당시 지배력의 존재 여부에 대한 판단을 바꿀 만한 특별한 사건이 발생하지 않았으며 신뢰할 수 있는 가치평가도 불가능했기 때문이라는 것이다. 또한 옵션이 실제 행사되기 이전에는 앞으로 옵션이 행사될지 불확실하고, 당시 아직 미래의 성공가능성이 불확실해 옵션이 행사될 것이라고 예측할 수 없는 상황이었기 때문에 지배력이 변경됐다고 볼 수 없다고 주장했다. 우리나라에서 로직스처럼 지분의 직접 거래가 발생하지 않았는데 회계적 판단만을 바꿔 피투자회사 주식의 분류 변경 회계처리를 한 사례는 없다고 언급했다.[8]

당시 '이재용 회장이 유리하도록 주가조작을 하기 위해 로직스가 대규모 분식회계를 저질렀다'는 보도가 몇몇 언론을 통해 계속되자 대다수 국민은 분노했을 것이다. 언론 보도에 대한 댓글에도 압도적으로 삼성에 대한 비난이 많았다. 하지만 시간이 지나자 그동안 정부와 직접 맞서 싸우는 것을 주저하던 로직스도 적극 대응하기 시작했다. 자신들의 주장을 담은 자료를 언론에 돌리고 홈페이지에도 게재했다. 주주총회에

---

[8] 옵션의 행사나 지분의 직접적인 거래 없이도 보유 주식의 분류에 대한 판단이 변한 경우는 본서에 실린 '피투자회사 주식 재분류 회계처리의 의미와 효과: 아시아나항공과 삼성바이오로직스'라는 글을 참조하기 바란다. 보다 최근에 일어난 사건으로는 카카오가 보유 중인 두나무 지분의 분류를 변경하면서 1조 5천억 원의 이익을 기록한 사례와 SK루브리컨츠가 보유 중인 옵션이 실질적으로 변했다고 판단을 변경해 지배력을 취득한 회계처리를 수행하면서 100억 원의 이익을 기록한 사례도 있다. 따라서 옵션의 행사 이전에는 행사될지가 불확실하기 때문에 지분의 분류 변경 회계처리를 하면 안 된다는 것과 국내에 다른 사례가 없다는 금감원의 주장은 사실이 아니다.

검찰청
이 사건과 관련해 검찰은 2018년부터 삼성 그룹에 대한 수사를 시작하고, 2020년 말 그룹 수뇌부의 대부분을 부당합병과 분식회계 혐의로 기소했다. 4년 반이 걸린 긴 재판의 시작이다.
ⓒ 뉴시스

참석한 주주들에게도 배부했다. 기업이 정치인, 시민단체, 그리고 권력기관에 대항해 싸우는 드문 일이 벌어졌던 것이다.

금감원 – 감리위원회 – 증권선물위원회

그러자 상당수의 언론은 초기의 일방적 자세를 바꿔 중립적 태도를 보이기 시작한다. 회계처리에 대한 논란의 진위 여부를 기자들이 판단하기 어려웠을 것이다. '뭔가 이상하다'는 것을 깨닫고서 논조가 중립적으로 바뀐 것이라고 생각된다. 친여당 성향의 몇몇 언론만 계속해서 일방적으로 참여연대나 금감원 주장에만 근거한 보도를 계속했다. 이런 일이 지속되자 초기의 반응과는 달리 인터넷에서 치열한 댓글이 달리면서 찬반 공방이 벌어졌다. 친여당 성향의 언론사 기사에 달린 댓글을 제외한 거의 대부분의 다른 언론사 기사에는 금감원을 비난하는 내용이 70~80% 정도가 될 정도였다. 여론이 금감원이나 정부의 의도와는 다르게 흘러갔던 것이다.

당시 로직스가 분식회계를 저질렀다는 뉴스가 언론에 크게 보도되자 주가가 50만 원에서 40만 원으로 폭락했다. 그러다가 분식회계가 아니라는 반론이 제기되자 금감원에 대해 분노한 이들이 있었을 것이다. 투자자나 변호사가 소송을 준비 중이라는 뉴스도 보도됐다. 금감원과 로직스 중 누구든 이 싸움에서 패하면 민사소송에 직면할 것으로 보였다. 특히 주가 폭락으로 피해를 본 개인 투자자들이 로직스의 설명을 듣고 정부와 금감원에 대한 분노를 폭발시켰던 것 같다.[9]

그러자 한 가지 재미있는 일이 발생했다. 사건 초기 이재용 회장과 삼성그룹 수뇌부를 비난하는 성명을 쏟아내면서 '이 사건을 이슈화시킨 게 바로 나다'라고 앞다투어 나서던 정치인들이 대부분 조용해진 것이다. 분노한 개인 투자자들 때문에 표가 떨어지거나 자칫 소송에 걸릴 것 같으니 행동을 조심하게 된 것이다.

정치인들이 빠졌지만 시민단체 측 인사들은 주장을 굽히지 않았다. 감리위원회 심의가 진행되던 중 감리위원회 위원들의 인적사항이 언론에 공개되면서 위원들에 대한 공공연한 압박도 다수 발생했다. 몇몇 감리위원들의 과거 경력 등을 문제 삼아 삼성 측에 유리한 인물이라는 비난이 친여당 성향 언론에 의해 크게 보도됐다. 그 결과 정치집단 팬덤이 보낸 협박성 이메일이나 문자 및 전화가 이들에게 쏟아졌다. 정치집단 팬덤의 공격 대상이 의견서를 발표한 교수로부터 감리위원으로 옮겨간 것이다.

---

9 한 가지 다행스러운 일은, 이렇게 폭락했던 주가가 나중에 다시 회복됐다는 점이다. 당시 폭락시점에 주식을 매도한 일부 주주만 이 사건 때문에 손해를 본 셈이다. 따라서 나중에 손해배상 소송이 혹시 벌어지더라도, 피해를 봤다고 주장할 만한 투자자의 숫자가 많지 않을 것이다.

바이오젠의 옵션 행사 통보와 증선위의 판단

안건은 감리위원회 심의를 받은 후 증선위로 넘어간다. 감리위원회에서는 금감원이 제출한 안건을 심의해 어떻게 결정할 것인지에 대한 권고안을 마련한다. 그리고 그 결과를 참조해 증선위에서 최종 결정을 내린다. 대부분의 안건은 30분에서 한 시간 정도의 회의 만에 권고안이 결정되지만, 상당히 중요한 안건이라면 하루 정도 시간이 걸린다. 그런데 이 안건은 감리위원회 위원들 간 의견이 대립하면서 무려 한 달에 걸쳐 열린 수차례 회의에도 불구하고 합의된 권고안이 마련되지 못하고 안건이 그냥 증선위로 넘어갔다.

당시 금감원은 곤란한 상황에 직면해 있었다. 바이오젠이 보유한 옵션의 행사할 수 있는 기간이 만료되는 시점이 거의 다가왔기 때문이다. 바이오젠이 옵션을 행사할지 사전에 예상이 안 된다고 주장하고 있었는데, 2017년 중순이나 2018년 초 시점에서 보면 누가 보더라도 옵션을 행사할 것이 명확했다. 당시에는 알려지지 않았지만 나중에 감사원의 금감원에 대한 감사 중 적발되어 언론에 공개된 내부 자료에 따르면 금감원 실무자들도 이 문제에 대해 고민을 했다. 겉으로는 '바이오젠이 앞으로 옵션을 행사할 것이라는 예상이 안 된다'는 주장을 하고 있었지만, 내부적으로는 자신들 스스로도 '바이오젠이 곧 옵션을 행사할 것 같다'고 예상했던 것이다. 따라서 금감원에서는 로직스 주가가 더 올라가기 전 최대한 빨리 감리위와 증선위가 분식회계라는 결정을 내려주기를 원하고 있었는데, 감리위원회에서 논란이 벌어지면서 수차례 회의가 개최되느라 증선위로 안건이 넘어가는 시기가 한 달 이상 지연된 것

바이오젠 홈페이지(biogen.com)
다국적 제약사 바이오젠은 2011년 로직스와 합작으로 에피스를 설립해서 바이오시밀러 약품 개발에 착수했다. 2015년 두 약품의 개발에 성공한 후 2018년 옵션을 행사해 50 대 50의 지분비율로 에피스를 로직스와 공동경영하게 된다.

이다. 2018년 6월 바이오젠이 옵션을 행사하겠다고 로직스에 통보해왔다. 안건이 증선위로 막 넘어간 시점이다. 따라서 '옵션 행사를 사전에 예상할 수 없었다'라는 주장을 내세우기 더욱 곤란해졌다.

더군다나 왜 분식회계를 저질렀는지에 대한 이유를 설명하기 애매했다. 외부적으로야 제일모직의 주가를 올려 합병비율을 이재용 회장에게 유리하게 조작하고자 분식회계를 했다고 시민단체나 친여당 성향 언론이 적극 홍보하고 있었지만, 원고 1에서 설명한 것처럼 시간 순서를 보면 이 주장은 사실이 아니다. 이재용 회장을 처벌하자는 분위기를 조성하기 위해 이런 잘못된 내용을 홍보했던 것으로 추측된다. 따라서 내부적으로는 소수 인사만이 '제일모직의 가치가 높았다는 것을 보여줘서 합병비율을 사후 합리화하기 위해 분식회계를 수행했다'고 언급하고 있었다.

그런데 이 주장이 맞는지 엄밀하게 따져보면, 회계처리가 이루어진

2015년 말 시점에 왜 합병비율을 사후 합리화할 필요가 있었는지 애매하다. 합병비율을 사후 합리화할 필요가 생겼다면, 그것은 2017년 문재인 정권이 들어선 후 합병에 대한 수사가 시작된 때부터다. 누가 봐도 성공가능성이 명확해진 2017년이나 실제 옵션 행사를 통보받은 2018년에 지배력을 상실했다고 판단해 지분의 분류 변경 회계처리를 했다면 2015년보다 훨씬 더 큰 금액의 이익을 기록할 수 있었다. 시간이 지남에 따라 사업의 성공이 더 명확해져서 에피스의 가치가 점점 더 커졌다고 볼 수 있기 때문이다. 즉 이 방법을 통해 합병비율을 사후적으로 정당화시킬 수 있다면, 2017년이나 2018년에 회계처리를 하는 것이 2015년에 한 것보다 더 도움이 된다. 왜 분식회계를 저질렀는지에 대한 시민단체의 주장이 틀렸다는 것이 명확하게 드러나는 것이다. 따라서 금감원은 '고의적인 분식회계'라고 주장하면서도 왜 로직스가 그런 회계처리를 했는지는 애써 외부적으로 언급하지 않고 있었던 것으로 보인다. 이런 금감원의 행동은 '왜 고의인지는 잘 모르겠는데 고의다'라고 주장한 셈이라고 비유할 수 있다.

  2015년 경쟁사들을 제치고 약품의 개발 및 판매허가를 받은 것이 기업가치에 큰 변동을 미치는 중요한 사건이 아니라는 금감원의 주장은 2018년 6월 열린 증선위 회의에서 쉽게 받아들여지지 않았다. 이미 옵션을 행사하겠다고 바이오젠이 통보했다는 사실이 위원들의 이런 판단에 영향을 미쳤을 가능성이 있다. 증선위는 로직스가 당시 상황을 투자자들이 알 수 있도록 충분한 내용을 공시하지 않았다는 판단을 내린다. 그렇지만 2015년 지배력 상실 회계처리가 고의적 분식회계라는 금감원의 논리가 부족하다고 판단했다. 다시 조사해 무엇이 언제 왜 분식회계인지 명확한 주장을 제시하라는 것이다. 그래서 금감원의 2차 감리가 시작됐다.

박용진 의원이 공개한 제보문건의 내용

2018년 11월, 민주당 박용진 의원이 기자회견을 열어 제보를 받았다는 문건을 언론에 공개한다. 일부 언론과 시민단체는 '삼성그룹이 합병을 위해 치밀하게 공모한 것을 잘 보여주는 결정적 증거'라면서 대대적으로 이 문건에 대해 홍보한다. 그 결과 순식간에 삼성에 대한 부정적인 여론이 폭증했다. 하지만 이런 언론 보도도 구체적으로 문건의 어떤 부분이 결정적인 자료인지를 특정해 소개하지 못했다. 문건의 내용이 전문적이어서 이해하기도 어렵지만, 전문가가 꼼꼼히 읽어보면 그 내용이 박 의원의 주장과 다르기 때문이다.

이 문건은 2015년 가을과 겨울 동안 로직스 직원들이 옵션이 행사될 것으로 예상되자 어떤 행동을 했는지를 순차적으로 보여주는 내부 보고서다. 이 보고서에서는 (1) 바이오젠이 옵션을 행사하면 총 1조 8천억 원의 가치를 가진 것으로 평가된 주식을 바이오젠에게 넘겨주어야 하므로 이 금액을 손실로 회계장부에 기록해야 한다는 점을 언급한다. 이렇게 막대한 손실이 발생하면 자본잠식이 발생하는데, 이것을 막기 위해서 (2) 바이오젠과 옵션의 조건변경을 위한 협상을 하며, (3) 가치평가를 담당하는 기관들과 협의해 평가금액을 낮추어서 손실금액을 줄여서 회계장부에 기록할 수 있는지를 모색한다는 내용이다.

그 뒤 (2)는 바이오젠이 동의할 리 없는 방법이고, (3)도 가치평가를 다시 받을 수 없으므로 실현 불가능하다는 내용이 소개된다. 막대한 이익을 올리게 된 바이오젠이 자신에게 불리하도록 계약조건을 바꿔줄 리 없기 때문에 (2)는 실현 불가능하다. (3)에 대한 논의가 평가기관들과 얼마나 깊이 진행되었는지에 대해 필자가 알 수 없지만, 만약 (3)의 언급대로 평가기관들이 평가금액을 사후적으로 바꿨거나 2015년 말 시점에 평가가 불가능했다고 의견서를 제출했다면 이것이야말로 고의 분식회계의 증거일 것이다. 그러나 그런 일은 발생하지 않았다. 이미 평가의견서를 발행했고 그 평가대로 제일모직과 삼성물산의 합병 회계처리가 이미 이루어졌는데,[10] 그 의견서를 사후적으로 어떻게 취소한다는 것인가?

(2)와 (3)이 모두 불가능한 것으로 판단된 후 새롭게 등장하는 내용이 (4) 지분의 분류 변경 회계처리를 통해 그동안의 기업가치 증가분 4조 5천억 원을 이익으로 인식한다는 것이다. 그렇다면 (1) 때문에 발생하는 적자를 초과하는 규모의 이익이 기록된다는 내용이다. 문건 처음부터 (4)의 내용이 등장하는 것은 아니며, (1), (2), (3)에 대한 언급이 있고 난 후인 2015년 10월 감사를 담당하고 있는 삼정회계법인의 품질관리팀과 면담한 이후 (4)의 방법이 등장한다. 품질관리팀이 (4)의 방법에 대해 자세히 설명해줘 로직스 직원들이 이 방법을 알게 된 것이다. 회계법인의 품질관리팀은 특정 회계 이슈에 대한 전문가들이 모여

---

[10] 원고 1에서 설명한 것처럼, 가치평가 결과에 따라 얼마만큼을 합병시점의 무형자산(영업권)으로 기록해야 하는지를 계산한다.

있는 집단이다. 감사를 직접 수행하는 회계사들이 잘 모르는 복잡한 문제가 발생하는 경우, 해당 문제에 정통한 전문가 집단에서 그 내용을 살펴보고 정확한 회계처리가 무엇인지에 대한 조언을 하는 것이다. 또한 국내 4개 대형 회계법인 중 3개 회계법인에서 모두 이 방법이 올바른 회계처리고 결론내렸다는 내용도 등장한다.

금감원 3차 주장의 근거 – ① 방어권

언론 보도에 따르면 박 의원이 기자들에게 문건을 공개하기 전부터 금감원은 그 문건을 보유하고 있었다.[11] 박 의원의 문건 공개 직후 금감원은 새로운 주장(본고에서 3차 주장이라고 부름)을 발표한다. 2012년부터 2015년까지가 모두 분식회계라는 내용이다. 2015년 고의적인 분식회계를 했다는 점은 2차 주장과 같지만, 2012년부터 2014년까지는 올바른 회계처리라고 인정했던 1차 및 2차 주장과 크게 달라진 결론이었다.

    금감원의 3차 주장은, 2012년 에피스 설립시점부터 로직스는 에피스를 지배하지 못했다는 것이다. 그 근거는 ①과 ②다. ① 에피스 설립에 대한 계약서에 따르면 바이오젠은 대략 10개 사항에 대한 방어권을 보유하고 있다. 이 중 일부 내용이 로직스가 자유롭게 에피스를 경영할 수

---

11 이 문건은 청와대 또는 금감원 고위 인사가 여론 주도를 목적으로 박 의원에게 넘긴 것으로 추측된다. 박 의원의 기자회견 결과 삼성이 고의적으로 분식회계를 저지른 것이 기정사실화되면서 엄청난 반(反)삼성 여론이 폭발한 것으로 봐서, 이 작전이 성공했다고 볼 수 있다.

없게 만드는 중요한 사항이며 계약상 에피스가 바이오젠에게 의존할 수밖에 없으므로, 에피스 설립 당시부터 로직스는 에피스에 대한 경영권을 보유하고 있지 못했고 로직스와 바이오젠이 에피스를 공동경영을 했다는 주장이다.

또한 금감원은 ② 에피스가 설립시점부터 미래에 성공할 것이 거의 명확하게 예측됐다고 판단했다. 이 주장의 근거로 이 사업은 성공가능성이 높고 미래 기간 동안 사업이 성공해 큰돈을 벌게 될 것이라고 사업계획이 편성되어 있다는 점을 들었다. 따라서 삼성 측이 사업의 성공을 사전에 알고 있었고, 사업계획에 등장하는 전망 수치를 이용해 가치평가를 해보면 회사의 가치가 무척 크므로 바이오젠이 옵션을 행사할 것을 사전에 충분히 예상할 수 있었다는 것이다.[12]

먼저 ①에 대해 알아보자. K-IFRS 제1110호에서 '방어권'에 대해 설명하고 있는데, 이는 계약을 체결하는 두 당사자가 있을 때 지배권을 행사하지 못하는 한쪽 당사자의 권리를 보호하기 위해 설계된 권리를 말한다. 쉽게 말해 방어권이란 지배권을 행사하는 한쪽 당사자 A가 다른 쪽 당사자 B의 권리를 침해하는 부당한 행위를 하지 못하도록, 일부 중요한 사항에 대해서는 B의 동의를 받도록 사전에 양쪽의 합의하에 계약에 포함되어 있는 내용이다.

---

12 내용이 복잡해서 자세한 언급을 생략하지만, 금감원은 3차 주장에서 절대 실현 불가능한 옵션이 아닌 다른 옵션은 모두 실질적으로 보아 지배력 계산에 포함해야 한다고 주장했다. 2차 주장 때 옵션의 실행 여부가 예측 불가능하므로 실질적이지 않다던 주장과 정반대다. 만약 금감원의 주장처럼 실현 불가능한 옵션이 아닌 다른 옵션은 모두 실질적이라고 본다면, 국내외의 많은 기업이 현재 분식회계를 행하고 있는 셈이다.

국회
박용진 의원은 삼성과 회계법인이 공모해 분식회계를 수행했다는 결정적인 증거라며 내부 자료를 기자들에게 공개했다. 이 문건에 근거해 증권선물위원회는 분식회계라는 판단을 내린다. 박용진 의원 외에도 다수의 정치인이 이 사건에 개입했다.
ⓒ 국회박물관

    방어권은 특별한 것이 아니라 일반적인 계약에 대부분 존재하는 것으로서, 외부 투자자로부터 상당한 자금을 투자받았을 때 맺는 '주주간계약'이나 금융사로부터 부채를 빌릴 때 맺는 '부채약정'에도 대부분 포함되어 있다.[13] 따라서 방어권이 계약내용에 포함되어 있다는 것만으로는 다수의 지분을 가진 투자회사에게 실질지배력이 없다고 볼 수 없다. 이런 경우 방어권의 내용을 구체적으로 살펴봐야 한다.

---

[13] 예를 들어 미국 GM이 대주주이며 산업은행이 2대주주인 GM대우의 경우, 산업은행은 15개 사항에 대한 방어권을 보유하고 있다. 이 방어권을 이용해서, 산업은행은 2018년 GM이 GM대우를 생산법인과 연구개발법인으로 분할하려던 계획을 저지시킨 바 있다. 주주간계약에 따라 '기업 조직구조에 중대한 변화를 가져오는 조직개편'은 산업은행이 동의해야지만 GM이 실행할 수 있는 항목이다. 법인의 분리는 중대한 조직개편에 해당하므로 일상적인 경영활동에서 발생하는 일이 아닌 특별한 경우에 해당하며, 이런 특별한 일에 산업은행의 동의가 필요하다고 해서 GM이 일상적 활동에 대해서도 경영권을 행사하지 못한다고는 보지 않는다.

금감원 3차 주장의 근거 - ② 사업의 성공가능성과 가치평가

2012년 회사 설립시점부터 사업 성공이 충분히 예측됐고 가치평가가 가능했다는 3차 주장 중 ②의 내용은, 2015년에도 성공가능성이 불확실해 신뢰할 만한 가치평가가 불가능했다는 금감원의 2차 주장과는 정반대가 되는 놀랄 만한 입장 변화다. 2015년 이익을 부풀리기 위해 분식회계를 저질러 연결재무제표 작성을 중지하고 지분법 회계처리로 바꿨다는 내용은 1, 2, 3차 주장이 모두 같다.

회사의 가치를 얼마로 평가할 것인지가 결정되어야 바이오젠이 옵션을 행사할지의 여부를 판단할 수 있다. 옵션을 행사하려면 상당한 금액을 로직스에 지불해야 하므로, 평가된 회사의 가치가 이 금액보다 높은 경우에만 옵션을 행사할 것이기 때문이다. 금감원은 "사업 초기이더라도 추정 미래현금흐름, 현금흐름에 내재된 불확실성을 나타내는 확률이 있는 경우 기업가치를 계산(K-IFRS 제1113호, B13)"해 옵션의 상태를 판단할 수 있으며, 로직스의 경우 회사 설립 당시 회사의 사업계획에 등장하는 미래의 추정 이익과 제약·바이오 업계에서 널리 알려진 약품개발 성공확률을 이용해 가치를 평가해 보면 옵션의 가치가 상당히 크므로 바이오젠이 옵션을 행사할 것으로 예상할 수 있다고 주장했다. 따라서 2012년 회사 설립시점부터 로직스와 바이오젠이 에피스를 공동경영하는 것으로 보아 지분법을 이용해 회계처리를 했어야 한다는 것이다.[14] 2015년 회계처리만 분식회계라는 참여연대의 1차 주장 및 금감원의 2차 주장과 비교하면, 분식회계가 이루어진 연도뿐만 아니라 분식회계의 내용도 달라진 것이다.

2차 감리 이후 열린 증선위 회의에서 금감원은 문건에서 '(1)을 회피하기 위해 (4)를 한다'는 내용을 발췌해 증선위 위원들에게 보여줬다고 알려진다. 그리고 옵션 부채와 손실을 기록해야 하기 때문에 큰 적자가 발생해 자본잠식이 되므로, 이를 막기 위해 고의적인 분식회계를 저질러 이익을 기록했다고 설명했다.

증선위의 결정은 급하게 내려졌던 것 같다. 증선위에서는 금감원의 이 설명을 듣고 로직스 측의 반론은 거의 듣지 않은 채 짧은 회의에서 분식회계라고 판정을 내렸다고 전해진다. 당시 박 의원이 공개한 문건이 '삼성이 조직적으로 분식회계를 공모한 것을 보여주는 결정적 증거'라고 널리 보도되면서 삼성에 대한 비난이 폭증하고 있었으므로, 증선위가 그런 사회적 분위기의 영향을 받았던 것으로 짐작된다. 그래서 문건 내용에 대한 종합적 검토나 2012~2014년 회계처리에 대한 금감원의 바뀐 주장이 옳은지에 대한 타당성 검토를 빠뜨렸을 것이다. 회계 전문가가 단 1인만 포함되어 있는 증선위 위원 대다수는 지분의 분류 변경 회계처리가 무엇인지에 대해서도 잘 알지 못했을 것이고, 아마 금감원의 설명을 그대로 믿었을 것이다. 증선위의 결론이 알려지자 반(反)삼성 여론이 더욱 거세졌다.

---

14 설명하기 복잡하지만, 2012년부터 지분법을 사용했다면 2015년 에피스의 평가된 가치가 크게 증가한 사건은 재무제표에 직접 반영되는 것이 아니다. 다만 주석 공시를 통해 외부 이해관계자에게 알려야 한다. 자회사에서 실제 회계처리에 반영된 사항들만 지분법 회계처리를 통해 모회사의 재무제표에 반영되기 때문이다. 즉 어떤 방식을 취하던 자회사의 가치가 크게 증가했다는 것을 외부 이해관계자들에게 알린다는 점은 동일하다.

증권선물위원회의 판단과 검찰의 수사 시작

금감원이 특정 안건에 대해 분식회계라고 판단을 한다면, 어떤 항목이 분식회계이며 왜 그런 판단을 내렸는지에 대한 근거를 당사자인 기업에게 사전에 제공해야 한다. 기업이 해당 주장에 대해 동의하지 않는다면 감리위원회에 출석해 심의 과정에서 반론을 제기할 수 있다. 이런 양측의 주장을 듣고 감리위원회가 어떻게 처리할 것인지에 대한 권고안을 증선위에 제출하면, 증선위가 양측의 견해를 들어보고 종합해 최종적인 판단을 한다.

그런데 이때 금감원은 도대체 어떤 근거에서 2012년부터 2015년까지가 모두 분식회계라고 판단했는지를 사전에 로직스에 알리지 않았다고 전해진다. 회사 측에서는 증선위 회의에 출석해서야 무엇이 분식회계라는 것인지에 대한 새로운 주장을 듣게 된 것이다. 정상적인 경우라면 금감원이 2차 주장과는 완전히 다른 새로운 주장을 내세운 것이므로, 이 주장에 따라 감리위원회를 다시 열어 양측의 주장을 모두 듣고 심의를 해야 할 것이다.[15] 앞에서 감사원의 감사결과를 소개하면서 설명했듯이, 금감원에서 빨리 심의를 진행하려고 하고 있었기 때문에 이렇게 정상적인 절차를 생략하는 일이 벌어졌을 것이다.[16]

증선위의 판단 결과 검찰에 대한 고발과 경영진 해임, 그리고 막대한

---

[15] 쉽게 설명하면, 검찰이 공소 내용을 변경하려면 일정한 절차를 따라야 하는 것에 비교할 수 있다.
[16] 이 문제가 사후적으로 논란이 되자, 긴급한 일이라서 이럴 수밖에 없었다는 변론이 제시되었다.

과징금 부과라는 처벌이 로직스에게 내려졌다. 동시에 이 기간 동안 로직스를 감사한 안진과 삼정회계법인 회계사들에게도 분식회계를 발견하지 못했거나 공모해서 분식회계를 했다는 혐의로 중징계가 내려졌다. 로직스의 모회사인 삼성물산의 재무제표도 잘못 작성된 것이므로, 삼성물산의 경영진과 삼성물산을 감사했던 삼일회계법인의 회계사들도 징계를 받았다. 검찰은 그 이전부터 특별검사에 의해 진행되던 (구)삼성물산과 제일모직의 합병 건에 대한 수사에 이 분식회계에 대한 수사를 결합하고 대규모 인력을 투입했다. 2018년 말의 일이다. 삼성그룹의 수뇌부나 로직의 CEO 및 CFO를 범죄 혐의로 곧 기소할 것 같은 분위기였다. 그런데 이 수사는 무려 3년 동안이나 지속된다.

 금감원의 3차 주장에 대한 자세한 반론과 2019년부터 벌어진 일에 대해서는 원고 3에서 소개한다. 〈그림 1〉은 이 사건과 관련해 2015년부터 2024년까지 발생한 일들을 시간대 순으로 정리한 것이다. 이 사건을 정확히 이해하기 위해서는 시간 순서가 중요하므로, 이에 유의해 〈그림 1〉을 읽어보기 바란다.

•• 〈그림 1〉 삼성바이오로직스를 둘러싼 주요 사건들의 시간대별 정리

2015. 5.	(구)삼성물산과 제일모직, 이사회에서 합병 결의
2015. 7.	(구)삼성물산과 제일모직, 주주총회에서 합병 승인
2015. 9.	합병 실시
2015. 12.	로직스, 지분의 분류 변경 회계처리 수행
2016. 3.	로직스, 지분의 분류 회계처리가 반영된 2015년 재무제표 발표
2016. 11.	로직스, 유가증권 시장 상장
2016. 12.	참여연대, 로직스의 분식회계 및 특혜상장 의혹 제기
2017. 4.	금감원, 1차 감리 착수
2017. 10.	교수들, 작성한 의견서 제출
2018. 5.	감리위원회, 금감원의 1차 감리 결과를 바탕으로 심의 착수
2018. 6. 7.	증권선물위원회, 금감원의 감리 결과 및 감리위원회의 논의 결과를 바탕으로 심의 착수
2018. 6. 29.	바이오젠, 옵션 행사의도 통보
2018. 8.	금감원, 2차 감리 착수
2018. 11. 7.	박용진 의원, 로직스 내부 문건 공개
2018. 11. 14.	증권선물위원회, 고의 분식회계 판단에 따라 로직스 대표이사 해임권고 및 과징금 80억 원 부과, 검찰 고발
2018. 12.	검찰, (신)삼성물산과 로직스 압수수색
2019. 1.	행정법원, 증권선물위원회의 처분에 대한 일시적 효력정지 결정
2020. 6.	대검 수사심의위원회, 수사 중단 및 불기소 권고
2020. 9.	검찰, 이재용 회장 및 임원 등 12명 기소 권고
2020. 10.	1심 법원, 재판 시작
2023. 11.	검찰, 제106차 공판에서 이재용 회장에게 징역 5년과 벌금 5억 원 구형
2024. 2.	1심 법원, 분식회계 혐의를 포함한 19개 혐의에 대해 모두 무죄 선고
2025. 2.	2심 법원, 분식회계 혐의를 포함한 19개 혐의에 대해 모두 무죄 선고

삼성바이오로직스의 회계처리를 둘러싼 논란의 진실 III

8년에 걸친 수사와 재판의 결론은?

금감원은 2018년 말부터 입장을 바꿔, 로직스가 2012년 에피스 설립 당시부터 사업 성공이 예상됐으므로 합작파트너인 바이오젠이 옵션을 행사할 것으로 가정하고 에피스를 종속회사가 아닌 관계회사로 보고 지분법 회계처리를 했어야 한다고 주장했다. 그러나 이는 금감원의 기존 입장과 정면으로 배치되며, 로직스가 경영권을 보유하고 있다고 명시한 바이오젠의 공시와도 충돌한다. 또한 금감원이 증거로 제시한 로직스 내부 문건에도 그러한 정황은 나타나지 않는다. 오히려 이 문건은 회계를 잘 알지 못하던 내부 직원이 회계법인의 자문을 받아 정당한 회계처리를 수행한 과정을 보여준다. 그럼에도 금융당국과 검찰은 무리하게 고의적인 분식회계를 주장하며 10년이 넘는 기간 동안 사건을 끌어왔다. 1심과 2심 법원은 모두 이 사건에 대해 무죄 판결을 내렸다.

MANAGING BY NUMBERS

2012년 삼성바이오로직스(이하 로직스)는 미국 제약사 바이오젠과 합작으로 자회사 삼성바이오에피스(이하 에피스)를 85 대 15의 지분비율로 설립한다. 지분비율이 85%이므로 로직스는 에피스를 지배하는 것으로 판단해 연결재무제표를 작성하는 회계처리를 수행한다. 2015년 에피스가 두 종류의 약품 개발에 성공하자, 로직스는 앞으로 바이오젠이 보유한 옵션을 행사해 지분율이 50 대 50으로 변할 것이라고 판단한다. 국제회계기준(International Financial Reporting Standards, IFRS) 규정에 따르면, 옵션이 있다면 옵션이 앞으로 행사될 것으로 예상되는지를 따져야 한다. 행사가 예상된다면 행사된 것으로 가정하고 지배력이 있는지를 판단해야 한다. 이 경우 바이오젠이 옵션을 행사할 것이 예상되므로, 로직스는 에피스에 대한 지배력을 상실했다고 판단해 지분의 분류를 변경하는 회계처리를 실시했고, 이에 따라 주식 보유기간 동안의 가치변동분을 당기손익에 반영했다.

앞의 글에서 설명했듯이, 이 사건에는 왜 로직스의 회계처리가 분식회계인지에 대한 3가지 주장이 등장한다. 이 세 주장의 차이를 〈표 1〉에 정리했다. 1차와 2차 주장은 유사하지만 3차 주장은 내용이 거의 정반대일 정도로 다르다는 점에 주목하기 바란다. 원고 3에서는 3차 주장이 제기될 무렵인 2018년 하반기부터 벌어진 일을 소개한다.

금감원의 3차 주장에 대한 거시적 반론

2017년부터 로직스의 주가가 폭등하기 시작했고 2018년 바이오젠이 옵션을 행사하겠다고 통보해온다. 그러자 사업 성공과 옵션 행사를 사전에 예상할 수 없었다는 주장을 하기 애매해진다. 이때 박용진 의원이 제보받은 자료라면서 로직스의 내부 문건을 공개한다. 이 문건에 근거를 두고 금감원은 3차 주장을 발표한다. ① 합작계약에 따라 바이오젠이 보유 중인 방어권이 경영권에 해당하며, ② 에피스 설립시점부터 미래 성공이 충분히 예측되었으므로 가치평가가 가능하고, 평가를 해보면 바이오젠이 옵션을 행사할 것이 예상된다는 주장이다. 따라서 에피스 설립시점부터 로직스가 에피스의 경영권을 보유한 것이 아니라 바이오젠과 공동경영한 것으로 봐야 한다는 이야기다. 그리고 2015년 옵션 관련 손실을 줄이기 위해 분식회계를 했다는 것이다.

박용진 의원이 언론에 공개한 로직스 내부 문건에는 다음과 같은 내용이 담겨있다. (1) 바이오젠이 옵션을 행사하면 총 1조 8천억 원의 가치를 가진 주식을 바이오젠에게 넘겨주어야 하므로 이 금액을 손실로

•• **〈표 1〉 삼성바이오로직스의 회계처리, 참여연대의 주장, 그리고 금감원의 주장 비교**

구분	2012년 (회사설립)	2013년	2014년	2015년 (시판허가)	2016년	2017년	2018년 (콜옵션 행사)	2019년
로직스 (실제 회계처리)	연결재무제표 작성			지분법 회계처리				
참여연대 (1차 주장)	연결재무제표 작성						지분법 회계처리	
금감원 (2차 주장)	연결재무제표 작성						지분법 회계처리	
금감원 (3차 주장)	지분법 회계처리							

주장한 당사자	주장 내용	회계처리의 이유
로직스 (=공인회계사회와 금감원의 최초 견해)	2015년 약품 개발에 최초로 성공해 바이오젠이 옵션을 행사할 것이 거의 확실시되고 신뢰할 만한 가치평가가 가능하게 됐으므로, 옵션이 실질적인 상태로 전환됨. 따라서 로직스가 에피스에 대한 지배력을 상실해서 지분의 분류 변경 회계처리 수행.	국제회계기준의 규정에 맞게 지분의 분류 변경 회계처리함.
참여연대 (1차 주장)	옵션이 행사되지 않았는데 앞으로 행사될 것으로 간주하고 미리 회계처리 하는 것은 분식회계. 옵션 행사 시점까지 기다렸다가 행사되면 그때 지분의 분류 변경 회계처리를 해야 함.	(구)삼성물산과 제일모직의 합병 이전 제일모직의 주가를 올리기 위해 터무니없이 에피스 가치를 과대평가해 분식회계를 함.
금감원 (2차 주장)	2015년 당시 성공가능성이 불확실했으므로 신뢰성 있는 가치평가를 할 수 없었음. 따라서 가치가 높아 바이오젠이 옵션을 행사할 것이라고 볼 근거가 부족하므로 지분의 분류 변경 회계처리를 할 수 없음.	언급 없음.
금감원 (3차 주장)	2012년 에피스 설립시점부터 로직스는 에피스에 대한 지배를 하지 못했음. ① 바이오젠이 중요한 경영사항에 대한 방어권을 보유하고 있고, ② 성공가능성이 높은 사업이므로 사업 착수 시점부터 가치평가가 가능했음. 사업계획에 포함된 전망수치를 이용해 평가를 해보면 옵션이 행사될 것으로 예상됨. 따라서 회사 설립시점부터 공동경영 상태로 보아 지분법 회계처리를 적용했어야 함.	옵션 손실을 기록하면 적자가 기록되므로, 지배력 상실 회계처리를 해서 더 큰 이익을 기록하면 흑자로 바꿀 수 있음. 그 결과 기업가치가 높게 보이게 됨.

기록해야 한다는 점이 언급된다. 이렇게 막대한 손실이 발생하면 자본잠식이 발생하는데, 이것을 막기 위해 (2) 계약조건 변경을 위한 협상을 하며, (3) 가치평가를 한 기관과 협의해 평가금액을 낮추어서 손실금액을 줄여 기록할 수 있는지를 모색하겠다는 내용이다. (2)와 (3)이 모두 불가능하다는 점이 판명나고 삼정회계법인 품질관리팀과 만난 후 로직스는 에피스 주식의 분류를 변경하는 회계처리를 해야 한다는 것을 알게 된다. (4) 분류 변경 회계처리를 한 결과 그동안 발생한 기업가치 증가분 4조 5천억 원을 이익으로 인식한다. 그렇다면 (1) 때문에 발생하는 손실을 초과하는 규모의 이익이 기록된다는 내용이다.

금감원의 3차 주장에 대한 반론을 거시적 및 미시적 입장에서 소개한다. 거시적 입장에서의 반론은 2가지다. 첫째, 금감원은 2차 주장 때, 로직스가 에피스 설립 당시 에피스를 종속회사로 판단한 회계처리가 옳을 수 있다고 인정했다. 그런데 3차 주장에서는 2차 주장과 달리 2012년 회사 설립시점부터 로직스는 에피스를 지배하지 못했다고 주장한다. 이러한 판단의 변경을 뒷받침하는 증거는 박용진 의원이 제시한 문건이다. 그런데 이 문건에는 에피스가 로직스를 지배하는지에 대한 내용은 없다. 이 문건은 2015년 하반기 발생한 (1), (2), (3), 그리고 (4)의 내용이라서 2012년 회사 설립 당시와 아무런 관계가 없다. 그러므로 이 문건을 근거로 2012년부터 2014년까지의 회계처리에 대한 판단이 바뀔 이유는 없다.

둘째, 만약 금감원의 주장대로 로직스와 바이오젠이 에피스를 공동경영했다고 가정해보자. 원고 1에서 소개한 것처럼, 2012년 바이오젠은 자신이 몇몇 사항에 대한 방어권을 보유하고 있지만 '경영권은 로직스가 보유하고 있다'고 사업보고서에 공시했다. 당사자는 경영권이 없다고 하는데, 당사자도 아닌 금감원이 나서서 바이오젠이 경영권을 보유하고 있다고 주장한 셈이다. 그렇다면 둘 중 하나는 사실과 다른 주장을 하고 있다고 볼 수 있다. 어쨌든 미국에서 회계 감독을 수행하는 증권거래위원회(Securities and Exchange Commission)나 회계감독국(Public Company Accounting Oversight Board)이 바이오젠을 분식회계나 허위공시라고 처벌한 적은 없다.

구체적인 문건의 내용이나 복잡한 회계처리를 잘 모르더라도, 이런 거시적 내용을 보면 금감원 주장이 합리적인지 판단할 수 있을 것이다.

문건 내용에 대한 미시적 해석과 반론

이제 미시적 입장에서 문건을 살펴보자. 이 문건은 박용진 의원이나 금감원의 주장과 달리 로직스가 고의적으로 분식회계를 저지르지 않았다는 사실을 보여준다. 문건에는 합병을 사후 정당화하기 위해 로직스 사장이나 삼성그룹 미래전략실이 조직적으로 분식회계를 하라고 지시하는 내용은 없다. 오히려 이 문건은 회계를 잘 모르는 로직스 직원들이 몇 달간 벌어진 회계 관련 일을 요약해 상부에 보고한 자료다.

앞에서 설명한 것처럼 금감원은 (1)에서 언급한 대로 옵션이 실행될 것으로 평가되어 손실을 기록해야 되자 → 이를 막기 위해 (2)와 (3)을 고려했으나 가능하지 않자 → (4)를 통해 지분의 분류 변경 회계처리를 한 결과 큰 이익을 기록했다고 주장했다. 문건도 이 순서대로 작성되어 있다. 그런데 문건에는 삼일, 삼정, 안진회계법인이 (4)가 적절한 회계처리라고 판단했다는 내용이 뒷부분에 등장한다.[1] 금감원은 이 부분은 생략한 채 문건의 일부분만 발췌해 고의적으로 분식회계를 저지르려고 (4)를 했다고 증권선물위원회(이하 증선위)에서 설명한 것으로 알려졌다. 이런 설명과는 달리 문건을 작성한 직원은 (4)를 하는 것이 올바른 회계처리라는 것을 깨닫고 (4)를 수행한다고 적었다. 이 직원은 처음에는 왜 (4)를 해야 하는지에 대해 이해하지 못했다. 회계를 잘 모르니 (2)와 (3) 같은 불가능한 방법도 검토했고, 특히 (3)이 '고의적인 분식회계를 하자는 내용'이라는 점도 인식하지 못했다. 그러다가 감사를 담당하던 회계법인에서 (4)가 맞는 회계처리라고 알려주자 이를 따른 것이다.[2] 이런 일이 벌어지던 초기 로직스의 담당자와 회계사들 사이에 정확한 정보의 소통이 이뤄지지 않았던 듯하다.[3] 시간이 지나면서 삼정회계법인 품질관리팀 전문가들과 만나 대화를 나누는 과정에서 (4)를 해야 한다는 것을 깨달은 것으로 보인다.[4] 혹시 '지배력을 상실했으니 지분의 분류 변경에 따른 회계처리를 해야 한다'는 내용을 들었더라도 그

---

[1] 삼일, 삼정, 안진회계법인은 한영회계법인과 더불어 빅(Big) 4라고 불리는 대형 회계법인이다.

[2] 상식적으로 생각해봐도, 회계를 잘 모르는 직원이 지분의 분류 변경 회계처리가 무엇인지 사전에 알아서 감사를 담당하던 회계사들에게 이 회계처리를 하자고 제안했을 가능성은 거의 없다.

[3] 로직스 직원들이 일부 회계지식을 가지고 있었다고 하더라도 본 사건에서 문제가 된 회계처리에 대해서는 잘 몰랐던 것은 분명하다. 이런 유형의 사건이 발생하는 것은 매우 드문 일이므로, 회계사나 회계학 교수도 이 사건이 발생하기 전까지는 지분의 분류 변경 회계처리에 대해 모르는 사람이 있었다. 어쨌든 삼정회계법인 회계사들도 로직스 직원들이 이해할 수 있도록 정확한 설명을 해주지 않아 혼란을 초래한 간접적인 책임이 있다고 생각된다.

[4] 품질관리팀이란 회계법인에서 전문가들로 구성된 집단이다. 개별 회계사들이 잘 모르는 복잡한 사안에 대해 자문하고 감사가 제대로 수행되는지를 점검하는 역할을 한다.

게 구체적으로 무엇을 하라는 것인지 몰랐을 것이다.

  문건의 핵심인 '(1) 때문에 적자가 발생하는 것을 막기 위해 (4)를 한다'는 내용은 근본적으로 잘못된 것이다. 약품 개발에 성공하고 판매 허가를 받은 결과 에피스의 기업가치가 커졌고, 따라서 로직스는 바이오젠이 옵션을 행사할 가능성이 높다고 판단했다. 즉 옵션이 실질적으로 변했다. 이에 따라 옵션 행사를 가정하면 로직스가 에피스에 대한 실질 지배력을 잃는 것으로 판단된다. 그러므로 지분의 분류 변경 회계처리를 해야 한다. 그 결과 보유 중인 에피스 주식의 증가한 가치 4조 5천억 원을 이익으로 기록하고, 동시에 바이오젠이 옵션을 행사하면 로직스가 바이오젠에 넘겨줘야 하는 주식의 가치 1조 8천억 원을 손실로 기록해야 한다. 즉 (4)가 먼저 일어나고 (1)이 그다음에 일어나거나, 또는 (4)와 (1)이 동시에 일어난 것으로 볼 수 있다.[5]

  그런데 이 보고서를 작성한 직원은 지분의 분류 변경 회계처리에 대해 잘못 이해했기에, (1)이 먼저 일어난 후 이 문제에 대해 고민을 하다가 회계법인 전문가와 면담을 한 후 (4)를 알게 되었다는 순서로 문서를 작성한 것이다. 신뢰할 만한 가치평가가 불가능하다면 (1)에서 얼마가 손실인지(즉 바이오젠에게 넘겨야 하는 지분의 가치가 얼마인지)를 기록할 수 없다. 사업 성공이 예측되자 신뢰할 만한 가치평가가 가능해졌고, 그에 따라 옵션의 가치에 대한 평가와 지배력이 존재하는지에 대한 판단이 모두 가능해진 것이다.

---

[5] 이익과 손실을 동시에 적어야 한다는 부분에 대한 보다 자세한 내용은 머니투데이 오동희 기자의 2024년 11월 11일자 기사(양자역학 난이도의 '삼바 분식논란' 쉬운 한방 정리)를 참조하기 바란다.

이 문건 어디에도 분식회계를 하자는 언급은 없다. 회계처리로 기록한 이익으로 주가를 띄우겠다는 이야기도 없다. 오히려 '이 회계처리 때문에 기록되는 이익은 기업가치와 무관한 회계상 이익일 뿐이라고 외부에 설명할 예정'이라는 내용이 문건에 등장한다. 참여연대의 바뀐 주장처럼 합병비율을 사후 합리화하기 위해 분식회계를 했다면 주가를 띄워야 하므로 이 말과 정반대의 설명을 했어야 한다. 실제로 로직스가 공시한 내용도 "…발생한 일시적 이익으로, 당사의 영업과는 관계가 없는 회계적인 이익입니다. 투자자께서는 이러한 사항을 숙지하시어 투자 판단에 착오가 없도록 하시기 바랍니다."이다.

금감원의 보고 내용을 심의해 분식회계의 여부에 대한 판정을 내리는 역할을 하는 증선위 위원 5인 중 4인은 회계 전문가가 아니다. 금감원은 로직스에게 반론 기회도 주지 않은 채 (1), (2), (3), (4) 부분만 증선위 위원들에게 발췌해서 보여준 후 위원들이 분식회계라는 판단을 내리도록 유도했던 것으로 전해진다. 회계 전문성이 부족한 증선위 위원들은 (1)과 (4)를 동시에 수행하는 것이 올바른 회계처리라는 점을 알지 못했을 가능성이 크다.[6] 박용진 의원의 기자회견 이후 해당 문서가 '삼성의 조직적 범죄행위를 보여주는 결정적 증거'라고 일부 언론이 집중보도를 하고 있는 시점에서, 그런 뉴스의 영향을 받아 성급한 의사결정을 내리지 않았을까 싶다.

금감원의 주장과는 달리 (1)과 (4) 중 하나만 수행했다면 그것이 바

---

[6] 만약 바이오젠이 옵션을 행사해도 경영권을 계속 로직스가 보유하는 경우라면 지분의 분류 변경 회계처리를 할 필요가 없다. 그런 경우라면 2015년 들어 (1)만 회계처리 하는 것이 맞다.

삼정회계법인
삼정회계법인 품질관리팀은 이 사건에 대해 검토한 후 지배력 상실 회계처리를 해야 한다고 결론 내리고 이를 로직스에 조언한다. 삼정회계법인의 조언에 따라 회계처리가 이루어진다.
© 삼정KPMG

로 분식회계다. 그리고 정말로 이익을 부풀리려고 했다면 (1)을 할 이유도 없다. (1) 없이 (4)만 하면 가치평가의 증가분(=4조 5천억 원)만을 이익으로 기록하면 되기 때문이다. 그런데 굳이 (1)과 (4)를 함께 회계처리해 이익을 2조 7천억(= 4.5조 – 1.8조) 원으로 낮춰 기록할 필요가 없다.

방어권 때문에 공동경영 상태였다는 주장에 대한 반론

바이오젠이 보유한 방어권 때문에 에피스 설립 당시부터 로직스는 에피스에 대한 경영권을 보유하지 못했다는 ① 주장에 대한 반론은 다음과 같다. 방어권은 지배주주가 부당하게 다른 주주나 채권자의 권리를 침해하는 일을 막기 위한 조항이다. 금감원은 경영방침(설립, 운영, 활동)에 대해 합작계약서에 자세히 규정되어 있으므로 로직스가 독자적으로 할 수 있는 일이 별로 없으며, 특히 '양자가 합의한 6종 이외의 다른 약품을 개발하기 위해서는 바이오젠의 동의를 얻어야 한다'는 조항이 통상적인 방어권 범위에 해당되지 않는 경영권을 침해하는 내용이라고 주장했다. 따라서 로직스가 경영권을 가지지 못했다는 것이다.

그런데 K-IFRS는 이 방어권을 명시하고 있다. 통상적인 영업수행 과정에 필요한 것보다 훨씬 큰 규모의 자본적 지출을 승인할 때(K-IFRS 제1110호 문단 B28의 (2)번 방어권의 예)가 바로 이 경우에 해당된다. 약품 개발을 위해서는 수천억 원의 엄청난 자금이 필요하므로, 이런 조항을 두어 계약의 한쪽 당사자만의 의사결정으로 기업가치에 큰 영향을 미칠 수 있는 막대한 자금을 투자하지 못하도록 한 것이다. 따라서 금감원의 이 주장은 회계기준서에 제시되어 있는 사례를 부정하는 것이다.[7]

그 외 기업의 전반적인 경영방침에 대해 자세히 계약서에 규정되어 있으므로 로직스가 독자적으로 할 수 있는 일이 거의 없다는 주장에 대한 반론은 다음과 같다. 합작계약의 경우 회사의 전반적 경영방침이 계약서에 규정되어 있는 것은 당연한 일이다. 큰 방향은 정해져 있더라도, 인력을 채용하거나 투입하고, 누구를 승진시키고, 어떻게 연구를 진행하고, 발생한 문제를 어떻게 해결할지 등의 일상적 의사결정은 삼성(즉 로직스가 지배하고 있는 에피스의 이사회에서)이 내린다. 다른 주주간계약서를 봐도 회사를 왜 설립하고 어떻게 운영할 것인지에 대한 큰 그림은 모두 규정되어 있다. 합작투자뿐만 아니라 재무적 투자자로부터 투자를

---

[7] 약품을 개발해서 생산하는 것이 제약회사의 본업이니 6종의 개발이 완료되면 다른 약품을 개발할 것이라고도 볼 수 있다. 그렇다면 본업을 수행하는 것을 제한하는 규정이니 이 항목이 통상적인 방어권이 아니라 경영권에 해당한다고도 볼 수 있는 여지도 있다. 따라서 필자는 이 항목이 경영권이 아니라 단순한 방어권일 뿐이라고 해석한 것이 아니라, 전문가들도 판단이 엇갈릴 수 있는 항목이라고 생각한다. 즉 필자는 한 가지 해석만 옳다는 금감원의 주장에 동의하지 못한다. 만약 한 가지만 고른다면 단순한 방어권이라는 주장을 선택하겠다.

받는 경우도 거의 다 해당될 것이다. 만약 이런 규정이 있다는 이유만으로 최대주주가 경영권이 없다고 본다면 모든 합작투자가 이에 해당할 것이다. 필자를 포함한 서울대 교수들이 작성한 의견서는 국내 기업들이 체결한 다수의 주주간계약서를 부록으로 포함하고 있다. 이 계약서들에도 관련 조항이 등장한다. 의견서에서는 계약서를 검토해보았지만 통상적으로 충분히 이해되는 수준의 방어권 조항들만 포함되어 있으므로 로직스가 경영권을 보유한다고 판단된다고 결론을 내리고 있다.

서울대 교수들이 제출한 의견서는 금감원이 3차 주장을 내세우기 10달 전 제출된 것이라는 점에 주목하자. 당시는 금감원이 방어권에 대해서 아무런 언급을 하지 않았었으며 참여연대가 내세운 1차 주장만 알려져 있던 시기였다. 그런데 교수들이 계약서를 검토한 후 방어권에 대한 내용도 의견서에 포함시킨 것이다. 더군다나 이 의견서에는 '다른 제품 개발' 항목이 다른 기업의 계약서에는 포함되어 있지 않은 독특한 조항이라 검토해보았으나 통상적인 방어권의 범주에서 벗어나지 않는다는 결론이 언급되어 있다. 금감원의 3차 주장이 알려진 후 교수들이 이런 의견서를 냈다면 교수들의 공정성을 의심할 수 있을 것이다. 당시 금감원 관계자나 친여당 성향 언론이 이들이 돈에 매수됐다고 비난하고 있었기 때문이다. 그렇지만 금감원이 이런 주장을 꺼내기 오래전 이미 방어권에 대해 언급했고, 특히 그중에서도 금감원이 나중에 문제 삼은 항목을 특정한 것을 보면 이들의 의견서가 공정하게 작성되었으며 다각도로 계약서 내용을 검토했을 가능성이 높다는 것을 알 수 있다.

가치평가가 회사 설립시점부터 가능했다는 주장에 대한 반론

금감원은 이 사업은 성공가능성이 높아 회사 설립시점부터 가치평가가 가능하고, 사업계획서에 포함된 미래예측치를 이용해 가치평가를 해보면 옵션은 내가격 상태였다는 것을 알 수 있다고 주장한다. 이 같은 주장 ②에 대한 반론은 다음과 같은 3가지다.

첫째, 금감원은 바이오시밀러 약품의 개발 성공률이 매우 높다고 주장했다. 필자가 여러 의약품 업계 관계자에게 질문한 결과 이들은 모두 금감원의 의견에 동의하지 않았다. 뉴스를 검색해보니, 세계적 제약사 노바티스, 암젠, 화이자가 모두 바이오시밀러 제품 개발 중 실패를 경험했다. 에피스도 2014년 한 종류 약품의 개발에 실패한 바 있다. 또한 바이오시밀러 사업은 개발 성공뿐만 아니라 언제 개발했느냐가 중요하다. 경쟁 약품을 개발하는 회사들보다 먼저 1등으로 개발, 생산을 마친 후 시판에 들어가야 사업적으로 성공할 수 있다. 즉 제품의 개발가능성과 사업의 성공가능성은 다른데, 금감원은 이 점에 대해서는 언급하지 않았다.

로직스는 연구개발 착수 수년 이내 성공하는 것을 목표로 했다. 기업은 당연히 성공한다는 희망을 가지고 사업을 시작한다. 실패할 것이라고 생각한다면 누구도 신사업을 시작하지 않을 것이다. 큰 기대를 가지고 시작하더라도 실패하는 것이 부지기수다. 삼성그룹도 실패해서 철수한 사업들이 많다. 따라서 기업의 낙관적인 희망사항이 아니라 실제 어떤 일이 발생할지를 객관적으로 예측해 회계처리를 해야 한다. 사업계획이 있었다고 해서, 이를 그대로 이용해서 가치평가를 하고 그에 기반해 회계처리를 할 수는 없다. 미래를 예측하는 데 사업계획을 참고로 사용할 뿐이다.

둘째, ②의 주장은 바이오젠과 로직스가 실물 옵션 전략에 기반한 합작계약을 맺었다는 점도 부정하는 것이다. 바이오젠은 사업이 성공할 수 있을지가 불명확하기 때문에 큰 자금을 투자하는 것을 회피하기 위해 이런 계약을 맺었다. 성공가능성이 높았다면 보유한 기술로 독자적으로 사업을 벌여 과실을 전부 가지려고 하지, 삼성에 기술을 전해주고 성공의 과실을 절반씩 나눌 필요가 없다. 2014년 증자에 참여하지 않아 바이오젠의 지분비율이 회사 설립시점 당시의 15%에서 8%로 줄었다는 점도, 이때까지 바이오젠은 성공가능성이 높지 않다고 판단하고 있었다는 점을 암시한다. 성공가능성이 높았다면 이제까지 왜 해외 메이저 제약사들이 이 분야에 진출을 못 했을지 궁금하다. 삼성이 여러 메이저 제약사에게 접촉해 합작을 하자고 했을 때 왜 모두 거절했을까?

자신의 말을 스스로 뒤집은 금감원의 주장

이런 내용을 종합해보면, 2012년 회사 설립시점부터 성공가능성이 높았기 때문에 이를 가정해 회계처리를 해야 했다는 금감원의 3차 주장은 받아들이기 어렵다. 금감원이 불과 몇 달 전까지 내세우던 2차 주장에서는 2015년에도 성공가능성이 낮아 미래를 예측할 수 없으므로 신뢰할 만한 가치평가가 불가능하다고 했었다. 그러다 3차 주장을 내놓으면서 회사 설립시점인 2012년부터 가치평가가 가능했다고 말을 바꾼 것이다. 복잡한 내용은 몰라도 이렇게 주장이 정반대로 바뀐 것만 봐도 이상하다는 점을 알 수 있다. 또한 '신뢰할 만한 가치평가가 불가능했다'던 표현이 '가치평가가 가능하다'라고 바뀐 점도 주목하기 바란다. '신뢰할 만한'이라는 말이 빠진 것이다. 가치평가야 언제든지 가능하지만, 가치평가 결과 발생한 평가손익을 회계장부에 반영하려면 '신뢰할 만한' 평가가 가능해야 한다는 회계의 기본 상식과 다른 이야기다.

셋째, 금감원의 주장은 금감원이 수차례에 걸쳐 발표했던 1) 금감원의 과거 의견과 회계실무, 2) 가치평가 지침이나 제약·바이오 업계 연구개발비 회계처리 지침과도 충돌한다. 1)을 자세히 살펴보자. 과거 쌍용자동차(현 KG모빌리티)의 손상차손 회계처리를 둘러싸고 논란(멀쩡한 회사를 분식회계를 통해 고의적으로 망하게 해서 불필요한 구조조정을 했다는 주장)이 발생했을 때, 분식회계 의혹을 제기한 민주노총과 민변에서는 회사의 낙관적인 사업계획을 그대로 인정해 회계처리를 해야 한다고 주장했다. 쌍용자동차가 수행한 손상차손 회계처리가 분식회계라는 주장이었다. 그러나 금감원은 당시 회사의 사업계획 대비 실제 판매량이 차종별로 목표의 40~80% 수준에 불과했으므로 낙관적인 사업계획을 그대로 회계처리에 이용할 수 없다고 설명했다. 이랬던 과거 의견을 로직스 사건이 벌어지자 정반대로 바꾼 것이다.[8] 만약 이런 낙관적인 가정들을 사용해 회계처리하는 것을 감사인이 인정한다면 그것이야말로 기업과 감사인이 공모한 분식회계다. 낙관적인 전망이 아니라 객관적이고

---

8 주장 ②에 대한 첫 번째 반론에서도 언급한 바처럼, 논리적인 근거가 없는 사업계획을 그대로 인정해서 회계처리나 감사를 해서는 안 된다. 쌍용자동차 사건에 대한 보다 자세한 내용은 『숫자로 경영하라 4』에 실린 '소위 '쌍용자동차 분식회계 사건'의 진실'을 참조하기 바란다.

쌍용자동차 평택공장
쌍용자동차(현 KG모빌리티)가 만드는 차량의 모습. 과거 쌍용자동차의 분식회계 의혹이 제기됐을 때 금감원은 회사의 낙관적인 사업계획을 그대로 이용해서 회계처리할 수 없다고 설명했었다. 그러다 로직스 사건에서는 회사의 사업계획을 그대로 인정해서 회계처리해야 한다고 주장을 바꿨다.
ⓒ 쌍용건설

합리적인 수치를 사용하도록 하는 것이 회계감사의 역할이다.

2)와 관련해서 필자는 원고 1에서 금감원이 배포한 가치평가에 대한 실무지침이 있다고 소개했다. 이 실무지침을 보면 신뢰할 만한 수준의 가치평가를 하기 위해서는 미래 사업이 성공할 확률과 성공 시 얼마를 벌 수 있는지를 상당히 객관적으로 예측할 수 있어야 하며, 예측값들의 편차가 유의적이지 않아야 한다는 내용이 등장한다. 편차가 유의적이지 않다는 말은, 서로 다른 값들이 발생했을 때 그 차이가 의사결정에 큰 영향을 미치지 않아야 한다는 의미다. 예를 들어 성공하면 20조~30조 원을 벌 수 있고 실패하면 투자액 1조 원을 다 날려야 한다면, 20조~30조 원과 -1조 원 사이의 편차가 너무 커서 신뢰할 만한 가치평가를 할 수 없다.[9] 따라서 금감원이 에피스 설립시점부터 가치평가가 가능했다는 주장은 스스로가 발표했던 가치평가 실무지침과도 다른 이야기다.[10]

또한 2017년과 2018년 제약·바이오 업계의 연구개발비 회계처리 관행과 관련해 논란이 벌어졌을 때, 금감원은 연구개발비 회계처리 지침을 발표한 바 있다. 회계기준상 연구개발에 사용한 자금은, 연구개발의 성공가능성이 불확실하다면 비용으로 처리하나 성공가능성이 높다고 판단되면 무형자산으로 처리하는 것이다. 당시 금감원은 해외 메이저 제약사들은 약품 개발의 성공이 거의 확인된 시점, 즉 성공적으로 임상실험이 종료되고 약품의 판매승인을 신청하거나 판매승인을 받은 시점부터 연구개발비를 무형자산으로 회계처리하고 그 이전 시점에는 비용으로 회계처리한다고 밝혔다.[11] 따라서 이보다 빠른 시점부터 무형자산으로 회계처리하는 일부 회사들의 관행이 잘못됐다면서 처벌을 예고했었다.

이에 대해 논란과 반발이 커지자 금감원은 처음의 입장에서 후퇴한 제약·바이오 업계 회계처리 지침을 발표했다. 해외 메이저 제약사들의 회계처리 방법이 개념적으로 볼 때 더 옳지만, 국내의 특수한 현실을 고려해 신약은 임상 3상에 접어든 시점, 복제약은 임상 1상에 접어든 시점부터 연구개발비를 무형자산으로 회계처리하는 것을 용인하겠다는 것이었다. 이 정도 시점이 되면 성공가능성이 충분히 높아지기 때문에

---

[9] 사업이 성공한다고 보면 예측된 회사의 가치는 대략 20조 원과 30조 원의 중간인 25조 원 정도로 볼 수 있다. 이 예측치가 정확하지는 않더라도 최대 오차가 5조 원에 불과하므로 대략 오차범위가 예측치의 25% 미만이다. 따라서 어느 정도 신뢰할 만한 예측이 가능하다. 그러나 만약 성공할 가능성과 실패할 가능성이 반반이라면 25조 원과 –1조 원의 중간인 13조 원이 예측치이다. 이 13조 원이라는 값은 25조 원이나 –1조 원과의 편차가 너무 크다. 따라서 신뢰할 만한 평가 수치라고 볼 수 없다. 성공과 실패할 확률 자체가 얼마인지 평가하기 애매하다면 당연히 신뢰할 만한 가치평가가 불가능하다.

[10] 이 실무지침을 보면 신뢰성 있는 가치평가를 할 수 없는 사례 중 하나로 '최초 투자 후 5년이 경과하지 않았고 회사가치가 크게 변할 만한 특별한 사건(영업환경 또는 경영성과의 중요한 변화, 중요한 기술 개발)이 발생하지 않은 회사'를 들고 있다. 2015년 약품 개발에 성공하고 최초로 판매승인을 받기 이전 에피스의 경우가 이 사례에 정확히 들어맞는다.

[11] 로직스가 사업이 거의 성공했다고 판단한 시점이 바로 이 시점이다. 즉 로직스가 회계처리를 선택한 시점은 해외 메이저 제약사들이 연구개발비 회계처리 때 성공의 기준으로 사용하는 시점이다. 이 점을 봐도 로직스의 회계처리가 충분히 합리적이라고 판단할 수 있다.

연구개발비 지출을 무형자산으로 처리를 할 수 있다는 견해였다.[12] 그런데 이런 지침의 내용과는 달리, 에피스의 경우는 임상 1상 착수도 아닌 회사 설립시점부터 성공가능성이 높았다고 주장한 것이다.

증권선물위원회의 결정과 그 후에 발생한 일들

이런 내용들을 종합하면, '성공가능성이 높았으므로 회사 설립시점의 사업계획을 이용해 가치평가를 할 수 있고, 그에 따라 가치를 평가해보면 바이오젠이 옵션을 행사할 것을 예측할 수 있다'는 금감원의 주장이 합리적인지 판단할 수 있을 것이다. 어쨌든 증선위가 금감원의 주장을 받아들여 이제까지 널리 알려졌던 주장과 거의 정반대인 이유를 들어 분식회계라는 판단을 내리자, 그동안 분식회계라고 적극적으로 주장하던 시민단체나 정치인들도 인터넷에 올렸던 기존의 주장을 삭제하고 금감원의 주장으로 선회했다. 그리고 이런 결과가 발생한 것이 자신의 공이라고 적극 홍보하기 시작했다.

분식회계라는 금융위의 판단 결과 로직스 주식의 거래가 정지됐지만 심의 끝에 곧 재개됐다. 기업의 본질가치나 현금흐름에는 아무런 영향이 없는 사항에 대한 논란이므로 회사가 망해 투자자들이 손해를 볼 가능성은 없기 때문이다. 이런 논란이 진행되는 2018년 하반기에 로직스

---

[12] 연구개발비 회계처리를 둘러싼 논란과 지침 내용에 대해서는 『숫자로 경영하라 5』에 실린 '비용이냐, 자산이냐… 연구개발비 회계처리를 둘러싼 논란'이라는 글을 참조하기 바란다.

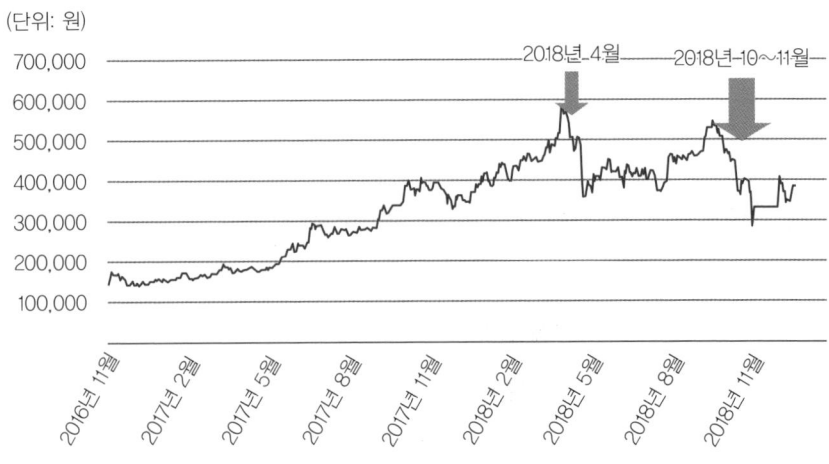

〈그림 1〉 삼성바이오로직스의 상장 이후 2018년 말까지 주가변화 그래프

주가는 하락을 멈추고 상승하기 시작했다. 새로운 약품에 대한 개발이 진행되고 있었고 판매허가를 받은 제품의 생산도 시작됐기 때문이다.

로직스는 증선위의 판단에 대해 반발하며 행정법원에 소송을 제기했다. 그리고 CEO와 CFO가 해임되는 것을 막기 위해 가처분신청을 제출했다. 몇 달에 걸친 검토 끝에 법원은 2019년 1월 가처분신청을 받아들인다. 처벌하면 로직스에 중대한 피해가 발생하고, 로직스와 금융당국의 주장이 서로 다툴 여지가 있으므로 처벌을 중지하고 정식 재판을 진행하라는 판정이다. 법원도 뭔가 이상하다는 점을 인정한 것으로 보인다.

상장 이후 이런 사건들이 발생한 2018년 말까지의 로직스의 주가변화는 다음 〈그림 1〉에서 확인할 수 있다. 2018년 봄(4월)과 가을

(10~11월)에 로직스의 분식회계 여부가 이슈가 되면서 주가가 크게 하락하는 것을 알 수 있다. 각각 금감원이 대규모 분식회계가 발견되었다고 언론에게 알린 시점과 2차 감리가 벌어지던 도중 박용진 의원이 회사 내부 문건을 공개하고 증권선물위원회가 분식회계라는 판단을 내린 후 회사를 검찰에 고발한 시점이다.

한국공인회계사회와 회계학계의 반응

공인회계사회와 회계학계는 금감원의 주장에 대해 크게 반발한다. 공인회계사회는 로직스에 대한 감리를 2016년 실시했는데, 그 당시 2015년 회계처리에 대해 전문가들이 다각도로 검토한 후 적정하다는 판단을 내린 바 있다. 학계에서는 다수의 저명 학자들이 로직스의 회계처리가 잘못되지 않았다는 의견서를 2017년 중 발표한 바 있다. 회계사나 학자들은 '금감원이 정치적 의도에서 비롯된 무리한 주장을 한다' 거나 '금감원의 분식회계 조작 사건이다'라는 의견을 언론 등을 통해 알리기도 했다.[13] 학자들이야 할 말을 할 수 있겠지만, 평상시에는 금감원 눈치를 보던 회계사들까지 목소리를 높였다는 것은 드문 일이다.

이 사건을 계기로 공인회계사회와 회계학회는 공동으로 학회를 열었다. 필자가 회계학 공부를 시작한 지 30년이 넘었는데, 특정 사건을

---

[13] 모든 교수가 이런 의견을 표현했다는 뜻이 아니다. 적극적으로 금감원의 주장을 지지한 교수도 소수 존재한다.

한국거래소
금융위원회가 분식회계라는 판단을 내리자 로직스 주식의 거래가 정지되었지만 곧 재개된다. 기업의 가치와는 무관한 단순한 회계처리 문제이므로 회사가 망할 가능성은 없었기 때문이다. 오히려 회사는 과거 회사 상장 시점에 예측한 것보다 더 크고 빠르게 성장하고 있었다.
ⓒ 한국거래소

계기로 관련된 학회가 열린 것은 처음이다. 감독당국의 행동을 주제로 2018년 말 열린 첫 학회 참석자들은 '왜 IFRS를 도입해서 이런 혼란을 일으켰는가?' 하는 감독당국에 대한 불만을 크게 제기했다. IFRS는 전문가가 상황을 종합 판단해 회계처리를 하라는 것이므로, 동일한 사건이라도 다른 회계처리가 이루어질 수 있다. 그런데 이런 IFRS의 특성을 이용해 금감원이 IFRS 조문을 자의적으로 해석해 무리하게 분식회계라고 판정하는 일이 종종 발생한다는 불만이다. 로직스 사건이 그 대표적인 예라는 비판이다.

로직스를 지지한 의견서를 제출한 학자들도 로직스의 회계처리가 유일하게 옳은 회계처리라고 주장하지 않았다. IFRS에 따르면 충분히 로직스처럼 판단할 수 있다는 의견일 뿐이다. 즉 다양한 해석이 존재할 수 있다는 가능성을 인정했다. 예를 든다면 어떤 사람은 2015년에 지분의 분류 변경 회계처리를 할 수 있다고 볼 수도 있지만, 다른 사람은 2015년에는 아직 성공이 불확실했고 2016년은 돼야 성공가능성이 더 명확히 드러나므로 이때 지분의 분류 변경 회계처리를 할 수 있다고 볼 수도 있다. 오히려 다수의 학자는, 금감원의 3차 주장으로만 범위를 한정해봐도 로직스의 회계처리보다 설득력이 떨어진다고 생각한다. 앞에서 설명한 것처럼, 3차 주장은 모순되거나 회계실무와 일치하지 않는 여러 가지 내용이 포함되어 있기 때문이다. 어쨌든 금감원의 주장이 틀리지 않았다고 가정한다면, 로직스나 금감원의 주장 모두 전문가들이 합리적으로 판단한 경우 도출될 수 있는 여러 회계처리 중 하나일 뿐이다. 그럼에도 불구하고 금감원의 견해만 맞다고 주장하는 것은 잘못이라는 비난이 다수 제기됐다.[14]

2019년 감사실무를 주제로 열린 2차 학회에서도 금감원에 대한 비판은 계속된다. 학회에서 발표된 회계사들을 대상으로 한 설문조사 결과를 보면 회계사들이 금감원을 얼마나 불신하고 있는지를 알 수 있다. 이런 식으로 학회는 5차례에 걸쳐 열려 조금씩 다른 각도에서 이 문제를 논의했다.[15]

---

[14] 예를 들어 최중경 한국공인회계사회 회장은 금융당국이 이렇게 IFRS를 자의적으로 해석하는 것을 막기 위해서는 'IFRS와 이혼하는 것'도 고려해야 한다고 발언했다. IFRS를 사용하지 말고 미국회계기준과 유사한 규정중심 회계기준을 사용하자는 이야기다. 필자는 최 회장의 이런 주장이 실제로 IFRS를 사용하지 말자는 주장은 아닐 것이라고 생각한다. 금감원이 지금과 같은 행동을 하지 말라는 것을 강조하는 과정에서 이런 이야기가 나왔을 뿐이라고 믿는다. 조성표 한국회계학회 회장도 'IFRS 원칙중심 회계가 위협받고 있고' '전문가들 사이에도 의견이 다를 수 있으므로 IFRS상에서 한 가지 해석만 나올 수 있다는 금감원의 주장은 옳지 않다'고 했다. IFRS 산하 국제회계기준 해석위원회 위원 역할을 맡고 있어 국내 IFRS 해석에 대한 최고 전문가로 뽑히는 한종수 교수도 '경제적 실질에 따라 회계처리를 해야 하는데 실질은 무시하고 법정 다툼을 벌이는 격'이라고 설명하며, '금감원이 정치와 무관하게 독립적으로 행동해야 한다'고 언급했다.

[15] 학회에서 발표된 내용을 종합한 4편의 논문이 한국회계학회 발간 학술지 〈회계저널〉 2019년 5호에 실린 바 있다. 또한 IFRS의 원칙주의 원칙에 입각해서, 로직스 사건에 대한 양측의 견해를 모두 소개한 다음 논문도 참고하기 바란다. 단 이 논문은 금감원이 2차 감리 이후에 내세운 새로운 주장(본고에서는 3차 주장이라고 부르는)에 대해서만 소개하고 있고, 금감원이 주장을 거의 정반대로 바꿨다는 것은 언급하지 않고 있으므로 주의하기 바란다.
조중희, '원칙중심 회계기준 어떻게 실행할 것인가? - 삼성바이오로직스 사례에 대한 토론', 〈회계저널〉, 2020년

검찰의 수사와 기소, 그리고 재판

검찰은 증선위의 판단이 있기 전부터 특별 검사의 지휘로 이 사건에 대한 수사를 시작했다. 2018년부터 대대적인 인원을 투입해 수사를 진행하면서 수차례에 걸쳐 회사에 대한 압수수색도 실사했다. 100명이 넘는 피고와 참고인을 소환해 수사했지만 2년이 넘도록 수사에 별다른 진전이 없었다. 검찰이 신청한 이재용 회장 등 삼성 수뇌부에 대한 구속영장도 기각됐다. 이 수사는 분식회계를 포함한 삼성물산과 제일모직의 합병 관련 모든 사항이 수사의 대상이었다. 이재용 회장과 제일모직 주주에게는 유리하지만 (구)삼성물산 주주들에게는 불리하도록 주가를 조작했다는 것이 이 사건의 핵심이다. 즉 처음에는 분식회계 혐의는 이 사건의 핵심이 아니었다.

검찰은 의견서를 제출하거나 언론에 분식회계가 아니라는 내용의 칼럼을 발표했던 교수들도 소환해 조사를 실시한다. 필자도 두 차례 검찰에 출두했다. 교수들을 불러 왜 의견서를 썼냐고 조사하는 것이 이 사건의 실체를 밝히는 것과 무슨 관련이 있는지 궁금하다.

2년이 넘는 기간 동안 수사가 진행되던 2020년 6월, 대검 수사심의위원회에서 수사 결과를 살펴본 후 수사를 중단하라는 결정을 내렸다. 수사에 긴 시간이 걸렸다는 것을 보면 결정적인 증거도 없고 주장도 근거가 불확실하다는 것을 짐작할 수 있다. 그래서 수사심의위원회에서 중단을 권고했었을 것이다. 검찰이 권력을 부당하게 행사해서 국민에게 피해를 주는 일을 막자는 취지에서 만들어진 것이 수사심의위원회다. 위원회에서 심의한 후 무리한 수사라면 막겠다는 것이었다. 그런데 위원회가 내놓은 권고안을 무시하고 수사가 계속된다. 수사심의위원회의가 설치된 이후 권고안을 무시한 최초의 일이다.

2020년 11월 검찰은 3년에 걸친 수사를 마치고 이 회장 및 최지성 삼성전자 사장과 기타 삼성그룹 인사 및 회계사 등 11명을 기소한다. 이때 검찰은 '제일모직의 가치가 합병 이전부터 높았던 것을 보여주는 방법으로 합병비율을 사후 합리화하기 위해, 제일모직의 자회사 로직스에서 분식회계를 했다'고 분식회계를 저지른 이유를 적시했다. 참여연대가 살짝 바꾼 주장을 그대로 받아 기소한 것이다.

2021년 4월 재판이 시작됐다. 재판은 2023년 말까지 거의 매주 열려 총 106차나 진행되면서 80명이 넘는 증인이 출석할 정도로 치열한 공방이 벌어졌다. 피고들도 재판에 출석해야 하므로, 재판이 진행되던 3년 동안 피고들은 다른 일은 거의 하지 못했을 것이다. 언론에 보도된 내용에 따르면, 마지막 재판에서 검찰은 "이 사건은 그룹 총수의 승계를 위해 자본시장의 근간을 훼손한 것"이고 "우리나라 최고 기업집단인 삼성이 '반칙의 초격차'를 보여줘 참담하다"면서 이 회장에게 징역 5년과 벌금 5억 원을 구형했다.[16] 이 회장은 최후진술에서 "제 지분을 늘리기

---

[16] 구형량을 보면 검찰도 고민이 많았던 듯하다. 여담이지만 이 구형량을 보고 필자는 판결 방향을 예측할 수 있었다. 담당 검사도 이길 가능성이 낮다고 판단했으므로 이런 낮은 형량을 구형했을 것이다. 참고로 경제사범에 대한 역대 최고 형량은, 약 1조 원의 피해를 투자자에게 입힌 김재현 옵티머스자산운용 대표에게 2022년 내려진 40년 형과 800억 원의 벌금이다. 이재용 회장이 약 5조 원의 손실을 주주들에게 끼친 혐의로 기소되었다고 했을 때 옵티머스 사건과 비교하면 도대체 얼마의 형량을 구형해야 할지 짐작이 될 것이다. 또한 검찰은 이 회계처리를 감사한 회계사에게 4년 형을 구형했다. 이 회장에게 구형한 5년과 비교하면 터무니없이 높은 구형량이다. 구형량을 보면 회계사가 이재용 회장과 함께 이 사건의 핵심 인물인 듯하다.

위해 다른 주주들에게 피해를 준다는 생각은 맹세코 상상조차 한 적 없다"며 혐의를 강하게 부인했다.

1심 재판 결과와 이에 대한 각계의 반응

1심 판결은 두 달 후인 2024년 2월 5일 내려졌다. 법원은 (구)삼성물산과 제일모직의 합병비율이 이재용 회장에게 유리하도록 조작되어 (구)삼성물산 주주들이 피해를 봤다는 검찰의 기소를 받아들이지 않았다. 공소 내용에 대한 증거가 없으며, 당시 어려운 (구)삼성물산의 경영상황을 돌아볼 때 합병으로 인한 (구)삼성물산의 경영권 안정화와 재무구조 개선은 이재용 회장만이 아니라 다른 (구)삼성물산 주주들에게도 이익이 되는 측면이 있으므로, 합병으로 인해 다른 주주들이 손해를 봤다고 볼 근거가 부족하다고 판단했다. 또한 재판부는 로직스 임직원들이 "회계사들과 올바른 회계처리를 한 것으로 보여 피고인들에게 분식회계의 의도가 있다고 단정할 수 없다"고 설명했다.

　이 판결 내용 중 회계와 무관한 주가조작 관련 부분은 본고의 주제와 무관하므로 더 이상의 설명을 생략한다. 또한 필자가 전문성을 가진 영역도 아니고 자세한 정보도 없어서, 필자가 논할 위치에 있지 않다는 점도 밝히겠다. 판사가 모든 사실을 종합해서 공정한 판결을 내렸을 것이라고 바랄 뿐이다.

　이 판결에 대해 참여연대는 '재벌 총수에 대한 봐주기 판결'이라며 반박하는 성명을 냈다. 언론의 논조는 언론사 성향에 따라 크게 달랐다.

일부 언론은 판결에 대해 간략한 내용만 보도하면서 참여연대와 동일한 입장에서 재판부를 강하게 비판했지만, 대다수 언론은 '검찰의 무리한 수사로 막대한 시간과 노력이 낭비되고 삼성그룹 수뇌부가 오랜 기간 동안 경영에 집중할 수 없었다'고 보도했다.

한 가지 재미있는 사실은, 판결이 내려진 후 이 사건의 배후에 있는 정치권과 시민단체 인사들 대부분이 침묵을 지켰다는 점이다. 증선위가 분식회계라는 판정을 내리고 검찰에 고발했을 때는 서로 자신의 업적이라고 나섰던 사람들이다. 분식회계가 아니라고 하니 비난이나 소송이 제기될까 봐 몸을 사리는 모습이다. 금감원이 '대규모 분식회계가 적발됐다'고 발표하자 로직스의 주가가 폭락했기 때문에, 이 말을 믿고 당시 주식을 팔아버린 소액투자자들은 손해를 본 셈이다. 따라서 판결 결과를 보고 앞으로 소송이 제기될 수도 있을 것이다.

2심 판결과 대법원 상고

1심 판결이 내려진 이후 검찰이 항소해 2심 재판이 열렸다. 2심 재판이 진행되던 초기 검찰은 이례적으로 기소 내용을 변경했다. 바뀐 주장의 핵심은 금감원의 2차 주장으로 돌아간 것이다. 즉 2011년부터 2014년까지는 로직스가 에피스를 지배했다는 회사 측의 주장이 옳지만, 2015년에는 사업의 성공가능성이 불확실했으므로 신뢰성 있는 가치평가를 할 수 없었다는 것이다. 그러면서 기존의 주장을 주위적 주장, 변경된 주장을 예비적 주장으로 변경했다. 즉 판사가 검사의 기존 주장(주위적 공소사실)이 틀렸다고 판단한다면 이 변경된 주장(예비적 공소사실)에 따라 다시 판단해달라는 이야기다. '만약 3차 주장이 틀리다면 2차 주장으로 기소한다'는 것인데, 두 주장은 거의 반대다. 즉 어떻게 회계처리를 했어도 다 유죄라는 것이다. 정반대의 소리를 검찰이 한 입으로 한 셈이다.[17] 필자는 이런 방식의 기소가 가능하다는 것도 몰랐다.

2심 판결은 1심 판결이 내려진 지 1년 만인 2025년 2월 3일 내려졌다. 1심과 마찬가지로 모든 혐의에 대한 무죄 판결이다.

1심과 2심은 사실관계를 판단하는 반면 3심(대법원)은 법 적용을 제대로 했는지에 대해서만 다툰다. 따라서 2심 판결이 끝나자 대다수 언론은 검찰이 대법원에 상고한다고 해도 실익이 없을 것이라는 전망했다. 상고를 해도 '합병 시 주가조작이나 배임이 없었다'거나 '로직스의 회계처리가 잘못되지 않았다'는 사실관계를 다시 다투지는 않기 때문이다. 그럼에도 불구하고 검찰은 대법원에 상고하기로 결정했다. 이러니 이 사건의 최종 결론은 다시 1년은 기다려야 할 것 같다. 2015년과 2016년에 벌어진 사건인데, 수사와 재판이 10년에 걸쳐 이어지고 있는 것이다. 관련자들을 얼마나 더 붙잡아야 이 사건이 끝날까? 국가의 발전을 위해 사용되어야 할 행정력과 돈과 시간이 엄청나게 낭비되고 있는 것이다. 안타까운 모습이다.

---

17 이렇게 기소 내용이 변경된 이유는 2024년 말 내려진 행정법원의 1심 판결 때문이다. 행정법원은 삼성바이오로직스에 대한 징계가 부당하니 취소하라고 판결을 내렸으나, 2015년의 회계처리만은 잘못됐다고 판단했다. 필자의 전문가적 견해에서 보면 행정법원의 1심 판단은 잘못됐다. 2심에서 잘못된 판단이 바로잡히기를 바란다.

우리가 꿈꾸는 정의는 무엇인가?

이런 황당한 주장 때문에 수많은 사람이 10년 동안 고통받았다. 만약 판결이 제대로 내려지지 않았다면 무고한 많은 사람이 감옥에 가고 그중 다수는 가족의 생계수단을 박탈당했을 것이다.

판결이 내려졌는데도 불구하고 이 사건을 기획하고 끌어간 당사자들은 아무도 피해자들에게 사과하지 않았다. 이들의 성향을 보면 아마 앞으로도 사과하지 않을 것이다. 하지만 이들이 이 글을 보고 조금이라도 교훈을 얻었으면 하는 바람이다. 정부 고위층 인사들, 시민단체, 금감원이나 검찰 고위직 등 사건을 뒤에서 기획하고 큰 그림을 주도한 사람들뿐만 아니라, 금감원이나 검찰에서 실무를 담당했던 사람들도 이 글을 꼭 읽어보기 바란다. 다수의 학자와 회계사는 이 사건을 '금융감독원의 분식회계 조작'이라고 부르기까지 한다. 정부기관이 나서서 기업에 대한 신뢰성을 깎아내리는, 그 결과 코리아 디스카운트를 심화시켜 한국 기업 전부의 주가를 깎아내리는 일을 한다는 것 자체가 황당하고 안타깝다. 앞으로는 이런 무책임한 일이 다시는 발생하지 않기를 기원한다.[18]

---

18 그렇지만 이런 바람은 부질없는 짓이다. 로직스 사건이 실패하자 이 사건을 주도했던 사람들과 절반쯤은 겹치는 사람들―정치인, 시민단체, 교수, 신문사 기자 등―이 모여 삼성그룹을 다시 공격하기 위한 준비를 하고 있다는 소식을 전해 들었다. 로직스 사건과 관련된 정치인이나 시민단체 인사들은 '삼성을 국민기업화하는 것이 최종 목표'라고 수차례 밝힌 바 있다. 국민기업이 무엇인지에 대한 생각은 사람들마다 다르겠지만, 이들이 생각하는 국민기업은 연기금에서 보유한 주식의 의결권을 이용해 '정권에서 사장을 임명하는 기업'을 말한다. 본서에 실린 '대리인 문제 드러난 대우조선해양, 빠른 매각이 정답이다'라는 글을 읽고 생각해보자. 일부 지배주주들의 전횡도 문제지만, 대우조선해양의 사례는 정치가 사기업 경영에 간섭하면 어떤 일이 발생하는지를 잘 보여주고 있다.

삼성바이오로직스의 회계처리를 둘러싼 논란의 진실 IV
―
이 사건과 관련된 개인적인 생각들

필자를 포함한 재무회계 전공 서울대 교수들은 로직스의 회계처리가 잘못되지 않았다는 의견서를 제출했다가 엄청난 겁박과 회유 시도를 겪었다. 모 기관은 필자에 대한 뒷조사까지 벌였다. 이런 놀라운 경험을 겪으면서 이 사건에 대한 자세한 기록을 남겨두기 시작했다. 검찰에까지 불려가 왜 의견서를 썼는지에 대한 황당한 조사도 받았다. 이러는 동안 회계사들과 회계학계에서는 공동으로 학회를 열어 관계당국을 성토했다. 전문가 집단이 권력에 대항해서 싸우는 매우 보기 드문 일이 벌어졌던 것이다. 이런 여러 사람의 노력 끝에 무죄 판결이 내려졌을 것이라고 믿는다. 권력기관이 나서서 사실을 조작하는 이런 황당한 일이 다시는 벌어지지 않기를 바란다.

MANAGING BY NUMBERS

이런 무책임한 일이 다시는 발생하지 않으려면 이 사건의 정확한 전말이 사회에 알려져야 한다고 생각했다. 그 이유에서 2017년부터 본 사건과 관련된 자세한 기록을 적기 시작했는데, 나중에 보니 회계처리 방법에 대한 이야기가 많아 너무 복잡했다. 그래서 분량을 거의 반으로 줄여 〈동아비즈니스리뷰〉에 단 세 편의 글로 요약해서 발표했다. 2심 판결이 내려진 직후인 2025년 초의 일이다. 내용을 많이 줄였음에도 불구하고 무엇 김민 필자의 능력 부족 때문에 더 핵심을 요약한 글을 쓸 수 없어 안타깝다. 그래서 독자분들이 이 글을 읽고 내용을 잘 이해하기가 어려웠을 것이라고 짐작한다. 또한 이 글을 쓰는 동안 필자의 감정이 좀 격해져서, 평상시에 글 쓰는 스타일과는 상당히 다른 감정적인 글을 쓴 것 같다. 논리적인 글을 기대하는 독자들에게 '이 점에 대해서 사과드린다'는 말로서 글을 시작하겠다.

사건에 대한 주장들의 모순

앞의 세 편의 글에 걸쳐 자세히 설명했지만, 필자는 이 회계처리가 분식회계가 아니라고 믿는다. 백 보 양보해 이 회계처리가 분식회계였더라도 합병과는 관련이 없다. '이익을 부풀려 합병비율을 조작했다'는 참여연대의 최초 주장(1차 주장)은 회계처리가 이루어지고 공개된 날짜가 합병 5개월 뒤에 벌어진 일이므로 시점을 착각한 잘못된 주장이다.[1] '제일모직 가치가 높았던 것처럼 보여줘 합병비율을 사후 합리화시키기 위해 분식회계를 했다'는 바뀐 주장은 증거가 없는 소설이다. 바이오젠이 옵션 행사를 통보한 2018년, 또는 2015년 상황과 비교할 때 사업 성공이 상대적으로 더 명확하게 드러난 2016년이나 2017년 지분의 분류 변경 회계처리를 수행했다면 2015년보다 더 많은 이익을 적을 수 있었다. 회사의 가치가 계속 상승했기 때문이다. 따라서 만약 이 방법을 통해 합병비율을 사후 합리화시킬 수 있다면 2016년이나 2017년에 회계

---

[1] 당시 이재용 회장의 지분비율이 높은 제일모직에게 유리하게 합병을 이루도록 주가를 조작하기 위해 삼성그룹이 '이런 일을 했다더라'라는 소문이 무수히 많았다. 필자가 그 소문들의 진위를 확인할 능력은 없다. 다만 회계와 관련된 이슈로는 '제일모직이 보유 중인 막대한 토지에 대한 재평가를 실시해서 엄청난 평가이익을 적었다'거나, '재평가해서 평가이익을 적기 위해 국토부를 압박해 공시지가를 높이게 했다' 등의 주장이 있었다. 이런 주장이 검증 없이 몇몇 언론사를 통해 수차례 크게 보도되었다. 이런 주장은 사실이 아니라서 제일모직은 재평가를 실시하지 않았다. 이에 대한 내용은 『숫자로 경영하라 4』에 실린 '제일모직은 왜 자산재평가를 하지 않았을까?'라는 글을 참조하기 바란다. 재판 과정에서 주가조작 혐의에 대해서도 무죄 판결이 내려진 것으로 보면, 당시 무성했던 소문들도 대부분 근거가 없었다고 판단된다. 어쨌든 이렇게 소문이 무성했던 것을 보면, 삼성 측도 이런 혼란을 적극적으로 소명하거나 외부와 적극적으로 소통해서 궁금해하는 이해관계자들을 설득하지 못한 점에 대해서 반성해야 할 것이다. 삼성이나 다른 기업들도 중요한 일을 수행할 때는 이해관계자들과 충분히 소통하는 것이 얼마나 중요한지를 이 사례를 통해 배우기 바란다.

처리하는 것이 더 용이했을 것이다. 이 사건이 크게 이슈화된 것도 문제인 대통령이 집권한 2017년부터이므로, 합리화를 할 필요가 있었다면 2017년에 하는 게 정상이다. 필자의 개인적인 견해이지만, 나중에 잘못된 주장이라는 것을 알게 되었지만 주장이 잘못됐다고 시인할 수 없으니 계속 밀어붙이기 위해 이런 이상한 논거를 만들지 않았을까 싶다.

합병비율을 사후 합리화하는 지분의 분류 변경 회계처리를 2015년 실시하기 위해, 2012년부터 2014년까지 지배력이 없는데도 있다고 판단해 연결재무제표를 작성하는 분식회계를 했다는 논리(3차 주장)도 황당하다. 이 말은 합병비율의 사후 합리화를 위해 합병비율 산정 시 제일모직이 불리하도록(즉 지분법 회계처리를 하는 것이 맞는데 분식회계를 통해 연결재무제표를 작성한 결과 지분법 회계처리를 한 것보다 더 많은 손실을 로직스가 적도록, 또한 그 결과 로직스의 모회사인 제일모직이 더 많은 손실을 적도록) 합병이전 회계처리했다는 의미다.[2] 즉 '사전에 합병비율 계산 때 제일모직에 불리하도록 손실을 많이 적는 회계처리를 한 결과 사후적으로 제일모직 주가를 높여 합병비율을 합리화했다'는 논리적으로 맞지 않는 이야기다. 또한 2015년 약품 개발에 성공한다는 것을 2012년 회사 설립시점부터 로직스 직원이나 회계사들이 알고 공모했어야 가능한 일이다. 이런 필자의 생각과 일관되게, 증선위에서도 2012년부터 2014년까지는 회사가 고의로 분식회계를 저지른 것이 아닌 과실일 뿐이라고 판단했다.

---

[2] 지분법 회계처리를 하면 자회사가 기록한 손익 중 모회사가 자회사에 가진 지분비율만큼만 모회사의 손익계산서에 지분법손익으로 반영된다. 그러나 연결재무제표를 작성하면 자회사의 손익 중 전부(내부거래가 없다면)가 모회사의 손익에 반영된다. 따라서 이 경우는 자회사에서 발생한 큰 손실이 모회사에 연결재무제표를 통해 전부 반영된 것이다.

필자에 대한 겁박과 회유 시도

본고에서 친여당 성향 모 신문이 실명을 거론하면서, 로직스의 회계처리가 틀리지 않았다는 의견을 밝힌 교수들이 돈에 매수됐다고 보도했다는 사실을 소개했다. 이런 허위 보도도 문제지만, 그 뒤에 일어난 일은 더 문제가 심각하다. 보도 이후 필자는 특정 정치집단 팬덤으로부터 한동안 엄청난 공격을 받았다. 필자가 사는 곳, 집 및 휴대전화 번호, 가족관계 등의 개인정보가 모두 유출되어 이 정치집단 팬덤이 사용하는 인터넷 사이트에 공격 목표로 제시됐다고 하니, 누군가가 고의적으로 그 팬덤에게 필자와 관련된 정보를 흘려보낸 듯하다. 욕설뿐만 아니라 죽이겠다든가, 집에 불을 지른다거나, 자녀를 유괴하겠다는 등의 섬뜩한 협박도 받았다. 이런 내용이 포함된 개인정보가 다 유출됐다는 것을 보면 공권력이 개입됐던 것이 틀림없다.

또한 정체를 알 수 없는 인사가 사람들을 찾아다니며 필자에 대한 뒷조사를 했다고 조사 대상이 됐던 몇몇 지인으로부터 전해 들었다. 그때 만약 필자의 큰 허물이 발견되었다면 아마 그 내용도 언론에 흘러나가 뉴스에 크게 보도됐을 수 있다. 아마 이때 수집된 필자의 개인정보가 정치집단 팬덤에 제공된 것으로 생각된다. 필자를 찾아와 점잖게 행동하기는 했지만, 앞으로 조용히 하라거나 분식회계라는 말을 해달라고 설득하려 했던 사람도 있었다. 이들 대부분이 자신이 누구인지나 어느 조직에서 일하는지를 명확히 밝히지 않았지만 여러 기관이 동원된 듯하다. 그중에는 필자가 알던 사람도 있었다. 국가의 공적 기관들이 이런 일에 동원됐다는 것 자체가 황당하다.

그렇지만 필자가 이런 압력이나 회유 시도에 굴할 사람은 아니다. 어쨌든 필자가 이 사건을 자세히 기록으로 남겨두자고 결심한 데는 이런 공포스럽고 놀라운 일을 겪은 경험이 중요한 계기가 됐다. 그래서 필자가 수집한 정보를 기록해두기 시작했던 것이다. 다행스럽게도 워낙 '내가 한 일'이라고 자랑스럽게 전말을 이야기하거나 인터넷에 올리는 사람들이 많았고, 감리위원회나 증권선물위원회 회의가 열렸을 때마다 회의 내용이 친여당 성향 모 언론에 자세히 보도되었으므로 사건의 진행 내용을 파악하는 일은 별로 어렵지 않았다.

삼성이나 다른 대기업 집단에 대한 비판

이 사건과 관련해 필자를 '재벌의 옹호자'라고 비난한 글도 봤다. 그 내용이 너무 황당해서 이에 대해 자세한 반론을 제기하겠다. 필자는 대기업이나 권력기관을 가리지 않고 할 말은 하는 사람이다. 삼성바이오로직스(이하 로직스)에 대한 글은 삼성이 분식회계를 저지르지 않았다는 내용이지만, 앞의 세 편의 글에서 이미 언급했듯 삼성이 잘못한 점도 2가지 있다.

첫째, 회계를 잘 모르는 직원을 회계 업무에 배치했다는 점이다. 당시 로직스가 막 설립된 작은 회사라 회계를 잘 아는 직원이 없었을 것이라고 생각된다. 이번 사건을 계기로 회계의 중요성을 깨닫고, 앞으로 전문인력의 양성이나 채용을 위해 노력하기 바란다. 둘째, 사전에 좀 더 자세히 관련 내용을 공시하지 않아 불필요한 오해를 불러일으킨 점이다.

2015년 회계처리가 이루어졌고 2014년부터 옵션의 존재 여부를 공시했는데, 이 공시 내용은 충분하지 않다고 생각한다. 물론 당시뿐만 아니라 지금도 대다수 기업은 이런 정보를 자세히 공시하지 않는다. 본서에 실린 다른 글에 다른 기업들의 유사한 회계처리에 대한 사례가 등장하는데, 이들 기업 거의 대부분이 그 내용을 자세히 공시하지 않았다. 옵션이 중요하다고 판단해서 공시를 한다면, 옵션이 왜 중요하고 만약 옵션이 행사되면 어떤 효과가 있는지에 대한 보다 자세한 정보가 공시될 필요가 있다. 그것이 회계기준을 만든 국제회계기준위원회의 철학인데, 그런 철학이 제대로 실현되고 있지 않아 아쉽다.[3] 회계를 잘 아는 직원이 없었으므로 공시를 해야 한다는 사실 자체를 모르고 있었던 듯하다.

필자가 쓴 다른 글에서 삼성이 잘못했다고 비판한 경우(『숫자로 경영하라 5』에 실린 '합병을 원한다면 소액주주의 마음을 얻어라')도 있다. SK그룹이 잘못이 없다고 변호한 경우(『숫자로 경영하라 5』에 실린 '사상 최대의 분식회계 사건? SK(주)를 둘러싼 연결재무제표 작성 범위 논란')도 있지만 비판한 경우(본서에 실린 'SK그룹과 최태원 회장의 TRS거래를 이용한 LG실트론 주식의 의

---

[3] 다만 아쉽다고 해서 공시를 충분하게 하지 않은 점이 형사처벌의 대상이 된다는 의미는 아니다. 이 사건의 경우 2015년 말에도 회계처리에 대해 제대로 파악하지 못하고 있던 직원들이 그 이전인 2014년에 옵션의 중요성이나 회계처리에 대해 알고 있었을 리가 없다. 즉 고의적인 정보의 누락으로는 볼 수 없다. 또한 얼마나 중요한지와 중요하다면 어느 범위까지 공시를 해야 하는지에 대한 사항은 판단의 문제이다. 즉 공시를 안 했다면 중과실이라고 금감원에서 행정제재를 할 수도 있겠지만, 공시했다면 설사 공시 내용이 일부 부족한 듯 보이더라도 판단의 문제에 대한 의견 차이일 뿐이므로 과실에 해당한다. 즉 약간 무리해서 행정처벌을 한다고 해도 주의나 경고 정도의 경미한 처벌만 가능할 뿐이다. 금융감독원에서도 이와 유사한 공시미비 사건에 대해 징계를 내린 경우는 아직 없는 것으로 알고 있다. 예를 들어 로직스와 동일한 회계처리를 한 다른 기업들 대부분도 충분한 공시를 하지 않았지만 그 문제로 징계를 받은 적은 없다.

서울 서초동 삼성타운
필자는 이제까지 쓴 많은 글에서 다수 기업의 행동을 비판하거나 칭찬하는 글을 썼다. 정부의 정책을 칭찬하거나 비판한 글도 마찬가지다. 필자의 판단기준은 '합리성'과 '회계 분야의 전문지식'일 뿐이며, 학자적 양심을 가지고 책임질 수 있는 경우에만 글을 쓴다.
ⓒ 뉴스1

결권 인수')도 있다. 현대자동차그룹(『숫자로 경영하라 5』에 실린 '현대자동차그룹의 지배구조 개편 계획을 둘러싼 논란'), 금호아시아나그룹(『숫자로 경영하라 5』에 실린 '아시아나항공 사태와 회계대란의 교훈'), KB금융지주(『숫자로 경영하라 4』에 실린 '경영자 교체와 '빅 배스' 회계처리, 왜 자주 일어날까?')에 대한 비판도 했다. 산업은행이나 대우조선해양에 대한 비판도 했고, KIKO 사건과 관련된 대형 은행들에 대한 비판도 했다.

 대기업은 아니지만 회계 문제를 직접 다루는 대형 회계법인에 대한 비판도 다수 했다. 예를 들어 이 글에서도 삼정회계법인이 결과적으로는 올바른 회계처리를 한 것이지만, 회계를 잘 모르는 회사 담당자와 초기 커뮤니케이션을 제대로 하지 않아 이 사건의 빌미가 됐다는 점도 언급한 바 있다. 필자가 대화를 나눠 본 상당수의 회계사는 전문가들만 이해할 수 있는 용어를 사용해서 대화한다. 회계사들끼리 대화할 때는 그래도 되겠지만, 회계를 잘 모르는 사람과 대화한다면 그들도 충분히 이해할 수 있도록 친절하게 일상적인 용어를 사용해 반복적으로 설명해야 한다. 그리고 기업의 회계 담당자들이 복잡한 회계기준을 다 잘 알 것이라는 착각에서도 벗어나야 한다.

책임질 수 있는 진실만 이야기하자

즉 필자는 어느 정권이냐를 구분하지 않고 회계 이슈와 관련된 정치인이나 권력기관뿐만 아니라 관련된 기업이나 회계법인에 대한 비판을 다수 했다.[4] 이 글에서는 사건을 초창기에 이슈화했던 시민단체(참여연대)와 시민단체 출신으로 금융감독원 고위직으로 임명되어서 이 사건을 끌어간 인사들과 배후에서 이 사건을 처음 지시했다고 알려진 청와대 고위층을 비판했지만, 다른 시민단체 경제개혁연대의 주장을 필자가 전부(본서에 실린 '총스익스왑과 콜옵션이 부가된 전환사채를 활용한 현대그룹의 경영권 방어 논란') 또는 일부(본서에 실린 'SK그룹과 최태원 회장의 TRS거래를 이용한 LG실트론 주식의 의결권 인수') 지지하는 글도 썼다. 경제개혁연대를 항상 지지한 것도 아니라서, 경제개혁연대의 주장이 틀렸다고 지적한 글(『숫자로 경영하라 5』에 실린 '사상 최대의 분식회계 사건? SK(주)를 둘러싼 연결재무제표 작성 범위 논란')도 썼다. 민노총과 민변을 비판하는 글(『숫자로 경영하라 4』에 실린 '소위 '쌍용자동차 분식회계 사건'의 진실')도 썼다. 이 글

---

[4] 필자가 펴낸 '숫자로 경영하라' 시리즈를 보면, 김대중(외환은행, 한화그룹), 노무현(대우조선해양, KB금융지주), 이명박(대우조선해양, KB금융지주), 박근혜(안진회계법인), 문재인(SK C&C, 신라젠) 대통령 시기에 발생한 정치권력과 연결된 여러 회계 사건에 대한 소개와 비판이 등장한다. 이 목록만 봐도 필자가 모든 정권을 다 비판했다는 점을 알 수 있다. 또한 로직스 사건은 문재인 및 윤석열 정권과 모두 관련된 사건이다. 이 사건을 배후에서 기획하고 끌어간 고위 정치인과 금감원 및 시민단체 관련자들 중 다수는 문재인 정권의 핵심 인물들이며, 사건을 이끌어간 검찰 고위층 다수는 정치에 뛰어들었다. 예를 들어 검찰 출신 인사들 중 박XX는 대장동 사건과 관련되어 수십억 원을 받아 유죄 판결을 받고 투옥됐으며, 이XX는 현 민주당 국회의원으로서 몇 가지 사건과 연루되어 재판을 받고 있으며, 한XX는 윤석열 정권에서 국민의힘 대표가 되었고, 이XX는 윤석열 정권에서 금융감독원장이 됐다.

에서 검찰을 비판했지만, 엉터리 정치적 판결을 내린 판사를 비판한 글(『숫자로 경영하라 4』에 실린 '소위 '쌍용자동차 분식회계 사건'의 진실')도 썼었다.[5] 즉 필자가 회계적 이슈와 관련해 잘못했다고 생각한 집단은 상대가 누구이건 모두 비판했다. 물론 잘한 사례에 대해 칭찬하는 글이나, 왜 그런 일이 발생했는지 이유를 설명하는 글도 다수 있다. 그러니 필자가 비판만 잘하는 사람이라고 오해하지 말기 바란다.

필자가 남의 마음을 잘 헤아리지 못하고 눈치가 없는 부족한 사람이라는 점은 충분히 인정한다. 눈치가 없으니 정권에서 큰 관심을 기울이고 밀어붙이던 이 사건에 "노(No)"라고 하면서 나섰던 것이다. 이렇게 부족한 점이 많은 사람이지만 어느 한쪽만을 일방적으로 편드는 편파적인 사람은 절대 아니라고 자신 있게 이야기할 수 있다. 필자의 판단기준은 '합리성'과 '회계와 경영에 대한 전문지식'일 뿐이다. 다수의 정치인이나 시민단체 인사들과는 달리, 필자는 잘 아는 내용이나 필자의 전문 분야가 아니면 아는 척하면서 나서지 않는다. 또한 명확하지 않은 내용을 마치 사실인 것처럼 포장해 다른 사람들을 선동한 적이 없다. 글을 쓸 때도 사실과 의견을 구분해 쓸 정도다. 그렇기 때문에 이 사건 중 회계와 무관한 합병 부분에 대해서는 본고에서 거의 언급하지 않았다.[6] 그렇지만 필자가 관련된 정보를 종합해 사건의 실체가 무엇인지 판단을 내린 후라면 상대가 누구이건 간에 항상 할 말을 했다. 그리고 필자가

---

5 사법부에 대해 비판만 한 것은 아니다. 판사가 정확한 판결을 내렸다고 언급한 글도 많다. 위에서 언급한 쌍용차에 대한 법원 판결도 2심 법원을 담당한 판사에 대한 비판일 뿐이며, 1심과 3심에서는 올바른 판단이 내려졌다.

한 말은 끝까지 책임지려고 노력했다.[7]

그러다 보니 이 사건에도 깊이 관련되게 되었다. 합병과 아무 관련 없이 이루어진 회계처리를 합병과 연결시키는 조작을 보면서, '이래서는 안 되겠다'고 여러 저명한 교수들이 나섰던 것이다. 누군가를 단죄하고 낙인찍기 위한 비판이 아니다. 사건 관련자들과 다른 독자들이 필자의 글을 통해 교훈을 얻어, 그 결과 기업과 사회가 발전하며 국민의 생활도 더 나아졌으면 하는 바람에서 이런 일을 한다. 그래서 이 사건의 기획 또는 실행과 관련된 사람들의 실명을 대부분 알고 있음에도 불구하고 거의 언급하지 않았다. 양심이나 상식이 아니라 정치적 유불리나 출세를 판단의 근거로 삼는 사람일 테니 이들이 잘못을 반성할 것이라고 거의 기대하지 않지만, 이 사건을 교훈 삼아 이들이 앞으로는 다른 사람들에게 엄청난 고통을 가져올 수 있는 무책임한 행동을 함부로 벌이지 않기를 바란다. 즉 널리 알려져도 부끄럽지 않은 이야기나 자신이 책임질 수 있는 이야기만 하기 바란다.

---

6 회계와 무관한 (구)삼성물산과 제일모직의 합병에 대한 필자의 생각이 궁금하다면 『숫자로 경영하라 5』에 실린 '합병을 원한다면 소액주주의 마음을 얻어라'라는 글을 읽어보기 바란다. 합병시점에는 (구)삼성물산 주주들이 불리하다는 견해가 더 많았지만, 10년이 지난 현재 돌아보면 오히려 제일모직 주주들이 손해를 본 거래였다. 합병 이전부터 현재까지 (구)삼성물산이 영위하던 건설업은 계속 하향길에 있는 데 반해, 당시 제일모직이 영위하던 사업들(특히 바이오 산업)은 엄청난 성공을 거뒀기 때문이다. 이처럼 특정 시점의 주가가 기업의 가치를 제대로 반영하고 있는지에 대해 판단하는 것이 매우 어렵다. 그러니 어느 한편의 주장만 듣고 섣불리 누가 옳다고 판단하는 일은 조심하기 바란다. 어쨌든 1심과 2심 법원은 합병 시 주가조작을 했다는 혐의에 대해 무죄 판결을 내렸다.

7 만약 그러다가 필자의 판단이 잘못되었다는 것을 알게 되면 항상 분명하게 사과를 했다. 다행스럽게도 필자가 '숫자로 경영하라' 시리즈에 실은 원고에서는 아직까지 중요한 틀린 내용이 나타나지 않았다. 물론 사소한 실수는 다소 있을 수 있다.

청와대 본관
많은 정치인이 이 사건과 관련되어 있다. 이들의 정치적 욕심이 이 사건을 일으켜 수많은 사람을 고통받게 했다. 그럼에도 불구하고 사건 관련자들은 아무도 피해자들에게 사과하지 않았다.
ⓒ 청와대

이 사건 때문에 고통받은 다수의 피해자

이 사건 때문에 로직스의 고위 경영진은 몇 년씩 조사를 받고 기소됐다. 대부분이 공학자 출신인 이 사람들이 당시 회계처리에 대해 뭘 알았을까? 10년 동안 시달린 후 재판이 끝난 지금까지도 이들은 아마 회계처리에 대해 잘 알지 못할 것이다. 이 사람들이 신설된 작은 회사에 부임해서 열심히 일한 덕분에 이제 로직스는 한국의 미래 먹거리를 창출한 기업으로 각광받고 있는 중이다. 직접 고용된 직원만 5천 명이 넘으니 엄청난 수의 일자리도 생겼다. 시가총액은 80조 원이 넘어 국내 상장기업 중 3위 정도이니 주주나 직원들이 큰돈을 벌었다. 이렇게 사회를 위해 기여한 사람들에게 이런 시련을 주는 게 당시 정권을 가진 사람들이 외치던 '정의로운 사회'인지 궁금하다.

이 사건 때문에 억울한 피해를 본 사람은 검찰에 의해 기소된 11명만이 아니다. 예를 들어 혐의가 경미하다고 판단되어 검찰 기소까지는 가지 않았지만 여러 회계법인의 많은 회계사가 몇 년간에 걸친 금감원과 검찰의 조사에 시달리느라 본업에 충실할 수 없었고, 회계사 면허가 정지되는 등의 행정징계를 받았다. 로직스 하위 직원들도 조사받았는데, 그 과정에서 일부 직원들이 우울증에 걸릴 정도로 심각한 후유증을 겪었다고 사후적으로 전해 들었다. 죄 없는 회계사들의 생계수단을 박탈하거나 직원들에게 정신적 충격을 준 것에 대해서도, 위에서 언급한 사람들이 양심의 가책을 조금이라도 느꼈으면 하는 바람이다.

또 다른 피해자 집단도 있다. '로직스가 대규모 분식회계를 저질렀다'는 뉴스가 퍼지자 폭락한 로직스 주가 때문에 피해를 본 개인 투자자들의 손해는 누가 책임질 것인가? 다행히 몇 달이 지나 다시 주가가 회복되었지만, 그럼에도 불구하고 주가가 떨어진 시기 주식을 매각한 주주는 손해를 봤다. 이 사건을 계기로, 금감원은 사실관계가 확정되지 않은 채 조사 중인 사항을 언론에 함부로 발표하는 일을 그만했으면 하는 바람이다. 이런 행위는 '피의사실 공표'에 해당한다. 경찰이나 검찰이 피의사실 공표 때문에 비난받는 일은 종종 있다. 경찰과 검찰의 피의사실 공표는 대상자가 범죄 혐의를 받는 사람이지만, 금감원의 피의사실 공표는 해당 기업 관계자뿐만 아니라 수많은 투자자에게 손해를 미친다. 금감원이 경찰이나 검찰보다 더 신중하게 행동해야 하는 이유다.[8] 감리위원회나 증권선물위원회 회의가 끝날 때마다 특정 언론에 회의 내용이 자세히 보도됐다는 점도 문제다. 금감원 고위층에서 언론에 자료를

---

[8] 필자가 이야기를 나눈 인사 중에서는 '이런 무책임한 일을 앞으로 함부로 벌이지 못하도록 경종을 울리기 위해서라도, 이 사건 때문에 피해를 본 투자자들이 이 사건과 관련된 정치인, 시민단체, 금감원에게 소송을 했으면 한다'는 견해를 밝힌 사람도 있었다.

계속 넘긴 것으로 추측된다. 이런 일도 다시는 일어나지 말아야 한다.

앞의 글에서 검찰이 이 사건에 대해 의견을 표명한 교수들을 참고인으로 소환해 조사했다는 점을 소개했다. 왜 교수들까지 소환의 대상이 됐는지도 황당하다. 필자도 두 번 소환되어 저녁 늦게까지 조사를 받았다. 법정에도 참고인으로 두 번 출석했다. 그 과정에서 필자의 인격이나 전문성을 무시하는 내용의 질문을 검사로부터 수차례 들었다. "교수님만 빼고 우리가 소환한 다른 증인들은 우리가 고의 분식회계라는 것을 보여주는 다른 증인들의 증언 내용이나 증거를 보여주자 원래의 의견이 잘못됐다고 의견을 바꾸거나 자백했다"면서, "교수님을 위해서 드리는 이야기인데, 의견을 바꾸지 않고 계속 고수하면 나중에 창피를 당할 것"이라는 이야기도 검찰에 소환됐을 때 수차례 들었다. 소위 '죄수의 딜레마'에 해당하는 유도성 질문이다. 아마 이 사건 때 검찰에 불려간 다른 참고인 중에서, 이런 검사의 이야기를 듣고 자신의 판단이 잘못된 줄 알고 증언 내용을 바꾼 사람이 있었을 수 있다.[9] 그런 이야기를 검사가 할 때마다 필자는 "그 증거나 증언 내용을 보여달라"고 요구했는데, 필자가 이 요구를 하면 검사는 내용을 보여주지 않고 대화의 주제를 바꿨다. 또 그런 이야기를 나눴다는 것을 필자에 대한 조사 내용을 기록

---

[9] 친여당 성향 언론들은 가끔 "XXX가 검찰의 조사를 받던 중 자백했다"라는 내용을 보도했었다. 이런 허위 뉴스들도 검찰의 언론플레이 결과라고 추측된다. 증인들을 압박해서 죄수의 딜레마 상황을 만들려고 했던 듯하다. '죄수의 딜레마'가 무엇인지 간단하게 설명하기 힘들기에, 이에 대해서 궁금하다면 인터넷의 정보를 찾아보기를 권한다. 죄인 둘이 조사를 받을 때, 둘을 각각 분리시킨 후 자백하면 선처하지만 자백하지 않으면 엄벌에 처하겠다고 하면 둘 다 자백한다는 것을 말한다. 그 결과 둘 다 자백하지 않으면 증거가 없어서 처벌하지 못할 때도 자백을 하므로 처벌을 할 수 있다.

한 조서에 담지도 않았다.

사과하지 않는 사건의 가해자들

또한 필자가 없을 때 필자가 한 말을 앞뒤 잘라내고 거의 정반대의 의미로 왜곡해 법정에서 소개했거나 "편파적인 증인이니 증언 내용을 믿지 못한다"고 비난했다는 이야기도 전해 들었다. 필자 앞에서 직접 '돈에 매수된 교수'라고 비난하기도 했다. 회계기준에 대한 해석이나 국내외 기업의 유사한 회계처리 사례에 대한 필자의 '논리적인 설명'을 반박할 수 없으니 '필자라는 사람' 자체를 공격한 듯하다. 이런 짓을 검찰이 왜 하는지 궁금하다. '진실을 찾기 위해' 조사하는 것이 아니라 '사건을 조작하기 위해' 조사한 것은 아닌지 의심되는 모습이다. 이런 모습을 보면, 이 사건에서 반대의 입장에 선 다수의 사람은 '절대 악'이라고 생각하고 이들을 벌하기 위해서는 무슨 방법을 쓰더라도 정당화될 수 있다고 생각하는 것이 아닌지 궁금할 정도다.

검찰에서 이 사건에 대한 조사를 처음 시작했을 때는 정말로 참여연대의 주장처럼 '삼성물산과 제일모직의 합병시점에 제일모직의 주가를 부풀리려고 분식회계를 저질렀다'고 믿었을 수 있다. 압수수색과 소환조사를 한참 진행한 후 '그게 아니다'라는 것을 알게 된 시점에는 조사를 중단하는 것이 맞았을 텐데, 이미 칼을 뺐으니 다시 집어넣을 수 없다는 자존심으로 '합병비율의 사후 합리화'라는 이상한 논리를 만들어 무려 8년 동안 사건을 끌어간 게 아닌지 하는 의심이 든다. 어쨌든 분식회계나 사후 합리화라는 주장에 워낙 허점이 많아, 판사가 볼 때 회계와 무관한 다른 주가조작이나 합병 관련 이슈에 대한 검찰 주장의 신뢰성도 저해됐을 것으로 추측된다. 검찰도 이 사건을 통해 교훈을 배울 수 있을까 궁금하다. 검찰이 이 사건을 계기로 환골탈태해서, 정의를 수호하는 검찰 본연의 모습으로 돌아가기 바란다.

그러다 보니 외부에 이렇게 주장이 바뀌었다는 것을 의도적으로 알리지 않아, 1심과 2심 재판이 끝나도 언론은 '합병비율을 조작하려고 분식회계를 저질렀다는 혐의를 받았다'는 잘못된 내용을 보도했다. 주장이 바뀐 게 드러나면 외부 사람들도 이상하게 생각하고 주장의 진위에 대해 의심하기 시작할 것이므로, 바뀐 주장의 내용을 외부에 숨겼던 것이라고 생각된다. 2심이 진행되던 중간에 기존의 주장(3차 주장)을 주위적 공소사실로, 기존의 주장과 거의 정반대의 주장(2차 주장)을 예비적 공소사실로 바꿨다는 것도 황당하다. '어떤 방식으로 회계처리했던 간에 관계없이 다 유죄다'라는 것이니, 이런 식으로 기소를 하는 경우가 과거에 또 있었는지 궁금할 정도도. 물론 필자가 법에 대해 잘 알지 못하므로, 이런 경우가 가끔 있는데 필자가 잘 모르고 있을 수도 있다.

이렇게 무리한 진행을 하는 과정에서 많은 피해자가 생겼는데도 불구하고, 재판이 끝나고 난 후 이 사건과 관련된 사람들 중에서 피해자들에게 사과한 사람은 거의 없었다. "내가 한 일이다"라고 자랑하던 시민단체 인물이나 정치인들은 조용히 인터넷에 올렸던 홍보성 글을 지웠다. 자기가 이 사건에 관련되어 있다는 것을 숨기려는 행동이다. 편파 또는 허위 보도를 일삼던 몇몇 언론사의 기자들 중 아무도 사과하지 않았다. 오히려 1심과 2심 판사를 공격하거나 법률을 개정해야 한다는 주장을 한 사람도 있었다.

거짓말인가, 아니면 잘 몰라서인가

정치인들이나 정치적 성향이 강한 시민단체 인사들과 일부 기자들이야 자신들의 정치적 목표를 달성하기 위해 거짓말을 하는 것을 종종 볼 수 있다. 따라서 이들이 사실이 아닌 이야기를 만들어 남들을 비난한 것도 이해할 수 있다. 그렇지만 공정하게 운영되어야 할 국가기관인 금감원이 정치적 의도를 가지고 거짓말을 한 것이 아닌지 의심스러운 점들이 일부 있다. 예를 들어 이제까지 설명한 올바른 회계처리가 무엇인지에 대한 금감원의 주장들 대부분은 회계기준이나 당시 발생한 사건이나 상황의 해석과 관련된 것이지만, 금감원이 거짓말을 한 것으로 볼 수 있는 증거도 4가지가 있다. 앞의 다른 글에서 이미 언급된 내용이 대부분이지만, 여기에 정리해서 소개한다.

---

10 이 내용은 앞의 세 편의 글에 소개되지 않았던 내용이다. 금감원 관련자가 필자에게 보여준 서류에는 금감원의 3차 주장을 국내 여러 전문가가 지지한다는 내용이 포함되어 있다. 절대 실현 불가능한 게 아니라면 모든 옵션은 행사될 것으로 간주하고 회계처리해야 한다거나, 회사 설립 시점부터 옵션이 실질적이라는 등의 이야기다. 그 서류에 언급된 이 사건과 관련된 익명의 전문가들의 해석과 발언 내용이 너무 황당해서, 필자가 그중 아는 사람들을 만났을 때 발언의 진위 여부를 직접 확인했다. 문건에 이름이 직접 등장하지는 않지만 소속이나 직위를 보면 누구인지 알 만한 사람이 일부 있었다. 이들은 모두 문건에 등장하는 이야기를 한 적이 없다고 필자에게 말했다. 필자가 직접 보지 못해 정확한 사실을 알 수 없지만, 3차 주장을 전문가들이 지지한다는 내용의 서류가 작성된 것을 보면 그전에 2차 주장을 내세울 때도 다른 전문가들이 금감원의 해석을 지지한다는 내용이 포함된 서류도 작성했었을 것으로 추측된다.

첫째, 다른 전문가가 발언 내용을 왜곡 또는 조작해서, 한국의 다수 회계 전문가가 금감원의 주장을 지지한다는 내용을 적은 문서가 있다. 이 서류에 적혀있는 내용을 발언했다는 사람들은 그런 발언을 했다는 사실을 부인했다.[10] 둘째, 금감원 내부적으로도 바이오젠이 옵션을 곧 행사할 것이라고 예상하면서(감사원 감사 과정에서 밝혀진 내용), 외부적으로는 바이오젠이 옵션을 행사할지 예상이 안 된다고 이야기(2차 주장)를 했다는 점도 놀랍다. 그러다 바이오젠이 옵션 행사를 통보해와 옵션 행사가 예상이 안 되었다고 말할 수 없게 되자, 이 쟁점과 무관한 로직스 내부 문건을 평계로 3차 주장으로 바꾼 것이다. 셋째, 국내에서 로직스의 경우처럼 기업이 판단을 바꿔 지분의 분류 변경 회계처리를 한 다른 사례(앞의 글에서 다른 기업 사례를 다수 소개함)가 없다고 이야기한 것도 황당하다. 넷째, 금감원 관련자들은 금감원이 과거 스스로 발표했던 회계처리에 대한 지침의 내용도 몰랐던 듯하다. 가치평가 지침이나 제약 업종의 연구개발비 회계처리 지침과도 틀린 내용을 주장했으니 말이다.

첫째와 둘째 증거를 보면 거짓말을 했다는 것이 명백하지만, 나머지 둘은 그리 명백하지 않다. 셋째와 넷째 증거에 대해 생각해보자. 혹시 알면서도 모른 체하고 거짓말을 한 것이 아니라면, 금감원 관련자들이 다른 기업의 실제 회계처리 사례나 금감원이 만든 지침에 대해 잘 몰랐다는 것을 의미한다. 금감원장은 분식회계가 아니라는 조사 결과를 보고했던 직원을 문책성 전보인사 시키고 다른 부서에서 일하던 유능한 직원을 뽑아 이 업무에 투입했다고 이야기했는데, 유능한 직원이 이런 내용들을 몰랐다는 사실은 상당히 이상하다. 이래서 알면서도 거짓말을 했을 가능성이 있다고 추측되는 것이다. 감리위 위원이나 증선위 위원,

그리고 검사나 판사 중에는 이런 내용들을 잘 모르는 회계 비전문가들이 많이 있으니, 이런 사람들에게 틀린 정보를 전달해 잘못된 판단을 내리도록 유도한 것으로 추측된다.

감사의 인사를 전합니다!

마지막으로 이 사건이 진행되는 몇 년 동안, 필자에게 이메일, 문자, 또는 직접 만났을 때 구두로 격려나 위로를 해주신 많은 분께 전할 말이 있다. 이런 분들께 일일이 감사의 인사를 거의 드리지 못했는데, 이 기회를 빌려 진심으로 감사를 드린다. 필자가 모 정치집단 팬덤으로부터 공격받은 것보다 몇 배 많은 성원을 받았다. 특히 대규모 분식회계를 저질렀다는 것이 진실인 것처럼 외부에 적극 홍보되고 있을 때도 필자를 믿어주신 분들께 감사를 드린다.

특히 학계나 회계업계에서도 많은 분이 '이런 일이 다시는 일어나서는 안 된다'면서 적극 나서주신 데 대해 감사드린다. 필자가 한국에서 교수를 한 지 20년이 지났는데, 이런 특정 사건을 계기로 학회가 수차례 열리고 학회에 매번 수백 명이 모여서 관계당국을 성토했던 일은 처음이다. 이렇게 많은 분이 나서고 열심히 주변에 사건의 내막이 무엇인지 알린 결과 진실이 밝혀질 수 있었다고 믿는다. 필자가 점점 나이가 들어가고 있으므로 얼마나 더 글을 쓸 수 있을지 모르겠지만, 앞으로도 글을 쓴다면 이런 분들을 실망시키지 않도록 지금처럼 계속 진실만을 이야기하겠다고 약속드린다.

한국회계학회 2024 동계학술대회
회계학 교수들과 회계사들의 모임인 한국회계학회에서는 이 사건을 계기로 학회를 수차례 열었다. 이 외에도 많은 회계 전문가가 이 사건에 대해 적극 나서서 금감원을 비판했다.
ⓒ 한국회계학회

    엄청나게 복잡한 회계처리에 대해 자세히 공부하고 현명한 판단을 내린 1심과 2심 재판부에 대해서도 감사드린다. 지분의 분류 변경 회계처리는 회계사나 회계 전공 교수들조차도 모르는 사람이 있는 복잡한 이슈인데, 회계 전문가가 아닌 판사가 그 내용을 다 공부하고 실체를 파악했다는 것은 쉬운 일이 아니다. 권력을 좇는 법조인들도 일부 있지만, 대다수의 판사나 검사는 묵묵히 올바른 일을 행하면서 정의를 실현하기 위해 헌신한다는 것을 잘 알고 있다. 오랜 시간이 걸렸지만, 결과적으로 올바른 판결 덕분에 정의가 승리할 수 있어서 정말 기쁘다.

    필자는 법정에 참고인으로 출두해서 하루 종일 양측의 질문에 대한 답변을 했다. 질의응답이 모두 끝났던 시간이 늦은 밤이었다. 매우 지쳤

삼성바이오로직스
삼성바이오로직스는 2011년 설립 이후 회계처리를 둘러싼 논란 때문에 엄청난 시련을 겪었다. 그렇지만 이런 어려움을 극복하고 한국의 미래 먹거리로 주목받을 정도로 발전했다. 이런 성장의 뒤에는 임직원들의 헌신적인 노력이 숨어있을 것이다.
ⓒ 삼성바이오로직스

고 목도 쉰 상태였지만 그래도 판사에게 개인적인 이야기를 마지막으로 할 수 있냐고 물었다. 판사가 허락하자 이런 요지의 이야기를 했다. "이 사건이 처음 일어났을 때 많은 회계사나 교수들이 분개했다. 그래서 서울대 교수들이 단체로 분식회계가 아니라는 의견서도 작성해 제출했던 것이다. 그런데 이렇게 나섰던 사람들이 무시무시한 협박이나 회유 시도를 겪었다. 그러자 대부분의 사람들이 무서워서 더는 나서지 못하겠다고 앞으로는 조용히 있겠다고 했다. 나도 내 일도 아닌데 그냥 입 다물고 조용히 지낼까 생각했다. 그렇지만 옳은 일을 무서워서 못 한다는 게 내 양심에 어긋나는 행동이었다. 이제까지 양심적으로 살아왔는데, 이제 개인의 안위를 위해 양심을 접어야 하나 고민했다. 그러다가 아무리 힘들어도 올바른 일을 하겠다는 결심으로 이 자리에 서게 됐다. 판사님께서 누구의 말이 옳은 것인지 잘 판단해주시기를 부탁드린다"라는 내용이었다.

　독자분들도 이 글을 읽고, 필자가 이 사건에 대한 긴 글을 써서 자세한 내막을 소개하는 이유를 이해해 주시기 바란다. 그래서 이 글이 실린 챕터(1부)의 제목도 "사기가 판치는 시기엔 진실을 이야기하는 것이 혁명이다"라는 소설가 조지 오웰의 말에서 발췌한 것이다. 점점 정치가 사회의 모든 것을 장악해버려서, 진실을 이야기하는 것이 이렇게 힘든 세상이 되다니 정말 안타깝다. 이 사건을 마지막으로 다시는 한국에서 이런 황당한 사건이 발생하지 않기를 바라지만, 원고 3에서 소개한 것처럼 비슷한 사람들이 모여 또 다른 사건을 기획 중이라는 소식을 들으니 암울하다.

필자가 쓴 두 칼럼의 소개

마지막으로 필자가 이 사건이 종료된 후 언론에 게재한 두 편의 칼럼을 소개한다. 2025년 2월 2심이 선고된 직후에 〈동아일보〉에 칼럼을 실었는데, 이는 금감원과 검찰의 잘못된 행동을 비판하는 내용이다. 1개월 후 〈매일경제〉에 실은 칼럼은 이런 사건의 재발을 방지하기 위해 어떻게 제도를 보완해야 하는지를 언급한 내용이다. 처음 언론에 실렸을 때와는 달리, 일부 내용은 사후적으로 약간 보완했다. 이 칼럼에 실린 내용이 조금이라도 실현되기를 바란다. 그리고 이 사건의 진실을 알리기 위해 수고하신 모든 분들께 다시 한번 감사드린다.

'삼바' 회계처리 논란을 다시 돌아본다
〈동아일보〉 2025년 2월 6일

2심 법원은 '삼성물산과 제일모직 부당합병 및 삼성바이오로직스(삼바) 분식회계' 관련 혐의에 대해 무죄를 선고했다. 1심 판결이 내려졌던 작년, 필자는 정권 고위층 지시를 받고 이 사건을 이슈화 및 기소한 것으로 알려진 금감원과 검찰을 비판하는 칼럼을 썼었다. 2심이 끝난 현시점에 같은 잘못이 되풀이되지 않도록 회계의 관점에서 이 사건을 다시 소개한다.

이번 사건은 2015년 삼성이 이재용 회장의 지분비율이 높은 제일모직 주가를 부풀려 삼성물산과 제일모직의 합병비율을 조작하려 했고, 그러기 위해 제일모직 자회사 삼바에서 분식회계를 저질렀다는 의혹이 고위 정치인과 참여연대에 의해 제기되면서 시작됐다. 분노할 만한 이야기지만 사실이 아니다. 논란이 된 회계처리는 합병 후 벌어진 일이라 합병 전 주가에 영향을 미칠 수 없다. 그러므로 검찰은 금감원의 조사 결과를 받아 기소할 때 이렇게 명확히 틀린 주장을 내세울 수 없었다. 그래서 기소할 때는 '합병비율을 사후 합리화하려고 분식회계를 저질렀다'고 주장이 살짝 바뀌었다. 즉 외부에 알려진 분식회계의 이유와 기소 내용이 다르다. 그럼에도 달라진 내용을 외부에 숨겨, 판결이 내려진 지금도 언론은 "합병 때 주가를 조작하려고 분식회계를 했다는 혐의를 받았다"는 잘못된 내용을 전하고 있다.

논란이 된 회계처리는 전문용어로 '지분의 분류 변경 회계처리'라고 불린다. 지배회사가 피지배회사에 대한 지배력을 가지고 있는지에 대한 판단이 바뀔 때, 보유기간 동안 장부가치로 기록되어 있던 피지배회사 주식 시장가치 변동을 한꺼번에 기록하는 것이다. 따라서 그동안 피지배회사 가치가 많이 변했다면 큰 손익이 기록된다. 이 같은 회계처리는 드물지만 가끔 일어나는데, 금감원이 분식회계라고 한 적은 없었다. 따라서 이 건을 분식회계라고 판단한 것이 얼마나 이례적인 것인지 알 수 있다.

삼바의 상장 전 재무제표를 조사한 공인회계사회는 이 회계처리가 적정하다고 판단했다. 참여연대가 이 건을 문제 삼자 금감원도 전문가들이 모인 회의를 열어 검토한 후 "문제가 없다"고 발표했다. 그러다가 2017년 정권이 바뀌자 분식회계라고 의견을 바꿨다. 참여연대는 "2015년 사업의 미래 성공가능성이 불확실해 평가를 할 수 없는데 기업가치를 5조 원으로 부풀려 평가해 막대한 이익을 적었다"고 주장했다. 이에 대해 삼바는 "2015년 말 약품 개발에 성공하고 판매승인을 받았으므로, 사업 성공이 충분히 예상되고 신뢰할 만한 가치평가가 가능해졌다"고 반박했다. 금감원은 처음엔 참여연대의 주장을 되풀이했지만, 삼바의 시가총액이 오히려 상승해 평가된 금액 5조 원을 훨씬 뛰어넘자 '가치를 부풀려 평가해 막대한 이익을 적었다'라는 말을 뺐고 '사업 성공이 불확실한데 가치평가를 했다'는 주장만 남겼다. 그러다 삼바 주가가 더 상승하고 사업 성공이 더욱 명확해지자, '바이오시밀러 약품 개발이 쉽기 때문에 회사 설립시점부터 가치가 높다는 것이 충분히 예측됐고 가치평가가 가능했다'며 처음 주장과 거의 정반대로 견해를 다시 바꿨다. 분식회계라는 답은 사전에 정해져 있고 상황에 따라 논리를 끼워 맞추는 듯한 모습이다. 이 마지막 주장이 검찰이 기소한 분식회계의 핵심 내용이다.

이처럼 주장이 자꾸 바뀌었으니 다수의 학자나 회계사들이 이 사건을 "금감원의 조작"이라고 부르며 "왜 정치가 회계까지 간섭하느냐"고 반발했던 것이다. 세 주장 중 무엇이 더 합리적인지 독자 스스로 생각해보기 바란다.

약품 개발이 쉽다는 말에 동의할 사람은 드물 것이다. 대다수의 전문가는 삼바의 견해만 옳다는 게 아니라, 이 견해가 '합리적인 근거가 있다면 기업의 판단을 존중한다'는 국제회계기준 취지에서 볼 때 충분히 인정될 수 있다고 생각한다. 즉 다른 견해도 있을 수 있지만 이 판단도 충분히 합리적이라고 본다.

 재판 결과를 보고 이 사건과 관련된 고위 정치인이나 시민단체 인사들, 당시 금감원 고위 간부, 그리고 검찰 인사들이 공개적으로 사과하지는 않겠지만, 회계 관련 이슈를 담당하는 금감원은 교훈을 얻었으면 하는 바람이다. 대규모 분식회계를 적발했다고 금감원이 발표하자 주가가 폭락하고 거래가 정지되어 주주들이 입은 피해는 누가 책임질 것인가? 아무리 관계당국에서 밸류업(기업가치 제고)을 외쳐도, 이런 일이 발생하니 투자자의 기업에 대한 불신이 증폭되어 '코리아 디스카운트'가 줄지 않는 것이다.

 요즘 삼성전자가 어렵다 보니 삼성 직원이나 주주뿐만 아니라 협력업체나 지역사회도 고통받고 있다. 삼성이 납부하는 법인세가 줄어 정부 재정도 구멍이 났다. 이를 보면 삼성이 한국 경제에서 차지하는 비중이 얼마나 큰지 알 수 있다. 수사 착수부터 8년, 기소부터 5년이 걸린 긴 재판이 끝났으니 삼성 수뇌부는 이제 본연의 업무인 경영에 집중할 수 있을 것이다. 그들이 삼성전자를 하루빨리 예전 모습으로 돌리고 그 혜택을 사회에 제공할 수 있기를 바란다. 그것이 이 사건을 일으킨 소수 정치인이나 관련자들이 아닌 국민 대다수의 바람일 것이다.

제2의 삼성바이오로직스 사건을 막으려면?
〈매일경제〉 2025년 3월 17일

1심과 2심에서 모두 무죄 판결이 내려진 삼성바이오로직스 사건은 우리에게 많은 시사점을 준다. 2015년 삼성물산과 제일모직의 합병 전 "이재용 회장에게 유리하도록 주가를 부풀리려고 삼성바이오로직스에서 분식회계를 행했다"는 참여연대의 의혹 제기가 이 사건의 시작인데, 논란이 된 회계처리는 합병 여러 달 후 이뤄졌다. 즉 회계처리는 합병비율 계산과 관련이 없다. 회계처리에 대해 조사했던 금감원은 분식회계가 아니라고 발표까지 했다가 정권이 바뀌자 견해를 바꿨고, 심의와 재판 과정에서 처음 주장하던 분식회계의 이유가 틀렸다는 것이 드러나자 논리를 거의 반대로 바꿔 다시 분식회계라고 했다. 이러니 많은 회계사와 학자들이 '정치적 목적에서 이뤄진 금감원의 조작'이라고 반발했던 것이다. 겁박이나 회유를 통해 반발하는 전문가들의 입을 막으려는 시도도 있었다. 논란이 발생하자 주가가 폭락해 주주들도 피해를 입었다.

이런 일이 공권력에 의해 자행됐다는 것이 놀랍다. 우리나라가 앞으로 진정한 선진국이 되고 주주나 경영자를 포함한 국민 모두의 권리가 민주적으로 보호받기 위해선 가야 할 길이 먼 듯하다. 이런 사건의 재발을 막기 위해 회계 관련 보완이 필요한 사항 3가지를 소개한다.

첫째, 분식회계 혐의가 있다면 금감원이 조사해 금융위원회에 결과를 보고하고, 금융위원회 산하 조직인 감리위원회와 증권선물위원회에서 이를 심의한다. 즉 금감원이 검찰, 금융위원회가 판사와 유사한 역할을 한다. 혐의를 받는 기업 측 관계자도 재판에 해당되는 감리위원회와 증권선물위원회에 출석해 자신을 변호할 기회를 가지는데, 반론이 있다면 사전에 그 내용을 금감원에 제출해야 한다. 그런데 기업은 금감원의 정확한 주장이 무엇인지 사전에 알 수 없다. 즉 검사는 사전에 피고의 주장을 받아 준비를 하지만 피고는 검사의 주장이 뭔지 잘 모른 채 법정에 출석하는 꼴이다. 이런 문제점을 막기 위해선 재판처럼 양측이 동일한 시점에 자신들의 주장을 제출하고, 제출된 내용이 상대방에게도 통보돼야 한다.[11]

둘째, 현재의 제도는 법정에서 피고와 변호인이 퇴장한 후 검사의 반박을 다시 듣고 판결이 이루어지는 형태라고 비유할 수 있다. 기업 측 관계자의 퇴장 후에도 검사에 해당하는 금감원 측 인사는 감리위원회 회의에 남아 반론을 제기한다. 이런 기형적 심의 형태를 법정처럼 공정한 진행이 가능하도록 바꿔야 한다. 즉 양측을 대표하는 사람이 서로의 주장을 모두 마친 후 위원들끼리만 토의를 해서 판단을 내려야 한다.

셋째, 감리위원회 위원을 독립적인 인물로 구성해야 한다. 감독원으로부터 독립적이지 않은 위원들이 종종 있으므로, 가끔 편파적인 결론이 내려질 수 있다. 공정한 판단을 내렸더라도 외부에서 위원회의 결정을 신뢰하지 못할 여지를 준다. 즉 실질적인 독립성 못지않게 외관상의 독립성도 필요하다. 판사도 이해상충이나 독립성 위반의 가능성이 있다면 재판에서 빠지는 것

---

11   이해하기 힘든 내용이므로 부가 설명을 하겠다. 이 사건에서 금감원이 2차 감리 이후 주장을 완전히 바꿨는데, 이런 바꾼 주장을 회사 측에 사전에 알리지 않았다. 즉 로직스 측은 1차 감리 때의 주장(2차 주장)에 대비해서 증선위 회의에 출석했는데, 금감원은 그전까지 전혀 알려주지 않았던 다른 이유인 3차 주장을 회의에서 새로 내세운 것이다. 그리고 바로 그 회의에서 증선위는 로직스 측의 반론을 거의 듣지 않고 분식회계라는 판단을 내렸다고 전해진다. 회의 전에는 예상하지 못했던 주장이므로 로직스 측은 반론을 준비하지 못했을 것이다.

을 참고하기 바란다.

이번 사건에는 이런 3가지 문제점이 모두 복합적으로 작용했다. 이런 문제점이 없었더라면 삼바 사건이 이렇게 크게 확대되지 못하고, 위원회 회의에서 분식회계가 아니라는 결론이 내려졌을 가능성이 높다. 이런 문제점이 지금도 존재한다는 것 자체가 놀랍다. 감리위원회와 증권선물위원회의 결정이 법원의 판결에 버금갈 만큼 기업에게는 큰 영향을 미치므로, 법원의 재판절차에 준하는 합리적이고 공정한 제도가 당연히 마련됐었어야 한다.

그렇지만 이런 개선이 이루어진다고 해도 제도를 악용하려는 사람을 모두 막는 완벽한 제도란 없다. 그렇지만 이런 제도의 개선을 통해 조금이라도 더 바람직한 사회가 되고 이런 황당한 사건의 재발가능성을 줄일 수 있기 바란다. 그 결과 자본시장과 기업이 발전하고 코리안 디스카운트가 일부 해소된 결과, 기업의 주주나 직원뿐만 아니라 국민 모두에게 혜택이 돌아가기를 기대한다.

총수익스왑은 두 거래의 당사자가 변동수익과 고정수익을 서로 교환하는 계약을 체결하는 것을 말한다. 과거에는 주로 M&A 과정에서 이를 이용하는 경우가 있었는데, 최근에는 경영권을 확보하기 위해 총수익스왑을 이용하는 사례가 점차 늘고 있다. 총수익스왑을 이용하는 것이 불법이라고 하기는 애매하지만, 여러 회계적 및 윤리적 이슈가 발생한다. 첫 번째 글에서는 현대엘리베이터의 지배주주가 경영권을 지키기 위해 총수익스왑과 콜옵션 전환사채를 사용한 사례를 소개한다. 두 번째 글에서는 사조산업에서 소액주주가 추천한 인사가 감사위원으로 선임되는 것을 막기 위해 총수익스왑을 이용한 사례를 소개한다. 세 번째 글에서는 SK그룹의 최태원 회장이 총수익스왑을 활용해 SK실트론의 의결권을 확보한 사례를 소개한다. 이런 글을 통해 총수익스왑에 대한 다양한 내용을 공부할 수 있을 것이다.

2부

총수익스왑을 활용한 거래와 제도의 보완

총수익스왑과 콜옵션이 부가된 전환사채를 활용한 현대그룹의 경영권 방어

2015년 11월 현대엘리베이터는 5년 만기 콜옵션 전환사채를 발행한다. 1년 뒤 발행한 사채를 되사들인 뒤 사채에 부가된 콜옵션만 분리해 현대글로벌에 팔았다. 즉 현대글로벌이 콜옵션을 행사하면 현대엘리베이터가 보유한 전환사채를 현대글로벌에 지급해야 하는 것이다. 이는 분리형 신주인수권부사채를 보유한 것과 동일한 결과를 가져온다. 채권 투자자가 특정 가격에 주식을 인수할 수 있는 권리가 부가된 사채를 분리형 신주인수권부사채라고 한다. 지배주주나 특수관계인이 사적인 거래를 통해 신주인수권을 사들인다는 것은 앞으로 주가가 올라갈 것을 사전에 알고 있었을 가능성이 높다. 결국 이런 거래가 무엇을 의미하는지 알지 못하는 대다수 소액주주만 피해를 보게 된다. 소액주주의 권한을 보호할 수 있도록 제도를 보완할 필요가 있다.

MANAGING BY NUMBERS

현대그룹의 창업자였던 고(故) 정주영 회장은 1990년대 말 계열사의 주식들을 가족들에게 나눠 상속했다. 현대그룹이 쪼개져서 현대그룹과 현대차그룹, 현대중공업그룹, 현대백화점그룹, KCC 등으로 나뉜 것이다. 그래서 이들을 합하여 범(凡)현대가(家)라고 부른다. 이들 중 현대그룹의 적통을 계승했다고 보인 것은 고 정몽헌 회장이 이끄는 현대그룹이었다. 현대그룹 창립의 시초가 됐던 현대건설을 비롯해서 현대전자, 현대정유, 현대엘리베이터, 현대상선, 현대아산 등 다수의 계열사를 보유하고 있었다. 이 중 현대건설과 현대전자는 1998년 금융위기 이후 경영이 어려워져 법정관리에 들어간 후 새 주인에게 팔렸다.

그 직후인 2000년대 초, 현대그룹은 복잡한 형태의 지배구조를 갖고 있었다. 정몽헌 회장이 2003년 갑자기 사망하자 경영을 맡게 된 정 회장의 부인 현정은 회장이 현대그룹의 지배주주였다. 현 회장이 현대글로벌을 지배하고, 현대글로벌이 현대로지스틱스를, 현대로지스틱스가

•• ⟨그림 1⟩ 2000년대 초반 현대그룹의 핵심 계열사 지배구조

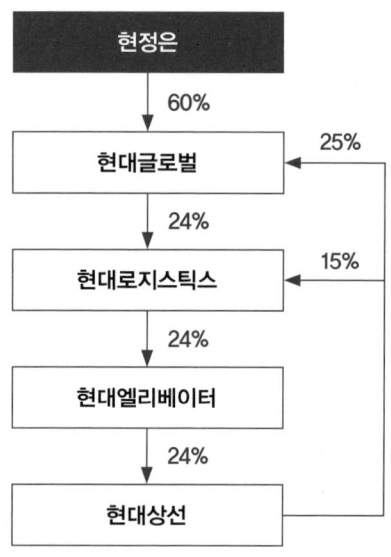

현대엘리베이터를, 현대엘리베이터는 현대상선을 지배하는 형태였다. 마지막으로 현대상선이 현대글로벌의 지분 25%를 보유한 형태의 순환출자 구조였다. 지금은 이런 구조를 가진 대기업 집단이 거의 사라졌지만 당시까지만 해도 순환출자 형태의 지배구조를 가진 기업집단이 다수 있었다. 당시 현대그룹의 지배구조는 다음 ⟨그림 1⟩과 같다.

그런데 현대그룹은 범현대가의 다른 기업들과 경영권 분쟁을 벌이게 된다. 가족들끼리 왜 싸움을 벌이게 됐는지는 명확하지 않다. 현대그룹이라는 이름이 주는, 현대그룹의 정통성을 차지하기 위해서일 수도 있다. 일부에서는 정씨가 아닌 현씨가 현대그룹의 지배주주가 된 것에 대한 정씨들의 반발이 싸움의 시초라고 보기도 한다.

싸움의 시작은 2004년이었다. 정주영 회장의 동생 고 정상영 회장이 이끄는 KCC가 현대엘리베이터의 지분 31%를 인수하고 경영권 공격을 시작한 것이다. 이를 '1차 경영권 분쟁'이라고 부른다. 그러나 2005년 주주총회에서 벌어진 표 대결에서 패한 KCC는 세계적인 엘리베이터 제작사인 스위스 기업 쉰들러(Schindler)에게 보유 주식을 매각하고 철수한다. 당시 쉰들러는 현대엘리베이터와 협력해 세계 최고의 엘리베이터 회사로 발전하겠다는 의사를 표명하기도 했다. 즉 현대그룹과 쉰들러는 동반자적 관계를 기대하고 있는 상황이었다.

그 직후인 2006년 정몽준 회장이 이끄는 현대중공업그룹은 현대상선 지분 27%를 매수해 우호지분 포함 총 32%를 보유하게 됐다. 현 회장 측의 지분 31%를 간발의 차이로 제치고 현대상선 1대주주의 자리에 오른 것이다. 2차 경영권 분쟁의 시작이다.

현대엘리베이터와 넥스젠캐피탈의 총수익스왑 거래

이때 현대상선의 경영권을 뺏기지 않기 위해 현대엘리베이터는 넥스젠캐피탈 등 몇몇 금융사와 총수익스왑(Total Return Swap, TRS) 계약을 체결한다. 이 계약에 따라 넥스젠캐피탈은 현대상선 주식의 10%를 주식시장에서 구입했고, 이 지분의 의결권을 현 회장을 위해 사용한다. 지금은 TRS 계약이 훨씬 널리 사용되지만, 필자가 검색해본 바에 따르면 이 사건이 국내에서 TRS가 사용되어 언론에 보도된 첫 사례다. 이 추가적인 10%의 지분 때문에 현 회장 측은 총 41%의 지분을 확보한 결과

32%를 보유한 현대중공업그룹의 공격을 방어할 수 있었다. 그 후 현대중공업그룹은 경영권 공격을 포기하고 주식을 매각해 철수한다.

TRS 계약이란 두 거래 상대방이 고정 손익과 변동 손익을 서로 교환하는 형태의 계약이다.[1] 이 사례에서 현대엘리베이터는 넥스젠캐피탈에게 주식 매입대금의 최소 5.4%에 해당하는 이자를 매년 지급한다. 그리고 현대상선의 주가가 하락하면 하락분만큼 현대엘리베이터가 넥스젠캐피탈에게 지급하며, 반대로 주가가 상승하면 넥스젠캐피탈이 상승분의 20%를 가지고 80%는 현대엘리베이터에게 넘기는 계약이다. 즉 차액결제를 해준다고 이해하면 된다. 넥스젠캐피탈은 손해 볼 이유가 없는 투자인 셈이고, 그 대가로 구입한 10% 지분의 의결권을 현대엘리베이터에게 넘기는 것이었다. 그 결과 현대엘리베이터는 최소 5.4%에 해당하는 이자를 내고 돈을 빌려 이 주식을 산 것과 거의 동일한 경제적 효과를 누린다.[2] 이 거래를 간략하게 요약한 것이 〈그림 2〉다.

당시 이 TRS 거래를 두고 자본시장에서는 여러 논란이 있었다. 지금도 TRS 거래가 발생하면 논란이 벌어지는 경우가 종종 있는데,[3] 당시 국내에서 발생한 최초의 거래 사례이다 보니 더 논란이 벌어졌었다고

---

1 TRS에 대한 보다 자세한 내용은 『숫자로 경영하라 5』에 실린 '롯데그룹의 총수익스왑 거래를 이용한 KT렌탈 인수'라는 글을 참조하기 바란다. TRS 계약은 최근 들어 M&A 등에 널리 이용되고 있다. 회계적으로 보면 TRS 계약을 통해 주식의 의결권을 넘겨받는 경우, 해당 주식을 실질적으로 매수한 것으로 볼 수 있는 여지가 있다. 즉 돈을 빌려 주식을 산 것으로 볼 수도 있다.

2 이 주식은 법적으로는 넥스젠캐피탈 등 주식을 구입한 금융사들의 소유다. 그러나 회계적으로 보면 현대엘리베이터가 돈을 빌려 산 주식이라고 볼 수 있는 여지도 있다. 주식 보유에 따른 경제적 실질의 대부분이 현대엘리베이터에게 이전되기 때문이다.

3 보다 최근에 벌어진 TRS 거래를 이용한 의결권 거래 사례는 본서에 실린 '주주총회 때 의결권을 잠깐 빌려서 행사할까?'라는 글을 참고하기 바란다.

•• 〈그림 2〉 현대엘리베이터의 TRS 거래 구조

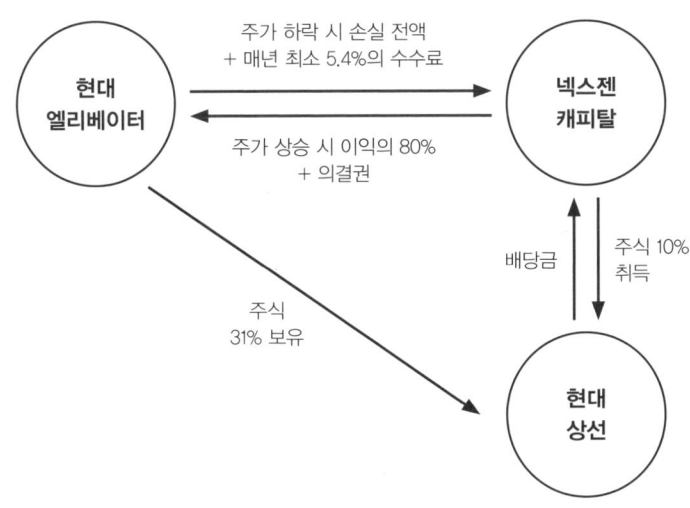

생각된다. 상대적으로 소액의 이자비용만 지급하면서 의결권을 빌려 경영권을 지킨다는 것이 법적 또는 윤리적으로 옳은 것이냐는 비판과 논란이다. 경영권 분쟁의 당사자였던 현대중공업이 직접 TRS 거래가 불법이라고 소송을 제기하지는 않았지만, 아마도 간접적으로 이런 논란을 적극적으로 널리 알렸을 가능성이 있다. 경영권 분쟁에서 여론의 지지를 얻기 위한 행동이었을 것이다.

그런데 보다 심각한 문제는 경영권 분쟁 종료 이후에 발생한다. 2007년 동안은 세계 경제가 큰 호황이었기 때문에 현대상선의 주가가 10만 원대에서 27만 원대까지 수직 상승한다. 따라서 현대엘리베이터는 넥스젠캐피탈과 체결한 계약에 따라 주가상승분 때문에 1,500억 원이 넘는 이익을 보았다.

TRS 거래를 통해 발생한 큰 손실

그런데 2008년 세계금융위기가 발생한 후 전 세계적으로 교역량이 급감하면서 해운사들은 생존의 위기에 빠지게 됐다. 현대상선의 주가가 계속 하락해 2013년 말에는 8만 원대까지 급감했다. 그러자 TRS 계약으로 주가 하락분 전액을 넥스젠캐피탈에 보상해줘야 하는 현대엘리베이터는 큰 손실을 보게 됐다. 2011년, 2012년, 2013년의 3년 동안 넥스젠캐피탈에 지급한 돈만 4,500억 원에 이른다. 3년 동안 TRS 계약에 의한 손실을 포함한 현대엘리베이터의 당기순손실은 총 3,656억 원이다. TRS 관련 손실만 없었다면 회사가 흑자를 기록했을 텐데, TRS 관련 손실 때문에 회사가 생존의 위기에 처하게 된 것이다. 당시 현대엘리베이터의 상황은 〈그림 3〉을 통해 짐작할 수 있다.

당시 현대엘리베이터의 지분분포를 살펴보면, 현 회장을 비롯한 특수관계자의 지분이 40%, 쉰들러의 지분이 31%였다. 이때 쉰들러는 위기에 빠진 현대엘리베이터의 주력 사업부문인 승강기 사업을 인수하겠다고 제안하지만 현 회장은 이를 거부한다. 경영권 다툼의 시작이었다.

또한 현대엘리베이터는 2012년부터 2015년까지 3회에 걸쳐 재무구조 개선 및 운영자금 마련 등의 목적을 이유로 총 6,300억 원 규모의 유상증자를 실시한다. 증자 후 자본규모가 6,400억 원 정도라는 것을 보면, 이 증자규모가 얼마나 큰 것인지 알 수 있다. 증자 전 자본규모가 작았던 이유는, 그동안 손실규모가 커서 자본을 거의 다 잃은 상태였기 때문이다.

쉰들러는 이 유상증자가 경영과는 무관하게 지배주주의 현대상선에 대한 지배권을 지키기 위해 실시한 것이라며 유상증자를 막아달라는

•• 〈그림 3〉 현대엘리베이터의 2006~2013년 영업이익, 파생상품 관련 손익, 당기순손익 변화

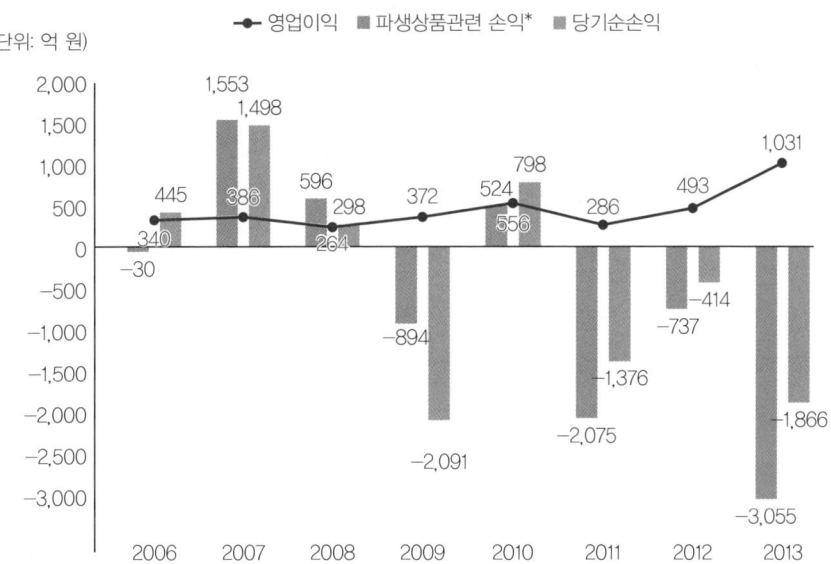

* 정확히 TRS 관련 손익만 구분되어 재무제표에 표시되어 있지 않지만, 언론 보도에 등장하는 금액으로 추산하면 파생상품 관련 손익의 최소 2/3 이상이 TRS 거래 때문에 발생한 것으로 보인다.

소송을 법원에 제기했으나 패소했다. 이 소송 때 현대엘리베이터 측은 쉰들러가 위기에 빠진 현대엘리베이터를 인수하기 위해 일부러 유상증자를 방해한다고 주장했다. 현대엘리베이터가 위기에 빠진 상태로 있어야 현대그룹 측이 현대엘리베이터를 쉰들러에게 매각할 가능성이 높기 때문이다. 즉 쉰들러가 현대엘리베이터를 인수하기 위해 일부러 정상적인 경영을 방해하고 있다고 주장한 것이다. 쉰들러가 증자에 참여하지 않았기 때문에, 증자 이후 쉰들러의 지분율은 17%로 하락한다.

쉰들러의 계속되는 소송 제기와 엇갈린 법원의 판결

이 소송과는 별도로 쉰들러는 지배주주의 현대상선에 대한 경영권을 지키기 위해 현대엘리베이터가 부당한 파생상품 계약을 맺어 손해를 보고 있다며, 2014년 1월 현 회장 등 임원진을 상대로 7천억 원대의 손해배상 소송을 제기했다. 새로운 싸움이 시작된 것이다.

2016년 8월 끝난 1심 소송에서 재판부는 TRS 계약이 핵심 계열사의 경영권을 안정적으로 확보하기 위해 맺은 것이라고 주장한 현대엘리베이터의 손을 들어줬다. 계열사의 경영권을 지키는 것은 경영상의 판단으로서 법이 간섭할 영역이 아니며, 경영진이 손해 볼 것을 알면서도 맺은 계약(즉 배임이라는)이라는 쉰들러의 주장을 받아들이지 않았다. 결과적으로 2011년부터 2013년까지 예기치 못한 위기 때문에 큰 손실이 발생했을 뿐, TRS 계약 초기인 2010년까지는 이익이 발생했었기 때문이라는 이유 때문이다.

1심 판결 이후 현대그룹은 현대상선의 경영권을 산업은행이 주축이 된 채권단에 넘겼고, 계열사 현대증권도 매각해 마련한 자금으로 부채를 갚아 그룹의 위기를 모면한다. 채권단은 현대상선의 이름을 HMM으로 바꿨다. 즉 지금의 HMM은 현대그룹이 지배주주가 아니라 산업은행이 주축이 된 채권단이 지배주주인 기업이다. 이 사건의 발단이 됐던 현대상선이 현대그룹으로부터 떨어져 나간 것이다.

재판은 2심으로 이어진다. 2019년 내려진 2심 판결에서는 쉰들러가 승리했다. 재판부는 현대엘리베이터의 이사진이 여러 상황을 면밀하게 검토하지 않은 과실을 저질렀다고 봤다. 또한 현대그룹의 지배구조상 현대상선의 경영권을 지키면 순환출자 구조에 따라 현대글로벌과 현대로지스의 경영권이 보장받게 되므로, 현대상선의 경영권을 지키는 행위는 동시에 지배주주의 그룹 지배권을 지키는 것을 목적으로 이루어진 행동이라고 판단했다. 따라서 회사의 이사들이 소액주주의 이익을 보호해야 하는 의무를 게을리한 책임이 일부 인정된다고 판단해 총 1,700억 원과 이자를 배상하라고 판결했다. 현 회장이 1,500억 원, 대표이사를 포함한 다른 이사들이 200억 원을 부담하는 내용이었다. 즉 TRS 거래가 회사에 손해를 끼치면서 지배주주의 이익을 위한 것이라는 점을 인정한 것이다. 이자까지 포함하면 약 2,500억 원 이상으로 금액이 커진다.

현대그룹 측이 2심 결과에 불복해서 이 사건은 대법원으로 올라가게 됐다. 그 후 3년이 경과한 후인 2023년 대법원도 원심을 확정한 판결을 내렸다.[4] 대법원은 새로운 증거나 증인을 불러다 심문하는 것이 아니라 기존 재판의 결과만 보고 법률 적용이 잘 되었는지 또는 잘못되었는지만을 판단하기 때문에 대부분 1년 정도의 기간 내에 결정이 내려지는데, 본 사건은 예외적으로 오랜 시간이 걸렸다. 최초 소송 제기 시점인 2014년부터 따지면 무려 8년이 걸렸다. TRS 거래가 발생한 시점으로부터 시작하면 16년, TRS 거래를 통해 큰 손해가 발생한 2011년부터

---

[4] 2023년 3월 말, 대법원은 현정은 회장과 이사진에 대한 2심의 판결을 그대로 확정했다. 대법원은 판결문에서 "…이사는 소속 회사 입장에서 여러 사항을 검토하고 필요한 조치를 해야 한다."라면서 "…회사가 부담하는 비용이나 위험을 최소화하도록 조치해야 한다."라고 말했다. 즉 지배주주의 이익을 위해 회사가 손해를 볼 가능성이 높은 계약을 체결한 것은 경영진의 배임 행위라고 판단한 것이다. 이 판결 결과를 앞으로 모든 경영진들이 명심하기 바란다.

는 11년이 걸린 셈이다. 사법부가 좀 더 업무를 제대로 수행해서 이런 중요한 사건들에 대한 판결을 빨리 내려주기를 바란다. 그래야만 해당 기업이나 이해관계자들을 둘러싼 중요한 불확실성이 해소되어 새로운 의사결정을 내릴 수 있기 때문이다.[5]

현대엘리베이터의 사모 콜옵션 전환사채 발행[6]

쉰들러와의 경영권 분쟁이 진행되고 있던 2015년 11월, 현대엘리베이터는 5년 만기 콜옵션 전환사채 2,050억 원어치를 발행한다. 전환사채란 사채의 보유자(즉 채권자)가 원하면 주식으로 전환할 수 있는 사채다. 만약 주가가 상승해서 채권 이자를 받는 것보다 주식을 매각해 더 큰돈을 벌 수 있다면 전환사채의 보유자는 사채를 주식으로 전환할 것이다. 따라서 전환사채는 일반사채보다 투자자 입장에서 유리하다고 볼 수 있으므로, 전환사채의 이자율은 일반사채보다 조금 낮다. 즉 발행사 입장에서는 이자비용을 줄일 수 있다는 장점이 있다. 그런데 콜옵션 전환사채란 콜(call)옵션이 부가된 전환사채를 말한다. 즉 사채를 발행한 회

---

[5] 이런 중요한 사건들의 판단이 몇 년째 지연되는 것을 보면, 판사들이 더 빨리 재판을 끝낼 수 있는 제도나 유인을 마련하는 것이 필요하다고 생각된다. 재판이 지연됨으로써 피해를 보는 사람들에 대한 배려나 법원의 책임은 도외시한 행동이기 때문이다.

[6] 현대엘리베이터의 사모 콜옵션 전환사채 발행과 관련된 보다 자세한 내용과 구체적인 수치, 그리고 자세한 회계처리 절차에 대해서는 다음 논문을 참조하기 바란다.
김영준·조미옥·이수정, '콜옵션 전환사채와 경영권 강화: 현대엘리베이터 사례', 〈회계저널〉, 2022년

사가 콜옵션을 행사하면 채권자가 보유하고 있는 사채를 되사올 수 있다. 이 사채의 발행조건에 따르면 콜옵션은 사채의 발행 후 1년이 지난 시점부터 행사가 가능하다.

대부분의 경우 콜옵션이 부가된 전환사채의 콜옵션은 사채의 발행사가 가지고 있는데, 이때 현대엘리베이터가 발행한 사채의 특징은 옵션의 보유자가 사채의 발행사(즉 현대엘리베이터)뿐만 아니라 사채의 발행사가 지정하는 다른 제3자가 될 수 있다는 점이다. 왜 이 특이한 조건의 사채가 문제가 되는지는 다음 설명을 들어보면 이해할 수 있을 것이다.

사채 발행 후 1년이 지난 2016년 말, 콜옵션의 행사 기한인 1년이 지나자 현대엘리베이터는 콜옵션을 행사해 발행물량의 40%에 해당하는 사채 820억 원어치를 사들인다. 법으로 발행물량의 40%까지만 콜옵션 행사가 가능했기 때문에, 법으로 허용되는 최대 수치를 사들인 것이다. 이런 취득과정에서 약 47억 원의 사채상환손실이 발생했다. 손해를 보면서 사채를 사들였다는 것을 보면 누가 보더라도 정상적인 경영의사 결정이 아닌 것으로 의심이 갈 것이다. 1년 만에 사채를 갚을 만큼 돈을 많이 벌어 자금에 여유가 생긴 것도 아니었기 때문이다.

이렇게 사들인 사채를 소각하는 것이 아니라 계속 보유하고 있으니 이 사채는 자기보유사채가 된다. 매우 드문 경우다.[7] 그런데 사채를 매입한 날 현대엘리베이터는 사채에 부가된 콜옵션을 분리했다. 그리고 이 옵션을 현 회장이 100% 지분을 보유한 개인회사인 현대글로벌에 78억 원을 받고 넘긴다. 이 거래의 결과 현대글로벌이 콜옵션을 행사하면 현대엘리베이터가 보유하고 있는 전환사채를 현대글로벌에게 지급해야 한다.

•• 〈그림 4〉 현대엘리베이터의 콜옵션 전환사채 거래 내역

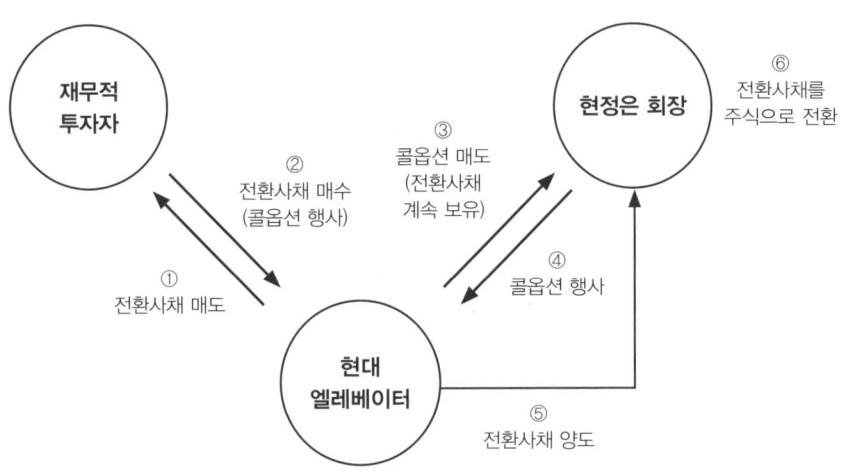

78억 원이라는 거래 가격은 옵션의 가치평가 과정을 걸쳐 결정된 금액일 것이다. 그 금액이 공정한 금액이라고 할지라도 이 거래는 상당한 논란을 불러일으켰다. 이 거래를 통해 현 회장은 콜옵션을 보유하게 됐다. 만약 주가가 상승해 채권을 보유하는 것보다 주식을 보유하는 것이 더 유리하게 된다면 콜옵션을 행사할 것이다. 그러면 현대엘리베이터가 보유하고 있던 자기보유사채를 건네받은 후 이를 현대엘리베이터의 주

---

7 마치 회사가 주식시장에서 거래되는 자사주를 사들여서 보유하고 있는 것('자기주식'이라고 불리는) 과 마찬가지로 자사가 발행한 사채를 사들여 보유하는 것이다. 자사주 취득 이후 보유하는 일이야 종종 일어나지만, 자사 사채 취득 이후 보유하는 것은 자본시장에서 거의 벌어지지 않는 일이다. 사채를 사들였다면 사들인 사채를 조기상환해서 없애(소각해)버리지, 사들인 사채를 자기보유사채로 남겨둘 정상적인 이유가 없기 때문이다. 필자는 이 사례 말고 자기보유사채를 기업이 가지고 있던 경우를 알지 못했다. 이 사건 이후 다른 기업들이 현대엘리베이터의 사례를 따라서 유사한 일을 벌이기 시작했다.

식으로 전환할 것이다. 만약 주가가 충분히 상승하지 않아 채권을 주식으로 전환하면 손해를 보는 수준이라면 굳이 옵션을 행사할 필요가 없다. 그렇다면 현 회장 측은 옵션의 취득 대금 78억 원을 날리게 된다. 즉 현 회장 측은 78억 원의 비용을 일단 부담한 대가로 앞으로 주가가 상승하면 이익을 볼 가능성을 얻은 셈이다. 현 회장이 현대엘리베이터의 지배주주가 아니라면 결코 일어날 일이 없는 이상한 계약이 체결된 것이다. 더군다나 회사는 이를 위해 사채를 되사는 과정에 47억 원의 손실을 입기까지 했다.

이런 거래의 내용이 워낙 복잡하기 때문에, 이를 간단히 〈그림 4〉에 요약해 표시했다. 〈그림 4〉에서 ①에서 ③까지의 사건만 현재까지 설명했으며, ④에서 ⑥까지의 사건에 대한 설명은 앞으로 등장할 것이다.

분리형 신주인수권부사채에 대한 규제

2010년대 초반 일부 기업들이 분리형 신주인수권부사채(Bond with Warrant, BW)를 발행했다. BW란 사채의 보유자(즉 채권 투자자)가 특정 가격에 주식을 인수할 수 있는 권리(즉 신주인수권)가 부가된 사채다. 예를 들어 현재 철수기업의 주가가 6천 원인데 7천 원에 주식을 인수할 수 있는 권리가 부가된 BW를 구매한 투자자라면, 만약 철수기업의 주가가 7천 원 이상으로 상승한다면 신주인수권을 행사해서 주식을 구입하는 게 유리하다. 주가가 8천 원인 시점에 7천 원에 구입한다면 주당 1천 원만큼 이익이기 때문이다. 이런 이유에서 BW는 일반사채보다 채권 투자자들에게 유리한 측면이 있다. 투자자 입장에서는 고정된 이자만 받는 일반사채와는 달리, 최소한 채권 이자만큼의 수익은 보장되면서 주가가 올라가면 추가적인 수익도 기대할 수 있기 때문이다. 따라서 전환사채를 발행한 것과 유사한 효과가 나타나서, 일반사채를 발행할 때보다 약간 낮은 이자를 지급해도 BW를 매수하겠다는 투자자들이 나타난다. 즉 발행사 입장에서는 이자비용을 줄일 수 있다. 투자자나 발행사 입장에서 모두 좋은 점이 있으니 이 상품이 자본시장에서 널리 사용되게 된 것이다.

그런데 분리형 BW란 주식을 인수할 수 있는 권리가 채권과 분리될 수 있다는 의미다. 즉 채권 보유자가 신주인수권을 따로 떼어내어 다른 제3자와 거래할 수 있다는 것이다. 바로 이 점이 큰 논란을 불러일으켰다. 2010년대 초반 일부 기업들이 사모를 통해 분리형 BW를 발행하자 이를 특정 재무적 투자자가 인수한다. 인수 직후 이 재무적 투자자는 신주인수권을 분리해서 이를 지배주주나 지배주주의 특수관계인에게 다시 매각한다. 즉 재무적 투자자는 이 거래를 통해 채권을 보유함으로써 이자수익을 올리는 것 이외에 신주인수권 매각에 따른 매각 대금을 얻게 된다.

그런데 이때 신주인수권을 인수한 지배주주나 특수관계인이 얼마를 벌 수 있을지는 사전적으로 명확하지 않다. 주가가 올라간다면 큰돈을 벌 수도 있겠지만, 만약 주가가 신주인수권 행사 금액만큼 올라가지 않는다면(예로 든 철수기업의 경우 주가가 7천 원에 미달한다면) 신주인수권은 아무 의미가 없기 때문이다. 그런데 지배주주나 지배주주의 특수관계인이 사적인 거래를 통해 이런 옵션(신주인수권)을 사들인다는 것은, 이들이 앞으로 주가가 올라갈 것을 예상하고 있었을 가능성이 높다고 볼 수 있다. 이들은 기업의 상황에 대해 외부 이해관계자들보다 훨씬 많은 정보를 갖고 있기 때문이다.

 더군다나 이 거래가 공개적으로 이루어지는 것이 아니라 몇몇 개인이나 집단 사이에서만 사적으로 이뤄진다고 생각해보자. 분리형 BW의 발행과 신주인수권의 거래 때 거래와 관련된 특정 소수의 개인이나 집단들이 모의한다면 지배주주나 지배주주의 특수관계인들이 부정한 이익을 얻는 것이 가능하다. 즉 앞으로 주가가 상승할 것이라는 내부 정보가 있는 시점에 분리형 BW를 발행하고 신주인수권을 지배주주나 특수관계인이 따로 챙긴다는 의심이 생긴다. 그 후 이들은 주가가 올라가면 신주인수권을 행사한 결과 지분비율을 대폭 확대해 큰돈을 벌 수 있다. 물론 지배주주나 특수관계인이 돈을 버는 대가로 최초에 분리형 BW를 인수했던 재무적 투자자도 혜택을 볼 가능성이 높다. 이런 거래에 동의해준 대가로 정상적인 이자율보다 좀 더 높은 이자를 받을 것이다. 그 결과 이런 거래가 무엇을 의미하는지 알지 못하는 대다수의 소액주주가 피해를 보는 것이다.

악화된 여론과 쉰들러의 소송 제기

분리형 BW의 발행빈도가 늘어나자 이런 우려가 다수 제기되었으며, 실제로 이런 우려가 현실화된 것으로 보이는 경우도 일부 발생했다. 그래서 2013년과 2015년 두 차례에 걸쳐 금융위원회는 상장기업이 분리형 BW를 사모로 발행하는 것을 금지하도록 자본시장법을 개정했다. 즉 사모만 금지하고 공모는 허용한 것이다. 공모에서는 공개적으로 거래가 이루어지고 불특정 다수의 개인이나 집단이 거래에 참가하기 때문에 부정한 방식으로 계약이 체결될 가능성이 낮기 때문이다.[8] 이 개정된 법의 효력이 발효되기 직전에 갑자기 분리형 BW의 발행빈도가 폭발적으로 증가했었는데, 이걸 보면 분리형 BW를 악용하는 사례들이 얼마나 많았었는지를 짐작할 수 있다. 어쨌든 제도 보완의 결과 이런 사례는 최소한 공식적으로는 더 이상 발생하지 않게 됐다.

앞에서 설명한 것처럼 현대엘리베이터가 보유하고 있는 사채의 콜옵션을 현 회장 측에 넘긴 결과, 현 회장은 분리형 BW의 신주인수권을 보유한 것과 동일한 결과를 얻게 됐다. 주식 가격이 올라갈 경우에만 콜옵션을 행사해서 사채를 넘겨받은 후 이 사채를 주식으로 전환해서 이익을 얻을 것이기 때문이다. 사모 분리형 BW의 발행을 금지하자, 좀 복잡하긴 하지만 여러 거래를 통해 사모 분리형 BW를 발행해 신주인수권을 취득한 것과 동일한 결과를 얻은 것이다. 물론 이 콜옵션 전환사채도 당연히 사모로 발행된 것이다. 사채를 인수하기로 한 금융사와 사전에 해당 물량만큼 되사기로 약속을 하고 발행했을 것이다.

이 사모 콜옵션 전환사채 발행 시 현대엘리베이터가 발표한 발행목적은 운영자금 사용을 위한 것이었다. 그렇지만 발행 후 1년이 지난 시

---

8 사모(private offering)란 '사적 모집'의 약자로서 소수의 투자자에게만 사적으로 금융상품을 판매하는 것을 말하며, 공모(public offering)란 '공개 모집'의 약자로서 사모와는 반대로 불특정 다수의 투자자에게 공개적으로 금융상품을 판매하는 것을 말한다.

점에 이 사채를 다시 사들이면서 복잡한 거래를 벌인 목적은 지배주주의 지분비율 추가 확보를 위한 것으로 보였다. 다수의 언론이나 학계에서도 '편법 경영권 강화 목적'이라며 현 회장 측을 강하게 비난했다.

이와 관련해 시민단체인 경제개혁연대는 2018년 5월 이 거래가 "자본시장법이 금지하고 있는 사모 분리형 BW를 우회발행한 것"이라며 금융위원회에 법을 위반한 것인지에 대한 유권해석을 요청한다. 이에 금융위원회는 법을 위반한 것이 아니라고 답했다. 분리형 BW와 이 사례가 실질적으로는 동일한 결과를 가져왔지만, 그렇다고 해도 형식적으로는 상당한 차이가 있다. 따라서 법으로 규정되지 않은 것을 불법이라고 처벌할 수 없다는 것이 금융위원회에서 이런 판단을 내린 이유다. 필자도 이 판단에 동의한다.[9]

이러자 경영권 분쟁을 벌이고 있던 쉰들러는, 전환사채 발행 이전 현대엘리베이터가 실시한 대규모 유상증자나 2015년 전환사채의 발행이 상법에서 규정하고 있는 '신기술의 도입, 재무구조의 개선 등 회사의 경영상 목적'이 아닌 지배주주의 경영권 방어를 위해 이루어졌는데도 금융당국이 유상증자나 전환사채의 발행을 승인했다고 주장했다. 그리고 그 후 필요한 조치를 취하지도 않아 소액주주들이 손해를 입었다고 강조하며 정부를 상대로 투자자-국가 간 분쟁해결절차(Investor-State

---

[9] 아무리 불합리한 일일지라도 법에서 금지하지 않은 일을 마음대로 처벌할 수는 없다. 이 사건 때문에 일부 국회의원들이 소위 '현대엘리베이터 방지법'을 발의하기도 했다. 전환사채에 부가된 옵션의 별도 거래를 금지하는 법안이다. 그러나 이 법안은 국회의 논의를 통과하지 못했다. 필자의 개인적인 견해이기는 하지만, 수많은 옵션이 거래되고 있는데 그중에서 이 옵션만 법으로 거래를 금지한다는 것은 좀 이상한 행동이다.

Dispute Settlement, ISDS)을 제기했다.[10] 쉰들러가 주장한 피해액은 약 3,500억 원이다. 이 절차는 아직까지 진행 중이다.

트럼프-김정은 회담과 현대엘리베이터의 주가 변화

2018년 미국의 도널드 트럼프 대통령과 북한 김정은 국무위원장이 싱가포르에서 회담을 가졌다. 이 회담이 열리기 전부터 앞으로 남북 경제협력이 강화될 것으로 예상되면서, 현대엘리베이터가 남북경제협력의 대표적인 수혜주로 분류되어 주가가 상승하기 시작했다. 금강산 관광과 남북경제협력을 주사업으로 하는 현대아산이 현대엘리베이터의 자회사였기 때문이다. 고 정주영 회장이 금강산 관광사업을 시작했던 역사적 배경과 고 정몽헌 회장이 과거 고 김대중 대통령이 북한을 방문하는 대가로 북한에 비밀리에 송금했던 5,500억 원을 현대그룹이 비자금을 조성해서 제공했던 등의 이유로, 현대그룹은 당시 정권과 긴밀한 관계가 있는 것으로 알려져 있었다.

주가가 상승하자 전환사채 중 현대엘리베이터가 우선매수권을 행사하지 않은 나머지 60%의 전환사채를 보유하고 있던 재무적 투자자들은 전환권을 행사해 채권을 주식으로 전환했다. 정확한 금액은 공개되지 않았지만, 이 전환 때문에 재무적 투자자들은 대략 800억 원 정도의

---

[10] ISDS란 해외투자자가 상대국의 법이나 정책 등에 의해 피해를 입었을 경우 국제중재를 통해 손해배상을 받도록 한 제도다. 세계은행 산하의 국제투자분쟁해결기구가 중재 절차를 관장한다.

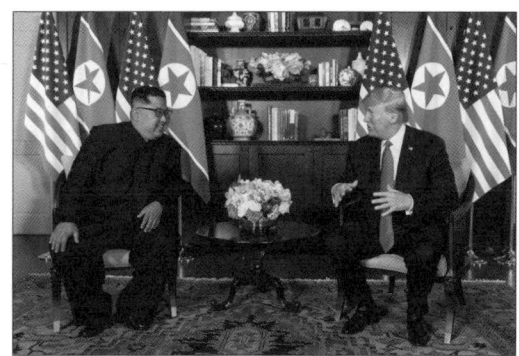

트럼프-김정은 회담의 모습
미국 트럼프 대통령과 북한의 김정은이 회담을 갖자 대북관계가 개선될 것이라는 기대감이 치솟으면서 현대엘리베이터의 주가가 치솟는다. 그럼에도 불구하고 현정은 회장은 주가가 더 올라갈 것이라고 판단했는지 옵션을 행사하지 않았다.
©OFFICIAL WHITE HOUSE PHOTO

추가 이익을 얻은 것으로 보인다. 현대그룹의 은밀한 거래에 협조해준 대가로 얻은 이익인 셈이다.

2018년 동안 재무적 투자자들이 전환권을 행사하는데도 불구하고 현 회장은 콜옵션을 행사하지 않았다. 아마 주가가 더 올라갈 것이라고 판단해서 이런 결정을 내렸을 것이다. 그러다 2019년 들어 제3의 투자자에게 콜옵션 일부를 12억 원에 매각했다.[11] 이 콜옵션을 매수한 투자자는 즉시 옵션을 행사해서 사채를 받아 주식으로 전환했다.

그러나 대북관계 개선은 현 회장이 기대한 것처럼 순탄하게 이루어지지 못했다. 2019년 초 미국과 북한은 서울에서 또 한 차례 회의를 했으나, 북한은 회의 결과에도 불구하고 핵개발을 중단하지 않았고 무력 시위를 반복하면서 한국과 미국에 대해 험한 말을 쏟아내기 시작했다. 한국 정부가 북한에 상당한 규모의 경제원조를 했음에도 불구하고

---

11 아마 현금이 급하게 필요해서 일부 콜옵션을 매각하게 되었을 것이다.

남북관계는 다시 경색됐고, 그 결과 현대엘리베이터의 주가는 2019년 중반부터 하락하기 시작했다. 한때 13만 원 정도까지 올랐던 주가는 2019년 말 거의 반토막이 났다. 2020년 들어 코로나19 사태가 발생하고 경제가 어려워지면서 현대엘리베이터의 주가는 더욱 하락했다.

2015년 11월에 5년 만기로 발행한 사채이기 때문에, 만기가 다가온 2020년에 들어서자 현 회장 측은 옵션을 행사할 방법을 고민하기 시작한 듯하다. 행사를 하지 못한다면 취득가격 78억 원만 날리는 것이기 때문이다. 그렇지만 2020년 초 당시 주가가 많이 떨어져서 채권의 주식 전환가격보다 현재 주가가 낮은 수준이었다. 즉 채권을 주식으로 전환하면 오히려 손해를 보는 것이다. 그러자 현대엘리베이터는 주가 부양을 위해 적극적으로 노력하기 시작했다. 2020년 6월 878억 원 규모의 자사주 소각을 발표했으며, 7월 3일에는 무상증자를 실시했다. 이런 조치의 결과 주가가 상승하기 시작했다. 그 결과 주가가 채권의 전환 가격인 3만 2천 원을 넘어섰다.

현 회장의 옵션 실행과 생각해볼 점들

주가가 상승하자 채권의 만기인 2020년 11월 직전인 8월부터 10월까지 현 회장 측은 세 차례에 걸쳐 47억 원을 받고 일부 옵션을 미국의 자산운용사에게 매각했다.[12] 이 제3자는 즉시 옵션을 행사해서 현대엘리베이터로부터 채권을 넘겨받았다. 그리고 바로 이 채권을 주식으로 전환했다. 나머지 옵션은 현 회장 측이 직접 행사해서 《그림 4》의 ④ 채권을 넘겨받고(〈그림 4〉의 ⑤) 이 채권을 주식으로 전환했다(〈그림 4〉의 ⑥). 이때의 주가는 대략 4만 원 정도였다. 대략 주당 8천 원(=4만 원-3만 2천 원) 정도의 이익을 본 셈이다. 앞에서 설명한 것처럼 이 옵션을 78억 원에 구입했으니 이 거래를 통해 얻은 정확한 순이익 금액은 옵션의 구입비용과 일부 옵션을 매각해서 얻은 이익 59억 원(=12+47)을 모두 고려해야 계산될 수 있다. 주가가 덜 올라서 현 회장이 이 정도만 돈을 번 것이지, 주가가 더 많이 올랐다면 훨씬 더 큰돈을 벌었을 것이다.

결과적으로 2015년 발행됐던 전환사채는 전액 주식으로 전환됐다. 채권이 주식으로 전환된 결과 현 회장 및 특수관계인의 지분비율은 27%, 쉰들러의 지분비율은 16%로 변했다. 채권의 발행 이전 현 회장 측 지분이 26%이고 쉰들러의 지분이 17%여서 9%p 차이가 났던 것과 비교하면, 차이가 11%p로 커진 것이다. 전환의 결과 유통주식 물량이 증가함에 따라 희석화 효과가 나타나 주가는 하락했다.

사채의 발행시점인 2015년부터 사채의 만기시점인 2020년 말까지의 현대엘리베이터 주가변동 추세는 〈그림 5〉를 보면 알 수 있다. 주가변동 추세를 보면 무상증자와 자사주 소각 발표 이후 주가가 급등했다가, 콜옵션 행사 이후 주가가 급락하는 것을 쉽게 알 수 있다. 그 결과 주가는 사채 발행 이전 시점인 2015년 초보다 더 낮아졌다.

결과적으로 이런 복잡한 거래의 결과 현대그룹은 쉰들러와의 경영권

---

12 이때 스스로 옵션을 행사하지 않고 제3자에게 일부 옵션을 매각한 이유는 자금 부족 때문이었을 것이다. 옵션을 행사하면 채권 가격을 지불하고 채권을 받아서 이를 주식으로 전환해야 하는데, 채권 가격을 지불할 돈이 부족했을 것이다. 즉 일부 옵션을 팔아 마련한 현금으로 나머지 옵션을 행사하는 데 필요한 현금을 마련했을 것이라고 추측된다.

〈그림 5〉 2015~2020년 말 사이 현대엘리베이터의 주가 변화 그래프

분쟁을 성공적으로 방어했다. 그럼에도 불구하고 이 사건을 돌아보면 여러 가지 씁쓸한 생각이 머릿속에 떠오른다. 경영권 방어의 과정에서 현대엘리베이터의 지배주주는 경영권을 지킬 수 있어서 좋았겠지만 다른 주주들은 피해를 봤다. 주식 물량이 엄청나게 늘어났으니 주가의 희석 현상이 발생했고, 그 결과 주가가 크게 하락했다. 또한 TRS 거래 때문에 회사 측도 큰 손실을 봤다.

필자는 국내에 지나친 규제가 많다고 생각한다. 하지만 그런데도 이런 일이 벌어지는 것을 보면 지배주주의 무분별한 행동을 억제해서 소액주주의 권한을 보호할 수 있도록 제도를 보완할 필요성이 있음은 분명해 보인다. 경영권 분쟁이 벌어지는 동안, '왜 현대상선의 경영권을 지키는 것이 현대엘리베이터의 주주들에게 도움이 되는지'에 대해 회사가 소액주주들을 설득하는 내용이 담긴 홍보성 언론 보도를 본 기억이 없다. 즉 소액주주들의 동의 없이 일방적으로 회사가 일을 추진한 것으로 보인다. 만약 이 일이 필자가 알지 못하는 다른 측면에서 소액주주들에게도 도움이 되는 일일지라도, 대부분의 사람들이 보기에는 지배주주만을 위한 일처럼 보일 것이다. 적어도 주주들과의 소통이 많이 부족했다고 할 수 있다. 앞으로는 이런 불합리한 일들이 일어나지 않아야 대기업이나 대기업의 지배주주들에 대한 일부 국민의 반감이 점차 사라질 수 있을 것이다. 이런 일 때문에 열심히 일하는 대다수의 기업가나 지배주주가 모두 욕을 먹게 되는 것이 아닌지 안타깝다는 생각이 든다.

회계 속 뒷이야기

미국에서는 회사의 주식 거래 계획의 수립이나 변경 등의 사건이 발생한 시점부터 최소 120일이 경과한 후에만 내부자가 주식 거래를 할 수 있도록 규정하고 있다. 그러나 이 제도를 실행하다 보면 내부자는 거의 주식을 거래할 수 없다. 120일이라는 기간 동안 여러 가지 일이 발생할 수 있기 때문이다. 예를 들면 분기 이익의 발표가 90일마다 이루어지므로, 1분기 재무제표가 발표된 이후 내부자가 주식을 거래하기 위해 90일을 기다렸다고 해도 120일이 지나기 전에 2분기 재무제표가 다시 발표되기 때문이다. 그래서 이 제도는 과잉규제라고 볼 수 있는 측면도 있다.

그래서 이 방법이 아니라 내부자의 주식 거래를 사전에 공시하는 방법이 종종 사용된다. 즉 내부자가 앞으로 주식 거래를 하겠다는 것을 알리는 거래계획서를 관계당국에 제출한 후, 최소 120일 이상을 기다렸다가 거래를 하는 것이다. 여기에서 필자는 간단히 설명하느라 주식만 언급했지만, 실제는 주식연계증권이라고 불리는 주식과 관련된 각종 옵션이 부가된 전환사채나 신주인수권부사채 등도 모두 포함하는 법률이다. 현대엘리베이터 사례를 돌아보면, 이 제도의 도입으로 해결 또는 보완이 가능한 최소 2가지 문제점을 지적할 수 있다.[1] 이에 대해 알아보자.

첫째, 2016년 말 현대엘리베이터는 콜옵션을 행사해 재무적 투자자들이 보유하고 있던 사채를 다시 매수해서 보유하면서 사채에 부가된 콜옵션을 따로 떼어내어 지배주주에게 매각했다. 만약 위에서 언급한 방안이 도입된다면 현대엘리베이터는 이 거래를 하기 6개월 이전인 2016년 중반까지 이런 거래를 하겠다는 것을 관계당국에 신고해야 한다. 그렇다면 그 시점에서 이 거래가 외부에 알려지면서 여러 비난이 쏟아졌을 것이다. 그에 따라 부담을 느낀 회사나 지배주주가 이 거래를 취소했었을 수 있다.

둘째, 2020년 채권의 만기가 다가오자 현대엘리베이터는 주가를 올

---

[1] 한때 자본시장에서 큰 논란이 됐던 신라젠 사건의 경우, 임상 3상 중인 신약후보물질을 보유한 회사가 2016년 상장을 한 후 지배주주와 임원들이 보유 주식을 거의 다 내다 팔아 무려 1,700억 원을 현금화시킨 바 있다. 또한 상장을 통해 마련한 돈으로 임원들이 수백억 원대의 보수를 받았다. 그 직후 임상 3상에 실패했다는 소식이 알려지면서 주가가 폭락하고 상장폐지되면서 17만 명이 넘던 주주들이 약 1조 2천억 원의 손실을 봤다. 그런데 당시 추XX 법무부 장관이 이 사건에 대한 수사를 중지할 것을 종용하다가 검찰이 수사를 계속하자 수사를 담당하던 수사팀을 해체하고 서로 다른 곳으로 인사발령을 내려서 수사가 중단됐다. 이런 이상한 일의 전개 과정과 또 언론에 보도된 정황증거들을 보면, 정권 고위층과 신라젠 경영진이 밀접하게 관련되어 있다는 당시 널리 퍼졌던 소문이 사실인 것처럼 생각된다. 시간이 많이 흐른 결과 이제는 이 사건이 핵심인 주가조작이나 사기 혐의에 대해서는 검찰 조사가 거의 불가능하게 됐다. 관련 자료가 다 삭제되어 증거가 남아있지 않기 때문이다. 재판 결과 신라젠 대표는 증거가 남아있던 회사 경영 시 일부 업무를 잘못 처리했다는 배임 혐의에 대해서만 유죄 판결을 받았다. 어쨌든 이런 제도가 도입된다면, 신라젠의 지배주주나 경영진도 사전에 주식 처분 계획을 발표해야 하므로 함부로 이런 일을 벌이지 못할 것이다.

리기 위한 여러 정책을 실시했다. 6월에는 878억 원 규모의 자사주 소각을 발표했으며 7월 3일에는 무상증자를 실시했다. 이런 조치의 결과 주가가 상승하는 효과가 나타났다. 주가가 채권의 전환가격인 3만 2천 원을 드디어 넘어서서 지배주주가 옵션을 행사하면 이익을 볼 수 있는 상황으로 바뀐 것이다. 그러자 지배주주는 8월부터 10월까지의 기간 동안 옵션을 직접 행사하거나 옵션 중 일부를 자산운용사에게 매각했다. 지배주주와 자산운용사는 채권을 주식으로 전환했기 때문에 유통주식 물량이 증가했고, 그 결과 주가의 희석화 효과가 나타나 주가는 다시 하락했다. 만약 위에서 언급한 방안이 도입된다면, 자사주 소각과 무상증자 실시 전에 지배주주는 옵션을 행사하겠다는 의사를 신고했어야 한다. 그렇다면 투자자들은 자사주 소각과 무상증자의 목적이 무엇인지를 사전에 알 수 있다. 따라서 주가가 올랐다고 해도 그 오른 주가가 지속되지 않을 것임을 사전에 알 수 있기 때문에 부당하게 피해를 볼 염려가 줄어들 것이다. 자사주 소각과 무상증자를 해도 주가가 거의 올라가지 않을 수도 있을 것이다.

이 사건을 보면서 2013년과 2015년 금융위원회가 법률을 개정해서 분리형 신주인수권부 사채의 사모 발행을 금지한 것처럼, '옵션의 분리거래가 가능한 전환사채를 사모로 발행하는 것을 허용하지 말아야 하지 않을까?' 하는 생각이 든다. 교환사채를 이용한 유사한 거래도 발생할 수 있을 것이다.[2] 신주인수권부사채의 사모 발행을 금지하니 옵션의 분리거래가 가능한 전환사채를 사모로 발행하는 일이 나타난 것처럼, 이런 전환사채의 발행을 금지하면 교환사채를 이용한 거래로 옮겨갈 수 있을 것이다. 그러다 보면 교환사채도 마찬가지로 규제해야 할 수 있다.

이런 일의 재발을 막을 방법을 강구하다 보니 자꾸 규제가 늘어나는 악순환이 발생한다. 안타까운 현실이다. 미국에서는 이런 세세한 규제가 존재하지 않는다. 다만 부적절한 행위를 해서 소액주주가 피해를 보거나 내부 정보를 이용한 거래를 했다고 판단될 경우 엄청난 법적 책임을 물게 된다. 사회적으로도 엄청난 피해가 발생한다. 따라서 기업이나 지배주주가 알아서 행동을 조심한다. 우리나라도 이런 제도적 보완이 이루어져서, 소액주주들이 걱정 없이 주식 거래를 마음 편하게 할 수 있는 날이 오기를 바란다. 회사가 개인의 것이 아니라 주주들이 공동으로 소유한 회사라는 것을 명심해야 할 것이다. 또한 경영진들도 지배주주에 대해서만이 아니라 모든 주주에 대해 책임을 지고 있다는 것을 꼭 기억하기 바란다.

● 후기1

필자가 이 글을 발표한 이후인 2023년, 금융위원회는 규정을 개정해 콜옵션을 부여한 메자닌 증권을 발행할 때 콜옵션의 행사한도를 증권

---

2 교환사채는 사채의 발행사가 보유하고 있는 자사주 또는 타사주(자회사나 관계사의 주식인 경우가 대부분이다)와 교환할 수 있는 사채다. 교환사채에 대한 보다 자세한 설명은 『숫자로 경영하라』에 실린 '경영권 분쟁 중에 일어난 교환사채 발행과 투자자의 과민반응_동아제약'을 참조하기 바란다. 사채와 교환권이 분리 가능하므로, 지배주주가 교환권만을 별도로 매수해 보유하다가 주가가 상승하면 교환권을 행사해 주식을 넘겨받을 수 있다. 그 글을 필자가 작성할 당시에는 외부로 공개되지 않았지만, 동아제약의 지배주주도 교환사채에 포함된 교환권만을 별도로 분리한 후 매수해 보유하고 있다가 주식으로 전환한 사례가 있다. 즉 신주인수권부사채뿐만 아니라 전환사채나 교환사채 모두 동일한 일이 발생할 수 있다.

발행 당시의 지분율 한도로 제한하도록 했다. 즉 본고와 같은 사건이 발생하더라도 지배주주가 옵션을 행사해서 지분율을 늘리지 못하도록 한 것이다. 은밀하게 소수의 인사들 사이의 계약을 통해 이루어지는 사모 발행도 막기로 했다. 또한 2024년 말에도 규정을 또 개정해, 회사가 콜옵션 행사자를 지정하거나 콜옵션을 제3자에게 양도한 경우에는 그 내용을 공시하고, 구체적으로 누가 행사자가 되는지를 밝히도록 했다. 은밀하게 콜옵션을 특정인에게 넘기는 것을 막기 위해 이런 규정을 만든 것이다.

● 후기2

이런 거래의 결과 현정은 회장은 경영권을 지킬 수는 있었지만 현대그룹은 여러 행동주의 펀드들의 지배구조 개선 요구의 대상이 되었다. 2023년 열린 재판에서 현 회장이 경영권을 지키고자 회사에 피해를 입혔다는 것이 인정되어, 현 회장은 총 1,700억 원을 회사에 배상하게 됐다. 당연한 결과라고 생각한다. 그 후 현 회장은 책임을 지고 이사직을 사임했다.

● 후기3

2023년 말 현대엘리베이터는 경영권 방어를 위해 사모펀드인 H&Q로부터 3,100억 원 규모의 투자를 받았다. 그러나 이 투자금을 만기까지 상환하지 못하면 지분의 50%와 경영권을 넘겨줘야 한다. 따라서 시간을 번 것일 뿐, 미래가 어떻게 될지는 아직 불확실하다고 보인다. 회사의 경영성과가 개선되어 이런 문제점이 잘 해결되기를 기대한다.

● 후기4

2023년 12월 말 본고에서 언급한 '내부자거래 사전공시제도'를 포함한 자본시장법 일부 개정안이 국회를 통과했다. 이 법안은 2024년 가을부터 시행되었다. 이 법안의 도입을 둘러싸고 일부에서는 불필요한 규제라면서 반대한다고 목소리를 높이기도 했다. 재산권 행사에 타격을 받는다는 주장이다. 그렇지만 이 제도는 본문에서 언급한 것처럼 선진 외국에서는 이미 실시하고 있는 제도다. 또한 본고에서 언급한 현대그룹이나 신라젠 사례처럼, 일부 지배주주들이 부도덕한 행위를 해서 투자자들에게 큰 피해를 입히는 일이 반복적으로 발생했기 때문에 이런 제도가 도입된 것이다. 제도 도입 결과 이런 부도덕한 일을 벌이지 않는 다른 지배주주 입장에서는 규정을 따라 주식을 매매해야 하는 번거로운 일이 생겼다. 규제가 자꾸 늘어나는 것은 안타깝지만, 이런 규제가 생길 만한 충분한 이유가 있는 것이다.

주주총회 때 의결권을 잠깐 빌려서 행사할까?

사조산업의 지배주주 일가는 소액주주가 추천한 인사가 감사위원으로 선임되는 것을 막기 위해 사조산업의 지분을 보유하지 않은 계열사들에게 3%가 넘는 지분을 보유한 지분을 넘겼다. 감사위원 선정 시 1인의 투표권이 최대 3%까지만 의결권을 행사하도록 제한하는 상법 개정안을 만족시키는 동시에 감사위원 선임 시 투표권을 행사할 수 있는 주식수를 늘리기 위함이다. 상법 개정안이 입법 취지와는 달리 손쉽게 우회할 수 있다는 점을 보여준다. 이외에도 의결권을 사고파는 총수익스왑 거래를 통해 경영권 분쟁 시 자신의 지분을 초과하는 의결권을 확보하는 황당한 사례도 발생했다. 이런 문제는 소액주주들이 공론화에 나서면서 사외이사들이 제 역할을 하는 등의 방법을 통해 방지해야 할 것이다.

MANAGING BY NUMBERS

2015년 삼성물산과 제일모직의 합병이 있었다. 이때 삼성물산의 주식 중 7.12%를 취득하고 합병 반대를 주도했던 엘리엇 펀드가 보유한 지분 중 일부를 총수익스왑(Total Return Swap, TRS) 거래를 통해 확보한 것이 사후에 알려졌다. 메릴린치 등 다른 외국계 금융사로 하여금 보유 기간 동안 주가변동으로 인해 발생한 수익이나 손실을 보전해주는 차액결제 계약을 맺고 이들이 삼성물산의 주식을 취득하도록 한 후, 나중에 이 주식을 해당 금융사로부터 구입한 것이다. 금융당국이 공시에 대한 규정 위반으로 이 사건을 검찰에 고발했지만 검찰은 증거불충분으로 수사를 종결했다.[1]

그런데 여기서 금융당국이 엘리엇을 고발한 이유는 TRS 거래가 불법

---

[1] 삼성물산과 제일모직의 합병과 엘리엇 TRS 거래에 대한 보다 자세한 내용은 『숫자로 경영하라 5』에 실린 '합병을 원한다면 소액주주의 마음을 얻어라'라는 글을 참조하기 바란다.

이라는 점이 아니다. TRS 거래를 통해 주식을 확보한 것을 공시하지 않았다는 점을 문제 삼은 것이다. 2015년 5월 5일 삼성이 합병계획을 발표하자 6월 2일 엘리엇은 공시를 통해 삼성물산 지분 4.95%를 보유한 주주로서 합병에 반대한다는 견해를 밝혔다. 그런데 고작 이틀이 지난 6월 4일 지분이 7.12%로 늘어났다고 공시한다. 즉 이틀 만에 2.16%의 지분이 늘어났다는 것인데, 당시 거래량을 보면 이틀간 거래되는 주식 물량을 엘리엇이 다 매수해도 불가능한 일이었다. 따라서 사전에 TRS 계약을 몇몇 금융사와 맺어 주식을 매수하게 한 후, 6월 3일이나 4일에 이 지분을 엘리엇이 인수한 것으로 보였다. 금융당국은 이 거래가 공시에 대한 규정을 피하기 위해 고의적으로 행해진 것으로 봤다. 자본시장법상 5% 이상의 상장사 지분을 보유했거나 보유 이후 1% 이상의 지분 변동이 있는 주주는 5일 안에 보유현황을 의무적으로 공시해야 한다. 엘리엇이 삼성물산의 지분을 많이 보유한 것을 삼성 측에서 사전에 알았다면 더 많은 사전준비를 했을 것이다. 따라서 주식 보유 여부를 외부에 숨기기 위해 TRS 거래를 행한 것으로 본 것이다.

당시 이 사건에 대해 논의하기 위해 열린 금융위원회 회의에 출석한 엘리엇의 변호인은 TRS 계약을 통해 금융사가 주식을 매수한 것은 엘리엇이 주식을 매수한 것이 아니므로 공시 의무가 없다고 주장했다. 그러나 금융당국은 이런 반론에 동의하지 않았다. 또한 필자는 『숫자로 경영하라 5』에 실린 '합병을 원한다면 소액주주의 마음을 얻어라'라는 글에서, 당시 밝혀진 2.16% 이외에도 이보다 훨씬 많은 거의 두 자리 숫자의 퍼센티지에 이르는 주식을 엘리엇이 TRS 거래를 통해 잠깐만 확보해 삼성물산과 제일모직의 합병을 결정하는 주주총회 때 의결권을

엘리엇 로고
2015년 삼성물산과 제일모직이 합병할 때 삼성물산 지분을 일부 보유한 헤지펀드 엘리엇은, TRS 거래를 통해 확보한 다수의 의결권을 이용해 주주총회에 참석한 것으로 판단된다.

행사했을 가능성이 높다는 점도 설명한 바 있다. 실제로는 주식을 사지 않고 다른 외국인 투자자들이 가진 주식에 대해 수수료를 주고 잠깐 의결권만 빌려서 주주총회에 참가했던 것이다. 물론 주주총회에서 합병에 대한 찬반투표가 벌어진 것은 금융위원회가 문제 삼은 주식 취득시점보다는 더 후의 일이다.

불법이라는 판단을 내린 금융위원회가 2016년 2월 공시의무 위반 혐의로 엘리엇을 검찰에 고발했지만, 검찰은 4년이 지난 2020년 5월 불기소 결정을 내렸다. 의결권 거래가 해외에서 벌어진 일이고 증거가 국내에 없으므로 수사를 하기 힘들다는 것이 검찰이 밝힌 이유다. 언론 보도에 따르면, 검찰에서 외국 회사의 관련자들에게 출석을 요구하는 서한을 보냈으나 아무도 입국을 하지 않았다고 한다. 그래서 더 이상 수사를 할 수 없었다는 설명이다. 그러나 일부에서는 삼성물산과 제일모직의 합병 시 제일모직의 대주주인 이재용 회장에게 유리하도록 주가가 조작되었다면서 삼성과 이재용 회장을 기소한 검찰이, 엘리엇에게 불리하게 작용할 수 있는 이 사건에 대해 조사를 열심히 할 이유가 없다는 점을 지적하기도 한다.

어쨌든 자세히 조사를 진행해 처벌한다고 하더라도 공시 위반 행위에 대한 처벌 강도는 크지 않다. 형사처벌은 없으며 당시 규정은 벌금의 최대한도도 시가총액의 10만분의 1이었다. 그러니 벌금이 수백만 원 정도밖에 안 될 것이므로, 엘리엇 같은 거대 펀드의 입장에서 보면 형식적인 처벌일 뿐이다. 다만 엘리엇이 삼성그룹이 부도덕한 방법으로 합병했다고 주장하는 여론전을 하면서 마치 '삼성물산 소액주주를 위해 싸우는 정의의 사도' 같은 이미지를 형성하고 있었다는 점을 떠올리기 바란다. 이 사건은 엘리엇이 돈을 벌기 위해서라면 법도 손쉽게 어길 수 있다는 사실, 즉 엘리엇의 실체를 보여주는 사례일 뿐이다.

TRS 거래의 일반적인 구조

앞에서 엘리엇이 TRS 거래를 했다고 설명한 바 있다. TRS 거래에 대해 익숙하지 않은 경우가 많은 만큼 TRS 거래의 일반적인 구조를 우선 소개한다. 2014년 롯데그룹은 KT렌탈을 인수해 롯데렌탈로 사명을 바꾼다. 총인수대금은 약 1조 200억 원인데 인수대금 중 약 50%는 롯데그룹의 5개 계열사가 공동으로 지분을 매입했다. 계열사 중에서는 약 20%의 주식을 취득한 롯데호텔이 가장 많은 자금을 제공했다. 나머지 지분 중 약 20%는 대우증권(현 미래에셋)이 설립한 사모펀드가 롯데렌탈의 미래 성장가능성을 고려해 매입했다. 잔여지분 약 30%에 대해서는 롯데그룹이 여러 재무적 투자자(금융사들이 만든 특수목적법인(페이퍼컴퍼니)들)와 TRS 계약을 맺었다.[2]

이 계약에 따라 재무적 투자자들은 각자의 자금으로 KT렌탈 주식을 취득했다. 이 계약의 대가로 롯데그룹은 매년 기초자산 매입대금의 2.78%를 재무적 투자자들에게 지급한다. 일종의 이자비용을 지불하는 셈이지만 회계적으로는 이자비용이 아니라 수수료로 기록됐다. 즉 롯데그룹은 30%에 해당하는 주식이 회계적으로 볼 때 롯데가 취득한 것이 아니라고 판단해 롯데의 자산으로 포함시키지 않은 것이다.[3] 2.78%의 수수료를 받은 대가로 재무적 투자자들은 보유한 주식의 의결권과 주가변동에 따른 차액을 롯데그룹에게 양도한다. 즉 주가변동으로부터 발생하는 수익이나 위험을 모두 롯데그룹이 부담하는 것이다. 이를 흔히 차액결제라고 부른다.

즉 주식의 보유를 통해 발생하는 보상의 전부(의결권+주가변동+배당금)가 아니라 일부(의결권+주가변동)만 롯데그룹에게 양도되는 것이다. 계약기간은 5년(2015년 5월~2020년 6월)이다. 계약기간이 종료하면 롯데그룹이 우선매수권을 갖는다. 이런 내용은 〈그림 1〉에 요약되어 있다. 〈그림 1〉에 등장하는 트리플에스가 재무적 투자자들이 설립한 페이퍼컴퍼니다.[4]

이 거래에서 재무적 투자자들은 거의 고정된 손익(2.78% + 배당금)을 올리는 반면, 호텔롯데는 주가변동에 따른 변동 손익을 얻는다. 두

---

[2] 이 사례는 『숫자로 경영하라 5』에 실린 '롯데그룹의 총수익스왑 거래를 이용한 KT렌탈 인수'라는 글에 보다 자세히 소개되었다. TRS에 대한 다른 사용 예도 이 글을 참조하기 바란다.

[3] 그러나 다른 측면에서 생각해보면 이 주식을 롯데가 재무적 투자자들로부터 돈을 빌려서 취득한 것으로 볼 수도 있다. 따라서 롯데의 자산(주식)과 부채(차입금)로 동시에 기록해야 한다고 볼 수도 있다. 필자는 앞에서 소개한 『숫자로 경영하라 5』에 실린 '롯데그룹의 총손익스왑 거래를 이용한 KT렌탈 인수'라는 글에서 이 주제에 대한 자세한 설명을 한 바 있다. 이 지분을 어떻게 회계처리해야 할지 상당한 논란이 존재한다.

•• 〈그림 1〉 호텔롯데 TRS 거래의 구조

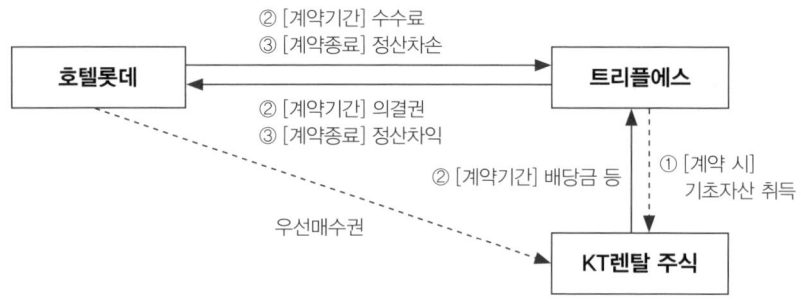

계약 당사자가 고정 손익과 변동 손익을 서로 교환하므로 Total(총) Return(손익) Swap(교환)이라고 부르는 것이다. 그런데 이 거래는 TRS 거래의 특수한 예이다. 『숫자로 경영하라 5』에 실린 글에 소개된 많은 TRS 사례 중 계약을 통해 의결권이 거래된 사례는 롯데그룹의 이 사례가 유일했다. 의결권 거래가 TRS 계약에 포함되지 않았다면 이 거래가 논란거리가 될 여지가 거의 없다. 그리고 롯데그룹은 2020년 이후 만기가 돌아온 이 TRS 계약에 정해진 대로 우선매수권을 행사해 재무적 투자자들이 보유하던 롯데렌탈의 주식을 취득했다. 이후 2021년 롯데렌탈의 상장시점에 이 주식을 일부 매각해 투자금을 회수한다.[5]

엘리엇도 호텔롯데의 TRS 거래와 비슷한 계약을 다른 금융사들과 맺

---

4 앞에서 호텔롯데 외에도 4개의 롯데그룹 계열사가 KT렌탈 주식 인수를 위해 TRS를 사용했다고 설명했다. 호텔롯데가 재무적 투자자들과 TRS 거래를 하기 위해 만든 페이퍼컴퍼니가 트리플에스다. 다른 계열사들은 다른 재무적 투자자들과 계약을 맺고 트리플에스가 아닌 다른 페이퍼컴퍼니를 만들어 TRS 거래를 했다.

어 삼성물산의 주식 2.16%를 확보한 후 6월 3일이나 4일에 이 주식을 넘겨받았다. 또한 이보다 월등히 많은 수의 주식은 주식을 넘겨받지도 않고 주주명부기준일(주주총회에서 투표에 참여할 수 있는 주주가 누구인지를 결정하는 기준이 되는 날) 전후 잠깐 동안의 의결권만을 빌렸던 것으로 추측된다.

맥쿼리인프라펀드를 둘러싼 대결

엘리엇의 공시위반 혐의에 대해 검찰의 불기소 결정이 내려지자 많은 기업 관계자는 우려를 표했다. 앞으로 외국의 헤지펀드들이 TRS 거래를 이용해 큰돈을 들이지 않고도 의결권을 다수 확보할 수 있을 것이고, 이런 방식으로 국내 기업들의 경영권을 공격하는 일이 자주 벌어질 것이라는 주장이었다. 주주총회에 참가해 투표를 할 수 있도록 며칠 동안만 의결권을 확보하면 되므로, 주식을 직접 사는 것에 비해 수천분의 1에 불과한 돈만 있더라도 의결권을 확보할 수 있기 때문이다. 따라서 경영권 공격이 보다 빈번하게 발생할 것이고, 그렇다면 한국 기업의 주권을 해외에 뺏길 수도 있다는 주장이다.

이런 우려가 실제로 현실화될 수 있을 것이다. 그런데 이런 우려와는

---

5 롯데그룹은 이 거래를 통해 결과적으로 손해를 보았다. 2014년 주당 10만 원대 초반에 TRS 거래를 통해 주식인수를 했는데, 상장시점인 2021년에는 한국 주식시장의 전반적인 침체뿐만 아니라 롯데그룹 계열사들의 전체적인 부진 속에서 롯데렌탈 주식의 공모가가 5만 9천 원에 불과했기 때문이다. 상장 후 주가는 공모가보다 더 하락했다.

조금 달리, 해외 헤지펀드가 아니라 국내 기업들이 TRS 거래를 이용해 의결권을 확보하고 주주총회 때 이용하는 사례가 그 후 두 차례 일어났다. 그 사례를 소개한다.

첫 번째 사례는 맥쿼리인프라펀드의 경영권을 둘러싸고 벌어진 표대결 사건이다. 맥쿼리자산운용은 사회간접자본에 대한 투자를 주로 하는 호주계 회사다. 이 회사가 한국에 진출해 만든 펀드가 맥쿼리인프라펀드다. 이 펀드는 투자자들로부터 투자금을 모은 후, 주로 도로, 교량, 터널, 항만 등의 사회간접자본에 투자한다. 인천국제공항 고속도로나 용인-서울 고속도로, 우면산터널, 인천대교, 부산항 신항 등이 맥쿼리인프라펀드가 투자한 사회간접시설들이다. 예를 들어 인천국제공항 고속도로의 경우 인천공항 건설 당시 정부가 돈이 충분했다면 직접 도로를 건설했을 것이지만, 돈이 부족했으므로 민간 자금인 맥쿼리인프라펀드의 돈을 유치해서 고속도로를 건설했다. 펀드는 고속도로 이용자들로부터 이용료를 받아 생긴 이익금을 펀드의 투자자들에게 투자의 대가로 분배한다.

언론에 보도된 내용을 보면, 맥쿼리인프라펀드가 국내에 설립된 후의 평균 수익률은 9.4%로서, 동 기간 국내 주식시장의 평균 수익률 6%보다 월등히 높았다. 국내 상장기업 중 대표적인 고배당주로 알려져 있다. 맥쿼리인프라펀드의 주주 비중은 국내 기관 48%, 국내 개인 31%, 외국인 20% 정도다. 따라서 이익금의 대다수는 국내에 남는다. 맥쿼리가 투자하는 것을 보고 배워서 지금은 사회간접자본에 투자하는 다수의 토종 펀드나 기업들이 생겼다. 그러나 국내에 그런 개념이 전혀 없었던 2002년에 맥쿼리가 국내에서 사업을 시작해서 여러 좋은 투자물을 선점했으므로, 지금도 이런 펀드나 기업 중 맥쿼리가 보유하고 있는 자산들이 가장 수익성이 높은 자산들로 평가된다.

그런데 2018년 들어 국내 신생 자산운용사인 플랫폼파트너스가 맥쿼리인프라펀드의 지분 3.17%를 확보한 후 표 대결을 선언했다. 펀드의 운용사인 맥쿼리자산운용이 받는 운용보수 연 1.25%가 지나치게 높으므로, 운용을 국내 운용사인 코람코자산운용에 맡기겠다는 것이다. 그렇게 하면 운용보수를 0.2% 정도로 대폭 내릴 수 있으므로 주주들에게 더 이익이 된다는 주장이었다. 그런데 플랫폼파트너스가 약 8%의 지분을 TRS 거래를 통해 빌려 주주총회에 참석해서 의결권을 행사할 것으로 알려졌다. TRS 거래를 위해 총 6개의 회사가 동원됐는데, 그 중 가장 많은 TRS 거래를 수행한 곳은 부국증권이었다. 부국증권은 약 560만 주(시가총액 500억 원 정도)의 의결권을 하루 빌리는 데 약 400만 원을 쓴 것으로 알려졌다. 증권사 계좌를 이용해 주식투자를 하는 대다수 소액주주의 경우, 증권사에 계좌를 만들 때 대차거래 요구가 있으면 정해진 수수료를 받고 주식을 빌려주겠다는 사전 선택을 한 경우가 대부분이다. 그러므로 증권사들은 개인이 소유한 주식들을 상당히 자유롭게 대차거래에 동원할 수 있다. 맥쿼리펀드의 최대주주인 영국계 뉴튼인베스트먼트가 가진 지분 비율이 8.2%이므로, 플랫폼파트너스가 보유한 3.17%의 주식 이외에 추가적으로 TRS 거래를 통해 확보한 것으로 보도된 8%의 의결권까지 더한다면 11%가 되니 플랫폼파트너스가 1대 주주에 올라서는 셈이다.[6] 즉 불과 400만 원을 써서 500억 원을 쓴 것과 동일한 효과를 얻은 것이다.

법원이 TRS 거래를 인정한 판단 이유

이런 일이 사전에 알려지자 맥쿼리자산운용이 법원에 TRS 거래를 통해 확보한 의결권 행사 금지를 해달라며 가처분 신청을 냈다. 그러나 법원은 이를 받아들이지 않았다. 이런 일이 발생하는 동안 맥쿼리 쪽에서는 수수료율을 일부 인하하겠다는 당근책을 제시하면서 주주들을 설득하기 시작했다. 그 결과 2018년 9월 9일 열린 주주총회에서 69 대 31로 맥쿼리 측에서 승리하면서 싸움은 종료됐다. 그렇지만 맥쿼리자산운용이 수수료율을 일부 낮췄기 때문에, 일반 주주들 입장에서 보면 주주가치 제고라는 효과를 달성한 것으로 판단된다. 31%라는 상당한 숫자의 주주들이 플랫폼파트너스의 의견에 동의한 것을 보면, 이 기회를 계기로 맥쿼리가 받는 수수료율이 좀 높다는 공감대가 형성된 것으로 보인다.

법원이 맥쿼리의 주장을 기각한 근거는 다음과 같다. 법원은 "상법, 자본시장법에서는 주식의 대차 계약과 이를 통해 취득한 주식에 대한 의결권 행사를 금지하지 않고 있다"며, "오히려 자본시장법 제326조 제2항에서는 증권 대차 업무를 증권금융회사가 영위할 수 있는 업무 중 하나로 규정하고" 있다는 것이다. 또한 "의결권도 주식으로부터 파생되는 권리로서 주식이 지니는 재산적 가치 중 일부"라며, "어떠한 방식으로 어떻게 행사할지는 기본적으로 주주의 자유"라고 말했다. 이런 판결

---

6 플랫폼파트너스는 8% 중 일부만 자신들이 한 일이라는 것을 시인했다. 그러나 그렇다면 왜 다른 몇몇 금융사가 갑자기 주식을 보유한 주주들로부터 의결권을 빌리기 시작했는지에 대해서는 설명하지 않았다. 해당 금융사들도 그 이유를 설명한 적은 없다.

내용을 요약하면, 의결권을 빌려서 행사하는 것을 막을 수 없으며 주식의 의결권을 빌려주는 것은 개별 주주의 자유라는 것이다. 앞에서 소개한 엘리엇 펀드의 TRS 거래에 대해서 금융위원회가 공시를 안 한 것만 문제 삼았을 뿐 TRS 거래 자체를 문제 삼지 않았던 것도 같은 맥락으로 이해할 수 있다.

이 판결 이유가 어떻게 보면 상식적인 것이라고도 할 수 있지만, 국내에서 일부 법학자들과 정치인들이 주장하는 내용과는 상당히 다른 내용이다. 필자는 앞에서 소개한 '롯데그룹의 총수익스왑 거래를 이용한 KT렌탈 인수'라는 글에서 이들의 주장을 간단히 소개했다. 이들은 '1주 1표' 정신에 입각해 의결권 거래 자체와 '1주 1표'에 위반되는 다른 제도(예를 들면 복수의결권 주식)의 도입을 전면 금지해야 한다고 주장한다. 하지만 이런 주장에 대한 반론도 많다. 필자의 개인적인 견해일 수도 있겠지만, 다른 나라에서는 금지되지 않은 거래를 국내에서만 금지한다는 것이 글로벌 스탠더드와 맞지도 않으며 불필요한 규제로 보일 수 있다. 또한 '1주 1표'에 맞지 않게 특정 상황에 해당하는 경우 의결권에 제한을 주는 제도들이 이미 국내에 여럿 존재하고 있는데, 이 경우에만 '1주 1표'라는 존재하지도 않는 원칙이 있다면서 이를 고수해야 한다는 주장은 설득력이 높지도 않다.

그렇지만 TRS 거래가 일부 주주가 소액 자금만을 사용해 의결권 다수를 확보함으로써, 그 결과 다수 주주의 이익에 어긋나는 결정이 주주총회에서 내려질 수도 있다는 문제점이 있다는 것은 분명하다. 법원도 이 TRS 거래의 문제점을 알고 있었다. 판결 결과에 영향을 미치는 것은 아니지만, 법원은 판결문에서 "의결권을 획득할 목적으로 이뤄지는 대

부산 신항만
맥쿼리인프라펀드는 도로, 교량, 터널, 항만 등의 사회간접자본에 투자하는 펀드다. 이 펀드의 운영을 둘러싸고 표 대결이 벌어졌을 때 TRS 거래를 이용해 의결권을 확보한 사례가 발생했다.
ⓒ 부산항만공사

차거래에서 차입자는 소액의 수수료만 부담하고 대여주식에 대한 의결권을 행사하는" 문제점이 있어, "이로 인해 주주들의 의사결정이 왜곡되고 회사 전체의 이익에 부합하지 않게 의결권이 행사될 우려가 있다는 점에서 이를 최소화하기 위한 규제 필요성을 부인하기는 어려워 보인다"고 언급했다. 즉 법이 없어서 금지를 할 수 없지만 앞으로 법을 개정해서 의결권의 대차거래를 막아야 한다는 견해다.

맥쿼리가 표 대결에서 승리한 이유는?

그런데 주주총회에서 수수료율을 10분의 1 정도까지 낮출 수 있다는 플랫폼파트너스의 주장에도 불구하고 맥쿼리 측이 승리한 이유는 뭘까? 10분의 1까지 낮출 수 있다는 이야기는 상당히 과장된 것으로 보이지만, 어쨌든 당시 정황을 보면 맥쿼리의 수수료율이 높았던 것은 사실이기 때문이다. 어느 언론도 속 시원하게 그 이유를 밝히지는 않았다. 플랫폼파트너스의 공격에 대해 맥쿼리 측은 수익률 비교 대상으로 선정된 펀드군의 선정이 잘못됐다고만 언급할 뿐, 언론을 통해 왜 자신들이 계속해서 펀드를 운영해야 하는지에 대한 이유를 정확하게 밝힌 적이 없다. 보통 경영권 분쟁이 발생하면 분쟁 당사자들은 주주나 여론의 지지를 얻기 위해 자신들의 입장을 적극적으로 홍보하는데, 이 경우 맥쿼리는 오히려 더 몸을 낮추는 이상한 태도를 보인 것이다.

이처럼 드러내놓고 이야기하기 두려워 쉬쉬하지만, 그 배경에는 정치적인 이유가 있던 것으로 보인다. 맥쿼리 펀드가 소유하고 있는 사회간접시설들을 선거 때만 되면 이슈가 된다. "○○를 국유화해서 시민들이 무료로 자유롭게 이용하도록 하겠다"거나 "시민의 품으로 돌려주겠다"는 내용은 정치인들이 수시로 꺼내는 이야기다. 실제로 2021년 국민연금이 운영권을 보유한 경기도 소재 모 교량을 해당 지방자치단체의 수장이 선거를 얼마 앞두고 강제로 수용해 무료화한다고 발표했던 일이 있었다. 그럼에도 불구하고 국민연금은 반대한다는 소리 자체를 크게 하지 못했다. 권력을 가진 정치인들의 비위에 거슬렸다가는 더 큰 피해를 입을 수 있기 때문일 것이다. 이 정치인은 해당 시설의 가치를 평가해 사후적으로 보상해주겠다고 발표했지만 아무도 그 말을 믿지 않았다. 법원에서 판결을 내려 지방자치단체의 이 행위를 사후적으로 막았지만, 이 정치인은 시민들을 위하는 정책을 펼치는 올바른 정치인이라는 이미지를 얻을 수 있었을 것이다. 무료화의 영향을 직접 받는 해당 교량을 사용하던 소수의 시민은 좋은 정책이라고 기뻐하고 그 정치인을 적극 지지할 것이다. 하지만 그 때문에 국민연금이 입게 되는 손해는 국민연금의 수혜자인 전체 국민들 입장에서는 너무 먼 간접적인 것이기 때문에 대부분 관심이 없다.

앞에서 언급한 2021년 사건이 벌어지기 전인 2018년 맥쿼리인프라펀드를 둘러싼 갈등이 일어났다. 그런데 맥쿼리는 표 대결에서 외국 투자자와 국내 기관투자자들 대다수의 지지를 받았다. 이에 반해 국내 개인투자자들은 대부분 플랫폼파트너스를 지지한 것으로 알려졌다. 즉 개인투자자들은 수수료율을 매우 중요하게 생각한 것이다. 그렇다면 외국 투자자들과 국내 기관투자자들의 대다수가 운용보수를 더 낮출 수 있음에도 불구하고 맥쿼리자산운용을 선택한 결정적인 이유는 무엇일까?

　필자의 개인적인 견해이긴 하지만, 그 이유는 앞에서 언급한 2021년 사건 같은 일이 일어나는 것을 막을 수 있는 힘이 맥쿼리에 있기 때문이다. 맥쿼리는 호주에 본사를 둔 회사다. 만약 맥쿼리가 운용하고 있는 고속도로나 터널을 지방자치단체나 국가가 강제로 수용해버린다면 국제적인 분쟁이 벌어지게 된다. 따라서 외교관계를 고려하면 맥쿼리 보유 자산을 강제로 뺏어버릴 수 없다. 또한 외교관계를 무시하고 강제로 수용한다고 해도, 이 사건이 국제사법재판소에 올라가면 한국이 패소할 것이 명백하다. 2021년 사건의 경우도 외국 회사가 아니라 국민연금이 해당 교량을 보유하고 있었기 때문에 그 정치인이 강제로 수용하겠다는 주장을 했었을 것이다. 맥쿼리는 국내 정치인들을 화나게 할 수 있으므로 이런 가능성을 드러내놓고 이야기하지 못했을 것이다. 따라서 기관투자자들과 해외 투자자들을 개별적으로 만나 은밀히 설명했고, 그런 강제수용의 가능성을 막는 것이 수수료를 약간 아끼는 것보다 더 중요하다고 이 투자자들이 판단했던 것으로 추측된다. 선진국에서는 거의 나타나지 않을 설득의 이유다. 이런 내용들을 생각해보면 합리성과 법적 계약이나 약속보다는 정치나 표 계산이 더 우선시되는 국내의 현실이 안타깝기만 하다. 어쨌든 2021년에 실제로 이런 우려가 현실화되는 것(정치인이 교량을 국유화하겠다고 선언하는 것)을 투자자들이 목격했으므로, 앞으로 상당 기간 동안은 맥쿼리를 교체하자는 이야기가 나오지 않을 것이다.

사조산업을 둘러싼 대주주와 소액주주들의 갈등

2020년 말 감사위원회 위원이 되는 사외이사 1인을 선임할 때는 주주들이 가진 지분 수에 관계없이 주주당 최대 3%까지만 의결권을 행사하도록 제한하는 상법 개정안이 실행됐다. 즉 A라는 주주가 25%라는 지분을 보유하고 있더라도, 감사위원회 위원이 되는 사외이사 1인을 주주총회에서 선임할 때는 3%의 의결권밖에 행사하지 못하게 된 것이다.[7] 지배주주가 소액주주들의 이익을 무시하고 자신만의 사적 효익을 추구하는 행동을 막고자, 소액주주들이 사외이사 중 1인만이라도 임명할 가능성을 높이기 위해 이 제도를 마련한 것이다. 소액주주가 임명한 사외이사가 있다면 지배주주가 마음대로 이상한 행동을 하는 것을 막거나 알아내어 외부에 알릴 수 있기 때문이다.

2021년 들어 주식의 의결권을 거래하는 일이 또 발생했다. 이번에는 사조산업을 둘러싸고 주주들 사이에 갈등이 발생했던 때다. 2021년 초 사조그룹은 상장사인 사조산업이 보유하고 있는 골프장인 캐슬렉스 서

---

[7] 앞에서 필자는 국내에서 '1주 1표'라는 철학이 적용되지 않는 여러 제도가 국내에 존재한다고 언급했다. 그런 예 중의 하나가 바로 이 '의결권 3% 제한' 규정이다.

캐슬렉스 제주 골프장
캐슬렉스 제주 골프장을 서울에 합병하는 문제를 둘러싸고 소액주주들의 반발이 발생한다. 그러자 사조그룹 지배주주는 TRS를 포함한 여러 편법적인 거래를 이용해 주주총회에서 벌어진 표 대결에서 승리를 거둔다.
© 캐슬렉스제주

울과 별도의 독립회사인 캐슬렉스 제주의 합병계획을 발표했다. 이 계획은 사조산업 소액주주들의 거센 반발에 직면했다. 상대적으로 부실한 적자 회사인 캐슬렉스 제주를 서울과 합병해서, 제주의 부실을 서울로 떠넘기려 한다는 판단에서다. 캐슬렉스 제주는 사조산업의 자회사가 아니라 주진우 사조그룹 회장의 아들이 지배하고 있는 개인회사이기 때문에, 아들에게 경영권을 승계하기 위해 아들이 유리하도록 두 회사를 불합리한 비율로 합병하려고 한다는 비판도 제기됐다. 이런 내용들이 대대적으로 언론에 보도되어 사조그룹에게 불리한 여론이 형성되면서 소액주주들이 소송을 걸 움직임을 보이자 회사 측은 합병계획을 철회한다.

그 후 소액주주들은 소액주주연대를 결성하고 주 회장에 대한 보다 직접적인 싸움에 나선다. 소위 '오너 리스크' 때문에 사조산업의 주가가 낮아 소액주주들이 피해를 보고 있으므로, 임시주주총회를 열어 소액주주를 무시하는 경영을 하는 주 회장을 해임하고 앞으로 경영을 감시할 수 있도록 감사위원회 위원 1인을 선임하겠다는 두 계획을 발표한 것이다. 사조산업의 지분 중 주 회장 및 기타 특수관계인들이 보유하고 있는 지분이 56%라서, 주 회장을 해임하겠다는 첫 번째 안건에 대해 다른 모든 주주가 동의하더라도 표 대결에서 통과될 가능성이 없었다. 따라서 이 주장은 주 회장이 문제가 많아서 물러나야 한다는 주장을 홍보하기 위한, 즉 여론의 지지를 얻기 위한 상징적 의미에서 내세운 것으로 보였다.[8]

주 회장 측의 대응과 씁쓸할 결말

그러나 두 번째 안건은 사정이 전혀 다르다. 사외이사인 감사위원회 위원 임명에 대한 안건은 앞에서 설명한 상법에 따라 주주 1인의 투표권이 최대 3%에 불과하므로, 그에 따라 계산하면 주 회장과 특수관계인들이 행사할 수 있는 지분비율은 총 18%뿐이었다. 따라서 표 대결이 벌어진다면 소액주주연대 측에서 승리할 수도 있는 상황이었다.

이런 도전에 대해 주 회장 측은 쉽게 상상하지 못할 방법으로 대응했다. 사조 계열사 중 사조산업의 지분을 보유하고 있지 않은 회사들에게 3%가 넘는 지분을 보유한 계열사들이 보유하고 있던 지분 중 3%를 초과하는 지분을 넘기거나 계열사들이 시장에서 지분을 취득해, 각 계열사들이 3% 이하의 지분만 보유하도록 한 것이다. 즉 감사위원 선임 시

---

[8] 2021년 당시는 남양유업에서 일어난 여러 불미스러운 사건 때문에 남양유업에 대해서도 비난 여론이 높았던 시기였다. 악화된 여론 때문에 남양유업의 홍원식 회장도 회장 직위에서 물러나고 회사를 매각하게 된다. 그런데 이런 일이 보도되자 남양유업의 주가가 순식간에 30%나 상승했다. 이 예를 보면 사조산업 관련 사건 때도 소액주주연대가 남양유업과 같은 효과를 의도했었을 것으로 보인다.

투표권을 행사할 수 있는 주식수를 늘린 것이다. 국내에서 한 번도 벌어진 적이 없었던 일이다. 물론 계열사 간 보유하고 있던 주식을 사고파는 행위는 불법이 아니다. 시가대로 거래가 이루어졌을 것이므로 특정 회사에게 손해가 되는 거래가 아니지만, 이런 주식 거래가 발생한 이유가 회사의 사업을 영위하기 위한 합리적인 판단 때문이 아니라 불합리한 행동을 벌인 지배주주를 보호하기 위해 이루어졌다는 점에서 씁쓸한 느낌이 든다.[9] 그리고 큰돈은 아니지만 거래비용이 발생하기 때문에, 거래비용만큼은 소액주주들이 손해를 본 셈이다. 이런 거래의 결과 계열사 간 상호출자라는 바람직하지 않은 지배구조가 복잡하게 형성된 것도 문제다.

또한 주 회장은 본인이 보유하고 있던 14%의 지분 중 6%를 주주총회 직전 지인 2명에게 각각 3%씩 넘겨서 의결권을 행사하도록 한 후 주주명부 기준일이 지나자마자 돌려받았다. 믿을 만한 가까운 사이인 개인 간에 행해진 거래이니 정식 계약을 했는지는 알려지지 않았지만, 쉽게 이야기하면 앞에서 소개한 TRS 거래를 통해 잠시 남에게 주식을 넘겼다가 다시 돌려받은 것이다. 그 결과 2021년 9월 열린 임시주주총회에서 벌어진 표 대결에서 주 회장 측은 75 대 25의 비율로 예상보다 손쉽게 승리했다. 소액주주연대 측은 "법의 허점을 교묘히 악용한 사례"

---

[9] 국내의 기업 중에서도 지배구조 개편을 위해 계열사 간에 보유하고 있던 지분을 사고팔거나 합병이나 분할을 하는 일이 종종 발생한다. 그런데 이때 대다수 기업은 왜 지배구조 개편이 필요하고 개편하면 어떤 효과가 있는지를 최소한 형식적으로라도 설명해 주주들에게 이해를 구한다. 이런 과정이 전혀 없이 단순히 지배주주를 위해 계열사들 사이의 복잡한 거래를 벌였다는 것 자체가 사조의 지배구조에 문제가 있다는 점을 보여준다.

라고 반발했지만 결과를 뒤집을 방법은 없었다. 앞에서 소개한 것처럼 맥쿼리 사건 때 이미 법원이 TRS 거래를 통해 의결권을 확보해 투표에 참여하는 것이 합법이라고 판결한 바 있기 때문에, 이 사건의 경우 소송을 제기해도 패할 것이 분명했다.

이런 묘수 또는 꼼수의 결과 주 회장이 승리했지만, 이 사례는 상법 개정안이 입법 취지와는 달리 얼마든지 손쉽게 우회될 수 있다는 점을 보여주고 있다. 언론 보도를 보면 당시 많은 인사가 이런 일들을 벌인 주 회장에 대해 따끔한 비평을 했다. 이 일은 앞으로도 주 회장 일가나 사조그룹의 평판에 상당한 부담이 될 것이다.

손쉬운 제도적 보완이 가능할까?

필자는 앞에서 맥쿼리 건에 대한 소송에 대해 언급할 때, TRS 거래로 인해 "주주들의 의사결정이 왜곡되고 회사 전체의 이익에 부합하지 않게 의결권이 행사될 우려가 있다는 점에서 이를 최소화하기 위한 규제 필요성을 부인하기는 어려워 보인다"고 법원이 판결문안에 언급했다는 것을 소개했다. 즉 법이 없어서 TRS 거래를 금지할 수 없지만 법을 개정해서 의결권의 대차거래를 막아야 한다는 견해다. 필자도 이런 견해에 동감한다. 주식의 대차거래를 전부 막는다는 것은 말이 안 되지만, 대차거래를 통해 의결권을 확보해 주주총회에서 투표에 참여하는 행위는 막는 것을 검토할 필요가 있다. 소수의 지분만을 가지고도 다수 주식의 의결권을 잠깐 빌려 경영권을 장악하는 일이 벌어질 수도 있다는 것은, 사조산업 소액주주연대의 표현을 그대로 빌린다면 '법의 허점'이라고 할 수 있다. 사조산업의 사례를 보고, 앞으로 경영권 분쟁이 벌어진다면 공격 측과 수비 측 모두 경쟁적으로 의결권을 빌리기 위해 경쟁할 수도 있을 것이다.

그런데 더 심각한 문제는 이런 문제점을 보완할 수 있는 방법이 별로 없다는 점이다. 일부 인사들이 주장하는 것처럼 '의결권을 거래하는 것을 금지하도록 상법을 개정'한다면 이 문제를 해결할 수 있다고 생각할 수 있다. 또한 TRS 거래 중 의결권이 포함되어 있는 거래는 극히 일부분일 뿐이다.[10] 그렇지만 이런 개정안은 국내 회사나 개인들에게만 적용되는 것이기 때문에 문제다. 외국인이 외국에서 TRS 거래를 통해 의결권을 확보하는 것을 막을 방법이 없기 때문이다. 예를 들어 삼성물산과 제일모직의 합병 때 표 대결을 벌였던 엘리엇 펀드의 경우, 앞에서 두 자릿수 퍼센트지의 의결권을 TRS 거래를 통해 잠시 확보했던 것으로 추측되지만 정확히 얼마만큼을 확보했는지는 알려지지 않았다는 점을 소개했다. 외국에서 벌어진 거래내역을 국내에서 파악하기가 어렵기 때문에 이를 막거나 처벌하기가 어렵다. 따라서 이 법률을 외국인에게 적용하기가 힘든 것이다. 그러므로 상법을 개정해 의결권 거래를 내국인에게만 금지한다면, 외국인들이 손쉽게 한국 기업의 사냥에 나서게 될 것이다. 공격하는 측과 수비하는 측이 공정하게 경쟁하도록 해야 하는

---

10 필자는 앞에서 『숫자로 경영하라 5』에 실린 '롯데그룹의 총수익스왑 거래를 이용한 KT렌탈 인수'라는 글에 대해 언급했다. 이 원고에 실린 다수의 사례 중 의결권이 거래된 경우는 KT렌탈 사례뿐이다. TRS는 기업이 이용할 수 있는 유용한 방법이기 때문에, TRS 거래에 대해 잘 공부해둘 필요가 있다.

프랑스 남부에 위치한 국제도시 모나코
모나코 국적의 헤지펀드 소버린은 규정을 우회하고자 5개의 페이퍼컴퍼니를 설립해 SK그룹의 주식을 사모았다. 이처럼 국내에서 TRS를 통한 의결권 거래를 금지하더라도, 외국인들 사이에 해외에서 벌어지는 거래를 탐지하거나 막을 방법이 존재하지 않으니 문제다.
ⓒ 프랑스관광청

데, 국내 기업은 못 하게 하고 외국 기업은 자유롭게 사용할 수 있다면 심각한 문제다.

또한 외국인들은 3% 규정을 우회하는 것도 손쉽게 가능하다. 예를 들어 과거 SK그룹의 경영권을 공격했던 모나코 국적 헤지펀드 소버린의 경우, 5개의 페이퍼컴퍼니를 설립한 후 이 페이퍼컴퍼니들이 SK(주)의 주식을 각각 3%씩 취득하는 방식으로 총 15%의 주식을 매집했다. 각 페이퍼컴퍼니 입장에서 보면 5% 이상의 지분을 보유한 것이 아니므로 주식 보유에 대한 공시를 하지 않아도 됐다. 이러니 경영권을 공격받은 SK 측에서는 소버린의 공격 여부를 공격이 실제로 시작될 때까지 전혀 예상할 수 없었다.[11] 소버린이 이런 방식을 사용했다는 것도 사후적

---

[11] 이 사례에 대한 보다 자세한 내용은 『숫자로 경영하라』에 실린 '외국인 투자자는 정말 기업 투명성을 향상시킬까?'라는 글을 참고하기 바란다.

으로 알게 된 것뿐이며, 만약 앞으로 외국계 펀드가 실제로 이런 방식을 다시 이용한다고 하더라도 이런 방법을 이용했다는 것 자체를 밝히지 않을 것이다. 겉으로는 독립적인 회사들이 연합해서 경영권을 공격한 것처럼 보이지만, 실제로는 소버린이 한 것처럼 뒤에서 페이퍼컴퍼니들을 조종할 것이다.

현실적인 해결책은?

이런 내용을 보면 법률을 개정하더라도 개정된 법을 실제로 집행하는 것이 어렵다는 점을 이해할 수 있을 것이다. 결국 이 문제는 법 개정보다는 다른 방법을 통해 방지해야 할 것이다. 필자가 생각하는 현실적인 해결책은 다음과 같다.

첫째, 엄밀한 법 집행을 통해 다른 주주들에게는 손해가 되지만 지배주주에게는 이익이 되는 행위를 고의적으로 행한다면 처벌해야 한다.[12] 사조 계열사들이 벌인 주식 거래에서 발생한 거래비용은 개인주주들 입장에서는 워낙 미미한 돈이다. 따라서 이 돈 때문에 피해를 배상하라고 소송을 제기하지도 않을 것이고, 만약 이 사건이 법정으로 간다고 해도 실형이 선고될 가능성은 없을 것이다. 그렇다고 하더라도 '이런 일을

---

[12] 여기서 '고의적으로'라는 말이 중요하다. 경영진의 잘못된 의사결정으로 사후적으로 주주들이 손해를 본 경우는 종종 발생한다. 그렇다고 해서 무조건 경영진을 처벌해서는 안 되며, 고의적으로 그런 행위를 했다는 구체적인 증거가 있는 경우에만 처벌해야 한다.

하면 안 되는구나'라는 것을 다른 기업들에게 알리는 상징적인 의미는 있을 것이다.

둘째, 주주들과 언론이 적극 나서야 한다. 소액주주들과 언론에서 적극적으로 이슈화를 하면서 반대 여론이 폭발하자 사조산업이 캐슬렉스 서울과 캐슬렉스 제주의 합병을 포기한 것이나 남양유업의 회장이 물러난 사례가 그 예가 될 것이다. 두 사건 모두 2021년 일어났다. 이런 일이 발생한다면 주주들도 적극적으로 나서야 한다. 내가 내 권리를 지키려고 노력하지 않으면서 '남이 나를 위해 대신 일해줄 것이다'라는 것을 기대할 수 없다. 그리고 TRS 거래를 통해 의결권을 다수 확보해 주주총회에서 이용한다면, 이런 행위가 부당하다는 점을 적극 홍보해서 우호적인 여론을 형성할 필요가 있다.

셋째, 사외이사들이 제 역할을 해야 한다. 독립성을 가지고 회사의 행위를 감시하는 역할이 사외이사들, 특히 감사위원회 위원의 제일 중요한 임무다. 회사에 대한 조언을 주는 역할은 2차적인 역할인데 제일 중요한 임무가 무엇인지 오해하는 이사들이 있다. 또한 감사위원들은 전문성을 가지고 있어야 무엇이 문제인지를 파악할 수 있다.[13] 만약 사외이사들이 본연의 임무를 수행하지 않는다면 소액주주들이 적극 나서서 이를 이슈화해야 한다.

---

[13] 2024년 3월 벌어진 삼성전자의 주주총회에서, 회사 측에서 추천한 감사위원 후보에 대해 주주 중 일부가 반대한다는 발언을 한 일이 언론에 보도됐다. 사외이사로 추천된 인물이 훌륭한 사람이지만 감사위원 역할을 할 만한 전문성은 없다는 이유였다. 그럼에도 불구하고 투표에서 승리해서 이 사람은 감사위원으로 임명됐지만, 앞으로는 회사에서 전문성이 없는 사람을 감사위원으로 선임하는 것을 조심하라는 의미의 경종을 울리는 계기가 되었기 바란다.

필자도 몇몇 회사에서 사외이사 역할을 맡고 있는데, 필자의 명예 때문에라도 항상 관련 서류를 열심히 살펴보면서 올바른 의사결정을 내리려고 노력한다. 따라서 명예를 중요하게 생각하는 인물을 사외이사에 임명하도록 하고, 사외이사들이 소액주주를 위해 행동하지 않는다면 이를 이슈화해야 한다. 물론 그렇다고 해서 이슈가 된 사외이사를 바로 물러나게 하기는 힘들겠지만, 그런 일이 발생한다면 사외이사들 스스로가 앞으로 행동을 조심하게 될 것이다. 최근 들어 판례를 보면 회사에서 불미스러운 일이 일어났을 때 사외이사들도 민사소송의 대상이 될 수 있으며, 사외이사에게 배상책임이 있다는 판결도 내려지고 있다는 점을 명심하기 바란다.

결론적으로 보면 필자가 언급한 이런 해결책들은 모두 간접적인 것들이라서 이런 해결책이 실시된다고 하더라도 효과를 바로 관찰할 수 없다. 그만큼 이 문제점을 해결하기 어려운 것이다. 일부 학자나 정치인들이 법을 제정하는 방식으로 '칼을 뽑아 무를 싹둑 썰 듯'이 문제를 손쉽게 해결하겠다고 주장하지만, 필자의 글을 읽고 생각해보면 그렇게 쉽지 않다는 점을 이해할 수 있을 것이다. 이런 불합리한 일을 일부 학자나 정치인들이 벌이지 않기를 바랄 뿐이다. 그러기 위해서는 대기업들이 먼저 모범을 보여서 앞으로 의결권을 사고파는 행동을 하지 않기를 바란다. 사조산업과 같은 일이 또 발생한다면 이런 일을 막기 위해 규제를 해야 한다는 주장이 더 강하게 제기될 것이기 때문이다. 만약 실제로 의결권 거래를 금지한다면, 앞에서 언급한 것처럼 외국인의 공격에 무방비 상태로 국내 기업의 손발을 묶는 결과가 발생할 것이다. 그렇다면 어떤 일이 발생할지는 상상에 맡기겠다.

또 하나의 문제점과 개선방안

필자는 앞에서 소개한 맥쿼리인프라펀드를 둘러싼 재판에서, 법원이 TRS 거래를 통해 주식을 소유하지 않고 의결권만 확보해 주주총회에 참여하는 것이 합법이라고 판단했다고 소개했다. 이 판결은 또 다른 문제점을 발생시킨다. 주식을 '소유'한다는 법적 개념이 무엇이냐는 것이다. 법을 잘 모르는 필자의 개인적인 견해일 수도 있지만, 필자는 '의결권을 보유한 것이 주식을 실질적으로 소유한 것이 아닐까?'라고 생각한다. 그런데 법원 판결에 따르면 의결권을 남에게 넘기고도 주식을 법적으로 보유하는 것이 가능하므로, 이 정의에 따르면 '주식을 누구 이름으로 구입하거나 보유하느냐'가 주식의 법적 소유권을 가지고 있는지 판단과 연결된 것으로 보인다. 주식의 실질적 보유보다는 형식적 보유가 더 중요하다고 보는 셈이다.

그런데 회계적으로는 법적 소유권과 경제적 실질을 모두 보유하고 있어야 소유권을 가진 것으로 본다. 주식 보유 시의 경제적 실질이란 주가변동에 따른 효익(주가 상승 시)이나 위험(주가 하락 시)을 모두 부담하는 것이라고 회계기준에 정의되어 있다. 앞에서 소개한 호텔롯데의 TRS 계약의 경우, 경제적 실질(주가변동으로 인한 효익이나 위험)은 롯데가 가지는 것이 명백하지만 법적 소유권은 누가 가졌는지 쉽게 판단하기 어렵다. 형식적인 소유권은 페이퍼컴퍼니가 가지고 있지만 실질적인 소유권은 의결권을 가지고 있는 호텔롯데가 가지고 있다고도 볼 수 있기 때문이다. 그렇지만 이 주장은 필자의 개인적인 견해일 뿐이다. 앞서 소개한 법원 판결에 따른다면 형식적인 소유권이 더 중요한 것이므로 호텔롯데는 해당 주식을 소유한 것으로 볼 필요가 없다. 따라서 해당 주식을 취득한 것으로 회계처리하지 않고 매년 지급하는 수수료만 회계처리하면 된다.

그런데 이 해석이 옳다면 헤지펀드 엘리엇이 TRS 거래에 대해 확보한 지분이나 의결권에 대해 아무런 정보를 공시하지 않은 것도 현재의 공시규정 위반으로는 처벌할 수 없다. 당시 실질적으로는 5%를 초과하는 의결권을 이미 확보했다고 하더라도 형식적으로는 지분을 보유하지 않았던 것이기 때문이다. 그렇기 때문에 엘리엇의 변호인이 금융위원회 회의에 출석해 'TRS 거래를 통해 지분을 확보한 것은 주식을 직접 보유한 것이 아니므로 공시 의무가 없다'고 한 것은 옳은 주장이 된다. 이 문제점을 해결하려면 '주식의 보유'가 아니라 '의결권의 보유'로 공시규정을 변경해야 할 것이다. 또는 두 경우 모두 공시하도록 할 수도 있을 것이다.

규정이 변경되더라도 외국에서 의결권 거래가 벌어지는 것을 신고하지 않는다면 국내에서 파악하기는 어려울 것이다. 하지만 그렇다고 하더라도 제도는 명확하게 갖추어야 한다. 현 상황을 보면 앞으로 의결권 거래가 늘어날 것으로 보이기 때문이다. 의결권 거래를 하더라도 명확히 거래 여부를 밝힌 후 행하도록 해야 할 것이며, 거래를 중개하는 증권사들도 이 거래내역을 관계당국에 신고하도록 해야 한다. 그래야만 은밀하게 일어나는 부정직한 거래를 일부라도 막을 수 있고, 양 당사자가 공정한 입장에서 경쟁을 할 수 있기 때문이다.[14]

의결권을 제외한 TRS 거래의 탄생

이렇게 의결권을 TRS를 통해 거래하는 것이 문제가 되다 보니 의결권을 제외한 TRS 거래도 탄생했다. 2019년 SK디스커버리는 보유 중이던 SK건설(현 SK에코플랜트)의 지분 28%에 대한 소유권을 PRS(Price Return Swap) 거래를 통해 금융사에서 설립한 특수목적법인에게 넘겼다. PRS 거래는 TRS 거래와 유사하지만 의결권을 거래 대상에서 뺀 것이다. 즉 의결권은 팔았지만 다른 권리는 계속 보유한 것이다. 법을 엄격히 해석하면 주식의 소유권만 중요하고 의결권은 소유권에 부가된 부속적인 권리일 뿐이다. 하지만 의결권 거래가 논란의 대상이 되니 의결권을 완전히 넘기는 조건으로 판매한 것이다. 규제 때문에 SK건설의 지분을 억지로 팔게 됐지만, 앞으로 주가가 올라갈 것이라고 생각되니 주가변동분에 대해서만 나중에 차액결제를 하는 조건으로 지분을 판매한 것으로 보인다. 그런데 이 지분 28%는 어차피 소수지분이라 의결권은 큰 의미가 없다. SK건설의 1대주주는 45%의 지분을 보유한 SK(주)이기 때문에, 경영권은 변함없이 SK그룹이 행사할 수 있기 때문이다.

  이 거래는 규제가 바뀜에 따라 새로운 형태의 거래가 탄생한 것이다. 이처럼 새로운 거래가 나타나니 끊임없이 공부해야만 자본시장에서 일어나는 일들을 이해할 수 있을 것이다.

---

14 예를 들어 2021년 들어 캐나다 규제당국은 브룩필드(Brookfield)가 인터파이프라인(Inter Pipeline Ltd.)을 인수하려고 했을 때 사용한 TRS 거래에 대해 부적절하다고 판단한 바 있다. 외국에서도 TRS 거래를 통해 확보한 지분을 공시하도록 해야 한다는 주장도 존재한다.

회계 속 뒷이야기

필자는 앞에서 감사위원회 위원이 되는 사외이사 1인을 선임할 때는 주주들이 가진 지분 수에 관계없이 주주당 최대 3%까지만 의결권을 행사하도록 제한하는 상법 개정안이 2020년 말부터 시행됐다고 설명했다. 일부에서는 이 조항이 경영권을 위협하는 독소조항이며, 전 세계적으로 유례가 없는 불필요한 규제라고 주장한다. 주로 기업 측을 대표하는 인사들이다.

필자도 이 규정이 전 세계적으로 한국에만 있는 이상한 규정이라는 점을 잘 알고 있으며, 한국에 지나치게 규제가 많다고 생각한다. 따라서 불필요한 규제를 없애 경제 활성화를 위해 노력할 필요가 있다고 개인적으로는 믿는다. 그럼에도 불구하고 이런 이상한 제도를 도입한 것에 대해서는 찬성하는 입장이다. 세계적으로 유례없는 제도이기는 하지만, 이런 제도라도 마련해서 독립성과 전문성을 갖춘 외부인을 이사회에 진입시켜야 일부 지배주주의 전횡을 견제할 수 있기 때문에 고육지

책으로 이 제도가 마련된 것으로 이해한다.

 선진국에서 이런 제도가 없는 이유는, 선진국에서는 지배주주가 있는 회사라도 소액주주들을 무시하거나 피해를 입히는 행위를 하는 일이 거의 없기 때문이다. 만약 이런 일을 한다면 집단소송의 대상이 되어 한국과는 비교할 수 없는 큰 배상을 해야 할 것이다. 또한 선진국들의 경우는 사외이사들이 소액주주를 대표해서 대주주나 경영진의 행동을 감시 또는 견제하는 것이 일반적이기 때문에, 굳이 이런 제도를 만들 필요가 없다. 예를 들어 앞에서 소개한 사조산업을 둘러싼 논란에서, 사조산업의 사외이사들이 독립적이고 전문적으로 행동했다면 사전에 이 사회에서 이런 행동에 대해 논의를 하고 회사가 이런 일을 벌이지 않도록 막았을 것이다. 사외이사들이 자신들이 해야 할 일을 제대로 하지 않았기 때문에 소액주주들이 나서게 된 것이다. 물론 사외이사들이 의도적으로 대주주 편을 들지는 않았을 가능성이 높겠지만, 그렇다고 하더라도 이사회에 제출된 합병이나 주식 거래 관련 안건이 무엇을 의미하는 것인지 몰랐을 가능성이 높다. 그래서 반대의 목소리를 내지 않았을 것이다. 그래서 독립성 못지않게 전문성도 중요하다. 전문성이 있어야 무슨 일이 벌어지는지를 알 수 있기 때문이다.

 '경영권을 위협한다'는 주장은 어불성설이다. 불과 사외이사 1인을 외부에서 임명한다고 해서 경영권이 위협받지는 않는다. 물론 경영권 분쟁이 벌어지고 있는데 경영권을 위협하는 쪽에서 사외이사를 이사회에 진입시킨다면, 이사회에서 논의되는 민감한 정보를 역이용할 수도 있을 것이다. 그렇지만 경영권을 위협하는 개인이나 집단도 '주주'다. 그들도 대주주와 똑같은 주주이므로 다른 주주들과 똑같은 권리를 가진다. 대주주에 반대하거나 경영권을 획득하려고 노력한다고 해서 그 개인이나 집단이 악마나 범죄자는 아니다. 다른 주주들과 똑같이 취급하는 것뿐이다.

물론 그렇다 하더라도, 만약 경영권 경쟁을 벌이는 개인이나 집단이 있다면, 지배주주 측만 아니라 그런 개인이나 집단에 대해서도 3%만 의결권을 행사하도록 제한할 필요는 있을 것이다. 그래야만 양측의 공정한 경쟁이 가능하기 때문이다. 또한 앞에서 설명한 것처럼 페이퍼컴퍼니를 이용해서 3%씩 쪼개서 지분을 취득하는 것을 막기 위해, 법적으로는 별도의 법인이라도 실질적 소유주가 동일하다면 동일한 개인이나 집단으로 취급하도록 해야 할 것이다. 따라서 앞으로 이런 방향으로 제도의 보완이 이루어지기를 바란다. 외국인의 경우 실질적 소유주가 누구인지를 국내에 알리지 않으려고 2중 또는 3중으로 외국에 페이퍼컴퍼니를 만드는 경우가 많으므로, 이를 막기 위해 최초 자본 출자자가 누구인지까지 모두 밝히도록 공시기준을 강화할 필요가 있다.

물론 주주나 이해관계자를 배려하는 경영을 수행하는 대다수의 기업 입장에서는 이 제도 때문에 원하지 않은 외부인이 이사회로 진입하는 것이 거북할 것이다. 그렇지만 이런 기업들은 외부인에게 자신의 모습을 그대로 보여주는 것이 불리하지 않을 것이다. 숨길 것이 없다면 오히려 떳떳하게 모든 것을 보여주어야 투자자들로부터 신뢰감을 더 얻을 수 있을 것이다. '정보의 투명한 공개'가 기업에 더 도움이 된다는 것이 여러 글에서 일관되게 주장한 필자의 지론이다. 이런 일이 싫다면 상장하지 말고 개인회사로 남겨두면 된다. 본고에서 사조그룹의 이상한 행동에 대해 비판했는데, 참고로 소개하면 사조그룹의 계열사인 사조오양은 이 사건이 일어난 후인 2022년 주주총회에서 소액주주들의 추천을 받은 인물을 감사위원으로 선임한 바 있다. 소액주주들의 의견을 받아들인 것이다. 그 뒤 사조오양에서 경영권을 둘러싸고 다툼이 벌어진다는 소식은 언론에 보도된 바 없다. 이 사례를 보면 사조그룹도 지배구조를 개선해서 소액주주의 의견을 듣겠다는 움직임을 시작한 것으로 보인다.

결과적으로 한국에서 일부 지배주주들의 일탈 행위가 사라져서 이런 이상한 제도가 필요 없게 되는 날이 하루빨리 오기를 바란다. 정말 극소수에 해당하는 사람들의 잘못된 행동 때문에 열심히 노력하고 있는 대다수 지배주주나 경영진이 욕을 먹고 건전한 자본주의가 매도당하는 현실이 안타깝다. 한국을 먹여살리고 있는 것은 정부가 아니라 기업이다. 기업인들이 인정받고 더 나아가서는 존경받는 사회가 오려면 이런 일이 한국 사회에서 사라져야 할 것이다. 그러기 위해서는 주주들도 적극 나서서, 주주총회에 참석해서 사외이사의 경력을 보고 독립적이고 전문성을 갖춘 후보가 사외이사에 선임될 수 있도록 투표권을 행사하기를 권한다. 이사회에 참석하지 않았으면서, '이사회에서 선출된 사외이사가 왜 나를 위해 열심히 일하지 않느냐?'라고 사후적으로 불만만 이야기하는 것이 무슨 의미가 있을까?

SK그룹 최태원 회장의 TRS 거래를 이용한 'LG실트론 주식의 의결권' 인수

2017년 SK그룹의 LG실트론 인수 당시 SK그룹 최대주주 최태원 회장은 채권단이 보유하던 29% 지분의 의결권을 TRS 계약을 통해 인수했다. 그 결과 최 회장은 이자비용을 포함한 수수료만 내고도 29% 지분에 해당하는 SK실트론의 의결권을 확보하고 지분가치 상승에 따른 이익도 누리게 됐다. 이 거래를 두고 공정위는 SK실트론의 기업가치 상승이 명백하게 예견되는 상황에서 SK(주)가 직접 지분을 인수하지 않고 최 회장이 인수하도록 한 것은 총수 일가의 사익편취에 해당한다고 판단하고 제재를 한다. 하지만 최 회장 측은 기업가치 상승이 명백하지 않았으며 이미 SK(주)가 인수를 포기한 상황에서 경쟁 업체의 지분 인수를 막기 위해 지배주주가 위험을 무릅쓴 것이라 반론했다. 1심 법원은 최 회장의 손을 들어줬다.

MANAGING BY NUMBERS

LG실트론은 반도체를 생산하기 위해 사용되는 핵심 기초 원료인 실리콘 웨이퍼, 태양광 발전에 필요한 솔라 웨이퍼, LED에 사용되는 사파이어 웨이퍼를 만드는 회사였다. 웨이퍼(wafer)란 반도체의 소재가 되는 얇은 조각으로, 주로 둥근 원형 모양을 가진다. LG실트론은 계속 적자를 보던 솔라와 사파이어 웨이퍼의 생산을 2013년부터 중단하고 실리콘 웨이퍼 생산에만 집중하기 시작했다. 따라서 회사의 경영성과는 전방사업인 반도체 업종의 사이클과 동일하게 맞물려 있다. LG실트론의 고객은 SK하이닉스와 삼성전자를 비롯해, 미국의 마이크론과 인텔, 대만의 TSMC 등 글로벌 기업이다. 경쟁업체 중에 LG실트론보다 시장점유율이 높은 일본이나 미국 회사들이 있기 때문에, 업계 내 경쟁은 치열한 상황이다.

LG실트론의 전신은 동부그룹과 미국의 다국적 기업 몬산토가 50 대 50의 비율로 설립한 (주)코실이다. 1989년 몬산토의 지분을 동부가 인수해 동부전자통신으로 출범했다. 그 후 LG그룹에서 (주)코실의 지분 51%를 인수해 사명을 LG실트론으로 바꿨다. 2007년 재무적 어려움에 처했던 동부그룹으로부터 보고펀드와 KTB PE(사모펀드)가 4,200억 원을 지불하고 나머지 지분 49%를 인수했다. 보고펀드가 29% KTB PE가 20%를 인수했는데, 보고펀드는 인수대금의 절반 정도를 우리은행 등 채권단으로부터 차입했다. 보고펀드는 회사의 경영환경이 개선된 후 상장을 해서 투자금과 이익을 회수(exit)하기 원했으나 회사의 경영상황은 쉽게 개선되지 않았고 상장은 이루어지지 않았다. 전방사업에 해당하는 반도체 업계의 상황이 좋지 않았기 때문이다. 그 결과 투자 후 7년이 지난 2014년 들어 채권단은 더 이상의 대출기한 연장을 거부하고 담보로 잡았던 LG실트론 주식을 보고펀드로부터 넘겨받았다. 그 결과 보고펀드는 투자금을 거의 다 잃게 됐으며, 그 후폭풍으로 회사가 쪼개지게 된다.[1] 물론 보고펀드에게 대출을 해줬던 채권단도 큰 손실을 입었다.

하이닉스반도체는 LG그룹 소속 LG반도체와 현대그룹 소속 현대전자가 합병해 탄생한 회사다. 1997년 외환위기 발발 이후 김대중 정부는 대기업 집단들끼리 사업을 서로 교환해 합병하는 소위 '빅 딜(big deal)'을 추진한다. 그 결과 LG그룹이 LG반도체를 현대그룹에게 넘긴 것이다. 그러나 은행에서 돈을 빌려 인수대금을 마련한 현대전자는 막대한 부채를 갚지 못해 위기에 빠졌다가 2001년 채권단 소유로 넘어갔다. 그 후 수년에 걸쳐 채권단은 국내외 다수의 기업을 접촉해서 하이닉

---

[1] 이 투자 실패 사건의 자세한 내막과 후폭풍에 대해서는 『숫자로 경영하라 4』에 실린 '보고펀드의 LG실트론 투자실패의 교훈'이라는 글을 참조하기 바란다.

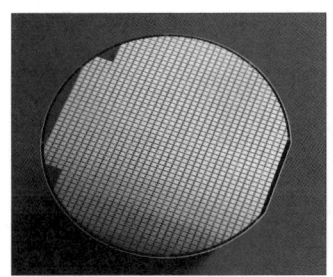

웨이퍼(wafer)
SK그룹은 2017년 반도체 생산 때 원료로 사용되는 실리콘 웨이퍼를 만드는 회사인 LG실트론을 인수해 사명을 SK실트론으로 바꾼다. SK하이닉스와 함께 수직적 계열화를 이루려는 시도다.
© 전자신문

스반도체의 인수를 타진했으나 모두 거부당했다. 반도체 업계는 막대한 설비투자가 필요한데, 회사는 이익을 충분히 올리지 못했으므로 오랫동안 투자를 하지 못해 낡은 장비로 겨우 운영되는 안타까운 상황이 지속됐다.

SK그룹은 그 후로도 오랫동안 채권단 소유로 있던 하이닉스반도체를 2012년 2월 3조 4천억 원(주당 약 1만 8천 원)에 인수해 사명을 SK하이닉스로 바꾼다. 처음에는 SK그룹이 막대한 설비투자를 감당할 수 있을지에 대한 우려가 있었으나, 2013년 경쟁업체인 일본의 엘피다가 파산하면서 경쟁자가 줄어들면서 시장이 공급자 우위로 바뀐다. 그 결과 반도체 가격이 급상승하면서 SK하이닉스는 2014~2016년 사이 큰 흑자를 거둔다. 3년 동안 올린 영업이익이 14조 원이니, 인수대금 3조 4천억 원과 비교한다면 엄청난 변화다.[2] 누구도 예상하지 못했던 대박이 터진 것이다.

---

[2] 2017년과 2018년은 더 엄청난 성과를 올렸으나 2019년부터 반도체 시장은 침체기에 접어들게 된다. 그 결과 SK하이닉스는 2022년은 이익이 대략 2021년의 1/4로 줄어든 2조 4천억 원의 당기순이익을 기록했다가 2023년은 8조 원의 막대한 손실을 기록한 바 있다.

SK그룹의 LG실트론 인수

한숨 돌리게 된 SK그룹(정확히는 SK(주))은 반도체 관련 사업확장에 나선다. 첫 번째 단계로 2017년 반도체 산업의 원재료가 되는 실리콘 웨이퍼를 공급하는 LG실트론을 LG그룹으로부터 사들여 사명을 SK실트론으로 바꿨다. LG그룹이 보유하던 주식 51%를 6,200억 원에 취득한 것이다. LG그룹 입장에서는 LG반도체를 현대그룹에 넘긴 이후 반도체 사업에 집중할 이유가 없었던 셈이며, 오랫동안 돈도 벌지 못하는 회사의 주식을 계속 보유하고 있을 필요도 없었을 것이다. 당시 LG전자가 피처폰 시장에 집중하다가 스마트폰 시장에 늦게 뛰어든 전략 실패로 큰 적자를 보고 있었다.[3] 또한 LG화학은 배터리 사업에 대한 막대한 투자를 지속하고 있었으므로 이에 필요한 자금을 마련하기 위해 LG실트론을 매각했던 것으로 보인다.

SK실트론 인수 후 SK하이닉스는 기존에는 다변화되어 있던 원재료 실리콘 웨이퍼의 구입처를 대부분 SK실트론으로 통일한다. 즉 수직적 계열화를 이룬 것이다.[4] 이는 SK실트론의 경영성과가 크게 개선되는 기반이 된다. 2017년 인수 전후 SK실트론의 경영상황은 〈표 1〉을 보면 알 수 있다.

---

[3] LG전자는 그 이후에도 휴대전화 부분에서 큰 손실을 보다가 2020년 휴대전화 사업에서 완전히 철수한다.

[4] 학술적 명칭은 수직적 계열화이지만, 공정거래위원회나 일부 인사는 이를 '일감 몰아주기'라고 부른다.

•• 〈표 1〉 SK실트론 인수 전후 회사의 경영상황

연도	2016	2017	2018	2019
SK그룹 계열사에 대한 매출 비중(%)	?	15	29	26
매출액(억 원)	8,265	9,278	13,361	15,415
당기순이익(억 원)	60	945	2,841	2,139

〈표 1〉을 보면 2017년 SK가 인수한 이후인 2018년과 2019년 들어 SK실트론의 매출액이나 당기순이익이 크게 증가하는 것을 알 수 있다. 또한 SK그룹 계열사에 대한 SK실트론의 매출 비중이 2017년 15%에서 2018년 29%로 크게 증가한다. SK그룹 계열사에 대한 매출이라고 하지만, 그중 거의 대부분이 SK하이닉스에 대한 매출이다. SK그룹에 인수되기 이전인 2016년 자료는 별도로 공시되지 않아서 알 수 없지만 미미한 수준이었던 것으로 보인다. 2016년 말 기준 SK하이닉스에 대한 매출채권이나 미수금 잔액이 전혀 없지만, 2017년 말 기준으로 보면 1,700억 원이나 되기 때문이다. 즉 SK그룹에 편입되면서 SK하이닉스에 대한 납품실적이 크게 증가했고, 그 결과 SK실트론의 경영성과가 개선됐던 것으로 보인다. 연간 매출 증가액의 대부분이 SK하이닉스에 대한 매출 증가 때문이었다. 필자가 내부 정보를 가지고 있지 않으니 알 수 없지만, SK하이닉스가 납품가를 후하게 쳐주었기 때문에 SK실트론의 이익이 크게 증가했을 가능성도 있다.

SK실트론 잔여지분 인수를 위한 SK그룹과 최태원 회장의 TRS 거래

SK그룹이 LG실트론 인수를 위해 벌인 거래는 상당히 복잡하기 때문에 자세한 설명이 필요하다. 우선 LG그룹이 보유하던 주식 51%를 6,200억 원에 인수한 것은 앞에서 설명한 바 있다. 자기 돈을 LG그룹에 지불하고 인수한 것이니 이 부분은 단순하다. 그 외에 KTB PE가 보유하고 있던 20%의 의결권을 총수익스왑(Total Return Swap, TRS) 거래를 통해 인수했다. 그렇다면 채권단이 보유하고 있던 나머지 29%의 지분(원래 보고펀드가 보유하던 지분)은 어떻게 됐을까? 이 지분의 의결권은 SK그룹 지배주주 최태원 회장이 TRS 거래를 통해 인수했다. 두 TRS 거래에서는 '지분'을 인수한 것이 아니라 '지분의 의결권'을 인수한다고 표현한 것에 주의하기 바란다.

TRS는 기초자산(reference assets 또는 underlying assets)에 대한 법적 소유권을 보유한 TRS 지급자(TRS payer)가 약정된 수수료를 수령하는 대가로 TRS 수령자(TRS receiver)에게 기초자산에서 발생하는 보상(reward)과 위험(risk)의 일부 또는 전부를 이전하는 거래 형태를 총칭한다. TRS는 법적 소유권(형식)은 TRS 지급자가 보유하는데도 불구하고 자산 소유에 따른 실제 권리(실질)의 일부 또는 전부를 TRS 수령자가 가진다. 결과적으로 형식과 실질의 일부가 분리되는 효과가 발생한다. 자산 소유에 따른 실제 권리란 그 자산을 보유해 발생하는 보상이나 위험을 말한다. 예를 들어 기초자산이 주식이라면, 주식가격의 상승에 따라 발생하는 이익이 보상이고 주식가격의 하락에 따라 발생하는 손실이 위험이다. 즉 TRS 수령자가 주가변화에 따른 손익을 누리는 것이다.

이 사례에서 TRS 수령자는 최 회장/SK(주)이며, TRS 지급자는 금융사들이 설립한 특수목적법인(special purpose entity)이다. 형식적으로는 특수목적법인이 기초자산인 LG실트론의 지분을 취득한 것이다. 이 거래에서 지분 29%는 금융사들(한국투자증권 등)이 설립한 특수목적법인(흔히 페이퍼컴퍼니라고 부르는)이 2,500억 원에 취득했다. 최 회장은 이 특수목적법인과 기한 5년의 계약을 맺고 의결권을 넘겨받았다. 그리고 기업가치 변동분에 대한 효익과 위험도 이전받았다. 가치가 오르면 그 차액만큼 최 회장이 돈을 벌고, 가치가 떨어지면 차액만큼 최 회장이 특수목적법인에게 지급하는 것이다. 일종의 '차액결제'를 하는 셈이다. 이 계약의 결과 특수목적법인은 기업가치 변동과 무관하게 됐다. 그 대신 최 회장은 2,500억 원에 대한 이자비용을 포함한 수수료(총 3.8%)를 매년 특수목적법인에게 지급한다.

이 계약을 종합적으로 살펴보면, 최 회장이 올릴 수 있는 이익은 기업가치 변동에 따라 달라지는 반면 특수목적법인이 올릴 수 있는 이익은 기업가치 변동과 무관하게 고정되어 있다. 이렇게 변동손익과 고정손익을 양 계약당사자가 서로 교환하는 형태라서 이 계약을 Total Return Swap(모든 수익을 교환하는 계약)이라고 부르는 것이다. 이 계약의 결과 최 회장은 2,500억 원을 빌려 지분 29%를 직접 인수한 것과 유사한 효과를 보게 됐다. SK(주)도 KTB PE가 보유하고 있던 20%의 지분에 대해 구조가 동일한 TRS 거래를 통해 의결권을 확보했다. 즉 의결권 전부를 SK(주)와 최 회장이 확보한 것이다.

부채로 기록되지 않는 TRS 거래의 특징

TRS 계약이 기업의 인수합병 과정에서 이때 처음 사용된 것은 아니며, 롯데그룹의 KT렌탈 인수와 CJ그룹의 튀르키예 소재 영화사 마르스엔터테인먼트 인수 때도 TRS가 사용된 바 있다.[5] 이 거래를 통해 최 회장은 자기 돈을 사용하지 않고 SK실트론 지분 29%의 의결권을 확보하게 됐다. 만약 앞으로 기업가치의 변동이 생기면 그 차액만큼 정산해주고, 매년 이자비용과 약간의 수수료에 해당하는 돈만 특수목적법인에 지불하면 된다. 즉 자기 돈 없이 돈을 빌려서 인수대금을 지불한 것과 동일한 효과가 발생하는 것이다.

그렇다면 왜 회사가 직접 돈을 차입해서 지분을 인수하는 대신 이 복잡한 거래를 했을까? 돈을 직접 차입하면 이자비용만 지불하면 되는데, TRS 거래를 하려면 이자비용에 추가적인 수수료까지 특수목적법인에 지불해야 하므로 현금 유출은 약간 더 많다. 그럼에도 불구하고 TRS 거래를 활용한 이유는 그래야 이 자금이 회사의 부채로 기록되지 않기 때문이다. 인수에 필요한 자금을 빌린 것은 금융사들이 만든 특수목적법인이지 회사가 아니다. 회사는 단지 특수목적법인과 계약을 맺고 의결권을 양도받은 것이다. 따라서 이 자산(지분)을 직접 취득한 것이 아니므로 돈을 빌려 자산을 취득한 것으로 기록하지 않는 것이다. 따라서 매년 수수료 지급에 대한 회계처리만 하면 된다. 회계상으로는 이런 경우

---

[5] 보다 자세한 내용은 『숫자로 경영하라 5』에 실린 '롯데그룹의 총수익스왑 거래를 이용한 KT렌탈 인수'라는 글을 참조하기 바란다.

를 '부외부채(簿外負債, off-balance sheet liabilities)가 존재한다'고 표현한다. 회계장부에 기록되지 않은 부채라는 의미다. 그리고 이런 방식으로 필요한 자금을 조달하는 것을 '부외부채를 이용한 자금조달(off-balance sheet financing)'이라고 부른다.

경제학이나 재무관리 분야에서의 전통적인 학술 이론에 따르면 자본시장은 효율적이다. 따라서 현금흐름의 차이를 가져오지 않는 이런 회계처리 이슈는 기업가치에 영향을 미치지 않는다. 그러나 회계학자들이 살펴본 바에 따르면 현실은 이런 전통적 학술 이론의 예측과 조금 다르다. 부채가 증가하면 회사가 더 위험한 것처럼 보이니 신용등급이 하락하고 대출이자율은 증가한다. 주가도 하락한다. 회사의 본질보다 단지 재무제표에 표시되는 몇몇 수치만 보고 의사결정을 하는 사람들이 대다수라서 나타나는 현상이다. 학술적으로는 이런 현상을 투자자들이나 기타 회계정보 이용자들이 회계수치의 본질을 가려보지 못하고 단지 보고된 숫자에 '기능적으로 고착화(functionally fixed)되어 있다'고 표현한다.

투자자들 대다수가 이렇기 때문에 기업 입장에서는 되도록 재무제표에 부채를 적게 표시할 유인이 있다. TRS 거래가 탄생한 이유다. 경제적 실질은 돈을 빌려와 주식을 산 것과 거의 동일한데, 자산의 취득을 기록할 수 있는 회계기준상의 형식적인 요건을 맞추지 않게 거래구조를 짜서 자산/부채의 동시 기록을 회피한 것이다.[6] 물론 TRS 거래는 이 목적

---

[6] 2019년 리스(lease) 관련 회계처리 방법이 변경됐다. 변경 이전 운용리스(operating lease)로 분류되는 경우도 TRS 계약과 동일하게 수수료 지급에 대해서만 회계처리를 했었다. 즉 운용리스 처리가 바로 자산/부채를 기록하는 것을 회피하는 방법(즉 부외부채를 발생시키는 방법)이었다.

SK하이닉스
SK그룹은 2012년 3조 4천억 원을 지불하고 하이닉스반도체를 인수해 SK하이닉스로 사명을 바꾼다. 그 후 반도체 가격이 급상승하면서 SK하이닉스는 큰 흑자를 거둔다.
© SK하이닉스

이외의 다른 목적으로도 사용되고 있는데, 최근 들어 사용빈도가 더 늘어나고 있다.[7]

TRS 거래를 한 이유와 시민단체의 비난

만약 이 주식을 앞으로 회사가 다 인수할 예정이라면 굳이 번거롭게 TRS 거래를 할 필요가 적을 것이다. 몇 년 후에 자산/부채가 증가하나 지금 증가하나 큰 차이가 없기 때문이다. 그럼에도 불구하고 이 거래를 한 이유가 무엇인지에 대해서는 2가지 가능성이 있다

첫째, 회사가 직접 인수한 51%를 제외한 잔여지분 49%를 추가로 인

---

[7] 본서에 실린 '주주총회 때 의결권 잠깐 빌려서 행사할까?'라는 글에서, 경영권 분쟁이나 기타 대립이 발생했을 때 TRS 거래를 통해 주식을 취득하지 않고 의결권만 사모아 주주총회에 참석해 의결권을 행사하는 사례를 소개한 바 있다.

수할 계획이 없다는 것을 의미한다. 경영권을 유지하고 연결재무제표 작성을 위해서는 직접 인수한 51%의 지분으로도 충분하다. 이에 잔여 지분 49%는 나중에 SK실트론을 상장시키면서 외부 주주들에게 매각할 예정으로 보인다. 그렇다면 KTB PE나 채권단이 상장시점까지 기다렸다가 직접 외부 주주들에게 매각해도 될 텐데 왜 SK와 최 회장이 이 지분을 TRS 거래를 통해 간접적으로 인수했을까? SK와 최 회장이 앞으로 SK실트론의 기업가치가 상승할 것으로 예상했기 때문일 것이다. 그래서 그 상승분만큼을 SK(주)와 최 회장이 받을 수 있도록 한 것이다. 이렇게 설명하면 TRS 거래가 무조건 큰 이익을 보장하는 것으로 오해하기 쉽다. SK(주)나 최 회장이 이익을 보게 된 것은 SK실트론의 기업가치가 인수 후 상승했기 때문이다. 앞에서 소개한 롯데나 CJ의 TRS 거래에서는 모두 인수 후 기업가치가 하락해 인수자(롯데 및 CJ)가 계약만료 시에 차액결제를 통해 상당한 자금을 특수목적법인에게 물어준 바 있다.

둘째, 회사가 당장 돈이 충분치 않아 앞으로 돈을 더 벌어 지분 20%를 인수하려고 TRS 계약을 맺었을 수 있다. SK(주)는 TRS 계약을 한 20%를 합하면 총 71%의 지분을 보유하게 된다. 71%면 주주총회 때 특별결의 사항을 통과시킬 때 필요한 66%를 넘는 지분이다.[8] 따라서 경영권을 공고히 하고 특별결의에 필요한 지분까지 확보하려면 20%를 추가로 인수할 필요가 있다. 만약 이 예측이 맞다면, TRS 계약이 만료되

---

8 경영상의 매우 중요한 의사결정(예: M&A, 대규모 자금의 조달이나 투자, 신사업의 진출 등)을 하기 위해서는 주주총회에서 특별결의를 받아야 한다.

면 SK(주)는 특수목적법인이 보유한 20%의 지분을 그동안 벌어서 모아둔 자금을 이용해서 사들일 것이다.

TRS 거래가 발생한 이후인 2017년 말 시민단체 경제개혁연대는 "SK주식회사가 충분히 지분을 인수할 수 있었음에도 이를 의도적으로 최태원 회장이 인수하도록 했다"라면서 "이는 총수일가의 사익편취를 실현하기 위한 행위로 공정거래법과 상법에 위반되는 사항"이라고 주장했다. 최 회장이 지분 29%의 의결권을 확보한 것을 불법으로 본 것이다. 이런 주장이 제기되자 공정거래위원회는 2018년 초부터 최 회장의 SK실트론 지분 확보에 대한 조사를 시작했다. 경제개혁연대가 최 회장의 위법이라고 본 법적 근거는 크게 2가지다.

공정거래위원회의 조사 착수

첫째, 공정거래법 제23조의2(특수관계인에 대한 부당한 이익제공 등 금지) 조항이다. 이 조항에서는 "회사가 직접 또는 자신이 지배하고 있는 회사를 통해 수행할 경우 회사에 상당한 이익이 될 사업기회를 (특수관계인에게) 제공하는 행위"를 금지하고 있다. 둘째, 상법 제397조의2(회사의 기회 및 자산의 유용 금지) 조항이다. 이 조항에서는 "이사는 이사회의 승인 없이 회사가 수행하고 있거나 수행할 사업과 밀접한 관계가 있는 사업기회를 자기 또는 제3자의 이익을 위해 이용해서는 아니 된다"는 내용을 명시하고 있다.[9] 결론적으로 이 지분을 직접 인수하면 큰 이익을 볼 것이 명백하게 예상되는 상황에서 회사가 인수를 하지 않고 최 회장이 인수하도록 한 것이니 불법이라는 주장이다. 회사가 최초 지분 51%를 인수한 가격보다 회사와 최 회장이 잔여지분 49%를 인수하는 가격이 대략 30% 정도 더 싸게 샀다는 점도 지적됐다.

이런 주장에 대해 최 회장 측은 강하게 반발했다. 원래 SK(주)는 잔여지분 49%를 인수할 의도가 없이 경영권이 포함된 51%만 LG그룹으로부터 인수했으나, KTB PE와 채권단이 잔여지분도 인수를 요청해와 추가인수를 검토하기 시작했다는 설명이다. 인수를 결정했을 때 SK(주)가 다른 투자계획을 가지고 있었고 나머지 지분을 직접 인수할 자금이 부족해 20%의 추가 지분만 TRS 거래를 하게 됐다는 것이다. 20%만 추가 인수하면, 앞에서 설명한 것처럼 주주총회 특별결의 사항도 통과시킬 수 있기 때문에 더 이상의 지분을 인수할 필요는 없다. 또한 51%의 인수가격은 경영권 프리미엄이 포함된 가격인데, 경영권을 포함하지 않은 잔여지분에 동일한 가격을 지불할 필요가 없다고 주장했다. 이 잔여지분 인수가격은 경쟁입찰에서 결정된 금액으로서 경쟁입찰에서 결정된 가격을 문제 삼는다는 것은 무리한 주장이라고 덧붙였다. 이 주장을 받아들여, 공정거래위원회에서는 가격 문제에 대해서는 더 이상 언급하지 않았다.

공정거래위원회 회의에 출석한 최 회장은 회사가 더 이상의 지분을 인수하지 않겠다고 결정했다는 보고를 받았다고 설명했다. 회사가 채

---

9   여기에서 '이사회의 승인 없이'라는 문구가 있다. 언론 보도 내용에 따르면, SK(주)의 이사회는 최 회장의 TRS 계약에 대해 보고를 받았으나 회사가 아니라 개인이 인수하는 것에 대해 회사가 관여할 필요가 없다고 판단했다고 한다. 따라서 이사회의 공식적인 승인을 받지 않은 셈인데, 어떻게 보면 이사회는 승인할 필요가 없다고 판단한 것이므로 암묵적인 승인을 받았다고 볼 수도 있다.

공정거래위원회
경제개혁연대가 TRS 거래와 관련해서 최태원 회장을 비난하자, 공정거래위원회는 이 사건에 대한 조사에 착수한다. 이 조사는 무려 5년이나 지속되었다.
ⓒ 연합뉴스

권단이 보유한 29%를 인수하지 않겠다는 결정을 내린 것이 자신의 지시 때문이 아니라는 주장이다. 그는 당시 중국의 경쟁업체가 지분 인수에 관심을 보이고 있었으므로, 29%의 지분을 그대로 남겨두면 이 지분을 중국 업체가 인수해 SK실트론의 기술이 중국 업체로 유출될 가능성이 있었다고 설명했다. 그래서 본인이 직접 나머지 지분을 인수하면 회사에 도움을 줄 것이라 판단해 위험을 무릅쓰고 인수한 것이라고 주장했다. 실제로 당시 인수에 관심 있던 몇몇 회사가 LG실트론에 회사 관련 자료의 제공을 요청했었으나, 회사는 이 요청을 거부하고 자료를 제공하지 않았다. 최 회장의 인수를 도와주기 위해 한 행동이라고도 볼 수 있다. 회사의 일부 직원들이 최 회장과 인수에 대한 회의를 했다고도 알려졌다.

공정거래위원회의 결정과 최 회장의 반발

기업가치가 크게 올라갈 것이 당시 명백하게 예상됐으니까 회사가 나서서 51%의 주식을 인수한 것 아니냐는 주장에 대해, 최 회장은 '만약 그렇게 명백하게 예상이 됐다면 LG그룹이나 KTB PE 및 채권단이 주식을 왜 팔았겠느냐?'고 반발했다. 또한 회사를 인수한 후 경영을 잘해 기업가치가 상승한 것이라고 주장했다. 기존 주주들이 이때 지분을 팔지 않고 계속 보유했다면, 2018~2020년경 반도체 업계에 호황이 닥쳤을 때 회사를 상장시키면서 더 비싼 가격으로 지분을 매각할 수 있었을 것이다.

공정거래위원회에서는 이 사건을 무려 5년간 조사한 후 2022년 12월 SK(주)와 최 회장 측에 각각 8억 원의 과징금을 부과하고 시정명령을 내렸다.[10] SK그룹과 최 회장은 이에 반발해 이 사건은 법적 공방으로 확대되었다. 사실 회사나 최 회장 입장에서는 8억 원이라는 과징금은 미미한 돈이다. 공정거래위원회 입장에서도 이 사건을 크게 처벌하고 큰 벌금을 부과하기가 애매하므로 이런 미미한 과징금만을 부과했을 것이다. 5년 동안이나 조사를 했지만 최 회장이 주도해 고의적으로 이런 거래구조를 만들었다고 볼 증거가 없었던 것 같다. 그래서 검찰 고발도 하지 않았다. 그러자 경제개혁연대는 이 결정이 '봐주기 처벌'이라

---

[10] 이와는 별도로 금융당국은 특수목적법인의 실제 주인인 한국투자증권이 법으로 증권사가 수행할 수 없는 행위인 개인 대출을 최태원 회장에게 해준 것이라면서 징계를 내렸다. 1심 법원은 금융당국의 주장을 받아들이지 않았으나, 2022년 2심 법원은 금융당국의 주장이 옳다는 판단을 내렸다. 따라서 이 소송은 대법원에서 최종 결정이 나게 됐다.

고 반발하고, 국민연금이 SK(주)를 상대로 소송을 걸어야 한다고 주장했다. SK(주)가 사업기회를 최 회장에게 넘긴 것이므로 의도적으로 회사에 손해를 끼쳤다는 견해다.

8억 원의 과징금은 미미하지만 시정명령은 상당히 큰 처벌에 해당된다. 여기서 시정명령이 정확히 무엇을 이야기하는 것인지에 대해서는 공정거래법에 대한 지식이나 내부 정보가 없는 필자가 명확히 알지 못한다. 지분의 매각자인 채권단에 주식을 돌려주고 거래를 취소시키라는 것을 의미할 수 있다. 그렇다면 그동안 증가한 SK실트론의 기업가치가 채권단의 몫이 되며, 최 회장은 이제까지 부담한 비용(특수목적법인에게 지급한 수수료 등)을 날리게 된다. 만약 공정거래위원회가 의도한 것이 이게 아니라면, 최 회장이 보유한 TRS 계약을 SK(주)에게 넘기라는 의미일 것이다. 그렇다면 증가한 기업가치는 SK(주)의 몫이다.

2024년 1월 1심 법원은 최 회장의 손을 들어주는 판결을 내렸다. 법원은 '최 회장이 지분 인수를 한 것은 최 회장이 제시한 입찰가격이 높아서'였고, '이 과정에 SK그룹이 직간접으로 부당하게 관여했다고 볼 증거가 없다'고 판단했다. 또한 '회사 내부 자료를 보면 LG실트론에 대해 핑크빛 전망으로 일관해서는 안 된다는 의견'도 있었으므로 '회사가 큰 이익을 볼 사업기회를 고의적으로 버리고 이 기회를 최 회장에게 제공한 것은 아니다'라고 판결했다. SK그룹 일부 직원들과 최 회장이 SK실트론 의결권 인수와 관련해서 논의 및 협력한 점에 대해서는, '최 회장이든 누구든 의결권을 인수하기 위해서는 최대주주인 SK그룹과 주주간계약을 맺어야 했으므로' 사전에 서로 협의하는 것이 당연하다고 봤다. 이 판결에 대해 최초에 이 사건을 문제 삼았던 경제개혁연대는 '재판부가 공정거래법 취지를 잘못 해석함으로써 결과적으로 재벌기업 봐주기 판결을 내린 꼴'이라는 반박 성명을 냈다.

불법적인 TRS 거래의 사례들

필자의 개인적인 견해일 수도 있겠지만, 최 회장의 TRS 계약이 법적으로 잘못된 것이라고는 명확히 판단하기 어렵다. 그렇지만 이 말이 이 계약에 문제가 없다는 것은 아니다. 일부 문제가 있다고도 보이지만 법적으로 처벌하기 애매하다는 의미다. 상당히 무리하면 처벌을 할 수도 있겠다는 의미도 된다. 남들이 이상하게 볼 수 있는 여지가 충분히 있는 계약으로서, 불필요한 오해를 받지 않기 위해서는 이런 계약을 하는 것을 피했어야 한다. 즉 시민단체가 충분히 이슈를 제기할 수 있는 일이라고 생각한다. 그렇다고 해서 이상한 점이 있는 계약에 모두 엄격한 법적 잣대를 들이대어 처벌할 수는 없다. 법적으로 처벌하려면 고의적으로 회사에 손해를 끼치기 위해 이런 일을 했다는 증거가 있어야 하는데, 그런 직접 증거는 발견되지 않았기 때문에 공정거래위원회도 애매한 처벌을 하고 1심 법원도 충분한 증거가 없다는 판단을 한 것으로 생각된다. 유죄 판결을 내리려면, 회사가 잔여지분의 의결권을 모두 인수하겠다고 결정했다가 최 회장의 지시를 받고 이를 포기했다는 것을 입증할 증거나 증인이 있어야 할 것이다.

　기업집단에서 M&A를 통해 다른 회사의 지분을 사들여 계열사로 편입할 때 지배주주가 피인수회사 지분을 일부 취득하는 것은 종종 있었

보스턴 다이내믹스가 제작하는 로봇
2021년 현대자동차그룹은 로봇을 만드는 회사 보스턴 다이내믹스의 지분 60%를 인수했다. 이때 현대자동차 정의선 회장도 별도로 지분 20%를 동시에 인수했다.
© 블로터

다. 이런 경우 지배주주가 피인수회사에 많은 관심을 가지고 있다는 것을 보여주는 신호(signal)로 받아들여져서 주가가 올랐다. 따라서 지배주주가 계열사 지분을 일부 인수하는 것을 막는다는 것도 이상한 일이다. 예를 들어 2021년 현대자동차그룹이 로봇을 만드는 회사인 보스턴 다이내믹스(Boston Dynamics)의 지분 60%를 소프트뱅크로부터 인수해서 경영권을 행사하게 됐을 때 정의선 회장도 20%의 지분을 동시에 인수했다. SK에 적용한 것과 동일한 논리를 적용하면 정의선 회장의 행위도 불법인 셈이다. 현대자동차가 20%를 더 사도 될 텐데 그런 기회를 포기하고 정 회장에게 돈 벌 수 있는 사업기회를 넘긴 것이라고 볼 수 있기 때문이다. 인수 후 현대자동차나 기아가 보스턴 다이내믹스에서 개발한 로봇을 다수 자동차 생산공정에 투입함으로써 보스턴 다이내믹스의 기업가치가 상승할 것이라 예견되는 점도, SK(주)의 인수 후 SK실

트론이 SK하이닉스에 납품하는 물량이 크게 늘어나 기업가치가 상승한 것과 같다.[11]

그동안 국내에서 이뤄진 다른 TRS 계약 중에서 일부 문제가 있어 논란이 벌어지고 관계당국의 조사가 수행된 경우는 많다. 그러나 법의 단죄를 받은 경우는 거의 없다.[12] 필자가 알고 있는 이런 경우는 단 두 계약 사례에 그친다. 현대그룹 현정은 회장이 현대상선(현 HMM)의 경영권을 지키기 위해 현대상선의 모회사인 현대엘리베이터가 TRS 계약을 맺었던 경우, 현 회장은 1,700억 원을 회사에 배상하라는 유죄 판결을 받았다.[13] 효성그룹의 지배주주 조현준 회장이 개인적으로 소유한 회사인 갤럭시아일렉트로닉스를 지원하기 위해 효성그룹의 계열사가 TRS 계약을 한 사건의 경우도 부당지원 혐의로 유죄 판결을 받았다. 물론 이 두 사건 이외에 필자가 모르는 다른 사건들이 있었을 수 있다.

TRS 계약을 떠나서 SK실트론에서 논란이 된 '사업기회의 유용'과 관

---

[11] 이 점은 그렇게 예상된다는 것뿐이고, 실제로 그럴지는 앞으로 지켜봐야 한다. 구체적인 사업을 영위하고 있던 LG실트론과는 달리 보스턴 다이내믹스는 아직 구체적으로 사업이 진행되고 있지 않은 벤처기업일 뿐이다. 따라서 앞으로 사업이 본궤도에 이르기까지는 상당한 시간이 필요할 것이며 불확실성도 크다. 따라서 사업 성공이 명확하게 예측되는 상황은 아니다. 누가 필자의 글을 확대해석할 수 있다는 우려에서 이 점에 대한 필자의 판단을 명확히 소개한다.

[12] 2014년 한국타이어가 MKT의 지분 50.1%를 인수할 때 한국타이어의 지배주주도 동시에 49.9%를 인수했다. TRS 계약은 아니지만 지배주주가 동시에 타 기업의 인수에 참여한 경우다. 2022년 공정위는 MKT가 한국타이어에 공급하는 타이어몰드의 납품가를 높이고 물량을 몰아줘서 한국타이어에 130억 원의 손해를 입혔다는(즉 지배주주가 이익을 보도록 했다는) 혐의로 검찰에 고발했다. 그러나 2025년 1심에서 이 혐의는 무죄 판결을 받았다. 무죄 판결을 받았다고 하더라도 지배주주의 이런 행위가 논란의 대상이 된다는 것은 분명하다. 최소한 '이해관계의 상충'이 발생할 수 있는 일이다.

[13] 이 사건에 대한 보다 자세한 내용은 본서에 실린 '총수익스왑과 콜옵션이 부가된 전환사채를 활용한 현대그룹의 경영권 방어 논란'이라는 글을 참조하기 바란다.

최태원 회장
SK그룹의 LG실트론 인수 당시 최태원 회장은 채권단이 보유하던 29% 지분의 의결권을 TRS 계약을 통해 인수했다. 그 결과 최 회장은 29% 지분에 해당하는 SK실트론의 의결권을 확보하고 지분가치 상승에 따른 이익도 누리게 됐다.
© SK

련해서 법적 처벌이 있었던 경우는 2019년 대림(DL)그룹의 사건이 유일하다고 한다. 그런데 대림그룹 사건은 회사의 자산을 지배주주 개인에게 무상으로 넘긴 것이니 회사에 손해를 끼쳤다는 점이 명백했다. 즉 SK실트론의 경우처럼 회사가 특정 행동을 하지 않은 것을 문제 삼은 것이 아니라, 대림그룹이 잘못된 행동을 해서 회사에 직접적인 손해를 끼친 것이 문제 된 경우다. 물론 대림그룹과 유사한 행위가 사업기회의 유용은 아니지만 횡령과 배임으로 간주되어 처벌된 사례는 많다.

지난 몇 년간 반도체 업계가 불황에 빠져 있었지만 2023년 말부터 일부 회복되는 양상을 보이고 있다. 따라서 SK실트론의 경영성과도 점차 호전될 것으로 예상된다. 이런 시점에 법적 분쟁에서도 승리했으니 조만간 SK실트론의 상장 작업이 시작될 것이다. 다만 상장을 위해서는 법적 분쟁이 먼저 완전히 해결되어야 한다. 이 법적 분쟁의 해결을 기다리기 위해, 2022년 만기가 돌아온 TRS 계약도 2027년까지로 5년 연장되었다. 계약을 청산해야 최 회장이 차액결제를 할 수 있는데, 차액결제를 하려면 돈이 필요하므로 지분을 매각해야 한다. 그런데 법적 분쟁이 해결되지 않는 한 최 회장이 지분을 매각할 수 없기 때문이다.

SK실트론의 미래 전망과 조언

대법원까지 지속될 법적 분쟁에서 최 회장이 이긴다면 최 회장과 TRS 계약을 체결하고 29%의 지분을 취득해 보유 중인 특수목적법인은 상장 때 이 지분을 개인주주들에게 매각할 가능성이 높다. 잠재적인 경쟁업체가 이 지분을 인수하는 것을 막기 위해서 최 회장이 인수했다는 주장이 사실이라면, 상장시점에서 최 회장은 특수목적법인을 소유한 금융사와 잘 협의해 이 29%의 지분을 개인주주들에게 잘게 쪼개 팔아야 한다. 또한 SK(주)는 의결권만 확보하고 있는 20%의 지분을 직접 사들이는 방안도 고려해야 할 것이다. 총 49%의 지분이 외부에 팔려나간다면, 경쟁업체가 그 지분 중 상당수를 시장에서 확보할 가능성이 있기 때문이다. 과연 이대로 일이 진행되는지 지켜보자.

  최 회장은 최근 ESG 경영을 부쩍 내세우고 있다. ESG 경영을 전면에 내세울 정도라면 당연히 이런 오해(?)를 불러일으키지 않도록 행동해야 할 것이다. 최근 이 사건 외에도 개인적인 일로 뉴스거리가 된 일이 다수 있었다. 앞으로는 오해의 여지가 있는 행동을 조심하고, ESG를 말뿐만 아니라 행동으로 보여주어 존경받는 경영자로 자리매김하기를 바란다. 그리고 혹시 법적 분쟁에서 최종 승리하더라도, TRS 거래를 통해 벌게 된 이익 일부를 사회에 환원할 것을 권하는 바다.[14] 그래야 기존에 쌓인 불신을 해소하거나 더 큰 사회적 신뢰를 얻을 수 있을 것이다.

TRS 거래에 대한 규제는 점차 강화되고 있다. TRS 거래가 규제를 피하면서 지배력을 유지하거나 확대하는 수단으로 악용되고 있다는 규제 기관의 판단에서다. 공정거래위원회는 SK(주)의 TRS 거래 사건을 계기로, 앞으로는 일감 몰아주기를 계산하는 기준에 TRS 거래를 통해 확보한 지분율도 포함시키겠다고 발표했다. 지배주주의 지분율이 30%(비상장기업의 경우는 20%)를 초과하는 기업과 거래를 하면 일감 몰아주기로 간주되어 공정위의 제재를 받게 된다. 이때 지분율을 계산할 때 주식을 직접 소유한 것뿐만 아니라 TRS 거래를 통해 주식을 직접 소유하지 않으면서 의결권만 확보한 것도 포함시키겠다는 의미다. 당연한 변화라고 생각한다. 합법적인 수단으로서 회사의 발전을 위해 TRS를 사용해야 할 텐데, 그게 아니라 편법적인 수단으로 개인의 이익만을 위해 TRS를 사용하는 경우가 있으니 안타깝다.

● 후기

2025년 초 SK그룹은 보유 중인 SK실트론의 지분 전체를 시장에 매물로 내놨다. TRS 거래를 통해 확보한 지분도 포함한다. SK그룹 전체가

---

[14] 앞에서 사회적 가치의 증진을 위해 최 회장이 노력하고 있다는 점을 언급했는데, 이외에도 선대 회장 때부터 학술 연구의 발전을 위해 고등교육재단을 설립해 꾸준히 지원하는 등 SK그룹은 많은 공헌을 하고 있다는 점도 언급하겠다.

재무적으로 어려움을 겪고 있으므로, 이를 극복하기 위한 현금을 마련하려는 목적이다. 몇몇 사모펀드가 이 지분의 인수를 위해 협상 중이라는 소식도 보도됐다. 그러나 최 회장은 TRS로 확보한 지분 29%를 매물로 내놓지 않았다. 언론에 언급된 SK실트론의 지분가치가 대략 5조 원인 것으로 보면, 이 29%의 가치는 대략 1조 5천억 원에 해당한다. 이 지분의 최초 구입가격이 2,500억 원이고 그동안 지불한 수수료를 다 합쳐도 3천억 원 정도일 것이니, 최 회장은 이 투자를 통해 많은 이익을 올린 셈이다. 이 지분과 관련해 공정거래위원회와 법적 분쟁을 벌이고 있는 최 회장의 입장에서 보면 법적 문제가 해결될 때까지 이 지분을 매각하지 못할 것이다. 어쨌든 만약 SK실트론이 정말로 외부에 매각된다면, 최 회장도 법적 분쟁이 해결되면 이 지분을 계속해서 보유할 이유가 없으니 매각할 것으로 예측된다. SK실트론이 반도체 사업을 위해 꼭 필요한 회사라서 인수하며 이 지분의 일부가 경쟁업체에게 넘어가는 것을 막기 위해 최 회장이 TRS 계약을 했다고 주장하고 있었는데, 그런 견해가 경영위기 때문에 바뀐 듯하다.

회계 속 뒷이야기

본고에서는 M&A와 관련되어 TRS 계약이 사용된 예를 소개했다. TRS 계약은 이 외에도 최근 여러 용도로 사용되고 있다. 필자는 『숫자로 경영하라 5』에 실린 '롯데그룹의 총수익스왑 거래를 이용한 KT렌탈 인수'라는 글에서, 다양한 형태의 TRS 사용 예를 소개했다.[1]

법적으로 논란이 벌어질 수 있는 TRS 계약의 대부분은 다른 회사를 지원하는 용도로 사용된 계약이다.[2] 계열사를 지원해 더 낮은 금리로 자금을 조달할 수 있도록 한 두산건설 사례가 위에서 소개한 논문에 등장

---

1 이 글은 〈회계저널〉에 2019년 실린 '총수익스왑에 대한 이해: 활용사례와 회계처리'라는 논문(한승엽·김영준·최종학 공저)을 요약한 것이다. 따라서 보다 자세한 내용은 이 논문을 참조하기 바란다.

2 본서에 실린 '주주총회 때 의결권을 잠깐 빌려서 행사할까?'라는 글에서. 경영권 분쟁이나 기타 대립이 발생했을 때 TRS 거래를 통해 주식을 취득하지 않고 의결권만 사모아 행사하는 사례를 소개한 바 있다. 이 경우도 법적 논란이 발생할 수 있는 거래이지만 아직 처벌이 이루어진 사례는 없다.

한다. 이런 계열사 지원에 대해서 공정거래위원회가 조사했지만 기소된 경우는 거의 없다. 사업상의 정당한 판단에 의해 계약을 맺은 것으로 본 것이다.³

그럼에도 불구하고, 본고에서 소개한 것처럼 유죄 판결을 받은 두 TRS 계약 중 효성 사건의 전말은 다음과 같다. 갤럭시아일렉트로닉스(GE)는 효성그룹의 지배주주인 조현준 회장이 소유한 개인회사로서, LED 조명의 제작 및 유통회사다. 설립 이후 적자를 기록하던 회사는 2011년부터 2013년에 걸쳐 소규모 흑자를 내기도 했다. 그러나 그 이후 2018년까지 대규모 적자가 발생했다. 2017년부터 부채가 자산보다 많은 자본잠식이 발생해서 현재까지 지속되고 있다. 2019년부터 흑자 전환을 했지만 큰 이익을 올리지는 못하고 있는 중이다.

2014년 GE에 대한 감사를 담당한 회계법인은 일부 매출채권의 회수

---

3 공정거래위원회는 두산건설 사례처럼 채무보증을 하는 방식의 TRS를 앞으로 계열사에 대한 부당지원으로 간주해 제재하겠다는 지침을 2024년 발표했다. 다만 그렇다고 해서 이런 거래가 불법인지는 명확하지 않다. 본서에 실린 '주주총회 때 의결권을 잠깐 빌려서 행사할까?'라는 글에서 소개한 것처럼 TRS 거래는 법적으로 인정받는 거래이기 때문이다. 따라서 공정거래위원회가 제재한다고 하더라도 재판을 거치면 무죄가 될 가능성이 높다는 것이 필자의 개인적인 견해다. 대부분의 지주사의 경우 자회사를 거느리는 것이 핵심 사업이다. 따라서 자회사에 대한 위험을 부담하는 것은 모회사 사업의 일부분으로 볼 수 있고, 채무보증을 해준 결과 자회사가 더 큰 이익을 올리면 그 자회사를 지배하는 모회사인 지주사도 돈을 버는 것이므로 지주사와 자회사가 경제적으로 동일한 실체라고 볼 수 있기 때문이다. 특히 지주사가 가지고 있는 자회사의 지분비율이 높다면 더욱더 그렇게 볼 수 있다. 다만 긴밀한 사업관계가 존재한다는 것이 불확실한 자회사들끼리 TRS를 통해 채무보증을 한다면 이는 불법적인 행위라고 판단될 가능성이 높다. 규제 위험을 더 확실히 피하려면, TRS 거래를 이용한 채무보증을 통해 이익을 본 회사가 거래를 통해 위험을 부담한 다른 회사에 그 이익을 본 만큼(즉 절약한 이자비용)을 지불하는 방법이 있다. 대부분의 대기업 집단에서 계열사에 대한 지급보증을 해줄 때 사용하는 방법이다. 만약 형편이 어려워서 자회사가 지주사에게 지불할 돈이 부족하다면 유상증자를 실시해서 돈을 받을 만큼을 사전에 자회사에게 보충해주면 된다.

가능성을 증명할 수 있는 자료가 부족하다면서 한정의견을 표명했다. 2014년의 재무제표에 적혀있는 매출채권 중 일부가 회수하기 힘들어 보이므로 자산가치를 가지고 있다고 보기 힘들다는 의미다. 이 사항을 제외하더라도 2014년 말 기준 부채비율이 577%에 달할 정도로 회사의 상황이 열악했다. 그 결과 GE는 더 이상의 금융권을 통한 자금조달이 불가능한 상황에 처했다. 파산위기에 몰린 것이다.

그러자 GE는 2014년 12월과 2015년 3월 두 차례에 걸쳐 250억 원 규모의 영구채권(정확히는 영구전환사채)을 발행했다. 이 영구채권을 금융사들이 설립한 특수목적법인이 인수하며, 특수목적법인은 효성그룹의 계열사인 효성투자개발과 TRS 계약을 맺었다. 계약에 따라 효성투자개발이 특수목적법인에게 수수료를 매년 지급하고 가격변동에 대한 효익과 위험을 모두 이전받았다. 2016년 효성그룹은 이 TRS의 만기가 돌아오자 계약기간 연장을 시도했으나 금융사들은 이를 거부한다. 결과적으로 GE는 영구채권의 원금을 상환하지 못했기 때문에, 250억 원 전부를 효성투자개발이 특수목적법인에게 물어줄 위기에 처했다. 그러자 조현준 회장의 부친 고(故) 조석래 명예회장이 이 영구채권을 인수했다. 원금은 최소한 지배주주 일가가 회사에 떠넘기지 않고 책임을 진 것이다.

2018년 공정거래위원회는 이 거래가 갤럭시아일렉트로닉스에 대한 부당한 지원이라며 검찰에 고발하고 효성그룹과 조 회장에게 과징금 30억 원을 부과했다. 지배주주의 개인회사를 돕기 위해 다수의 주주가 존재하는 주식회사가 무상으로 지급보증을 해준 경우라는 판단이다. 효성그룹은 정당한 경영상의 의사결정이었다고 반박했다. GE의 미래 전망이 밝기 때문에 효성투자개발이 투자한 것이라는 주장이다. 만약 GE

와 사업상 연관성이 있는 회사에서 투자한 경우라면 이런 반론이 좀 더 그럴듯하게 들렸을 수도 있겠지만, 효성투자개발은 부동산 임대업을 영위하는 종업원 2명짜리 작은 회사다. 즉 효성투자개발과 GE가 사업상 서로 관련된 회사라고 보기 힘들다. 법원은 이런 효성 측의 반론을 받아들이지 않고 효성그룹과 조 회장에게 패소 판결을 내렸다. 대법원에서 최종 판결을 내린 시기가 2022년 12월이다. 지배주주 일가가 250억 원에 대한 최종 책임을 졌기 때문에 형사처벌까지는 가지 않고 끝난 사례라서 다행이다. 만약 그러지 않고 효성그룹 계열사가 피해를 떠안았다면 훨씬 큰 처벌이 내려졌을 것이다.

이 사건과 마찬가지로 유죄 판결을 받은 현대그룹의 현정은 회장 관련 사건도 TRS 거래가 지배주주와 관련해서 일어난 경우다. 따라서 SK실트론이나 현대그룹의 사례처럼 '지배주주의 이익을 위해 거래를 했다'는 해석이 가능한 TRS 계약은 피할 것을 추천한다. 다른 할 일도 많은데 굳이 피곤한 일을 나서서 만들 필요는 없을 것이다.

재무제표와 주석이 포함된 사업보고서에는 많은 정보가 공시되어 있다. 이를 꼼꼼히 살펴보면 중요한 정보가 숨겨져 있는데, 대다수 정보이용자들은 이런 내용을 잘 살펴보지 않으며, 읽더라도 그 의미를 이해하지 못한다. 첫 번째 글에서는 LG에너지솔루션과 SK온 사례를 들어 손익계산서를 읽을 때 주의해야 하는 점들을 소개한다. 두 번째 글에서는 보통주로 전환하는 비율이 고정되어 있지 않은 전환우선주가 어떤 의미가 있는지에 대해 소개한다. 세 번째 글에서는 HMM이 사용한 영구전환사채가 무엇인지를 설명하며, 네 번째 글에서는 SK에코플랜트가 사용한 우선주의 특징에 대해 소개한다. 독자 여러분들이 이런 글들을 통해 여러 중요한 회계지식을 배울 수 있으며, 회계정보를 어떻게 사용할 수 있는지에 대한 이해도를 높일 수 있기를 바란다.

3부

회계정보 속에 숨겨진 진실을 보자

영업손익과 영업외손익의 차이

2021년 초, SK가 LG의 영업 비밀을 침해한 것이 맞다는 국제무역위원회 판결이 나오면서 SK는 LG에 보상금을 지급하게 됐다. 이때 SK이노베이션은 소송의 결과로 지불하게 된 금액을 영업외비용으로 계산한 반면, 이 돈을 받은 LG에너지솔루션은 해당 금액을 영업이익 계산에 포함했다. 같은 돈을 두고 어떤 회사는 영업손익으로, 다른 회사는 영업외손익으로 분류한 것이다. 이렇게 영업 관련성에 대한 판단이 달라질 수 있다 보니 의도적으로 영업손실 기록을 회피하는 기업들도 있다. 이런 일이 자주 발생하는 것을 막기 위해 국제회계기준위원회는 영업이익이 손상차손이나 유형자산 처분손익 등까지 포괄하도록 회계기준을 바꾸겠다는 계획을 발표했다.

MANAGING BY NUMBERS

    2019년 LG화학은 SK이노베이션을 상대로 영업비밀과 특허 침해를 이유로 미국 법원과 국제무역위원회(International Trade Commission, ITC)에 소송을 제기했다. 2017년부터 2019년 사이에 LG화학의 배터리 사업부에서 일하던 기술직 직원 100여 명이 배터리 사업의 후발주자이지만 급성장을 하고 있던 SK로 이직했는데, 이들을 이용해 SK 측이 LG가 30여 년 동안 막대한 자금을 투자해서 개발한 배터리 기술을 조직적으로 훔쳐갔다는 것이 LG의 주장이었다. 이에 대해 SK는 직원들이 자발적으로 이직한 것이며 SK는 정상적으로 경력직 사원에 대한 채용을 한 것뿐이라고 반발했다. 또한 SK의 기술력은 세계 최고 수준이므로 굳이 LG의 기술을 훔칠 필요가 없다고 주장했다. 한국을 대표하는 두 대기업 집단 사이에 치열한 싸움이 시작된 것이다.

    내연기관 자동차에서 전기 자동차 시대로 변하면서 전기 자동차에 장착되는 배터리 수요가 급증함에 따라, 당시 세계 배터리 시장은 매년 시장규모가 두 배 정도가 될 정도로 급성장하고 있었다. 그러다 보니 배터리 회사들 사이에 치열한 경쟁이 벌어지고 있었는데, 그중에서 LG화학은 약 23%의 시장점유율로 세계 2위, SK이노베이션은 5%로 6위를 차지하고 있었다. 시장점유율 6%로서 5위인 삼성SDI까지 포함하면 한국의 3개 회사가 상위권을 차지하면서 중국 및 일본의 회사들과 치열한 경쟁을 벌이는 상황이었다.

 ITC는 2021년 초 SK가 LG의 영업비밀을 침해한 것이 맞다고 판결을 내렸다. 그 결과 SK가 만든 리튬이온배터리의 미국 수입을 10년간 금지했다. 하지만 SK가 배터리를 공급하기로 계약한 미국 소재 자동차 회사 포드와 폭스바겐에 대해서는 각각 4년과 2년 동안 미국 내 생산을 위한 배터리와 부품 수입을 허용한다는 유예조치를 발표했다. 유예조치가 있기는 했으나 이는 실질적으로 SK가 배터리 사업을 할 수 없도록 막는 결정이었다. 세계 제1의 자동차 시장인 미국 시장을 포기하고서는 SK가 배터리 사업에서 경쟁할 수 없기 때문이다.

 ITC의 이 판단 때문에 미국 정부는 딜레마에 빠지게 됐다. SK가 포드와 폭스바겐에 공급하기로 계약한 배터리를 생산하기 위해 미국 조지아주에 공장을 짓고 있었는데, 이 판결에 따르면 유예기간이 끝나면 미국에 배터리를 공급할 수 없으니 공장 짓는 것을 중지해야 했다. 또한 포드와 폭스바겐도 유예기간이 끝나면 배터리를 공급받을 수 없으니 사업에 차질이 생길 것이 분명했다. 만약 SK가 배터리를 공급할 수 없다면 배터리 업체 중 시장점유율이 높은 중국 회사로 주문이 옮겨갈 수 있는데, 이는 중국과 대립하고 있는 미국 바이든 행정부 입장에서는 받아들이기 힘든 일이었다.[1] 그래서 바이든 행정부는 두 회사에 협상할 것

SK이노베이션 본사
2019년 LG화학은 SK이노베이션이 배터리 관련 기술을 훔쳐갔다며 소송을 제기한다. 소송에서 승리한 끝에 LG그룹은 총 2조 원을 받기로 하고 SK와 타협한다.
© SK이노베이션

을 종용했다고 알려져 있다. 협상이 쉽게 이루어지지 않자 우리나라 정부도 직접 나서서 두 회사에 협력을 요청(또는 압력을 행사)했다고 언론에 보도된 바 있다. 정부 입장에서도 한국을 대표하는 두 회사가 싸워서 일본과 중국 회사만 좋은 일을 할 필요가 없다고 판단했을 것이다.

극적인 화해와 SK이노베이션 및 LG화학의 물적분할

미국과 한국 정부의 중재에 따라 LG와 SK는 타협을 했다. 2021년 4월 두 회사는 2조 원 규모의 합의안을 전격 발표했다. 현금 1조 원을 2020년과 2021년 동안 SK가 LG에 지급하고, 그 뒤 매출액에 대한 일정 비율의 로열티 개념으로 분할해서 1조 원을 추가로 지급하기로 한

---

1 배터리 업계의 상황을 보면 시장점유율 10위까지의 회사들 중 한국의 3개 사를 제외하면 일본의 파나소닉이 19%의 점유율로 3위를 차지하고 있었다. 시장점유율 1위인 CATL을 포함해서 나머지 6개 회사가 모두 중국 회사다.

것이다. 이와 관련해서 두 당사자 간에 벌어지던 국내외 쟁송은 모두 취하하기로 했다. 원래 SK는 1조 원 이하, LG는 2조 8천억~3조 원 수준의 보상금을 요구했었는데, 그 중간 정도의 범위에서 양자가 타협한 것이다.

  이 협상 결과에 따라 SK이노베이션은 2021년도분 5천억 원을 LG화학에 지급했고, 나머지 5천억 원을 2022년에 지급하기로 했다. 그 결과 SK이노베이션은 2021년 말 기준 재무상태표에 2022년에 지급해야 할 5천억 원을 미지급금(부채)로, 2021년과 2022년 동안 지급의무가 이미 발생한 1조 원을 영업외비용으로 기록했다. SK이노베이션의 2021년 포괄손익계산서를 보면 영업이익이 전년도 2조 4천억 원 적자에서 1조 8천억 원 흑자로 무려 4조 원이 넘게 증가했는데, 영업외비용 항목 중 LG에 지급한 비용 1조 원이 포함된 기타영업외비용 항목이 전년도 2천억 원에서 1조 2천억 원으로 증가했다. 당기순손익은 전년도 2조 1천억 원 적자에서 5천억 원 흑자로 2조 6천억 원 증가했다. SK이노베이션이 2020년 큰 손실을 기록했다가 2021년 큰 이익을 기록한 이유는, 코로나19(Covid-19)가 발생하면서 배럴당 20~30달러 수준까지 하락했던 원유가격이 2021년 들어 경제가 정상화되면서 크게 상승했기 때문이다. 그래서 1조 2천억 원의 영업외비용을 기록했음에도 불구하고 5천억 원의 당기순이익을 기록한 것이다. 즉 다행스럽게도 1조 원을 지급하더라도 경영에 큰 문제가 생기지는 않는 상황이었다. 당시의 SK이노베이션의 경영상태는 〈그림 1〉을 통해 짐작할 수 있다.

  이런 일이 진행되는 동안 LG화학은 배터리 사업부를 물적분할해 (주)LG에너지솔루션이라는 새 회사를 만들었다. 또한 SK이노베이션도

•• 〈그림 1〉 SK이노베이션의 경영성과

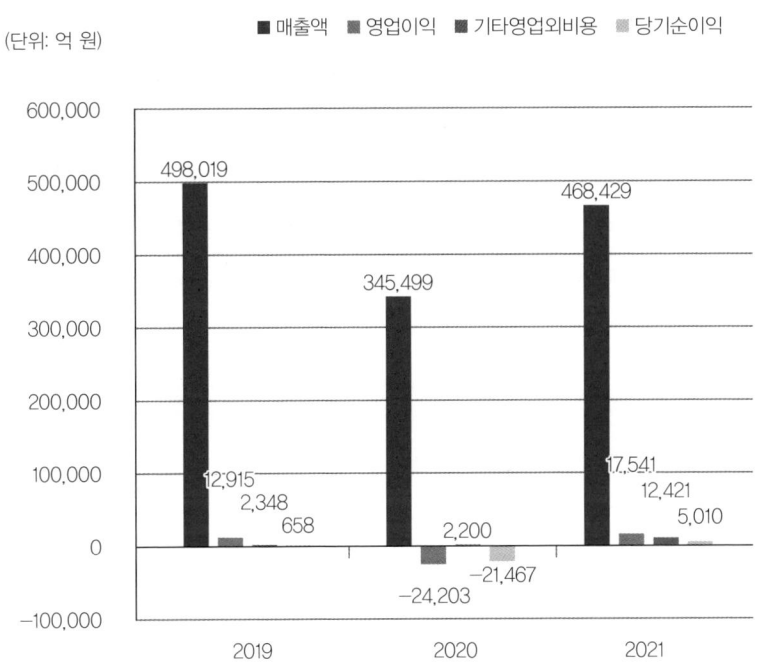

배터리 사업부를 물적분할해 SK온(주)를 설립했다.[2] 급성장하고 있는 배터리 사업을 영위하는 데 엄청난 투자금이 필요했다. 두 회사 모두 이 투자금을 부채를 이용해서 조달하다 보니 부채비율이 급증했었는데, 이 문제를 해결하기 위해 배터리 사업부를 분할해서 별도의 회사로 떼어

---

2   기업의 분할 방식은 크게 인적분할과 물적분할로 나뉜다. 이 두 방식의 차이점에 대해서는 『숫자로 경영하라 5』에 실린 '현대자동차그룹의 지배구조 개편 계획을 둘러싼 논란'이라는 글을 참조하기 바란다.

내어 상장시킨 것이다. 이때 떼어낸 자회사의 일부 지분을 내다 팔아 조달한 돈으로 빚을 갚고, 앞으로 추가 투자에 필요한 자금은 분할된 배터리 사업부의 증자를 통해 마련하겠다고 결정한 것이다.³

이 분할의 결과 SK이노베이션이 지급한 돈 5천억 원은 LG에너지솔루션이 받게 됐다. 또한 SK이노베이션이 5천억 원을 지급한 뒤 SK온이 SK이노베이션으로부터 분할됨으로써, SK이노베이션이 기록하고 있던 5천억 원의 미지급금(부채, 2022년에 지불해야 할 금액)은 SK온으로 승계됐다. 즉 SK온의 부채가 된 것이다. 앞으로 매출액에 비례해서 지불해야 할 로열티도 SK온에서 지불할 것이며 동시에 비용으로 기록해야 한다.

SK와 LG의 서로 다른 회계처리

SK이노베이션은 2021년 LG에너지솔루션에 지급한 5천억 원과 2022년에 지급해야 할 5천억 원을 합한 1조 원을 포괄손익계산서에 영업외비용으로 기록했다. 왜 이 항목을 영업비용(즉 매출원가나 판매관리비)이 아니라 영업외비용(영업외손익 항목의 일부) 항목으로 분류했는지에 대해서는 사업보고서에 별도의 설명이 없다. 하지만 국내외 대부분 기업들은 소송 때문에 발생한 비용을 영업외비용으로 분류한다. 소송에서

---

3   배터리 사업에 필요한 막대한 투자 때문에 두 회사 모두 그동안 부채비율이 급증했다. 예를 들어 LG화학의 부채비율은 2016년 46%에서 2020년 120%로, 부채 총액은 6조 원에서 23조 원으로 수직 상승했다. SK이노베이션의 경우도 2016년 117%에서 2020년 149%로, 부채 총액은 14조 원에서 23조 원으로 상승했다.

⁑ 〈그림 2〉 포괄손익계산서의 구조

　　　　매출액
　−　　매출원가
　=　　**매출총이익**
　−　　판매비와 일반관리비(판관비)
　=　　**영업이익**
　+/−　영업외손익(금융손익 및 기타영업외손익)
　=　　**법인세비용차감전순이익**
　−　　법인세 비용
　=　　**당기순이익**
　+/−　기타포괄손익
　=　　**포괄이익**

져서 보상을 하게 되었기 때문에 발생한 비용을 영업과 관련되었다고 보기 힘들다고 판단해서 영업외비용으로 분류하는 것이 일반적일 것이다. 영업외비용으로 분류하면 이 1조 원은 회사의 영업이익 금액에 영향을 미치지 않는다. 포괄손익계산서의 형식을 보면, 영업이익이 계산된 후에 영업이익에 영업외손익이 더해져서 법인세차감전순이익이 계산되기 때문이다.⁴ 현재 한국에서 사용 중인 포괄손익계산서의 구조에 대해서는 〈그림 2〉를 참조하라. 영업외손익이 영업이익보다 포괄손익계산서의 하단에 위치하고 있다는 것을 볼 수 있다.

그런데 이 소송의 결과 1조 원을 받게 된 LG에너지솔루션은 이 돈을 어디에 기록했을까? 소송에서 이겨서 받게 된 돈이라면 영업외수익(영업외손익 항목의 일부) 항목으로 구분할 수도 있을 것이다. 그런데 LG에너지솔루션은 이 돈을 매출액의 일부분으로 기록했다. LG에너지솔루션은 그 이유에 대해 비교적 자세히 공시했다. 사업보고서에 공시된 회계처리의 이유를 살펴보자.

> …동 합의서에 따라 회사는 SK이노베이션(주)과 영구적인 라이선스 계약을 통해 분쟁을 종료하고, 국내외 진행 중인 모든 소송 취하 및 향후 10년간 부제소하기로 하였으며, 합의대가는 전액 라이선스의 대가라고 판단하였습니다. '라이선스 부여'는 회사의 주요 영업활동에 해당하며, 회사가 SK이노베이션(주)에 제공하는 라이선스의 성격은 사용권이고 합의 이후 추가 제공하는 수행의무가 없습니다. 따라서, 상기와 같은 사유로 회사는 약정에 따라 수취할 일시금 992,233백만 원(일시금 1조원에서 현재가치할인차금을 차감한 금액)을 영업수익으로 반영하였습니다.

위 공시 내용을 살펴보면, LG에너지솔루션은 1조 원을 매출액의 일부를 구성하는 기타영업수익으로 반영했다는 것을 알 수 있다. 소송에서 승리해서 보상받게 된 돈을 매출액으로 분류하는 것은 흔한 회계처리가 아니다. 그렇기 때문에 회사가 그 이유를 비교적 자세하게 공시한 것으로 보인다. 라이선스를 부여해주고 라이선스의 대가를 받은 것이라고 판단함으로써, 결론적으로 이 금액은 회사의 영업활동과 직결된 것

---

4 손익이란 손실과 이익을 합친 용어다. 예를 들어 '당기순이익'이란 용어는 광의의 의미로는 당기순이익이 +(흑자)와 −(적자)인 경우를 동시에 가리키지만, 협의로는 당기순이익이 −(즉 당기순손실)인 경우를 제외하고 흑자인 경우만을 가리킨다. 따라서 당기순손실과 협의로 사용된 의미의 당기순이익을 모두 합해 당기순손익이라고 부른다. 이와 유사하게, 영업외손익이라는 용어도 영업외이익과 영업외손실을 합쳐서 부르는 용어다.

LG에너지솔루션 폴란드 생산법인
LG에너지솔루션은 SK로부터 받은 1조 원을 매출액으로 분류한다. 그 결과 LG에너지솔루션은 2021년 7,700억 원의 흑자를 기록했다. 만약 이 돈을 영업외수익으로 분류했다면 영업적자였던 셈이다.
© LG에너지솔루션

으로 보아 영업이익 계산에 포함한 것이다.

 이 회계처리의 결과, 회사의 영업이익은 2020년 4,700억 원 적자에서 2021년 7,700억 원 흑자로 전환된다. 1조 원의 관련 수익이 매출액에 더해지지 않았다면 영업이익 흑자가 아니라 적자였을 것이다. 위 내용을 종합해보면, SK는 이 돈이 영업과 무관하다고 판단했는 데 반해 LG는 영업과 관련성이 높다고 판단했음을 알 수 있다. 동일한 사건의 결과로 양측이 서로 주고받은 돈을 두고도 회사마다 이렇게 판단이 다른 것이다. 그리고 둘 중 어느 한쪽의 판단이 틀렸다고 말하기 힘들다. 두 회사가 나름대로 충분한 논리를 가지고 이런 판단을 내렸고, 그 두 논리가 꼭 틀렸다고 보기 힘들기 때문이다. 그렇지만 꼭 한 가지 답만 고르라고 한다면, 필자도 영업과 무관한 항목으로 보는 것이 더 옳다고 생각한다.

셀트리온헬스케어와 셀트리온 사이의 거래

LG에너지솔루션의 회계처리와 유사한 다른 기업의 경우를 살펴보자. 셀트리온은 바이오시밀러 약품을 개발하는 회사다. 이를 셀트리온헬스케어(이하 헬스케어)가 사들여 국내외 시장에 판매한다. 이름에 '셀트리온'이라는 글자가 들어가 있어 계열사로 착각하기 쉬운데, 엄밀하게 따지면 이 두 회사는 계열사가 아니다. 두 회사 모두 서정진 회장이 지배주주이지만 두 회사 사이에 지분관계는 없다. 따라서 법적으로 보면 계열사가 아니라 서로 독립된 별개의 회사일 뿐이다.[5] 셀트리온은 2005년 코스피 시장에 상장했지만, 헬스케어는 2017년 들어서야 코스닥 시장에 상장했다.

그런데 헬스케어는 셀트리온의 대표 제품인 관절염 치료제 램시마가 2013년 유럽에서 판매허가를 받기 전부터 수천억 원대 램시마 재고를 셀트리온으로부터 선구매해서 창고에 보유해왔다. 아무리 허가가 예상되는 상황이라고 하더라도, 상식적으로 몇 년 전부터 재고를 사서 보유하고 있을 이유는 없다. 이에 따라 과거 셀트리온이 헬스케어에게 이런 방식으로 판매한 금액을 셀트리온의 매출액으로 기록하는 것이 맞느냐는 이슈가 논란거리가 된 적이 있었다. 두 회사의 지배주주인 서 회장의 지시가 없이는 헬스케어가 수천억 원어치의 재고를 구입해서 창고에

---

[5] 이런 이상한 지배구조를 해결하기 위해 현재 셀트리온은 셀트리온제약과 셀트리온헬스케어까지 합쳐 3개 사를 합병하는 작업을 계획했다. 셀트리온제약도 셀트리온이 생산한 약품을 판매하는 회사다.

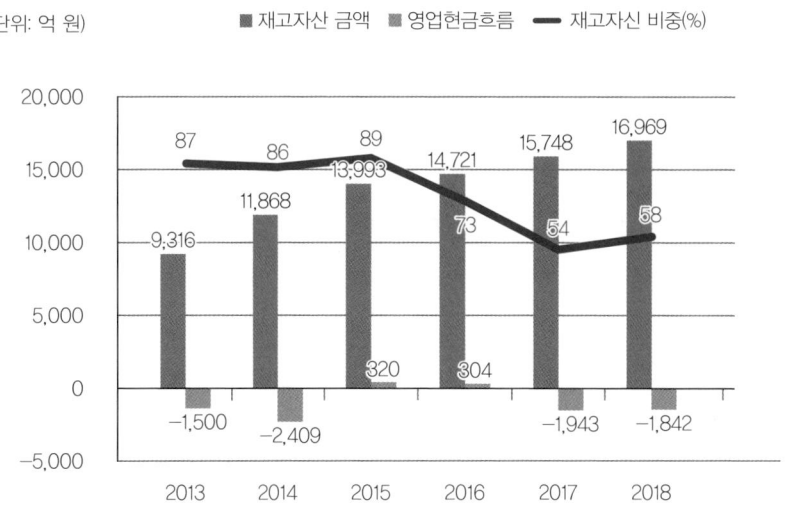

〈그림 3〉 셀트리온헬스케어의 재고자산 규모, 비중, 영업현금흐름

쌓아놓을 이유가 없기 때문이다. '매출액 부풀리기'라면서 논란이 되자 셀트리온의 주가가 폭락하기도 했다. 그렇지만 논란 끝에 매출액으로 기록하는 것이 옳다는 공감대가 전문가들 사이에 형성됐었다. 이상하기는 하지만 두 회사 사이에 지분관계는 없기 때문이다.

어쨌든 헬스케어가 이렇게 많은 약품을 선구매한 덕분에 셀트리온은 아직 판매허가를 받지도 않은 약품 생산 초기부터 매출과 이익 규모를 키울 수 있었다. 그러나 헬스케어는 2018년 기준 1조 6천억 원이 넘는 엄청난 약품 재고를 보유하고 있었다. 〈그림 3〉을 보면 헬스케어가 보유한 재고자산 금액과 전체 자산 중에서 재고자산이 차지하는 비중을 알 수 있다. 시간이 지남에 따라 비중이 하락하기는 하지만, 일반적인 회사들과 비교하면 재고자산 수준이 월등히 높다는 것을 알 수 있다.

이렇게 창고에 쌓아놓을 막대한 재고자산을 셀트리온으로부터 매수하느라 헬스케어는 만성적인 현금 부족에 시달렸다. 〈그림 3〉을 보면 대부분의 연도에서 영업현금흐름이 음수(-)인 것을 알 수 있다. 즉 영업을 통해서 돈을 벌지 못하고 있었던 것이다. 따라서 영업에서 발생하는 손실을 만회하고 투자에 필요한 자금을 마련하기 위해 헬스케어는 계속해서 외부에서 필요한 자금을 조달해야 했다.

두 회사 사이의 거래구조나 〈그림 3〉에 표시한 헬스케어의 당시 상황을 보면, 셀트리온의 영업성과를 높이기 위해 헬스케어를 희생시킨 것으로 보인다. 만약 이 두 회사 사이에 지분관계가 있어 한 회사가 다른 회사의 종속회사나 관계회사였다면 이런 거래는 업무상 배임 행위나 계열사 부당지원 행위로 분류될 가능성이 있다. 2017년 상장 이전 헬스케어는 서정진 회장 및 기타 소수의 특수관계자(친족 및 임원)가 소유한 개인회사였다. 따라서 헬스케어의 이익을 희생함으로써 서정진 회장이나 특수관계자들이 개인적으로 손해를 봤지만, 그 결과 상장회사 셀트리온의 이익을 높여 기록하려고 했던 것으로 보인다. 즉 셀트리온의 주가를 높게 유지하려는 목적으로 이런 일을 수행했을 것이다. 헬스케어의 상장 이후에는 다수의 소액주주가 생겨났기 때문에, 만약 헬스케어가 상장 이후에도 이런 행위를 계속했다면 기업에 손해를 미치는 배임 행위라고 볼 수 있는 여지가 상당하다. 〈그림 3〉에서 2017년부터 재고자산 비중이 크게 감소한 것을 보면, 다행스럽게도 헬스케어가 2017년 상장 이후에는 이런 행동을 멈추거나 크게 줄였다는 것을 알 수 있다. 그 결과 소송에 휘말릴 여지를 줄인 것이다.

셀트리온헬스케어의 판권 매각에 대한 분류와 논란

2017년 상장 이후인 2018년 2분기에 헬스케어는 매출액 2,596억 원, 영업이익 167억 원, 당기순이익 113억 원을 기록했다. 당시 시장의 예상치를 상당히 밑도는 수준이었다. 하지만 이마저도 영업손실이 예상되던 상황에서 국내 약품에 대한 판권을 셀트리온에 219억 원에 판매한 것을 매출로 분류해 나타난 결과였다. 만약 이 대금을 매출액이 아니라 영업외수익으로 분류했다면 영업손실 52억(=219억-167억) 원이 발생했을 것이다. 헬스케어는 당시 거래구조 단순화를 위해 셀트리온에 국내 판권을 매각한 것이라고 밝혔다. 국내 판권은 셀트리온에게 넘기고 해외 판권만 계속 보유하겠다는 판단이었다는 이야기다.

약품을 판매할 수 있는 권리인 판권을 매각한 것을 매출액으로 분류한 것이 부적절한 회계처리라는 주장이 제기되자 금융감독원은 감리에 착수했다. 판권 매출은 약품 매출이 아니라 보유하고 있던 무형자산을 판매한 것이므로 영업외손익으로 분류해야 한다는 주장이다. 이 회계처리는 영업적자를 기록하는 것을 막기 위해 고의적으로 행해진 분식회계라는 것이었다.[6] 이런 내용이 보도되자 셀트리온의 주가는 크게 하락한다.

그러나 이 주장이 옳지 않다는 반론도 많았다. 국내의 많은 제약업체

---

6 또한 헬스케어가 보유하고 있는 막대한 재고자산에 대한 회계처리가 적정한지에 대해서도 의문이 제기되었었다. 결과적으로 헬스케어에 대해 감리를 진행한 금융감독원은 이 부분에 대해서는 재고자산평가손실을 적정 수준보다 덜 기록했다고 판단했다. 그러나 고의성은 없이 과실에 의해서 잘못된 회계처리가 수행됐다고 판단했다.

가 개발된 약품 또는 개발 중인 약품 후보물질들을 외국 메이저 제약사들에게 판매하곤 하는데, 이런 판매금액을 매출액으로 기록하는 게 맞다는 주장이다. 예를 들면 최근 몇 년간 여러 신약을 개발한 한미약품의 경우도 판권 매각을 포함한 기술 수출 전액을 매출액으로 분류했다. 특히 헬스케어 측은 회사 정관에 기재된 사업 목적이 '의약품, 원료의약품, 화학약품 등의 제조, 가공 및 판매'와 '각호에 부대되는 사업 일체'로 정의되어 있으므로, 판권의 판매도 '각호에 부대되는 사업 일체'에 포함되는 일이므로 주 영업활동의 범위에 해당된다고 해명했다. 그러므로 매출액으로 기록할 수 있다는 주장이다. 또한 해당 금액을 매출액으로 기록하든 영업외손익으로 기록하든 간에 회사의 당기순이익이 바뀌는 것은 없는데, 영업손익만을 부풀릴 이유가 무엇이냐는 반론도 제기했다. 영업손실이 1회 발생한다고 해서 코스닥 시장에서 퇴출되는 것도 아니었다.

　이런 논란 내용들을 읽어보면, 양측의 주장이 나름대로 일리가 있다는 것을 알 수 있다. 즉 전혀 근거가 없는 허무맹랑한 주장은 아니다. 회계사 중에서도 이 문제에 대해서는 의견이 엇갈렸다. 어쨌든 2022년 초 열린 금융당국 회의에서 회사의 회계처리가 잘못된 것이라는 결론을 내렸다. 그러나 고의성은 없는 과실이라고 판단해서 검찰 고발로 이어지지는 않았다.

　금융당국이 왜 이런 결론을 내렸는지 필자는 정확한 이유를 알지 못한다. 그렇지만 그 이유를 추측해보면 다음과 같다. 한미약품이나 다른 제약사들의 경우는 판권이나 기술 수출이 빈번하게 발생한다. 따라서 판권 판매를 영업활동으로 볼 수 있다. 그러나 헬스케어의 경우는 해당

거래가 회사 설립 이후 발생한 유일한 판권의 거래였다. 더군다나 그 거래도 외부 독립적인 회사와의 사이에 발생한 것이 아니라 지배주주가 동일한 회사와의 사이에서 발생한 것이다. 따라서 고의적으로 이 거래를 만들어서 이익을 기록, 결과적으로 영업손실을 기록하는 것을 회피했다고 볼 수 있는 여지가 있다. 다만 다른 제약사들이 판권 거래를 매출로 분류하고 있으므로, 그것을 참고해서 헬스케어가 동일한 방식으로 기록했다고도 볼 수 있는 여지도 있다. 따라서 거래의 고의성을 입증하는 것은 쉽지 않으므로, 금융당국이 고의가 아니라 과실이라고 판단했을 것이다.[7]

영업손익과 당기순손익의 차이

결론적으로 이 사건과 앞에서 소개한 LG 및 SK 사건의 진행 과정과 회계처리를 종합해보면, 어떤 거래가 매출에 해당하는 것인지가 그렇게 명확한 것이 아니라는 점을 알 수 있다. 비용에 해당하는 항목들도 마찬가지다. 일부 회사에서 영업비용으로 분류하는 항목을 다른 회사에서는 영업외비용으로 분류하기도 한다. 거래구조나 기업의 의도에 따라서 회

---

[7] 이런 복잡한 거래가 일어나고 논란의 대상이 되는 것을 보면, 빨리 셀트리온과 셀트리온제약 및 헬스케어를 합병하는 것이 더 바람직하다고 보인다. 다른 제약사들의 경우도 대부분 제품을 생산하는 회사와 판매하는 회사를 분리해 운영하는 경우는 드물다. 그런 이유에서 현재 추진 중인 3사의 합병안이 나왔을 것으로 추측된다.

계 전문가들도 서로 다른 판단을 내릴 수 있다.[8]

그렇다면 헬스케어는 (만약 우연히 그렇게 된 것이 아니라면) 왜 영업손익을 흑자로 만들어서 영업손실을 기록하는 것을 회피하려고 했을까? 그 이유는 외부 정보이용자 중에서 영업손익만을 보고 투자의사결정을 내리는 사람이 많기 때문일 것이다. 앞의 〈그림 2〉에 포괄손익계산서의 구성항목들이 보고되어 있는데, 이 중에서 가장 널리 사용되는 항목이 영업이익과 당기순이익이다. 즉 영업이익만 보고 기업의 수익성을 판단하는 사람들이 있으므로, 영업이익 적자를 회피하기 위해 이런 거래를 했었을 가능성이 있다.

영업이익과 당기순이익은 모두 기업의 수익성을 측정하는 매우 중요한 이익 개념이다. 투자자의 투자의사결정뿐만 아니라 기업의 경영자 성과평가와 보너스 지급, 신용평가 등에 두 이익 개념이 광범위하게 사용되고 있다. 영업이익은 영업활동 과정에서 창출된 이익을 말하며 기업의 영업능력을 나타내는 지표다. 이에 반해 당기순이익은 〈그림 2〉에서 볼 수 있듯이 영업활동 외의 투자활동이나 재무활동에서 발생한 영업외손익과 법인세비용을 영업이익에 추가해 계산한 것이다. 영업외손

---

8 필자는 올바른 회계처리가 무엇인지에 대한 전문가의 판단이 기업의 의도에 따라 영향을 받아서는 안 된다고 믿는다. 예를 들어 만약 헬스케어의 경영진이 판권 판매가 영업과 직결된 활동이라고 보아 매출액으로 분류했다고 한다면 이해가 되지만, 그렇지 않고 영업과 직결되지 않더라도 영업적자를 기록하지 않기 위해 판권 판매를 매출액으로 분류했다면 분식회계라고 생각한다. 마찬가지로 금융당국에서 분식회계 여부에 대한 결정을 내릴 때도 판권 판매가 영업과 직결된 활동인지 아닌지에 대한 판단을 통해 적절한 회계처리인지의 여부를 결정해야지, 헬스케어가 영업적자를 기록하는 것을 회피하기 위해서 한 회계처리이기 때문에 분식회계라고 봤다면 잘못된 결정이라고 생각한다. 쉽게 설명하면 의도는 좋더라도 회계처리가 잘못됐다면 분식회계이고, 의도가 나쁘더라도 회계처리가 적정하다면 분식회계가 아니라는 것이 필자의 견해다.

셀트리온 전경
셀트리온헬스케어는 셀트리온의 지배주주인 서정진 회장이 보유한 개인회사다. 셀트리온헬스케어는 국내 약품 판권을 셀트리온에 219억 원에 판매하고 이를 매출로 분류했다. 이 분류가 적정한 것인지에 대해 논란이 발생한다.
© 셀트리온

익의 대표적인 예는 유형자산 처분손익, 이자비용, 외화환산손익, 지분법손익 등이다.

영업이익과 비교할 때 영업외손익이 이익의 지속성(persistence)이 낮다. 지속성이 낮다는 말은 금년도에 발생했다고 미래에 유사한 금액이 또 발생하는 것이 아니라는 의미다. 그 결과 영업외손익의 미래 이익 또는 미래 현금흐름 예측능력(predictive ability)도 영업이익보다 낮다. 따라서 영업외손익이 주가와 관련된 정도(value relevance)가 영업이익이 주가와 관련된 정도보다 낮다.[9] 이익이기는 하지만 지속성이 낮고 미래를 예측하는 데도 도움이 덜 되니, 동일한 이익 금액이라도 주가에 덜 반영된다는 의미다.

그렇지만 영업외손익이 필요 없는 항목이라고는 볼 수 없다. 영업외손익에 속하는 항목 중에도 기업의 가치에 상당한 영향을 미치는 것들이 있다. 예를 들어 영업흑자인 기업이라도 부채가 많아 큰 이자비용이

---

[9] 여기에서 설명한 지속성, 예측 능력, 가치 관련성의 3가지 요인이 '이익의 품질(earnings quality)'을 평가하는 목적으로 학술적으로 사용되는 중요한 지표다.

발생하고 있다면 당기순이익은 적자가 될 수도 있다. 이자비용은 영업외비용 항목이기 때문이다. 그 반대로 영업적자인 기업이라도 자회사에서 많은 이익이 발생했다면 영업외손익 항목으로 분류되는 지분법이익이 크기 때문에 흑자 당기순이익이 발생할 수 있을 것이다. 즉 영업외손익 항목의 크기에 따라서 영업이익과 당기순이익 사이에 큰 차이가 발생할 수도 있으며, 이 차이가 기업의 가치에 영향을 미치는 중요한 차이인 경우도 종종 존재한다.

물론 영업외손익 항목들이 모두 그렇다는 의미는 아니다. 영업외손익 중에는 기업의 가치에 거의 영향을 미치지 않는 것들도 있다. 현금흐름이 동반되지 않고 단지 회계처리상의 이유로 기록하는 발생액(accruals) 때문에 생겨난 항목들이 그 대표적인 예다. 쉽게 설명하면, 이익은 발생액과 현금흐름의 합이다.[10]

정보이용자들의 잘못된 판단

앞에서 영업이익에 포함되는 항목들이 영업외손익에 포함되는 항목들보다 지속성이나 미래 예측력이 높다고 설명한 바 있다. 이는 평균적으로 그렇다는 것일 뿐, 모든 항목이 해당된다는 의미는 아니다. 예를 들어 영업외손익에 포함된 항목 중 앞에서 예로 든 이자비용이나 지분법

---

10 본고에 실린 삼성바이오로직스에 대한 글에서도, 삼성바이오로직스가 지분의 분류 변경 때문에 기록한 이익은 발생액일 뿐이라고 설명한 바 있다.

손익은 지속성과 미래 예측력이 높은 항목이다. 부채를 갑자기 많이 갚거나 더 빌리지 않는다면 대략 비슷한 규모의 이자비용이 내년도에도 발생할 것이다. 자회사의 주식을 갑자기 팔아버리거나 더 많이 구입하지 않는다면 자회사의 이익 중 일정한 비율이 내년도에도 지분법이익으로 모회사의 이익에 반영될 것이다. 즉 영업외손익 항목도 기업의 가치에 영향을 미치는 것인 만큼, 영업이익만 보고 기업의 가치를 판단하는 것은 잘못된 의사결정이다. 또한 영업이익에 포함되는 항목 중에서도 지속성이나 미래 예측력이 낮은 항목도 있다. 앞에서 소개한 LG화학의 사례에서 SK로부터 받은 돈은 한 번만 발생한 일회성 항목이다. 이는 미래 기간에 지속되지 않으므로 미래의 이익이나 현금흐름을 예측하는 데도 거의 도움이 되지 않는다. 따라서 당연한 이야기이지만 가치관련성도 낮을 것이다.

그렇지만 일부 외부 이해관계자들은 영업외손익은 무시하고 영업이익만 보고 의사결정을 내리는 오류를 범하곤 한다. 애널리스트 중 일부도 당기순이익이 아니라 영업이익 예측치만 발표하고, 기업분석을 할 때도 영업이익만 고려하기도 한다. 거래소에도 영업이익이 수회 연속 적자인 경우 상장폐지 대상이 된다는 규정이 있다. 투자자들의 경우도 영업적자가 발생했다는 소식을 접하면 주식을 투매하기 때문에 주가가 폭락한다.

따라서 일부 기업은 영업이익 목표치를 맞추거나 영업적자가 발생하는 것을 막기 위해 영업외이익으로 포함되어야 하는 항목을 매출액으로 분류하기도 한다. 또한 영업비용(즉 매출원가 또는 판관비)으로 분류되어야 하는 항목을 영업외비용으로 분류하는 등의 방식으로 영업이익을 부풀리기도 한다. 이런 행위를 전문용어로 분류조정(classification shifting)이라고 부른다.[11] 예를 들면 대우조선해양의 분식회계 내용 중에도 분류조정이 등장한다. 산업은행과 대우조선해양이 맺은 계약에 따라 대우조선해양 직원들이 보너스를 받기 위해서는 영업이익 목표를 달성해야 했던 바, 그 영업이익 목표를 달성하기 위해 가짜 이익을 만들어내는 분식회계도 했지만 동시에 분류조정도 해서 영업외손익에 포함되어야 할 항목들 중 일부를 영업손익으로 옮겼던 것이다.[12]

어쨌든 이런 경향은 우리나라보다는 선진국에서 더욱 빈번히 발생하는 듯하다. 미국의 경우는 애널리스트들이 발표하는 이익예측치도 영업이익이며, 언론에서도 거의 대부분 영업이익만을 언급한다. 주주들도 영업이익에 집중하기 때문에, 주가변동도 영업이익의 변동과 매우 밀접하게 관련되어 있다. 기업 내부 성과평가나 보너스의 지급액 계산에도 영업이익이 거의 대부분 사용된다. 즉 영업외손익은 무시되는 경향이 한국보다 크다. 따라서 영업이익 목표치를 달성하려는 또는 영업적자를 기록하는 것을 피하려는 성향이 더 두드러진 것이다.

---

11 『숫자로 경영하라 3』에 실린 '왜 국제회계기준 도입이 문제인가?'라는 글에 영업이익 계산방법을 바꿔서 영업적자를 영업흑자로 바꾼 것으로 의심되는 다수의 기업 사례가 소개되어 있다. 즉 분류조정을 한 것이다.

12 분류조정에 대해서는 다음 연구를 참조하기 바란다.
McVay, "Earnings Management Using Classification Shifting: An Examination of Core Earnings and Special Items.", 〈The Accounting Review〉, 2006
Hwang, Choi, Choi, and Lee, "Corporate Social Responsibility and Classification Shifting", 〈Journal of Accounting and Public Policy〉, 2022
문현주. '분류변경을 통한 이익조정', 〈회계저널〉, 2013년

영업이익을 높여 표시하기 위해 사용되는 방법들

영업이익을 높여 표시하기 위해 분류조정을 하기도 하지만, 경우에 따라서는 의도적으로 손상차손(asset impairment loss)을 더 많이 기록하거나 일부 사업부를 중단사업으로 분류해 외부에 매각하거나 청산해버리는 경우도 많다. 복잡한 내용이라 짧게 설명하기 곤란하지만, 왜 그런지에 대해 간단하게 소개한다.

자산의 현재 가치가 회계장부에 기록되어 있는 금액(=장부가치)보다 현저하게 낮다면 손상차손을 기록한다. 손상차손이란 자산금액을 대규모로 상각하는(즉 깎아버리는) 동시에 비용처리를 하는 것이다. 손상차손은 영업외손익 항목이다. 따라서 손상차손을 기록하면 자산금액이 감소하는 동시에 영업외비용이 기록된다. 즉 손상차손을 기록한다고 해서 당기 영업이익이 줄어들지 않는다. 당기순이익이 줄어들 뿐이다. 그렇지만 차기에 가서는 영업이익이 늘어나는 효과가 있다. 당기에 자산의 금액을 크게 줄여서 기록했기 때문에 차기에 감가상각비나 무형자산상각비가 줄어들기 때문이다. 감가상각비나 무형자산상각비는 영업비용으로 분류되기 때문에, 손상차손을 당기에 기록한 결과 당기 이후에는 영업비용으로 기록되는 항목의 금액이 줄어들어서 영업이익이 늘어나는 효과가 생긴다.

적자가 나는 사업부를 중단사업으로 분류하는 경우, 해당 사업부에서 발생하는 손익은 영업이익 계산에서 빠져서 당기순이익 계산에만 반영되기 때문에 영업이익이 높게 표시되는 효과가 있다. 앞의 〈그림 2〉에 표시되지는 않았지만, 중단산업으로 분류된 사업부에서 발생하는 손익은 손익계산서의 상단부에는 포함되지 않는다. '중단사업손익'이라는 이름으로 당기순이익의 바로 위에 표시된다. 중단사업으로 분류된 사업부는 앞으로 전부가 외부에 매각될 수도 있고, 또는 일부 유형자산만 매각되어 매각손익이 기록되고 남은 자산은 청산될 수도 있다.

선진국 기업에서는 손상차손을 기록하거나 일부 사업부를 떼어내어 중단사업으로 분류하는 일이 국내에서보다 더 자주 일어난다. 그 이유는 지배주주의 존재 여부 때문일 수 있다. 한국의 경우 대부분 기업에 지배주주가 존재한다. 따라서 지배주주들이 계열사의 경영상태를 엄격하게 감시하고 있으므로 경영자들이 분류조정을 하기 어려울 것이다. 또한 지배주주들은 주식을 오래 보유하기 때문에 장기적인 기업가치 상승에 관심을 두는 경우가 많다. 따라서 단기간의 주가관리를 위해 영업이익을 의도적으로 높여 보고할 유인이 작다. 그에 반해 지배주주가 없는 회사들의 경우 수많은 소액주주가 경영자의 행동을 엄격하게 감시하기가 어렵기 때문에 이런 일이 더 빈번하게 일어날 가능성이 높다. 또한 경영자가 매년 주주총회에서 주주들의 신임을 받아야 하므로 주가관리가 중요하다. 이 때문에 단기적 주가관리를 위해 영업이익을 높여 보고하려고 할 유인이 좀 더 크다.

이런 현상들 때문에 회계정보의 이용자들은 특정 이익 항목 하나만 보고 중요한 의사결정을 내려서는 안 된다는 것을 명심하기 바란다. 영업이익도 중요하지만 당기순이익도 중요하다. 매출총이익이나 법인세비용차감전순이익도 다 나름대로 의미가 있다. 따라서 기업의 가치를 정확히 평가하기 위해서는 여러 항목을 동시에 고려하면서 의사결정에 반영해야 한다. 제일 좋은 기업은 이런 여러 이익 항목이 모두 일관적으로 증가하는 형태를 보이는 기업일 것이다.

앞으로 변경 예정인 영업이익의 정의와 계산방법

그런데 재미있는 사실은 영업이익의 정의와 계산방법이 2027년부터 변경될 것이라는 점이다. 현재 우리나라 상장기업들이 사용하는 국제회계기준(International Financial Reporting Standards, IFRS)은 국제회계기준위원회(International Accounting Standards Board, IASB)에서 만든 것이다. 현재 미국과 일본을 제외한 전 세계 기업들이 대부분 IFRS를 사용하고 있다. 그런데 IASB에서는 재무제표의 일반적 표시와 공시체계를 개선하려는 목적에서 회계기준을 개정하겠다는 내용을 담은 공개초안(Exposure Draft)을 2019년 말 발표했다.[13] 공개초안이란 앞으로 이런 방식으로 회계기준을 개정하겠다는 내용을 외부에 소개하는 것이다. IASB에서는 공개초안을 발표한 후 2020년 말까지 전 세계 여러 이해관계자의 코멘트를 받았다. IASB는 코멘트를 수집한 결과를 바탕으로 최종안을 마련하는 중이다. 이 최종안이 초안에 발표된 내용 그대로 확정되면 포괄손익계산서의 형식이 크게 변하게 된다.[14] 구체적으로 공개초안에 포함되어 발표된 포괄손익계산서의 형식은 다음의 〈그림 4〉와

---

13 International Accounting Standards Board, "IFRS Standards Exposure Draft: General Presentation and Disclosures.", 2019

14 손익계산서뿐만 아니라 현금흐름표의 작성방식도 일부 변할 예정이다.

〈그림 4〉 국제회계기준위원회가 발표한 새로운 포괄손익계산서의 구조

        매출액
-   매출원가
=   **매출총이익**
-   종업원 급여
-   기타 영업비용
-   유형자산 처분손익/손상차손 등 기타 손익
=   **영업이익**
+/-   지분법손익
+/-   금융자산 공정가치 변동
+   배당이익
=   **재무손익 및 법인세비용차감전순이익**
+/-   재무활동에서 발생한 손익(이자수익 및 이자비용 등)
=   **법인세비용차감전이익**
-   법인세비용
=   **당기순이익**
+/-   기타포괄손익
=   **포괄이익**

같다.

  〈그림 4〉의 내용이 매우 복잡하지만 핵심을 요약하면 다음과 같다. 손익 항목을 ① 투자범주(지분법손익, 금융자산 공정가치 변동, 배당이익), ② 재무범주(재무활동에서 발생한 손익, 즉 이자비용 등), 그리고 ③ 법인세비용의 세 범주로 구분한 것이다. 그리고 이 세 범주에 속하지 않는 나머지 전부를 ④ 영업활동으로 보았다. 즉 영업이익의 정의가 '영업활동에서 벌어들인 이익'이 아니라 '다른 3가지 활동에 포함되지 않은 나머지 활

동에서 벌어들인 이익'으로 변하는 것이다.

　이러한 변화 결과 계산된 영업이익은 우리가 현재 사용하고 있는 회계 기준에 따라 계산되는 영업이익보다 더 넓은 범위를 포괄하게 된다. 예를 들어 〈그림 4〉에서 영업이익을 구성하는 항목 중 유형자산 처분손익과 손상차손은 현 기준에 따르면 영업외손익으로 포함되는 항목들이다.

우리가 해야 할 일은?

앞에서 이미 간단히 언급한 바 있지만, 유형자산 처분손익과 손상차손 항목은 대표적인 일회성 항목으로서 지속성이나 미래 예측력이 낮다. 이런 항목들이 영업이익 계산에 포함된다면 영업이익의 지속성이나 미래 예측력이 하락할 것이다. 즉 이익의 품질이 하락하는 것이다.

　필자의 개인적인 생각이긴 하지만, 국제회계기준위원회가 이렇게 손익계산서의 구조를 바꿔서 지속성이나 미래 예측력이 낮은 항목들을 영업이익 계산에 포함시키려고 하는 이유는 다음과 같다. 앞에서 소개한 것처럼, 미국 등의 일부 선진국가에서는 영업이익만을 의사결정 목적으로 사용하는 외부 이해관계자들이 많다. 그러다 보니 기업들이 영업이익을 의도적으로 부풀리려고 하는 경우가 빈번했다. 따라서 어떤 항목이 영업활동이냐를 두고 회사와 감사인 사이에 갈등도 종종 일어났다. 분류조정을 사용하기도 하지만, 손상차손을 일부러 더 많이 기록하거나 조금이라도 특정 사업부의 성과가 나쁘면 시간을 두고 기다리지 않고 바로 중단사업으로 분류한 후 매각하기도 한다. 이 경우 유형자산 처분손익 등이 발생할 것이다. 이런 일이 자주 발생하는 것을 막고자 유형자산 처분손익이나 손상차손을 영업이익 계산에 포함시키려고 했을 것으로 추측된다. 즉 단기적인 경영활동을 억제하고 '좀 더 장기적인 관점에서 회사를 경영하라'는 것을 권장하는 의도일 것으로 보인다.

어쨌든 손익계산서의 형식이 2027년부터 바뀔 예정이므로, 앞으로 외부 정보이용자들은 손익계산서를 분석할 때 좀 더 신중하게 접근해야 할 것이다. 영업이익 수치를 그대로 이용하는 것이 아니라 각 항목으로 세분해서 봐야 한다. 예를 들어 지속성이 높은 항목과 낮은 항목들을 구분해서 생각해야 한다. 그래야 좀 더 정확히 미래 이익을 예측할 수 있다. 물론 앞에서 언급한 것처럼 영업이익만 보고 의사결정을 내려서는 안 된다. 영업이익뿐만 아니라 다른 이익 항목들도 기업의 가치를 판단하는 데 도움이 되기 때문이다.

결국 열심히 회계를 공부하고 재무제표를 분석해야 한다는 이야기다. 영업이익이나 당기순이익 수치만을 보고, '미래의 이익이 얼마쯤 될 것으로 보이니 회사의 가치는 얼마쯤이다'라고 손쉽게 예단할 수는 없다. 가야 할 길이 먼 것이다. 물론 이 이야기는 회계기준이 바뀌지 않는다고 하더라도 똑같이 해당된다. 현재의 회계기준에 따라 계산한 영업손익이나 영업외손익의 각 세부항목을 보면 지속성이 다른 항목들이 섞여있다. 영업외손익 항목 중에서도 지속성이 높은 항목이 있다는 것을 앞에서 언급한 바 있다. 지분법손익이나 이자비용이 그 대표적인 예다. 따라서 이런 개별항목을 하나하나 분해해서 생각해봐야 미래의 이익을 보다 정확하게 예측할 수 있다. 물론 현재도 주가가 이익에 반응하는 정도를 살펴보면 주가가 영업손익에 반응하는 정도가 영업외손익에 반응하는 정도보다 유의적으로 크다. 즉 현재도 투자자들이 영업손익과 영업외손익의 차이에 대해서 일부 구분을 하고 있다. 그러나 이보다 더 정교하게 구분해서 반응해야 한다. 즉 남들보다 더 열심히 공부하고 분석해야지만 좀 더 정확한 예측을 할 수 있고, 그런 예측에 기반한 투자의사결정을 내릴 수 있을 것이다.

● 후기

2024년 들어 국제회계기준위원회는 본고에서 설명한 포괄손익계산서의 형식에 대한 개정안을 2027년부터 적용하기로 확정했다. 오랫동안 사용되어온 포괄손익계산서의 형식이 대폭 바뀌게 된 것이다. 이 개정안에 따르면 회계기준에 따라 계산되는 이익과는 다른 경영진 성과측정치(Management Performance Measure, MPM)라는 이름으로 별도의 이익을 계산해 보고할 수 있다. 단 어떻게 이 측정치가 계산됐는지를 주석으로 설명해야 한다. 기존에 기업들이 EBIT, EBITDA, 조정영업이익 등의 이름으로 독자적으로 정의한 이익 정보를 회계기준에 따라 계산한 이익보다 강조해서 공시하는 경우가 있었는데, 이런 문제점을 해결하기 위해 마련된 제도다. 즉 경영자가 기업의 성과를 잘 나타낼 수 있는 측정치라고 믿는 수치를 원한다면 공시할 수 있지만, 그 수치를 어떻게 계산했는지도 함께 공시하라는 것이다. 경영자가 자신이 원하는 수치들만을 취사선택해서 별도의 이익을 계산해서 공시하는 것을 막기 위해 이런 제도가 마련되었을 것이다. 그리고 이 수치도 외부감사의 대상이 되기 때문에, 함부로 이 수치를 조작하는 일은 없어질 것이다.

회계 속 뒷이야기

국제회계기준위원회의 개정안에 따라 계산한 영업이익은 기업의 본질적인 영업활동에서 나타나는 이익이라고 보기 힘들다. 영업이익 계산에 영업활동에서 나타난 이익뿐만 아니라 다른 4가지 범주에 포함되지 않는 활동에서 발생한 손익들, 예를 들면 유형자산 처분손익이나 손상차손도 모두 포함하기 때문이다. 또한 손익계산서의 형식도 과거보다 좀 더 복잡하게 바뀐다.

이런 변화의 결과, 앞으로 회사의 영업능력을 제대로 파악하려면 단순히 영업이익만 보는 것이 아니라 좀 더 복잡한 계산을 해야 한다. 이런 일을 수행할 수 있는 전문지식을 갖춘 개인 투자자들은 드물 것이다. 따라서 회계정보를 분석하고 가공해서 제공하는 전문가 집단이 제 역할을 하는 것이 앞으로 더 중요해질 것이다. 예를 들면 애널리스트의 역할이 대표적이다. 기업이 어떤 회계처리 방법이나 분류기준을 쓰더라도 애널리스트가 그 내용을 꼼꼼히 분석해서 재무제표의 행간에 숨겨진 의미를 찾아낸다고 가정해보자. 그렇다면 기업이 사용한 회계처리 방법이나 분류기준을 제대로 공시만 한다면 어떤 방법을 사용했는지 자체는 그다지 중요하지 않다. 예를 들어 미국에서 애널리스트들의 이익예측치를 모아 제공하는 서비스 회사들은 공통적인 기준을 적용해 회사가 발표하는 영업이익과는 다른 별도의 영업이익을 계산하고, 이를 정보이용자들에게 제공한다. 즉 각 기업은 약간씩 다른 기준을 적용해 손익계산서를 작성하는데, 이들 서비스 회사는 이런 자료를 수집하고 종합해서 공통적인 기준으로 재편집해서 정보이용자들에게 제공하는 것이다. 우리나라에서도 애널리스트들이 이런 실력을 쌓는다면 다른 사람과는 차별적인 분석 능력을 갖추게 될 것이다.

그런데 우리나라에는 재무제표를 제대로 읽지 못하는 회계정보 이용자가 너무 많다. 은행이나 신용평가사 대출 또는 신용평가 담당자들의 상당수도 회계를 잘 모른다. 애널리스트 중 상당수도 회계지식이 부족해서 회계처리 방법의 차이로 발생하는 효과를 분석할 능력을 갖추지 못하고 있다. 그러니 기업에서 보고한 영업이익이나 당기순이익 수치를 그대로 이용해서 연도별 또는 분기별로 비교하고, 기계적으로 수치를 대입해서 분석한 보고서를 작성할 뿐이다. 그렇기 때문에 영업이익의 계산방법이 바뀌면 왜곡된 의사결정이 내려질 수 있다. 상당수의 경영진도 마찬가지다. 따라서 회계기준이 바뀐 결과 회계지식을 갖춘 사람과 그렇지 못한 사람의 의사결정의 질에 과거보다 좀 더 큰 차이가 생겨날 수 있을 것이다.

예를 들어 한국거래소의 상장기준에 따르면 영업이익이 4년 연속 적자면 관리종목에 지정되고 5년 연속 적자면 상장폐지 대상이 된다. 그런데 IFRS의 개정안에 따르면 영업이익의 계산방법이 과거와 바뀌게 된다. 그럼에도 불구하고 4년 또는 5년 영업이익 적자라는 기준을 바꾸지 않고 그대로 계속 적용한다면 과거와는 판단기준이 달라지는 것이다.

그렇다면 국제회계기준위원회에서 왜 이렇게 복잡한 방향으로 국제회계기준을 바꾸려고 하는지가 궁금해질 수 있다. 필자는 필자가 생각한 회계기준의 개정이유에 대해 본문에서 소개했다. 좀 더 장기적인 관점에서 회사를 경영하라는 의미라는 것이다. 영업이익 목표를 맞추기 위해 과다한 손상차손을 의도적으로 기록하거나 사업부나 자회사를 손쉽게 떼어 매각하는 일을 억제하겠다는 것이다. 바뀐 영업이익 계산기준에 따르면 이들 항목에서 발생하는 손익이 앞으로는 영업이익 계산에 포함되기 때문이다. 지금까지는 이들 두 항목은 영업외손익으로 분류되었었다.

어쨌든 이런 회계기준 개정목표가 반드시 충족될 것 같지는 않다. 영업이익 계산방식이 좀 더 복잡해지더라도, 만약 외부 이해관계자들이 영업이익만 보고 판단하는 행태가 바뀌지 않는다면 경영자들은 앞으로도 계속해서 영업이익 목표를 맞추기 위해 행동할 유인이 있다. 이들 두 항목을 사용하지 못하게 되었을 뿐이므로, 다른 방법을 사용해서 영업이익 목표를 달성하려고 하는 빈도가 증가할 것이다.

모든 이해관계자를 다 만족하게 하는 해결책은 존재하지 않고, 사람들의 이기적으로 행동하는 의도를 완벽하게 막을 방법은 없다. 결국 가장 중요한 것은 이해관계자들 모두 회계공부를 열심히 해야 한다는 점이다. '아는 만큼 보인다'라는 말이 있듯이 회계정보는 그 의미를 아는 사람에게는 엄청난 정보의 원천이지만, 모르는 사람에게는 아무 의미가 없는 숫자들의 나열일 뿐이다. 결국 숨겨진 정보를 찾아 제대로 활용할 수 있는 사람만이 남들이 알지 못하는 가치를 낚아 올릴 수 있을 것이다.

● 후기

2023년 미국 바이든 행정부는 인플레이션감축법을 시행했다. 이 법에 따라 미국 내에서 첨단 제조업을 영위하는 기업은 미국 정부로부터 보조금을 받을 수 있다. SK온과 LG에너지솔루션은 이 법에 따라 각각 6,170억 원과 6,768억 원의 보조금을 받았다. 두 회사는 모두 이 금액을 매출액에 포함되는 기타영업수익으로 분류한 결과, 영업이익 계산에 포함시켰다. 이 금액이 영업이익 계산에 포함되는 것이 맞는지 고민해 보자.

부채인가, 자본인가?
전환우선주를 둘러싼 논란

국제회계기준(IFRS)에 따르면 전환우선주의 회계상 분류는 조건에 따라 달라진다. 회사가 투자자에게 상환해야 할 의무가 없고, 보통주로의 전환비율이 사전에 명확히 정해져 있는 우선주만 자본으로 분류될 수 있다. 이는 곧 두 조건 중 하나라도 만족시키지 못한 경우, 즉 투자자가 요청할 때 상환을 해줘야 하거나 우선주 1주와 교환되는 보통주의 수량이 확정돼 있지 않은 경우 전환우선주를 부채로 분류해야 한다는 뜻이다. 하지만 2011년 금융감독원이 규제 관용을 발휘해 전환권조정 조항이 포함된 신주인수권을 자본으로 분류하는 예외를 허용하면서 자본시장에 혼란이 일기 시작했다. 많은 상장사가 이 예외를 근거로 마땅히 부채로 분류해야 할 금융상품을 자본으로 분류하고 있기 때문이다.

MANAGING BY NUMBERS

2022년 초 벌어졌던 일이다. 기업들의 주주총회가 열려서 '주총시즌'이라고 불리는 3월 초, 코스닥 시장 상장업체인 제약·바이오 기업 알테오젠은 2021년도 재무제표에 대한 감사보고서 제출이 지연된다고 발표했다. 법률에 따라 외부감사를 담당하는 감사인(즉 회계법인)은 2022년 3월 28일자로 예정된 정기주주총회의 1주일 전까지 감사보고서를 회사에 제출해야 한다. 그런데 회계처리를 둘러싼 회사와 감사인의 이견으로 인해, 감사인이 문제가 해결될 때까지는 감사보고서를 제출하지 못한다고 회사에 통보한 것이다. 회사가 이런 소식을 발표하자 주주들은 깜짝 놀랐다. 회사의 회계처리에 심각한 문제가 있는 게 아니냐는 불안감이 확산되어서다. 그 이전인 2018년과 2019년 셀트리온과 차바이오텍의 연구개발비 회계처리 이슈를 둘러싼 논란이 벌어져서 제약·바이오 업계 기업들의 회계투명성에 관심이 집중되면서 동일 업종 소속 기업들의 주가가 큰 폭으로 하락한 바 있었다. 또한 2020년 이후 연구개발에 실패해 주가가 폭락한 신라젠 쇼크를 둘러싼 뒤처리나 논란이 계속되던 상황이었다. 그런데 또다시 회계처리 문제가 제약·바이오 기업인 알테오젠에서 발생했으니 투자자들이 놀랐을 것임을 충분히 짐작할 수 있다.[1] 당시 알테오젠의 주가도 1년 이상 하락을 거듭해, 1년 반 전의 최고가 대비 절반 이하인 주당 5만 원대를 기록하고 있었다.

회사는 결국 감사인의 요구를 받아들여서 재무제표를 수정했고, 그 뒤에야 주주총회를 개최할 수 있었다. 감사인의 의견에 따라 재무제표를 수정한 결과는 놀랄 만하다. 6월 말 기준으로 제출했던 반기재무제표에서 나타났던 부채비율 45%가 재무제표를 수정한 후인 기말 재무제표에서는 94%로 두 배가 된 것이다. 재무제표 수정 결과, 과거에는 자본으로 분류되었던 금액 약 700억 원 정도가 부채로 분류됨에 따라, 자본은 줄고 부채가 늘어났다. 당기 중 증자 등의 이유로 자본금과 자본잉여금이 총 790억 원 늘어났기 때문에 그나마 이 정도이지, 증자가 없었다면 부채비율은 230%로 급증하는 셈이었다.[2] 이 정도의 부채비율과 2021년 당기순손실이 약 100억 원 정도라는 점을 고려하면 회사의 재무상태가 위험하다고 볼 수 있었다. 2020년 3분기부터 2021년 사이의 분기 재무제표에 등장하는 영업손익, 당기순손익, 그리고 부채비율은 〈그림 1〉에서 확인할 수 있다.

---

[1] 셀트리온, 차바이오텍, 그리고 신라젠의 회계 이슈에 대한 보다 자세한 내용은 『숫자로 경영하라 5』에 실린 '비용이냐, 자산이냐… 연구개발비 회계처리를 둘러싼 논란'이라는 글을 참조하기 바란다.

[2] 부채비율은 부채/자본의 공식에 의해 계산된다. 당기 중 증자 등의 이유로 자본금과 자본잉여금이 늘어났는데, 이는 자본의 범주에 포함된다. 따라서 자본이 늘어났던 것이다.

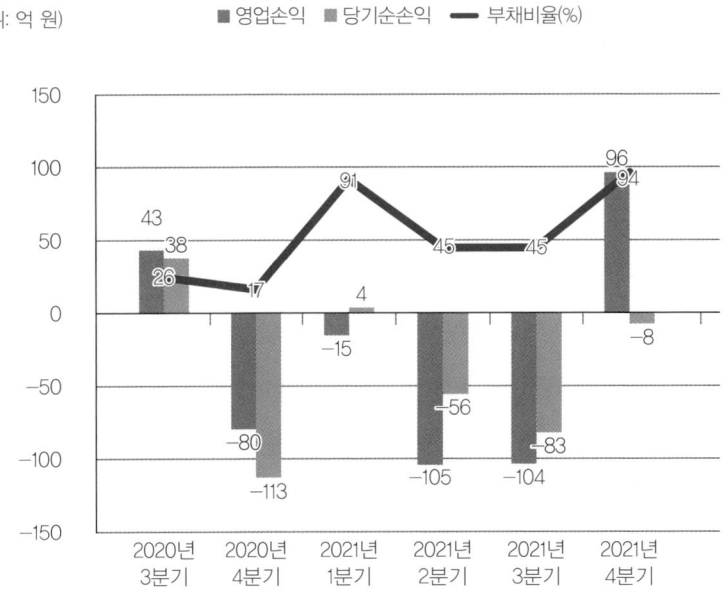

〈그림 1〉 알테오젠의 분기별 재무상황과 경영성과

전환우선주의 회계상 분류방법

그렇다면 당시 어떤 회계처리에 대해 회사와 회계법인이 서로 의견을 달리해서 이런 일이 벌어졌는지 알아보자. 이 논란은 전환비율이 확정되지 않은 전환우선주(Convertible Preferred Stock, CPS)를 회계상으로 어떻게 분류해야 하는가에 대한 것이었다. 우선주(preferred stock)는 보통주(common stock)와는 달리 의결권은 없지만 기업이 배당금을 지급할 때 또는 기업이 해산할 때 잔여재산의 분배 등에서 보통주보다 우선권을 갖는 주식을 말한다. 우선주에는 의결권이 없는 대신 종종 부가적인 속성이 부여되는데, 전환우선주와 상환우선주(Redeemable Preferred Stock, RPS)가 그 대표적인 예다.[3] 전환우선주는 보통주로 전환할 수 있는 우선주이며, 상환우선주는 회사가 주주에게 원금을(또는 원금에 부가된 일정금액을 포함해서) 상환하면 소멸되는 우선주다. 일반적인 우선주는 회계상 자본으로 분류되는데, 전환우선주나 상환우선주는 그 특징에 따라 회계상 분류가 좀 더 복잡하다.

한국에서 채택한 국제회계기준(IFRS)상에서 부채 정의의 핵심은 '상환의무의 존재 여부'다.[4] 즉 외부에서 조달한 자금 중 상환의무가 없는 금융상품은 자본으로 분류한다. 그래서 일반적인 우선주나 전환우선주는 회사가 투자자에게 상환해야 하는 의무가 없으므로 자본으로 분류하는 것이다. 그렇지만 투자자가 요청하면 상환을 해줘야 하는(즉 상환청구권을 투자자가 보유하고 있는) 상환우선주는 부채로 분류한다. 이와는 달리 회사가 원하는 경우에만 상환을 할 수 있는 상환우선주라면 상환의무가 명시적으로 존재하지 않는 것이므로 자본으로 분류한다.

그렇지만 전환비율이 사전에 명확하게 정해져 있지 않은 경우라면 회계상 분류가 완전히 달라진다. IFRS에 의하면 자기지분증권(즉 자본)으로 결제되는 파생상품은 '확정 대 확정 조건(fixed-for-fixed)'을 기준

---

[3] 전환우선주와 상환우선주를 하나로 결합한 형태인 상환전환우선주(Redeemable Convertible Preferred Stock, RCPS)도 종종 사용된다. 상환전환우선주의 사용 예는 『숫자로 경영하라 4』에 실린 '경영권 분쟁 과정에서 상환전환우선주의 역할'이라는 글을 참조하기 바란다.

[4] 금융부채의 정확한 정의는 '거래상대방에게 현금 등 금융자산을 인도하거나 잠재적으로 불리한 조건으로 거래상대방과 금융자산이나 금융부채를 교환하기로 한 계약상 의무'다(K-IFRS 제1032호 문단11).

알테오젠 본사 전경
2021년 알테오젠이 발행한 전환우선주를 어떻게 분류하느냐를 두고 회계감사를 수행한 회계법인과 회사 측의 의견이 갈린다. 회계법인의 주장대로 이 주식을 부채로 분류한 결과 알테오젠의 재무비율은 크게 악화된다.
© 알테오젠

으로 부채와 자본을 분류한다. 확정 대 확정 조건이란 '우선주 1주를 보통주 3주와 교환한다'는 것처럼 지분상품(주식) 1주에 대해 교환되는 현금 또는 금융자산의 가치나 수량이 확정되어 있는 조건을 말한다. 확정 대 확정을 만족하는 경우 자본으로 분류한다. 그렇지만 우선주 1주와 교환되는 보통주의 수량이 변할 수 있는 조건이 있다면(이를 전문용어로 '전환권조정(refixing)이 가능하다'고 표현한다) 확정 대 확정 조건을 충족시키지 못한다. 이 경우에는 부채로 분류해야 한다.[5] 즉 전환우선주의 경

---

5 보다 정확히 회계기준에 사용된 표현을 보면 "확정 수량의 자기지분상품에 대하여 확정금액의 현금 등 금융자산의 교환을 통해서만 결제될 파생계약"일 경우에만 자본으로 분류한다. 구체적인 회계처리와 분개에 대한 내용은 다음을 참고하기 바란다.
김정애·최종서, 'K-IFRS 도입 이후의 상환주식 회계처리에 관한 연구 – 사례분석을 중심으로', 〈회계저널〉, 2015년

우 확정 대 확정의 기준을 충족시키느냐의 여부에 따라 회계처리가 달라진다. 이제까지의 설명을 종합하면, IFRS는 ① 명시적인 상환의무가 없으며, ② 확정 대 확정의 기준을 충족시키는 우선주만 자본이고, 두 조건 중 하나라도 만족시키지 못하면 부채로 분류된다.

우선주 vs. 보통주 투자의 장점과 단점

IFRS에 따르면 회계상의 분류가 이렇게 복잡하다. 하지만 국내에서 비상장회사들이 사용하는 한국의 독자적인 회계기준(K-GAAP)에 따르면 분류가 간단하다. K-GAAP는 우선주라면 종류별로 구분하지 않고 모두 자본으로 분류한다. 우선주는 법적으로 보면 주식의 형태로 발행됐으니 이런 법률적 형태에 따른 분류를 회계에 그대로 받아들인 것이다. 반면 IFRS가 법률적 형태가 아니라 경제적 실질을 중시하는 회계기준이므로 두 회계기준 사이에 이런 차이가 생긴 것이다. 어쨌든 IFRS에서는 일부 우선주를 자본이 아니라 부채로 분류하므로, 이에 해당하는 우선주를 발행한 기업들은 기계적으로 계산한 부채비율이 상승하게 된다. 그렇지만 부채비율이 상승한다고 해서 경제적 실질이 다른 것은 아니니 주의하기 바란다.

통계에 따르면, 상장기업들이 2010부터 2018년까지 9년간 상장기업이 발행한 메자닌 증권(부채와 자본의 중간으로 볼 수 있는 종류의 채권, 전환사채, 신주인수권부사채, 영구채권, 우선주 등 자본으로 분류되거나 현재는 부채이지만 자본으로 전환될 수 있는 증권) 1,311건 중 전환권조정 조항이 포함되어 있는 경우가 1,304건이다.[6] 즉 최근 발행되는 메자닌 증권에는 전환권조정이 대부분 포함되어 있다. 그렇다면 전환권조정 조항은 왜 생겼을까? 그 이유는 투자자(이 경우는 우선주 주주들)를 보호하기 위해서다. 이에 대해 알기 위해서는 우선 우선주가 왜 생겼는지에 대해 알아야 한다.

 기업에 자금을 대출 또는 출자의 형태로 투자한 투자자들은 자신의 투자금을 안전하게 회수할 수 있기를 원한다. 특히 상대적으로 위험하다고 생각되는 기업들에 투자할 때 그런 성향이 더 강하게 나타난다. 그래서 대출이 아닌 출자의 형태로 투자할 때 상대적으로 보통주보다 안전한 우선주 투자를 선호한다. 만약 사업이 실패해 회사가 청산한다면 우선주 주주가 보통주 주주보다 잔여재산을 먼저 분배받을 수 있는 우선권을 가지고 있기 때문이다. 또한 우선주의 경우 배당률이 사전에 결정되어 있는 경우가 많다. 마치 채권 이자를 받는 것과 유사하다. 따라서 우선주 주주는 우선주의 보유기간 동안 상대적으로 안정적인 수익을 올릴 수 있다. 이에 반해 보통주는 배당률이 사전에 정해져있지 않다. 높은 이익을 올려야 높은 배당을 주고, 이익이 낮거나 적자라면 배당을 주지 않는 경우도 많다. 따라서 미래의 성공가능성이 불투명한 초기 스타트업의 보통주에 투자한다면 배당을 통해 큰 수익을 올리는 것은 당분간 기대하기 힘들다. 이런 이유에서 상대적으로 위험한 기업에 대한 투자 시 우선주 투자가 선호되는 것이다.

---

[6] 김필규, '메자닌 채권시장의 특성분석 및 시사점', 〈자본시장연구원 이슈보고서〉, 2019년

전환우선주와 전환권조정 조항이 생겨난 이유

그렇지만 우선주 투자에 단점도 존재한다. 우선주는 보통주와는 달리 의결권이 없다. 즉 주주로서 주주총회에 참석해 자신의 의견을 회사의 경영에 공식적으로 반영할 기회 자체가 없다. 이 의결권의 가치가 상당하다고 볼 수 있다. 또한 우선주는 배당이 기업의 성과에 따라 달라지지 않고 마치 채권 이자를 지급하는 것처럼 사전에 정해진 금액만 지급하는 경우가 대부분이다. 이런 특성을 가진 상당수의 우선주의 주가는 기업의 가치에 따라 결정되는 것이 아니라 채권과 유사한 방식으로 결정된다. 따라서 성과가 좋아 보통주 주주에게는 많은 배당을 지급하는 회사라도 우선주 주주들은 사전에 정해진 금액의 배당을 받는 것 이상의 추가적인 혜택을 받지 못한다.

따라서 보통주의 경우 회사가 성공해서 큰돈을 벌어들이고 있다면 주가가 많이 올라가는데, 우선주는 그렇지 못하다. 따라서 우선주의 주가는 시장상황이나 기업의 경영성과가 변하더라도 상대적으로 큰 변화가 없으며, 국내에서는 보통주의 주가가 우선주의 주가보다 평균 30%대 정도 높다. 또한 우선주는 보통주처럼 거래가 빈번하게 발생하지 않는다. 따라서 만약 초기 스타트업 기업이 발행한 다량의 우선주를 인수한 투자자라면, 시간이 흐른 후 자신이 보유하고 있는 거액의 우선주를 한꺼번에 주식시장에서 매각하는 데 상당히 오랜 시간이 걸릴 것이다. 한꺼번에 많은 물량이 쏟아져 나오므로 매각 과정에서 주가도 하락할 가능성이 높다.

이런 단점을 극복하기 위해 전환우선주가 탄생한 것이다. 우선주를 보통주로 전환하면 이런 단점을 극복할 수 있다. 즉 회사의 성과가 올라 보통주의 주가가 상승해서 우선주 배당을 받는 것보다 더 유리한 조건이 형성될 경우 전환우선주를 보통주로 전환해서 상대적으로 손쉽게 매각할 수 있다. 매각하지 않고 계속 보유하더라도 성과가 좋은 기업이라면 우선주의 가격보다 보통주의 가격이 월등히 높을 가능성이 높으므로 보통주 전환이 더 유리할 것이다.[7]

그리고 전환우선주 투자자가 상대적으로 손해를 볼 가능성을 줄이기 위해 전환권조정 규정이 생겨났다. 예를 들어 우선주 1주(액면 5천 원)를 보통주 1주(액면 5천 원)로 교환할 수 있는 조건으로 발행된 전환우선주를 가정해보자. 만약 보통주의 시가가 5천 원이 넘는다면, 시가 5천 원짜리 우선주 1주를 보유하고 있던 투자자는 우선주를 보통주로 전환하면 이익이 된다. 즉 고위험 증권에 투자한 대가로 추가적인 이익을 얻을 수 있는 기회를 가진 것이다. 그러나 그 반대로 해당 기업이 사업에 실패해 주식의 시가가 5천 원 이하로 떨어지는 경우 보통주로 전환하면 손해를 본다. 예를 들어 5천 원에 산 우선주 1주를 시가 4천 원의 보통주 1주로 전환한다면 1주당 1천 원의 손해를 본다. 이런 경우가 일어나는 것을 막기 위해 보통주의 가치가 하락하면 전환비율을 조정하는 것

---

[7] 그렇지만 전환우선주 발행사 입장에서는 반드시 전환권조정 조항이 좋다고는 볼 수 없다. 우선주가 보통주로 전환되면 보통주의 수가 증가하게 되고, 그 결과 보통주의 희석화(dilution)가 일어나서 보통주의 가치가 하락한다. 이에 따라 보통주 주주들이 손해를 보게 된다. 드문 경우지만 전환 후 경영권을 가진 지배주주가 바뀌는 경우도 있을 수 있다. 『숫자로 경영하라 4』에 실린 '경영권 분쟁 과정에서 상환전환우선주의 역할'이라는 글을 참조하기 바란다. STX그룹 산하의 계열사였던 STX에너지의 2대주주가 오릭스 펀드였는데, 오릭스는 전환권을 행사해 STX를 2대주주로 밀어내고 지배주주가 되어 경영권을 장악한 후 회사를 매각한다.

이다. 예를 들어 이 사례에서는 경우 전환비율이 조정되어 우선주 1주(액면 5천 원)를 보통주 1.25주(총 5천 원)로 교환한다면 우선주 주주는 보통주 주가가 4천 원으로 떨어지더라도 손해를 보지 않는다.

전환권조정 사용에 대한 반대 견해

이런 설명을 읽어보면 투자자가 손해를 볼 가능성을 줄이기 위해 전환권조정 조항이 탄생했다는 점을 이해할 수 있을 것이다. 현재 전환권조정 조항은 전환우선주뿐만 아니라 전환사채, 신주인수권부사채 등 보통주로 전환이 가능한 다른 메자닌 상품에서 널리 사용되고 있다. 앞에서 소개한 과거 9년간의 통계치에서 알 수 있듯이 이 조항이 붙어있지 않는 경우가 드물 정도다. 모 기업에서 발행한 전환사채의 전환권조정에 대한 공시 내용은 다음과 같다.

본 사채 발행 후 6개월이 되는 날인 2017년 7월 23일 및 그로부터 매 3개월이 되는 날을 전환가액 조정일로 하고, 각 전환가액 조정일 전일을 기산일로 하여 그 기산일로부터 소급한 1개월 가중산술평균주가, 1주일 가중산술평균주가 및 최근일 가중산술평균주가를 산술평균한 가액과 최근 현재의 전환가액보다 낮은 경우 동 낮은 가격을 새로운 전환가액으로 한다. 단 새로운 전환가액은 발행 당시 전환가액(조정일 전에 신주의 할인발행, 감자 등의 사유로 전환가액을 이미 하향 또는 상향 조정한 경우에는 이를 감안하여 산정한 가격)의 70% 또는 액면금액 이상이어야 한다.

일부에서는 전환권조정 조항이 보통주 주주에게 불리한 조항이라며, 전환권조정을 금지하든지 또는 보통주로의 전환 자체를 금지해야 한다는 주장을 하기도 한다. 이런 주장들은 과거 몇 년간 가끔 언론에 보도되었는데, 최근 투자자 보호라는 화두가 널리 퍼지자 더욱 자주 소개되는 것 같다.

그러나 이는 전환권조정 또는 보통주로의 전환조건이 포함된 증권을 기업에서 발행한 이유를 모르고 하는 주장이다. 이런 조항이 포함된 증권을 발행한 기업들은 대부분 고위험 산업에 속한 기업 또는 초기 스타트업 기업이다.[8] 이들은 미래의 전망이 불투명하며 현재의 경영성과도 좋지 않은 경우가 많다. 이런 기업이 자금이 필요해서 보통주를 발행하려고 해도 주식시장에서 잘 팔리지 않는다. 채권을 발행하는 경우도 마찬가지다. 이런 기업이 투자자를 유치하려고 하다 보니 상대적으로 일반 채권보다는 위험하지만 보통주보다는 안전한 메자닌 증권을 발행하게 된 것이다. 그러면서 원금보장 가능성을 높이기 위해 전환권조정 조항이 포함되었다. 이런 안전장치가 있기 때문에 일반적인 채권보다 낮은 금리로 필요한 자금을 조달할 수 있다.

물론 전환권조정 조항이 있다고 해서 꼭 원금보장이 되는 것은 아니

---

[8] 필자가 여기 설명하는 것은 공정한 가치의 전환비율이 부가된 증권에 대한 일반적인 경우를 말한다. 하지만 꼭 그런 경우만 있는 것은 아니다. 상대적으로 시장의 감시가 미비한 중견·중소기업 중에서는 공정하지 않은 전환조건이 부가된 증권을 발행한 것으로 의심되는 사례도 가끔 발생했다. 지배주주 또는 지배주주의 특수관계인이 이런 증권을 인수한 후 일정 기간 보유하다가 보통주로 전환한 결과, 상대적으로 적은 돈을 들여서 많은 의결권을 확보하는 것이다. 이런 사례가 발생한다면 소액주주들이 부당한 주식 가치의 희석으로 손해를 본다.

전시 중인 기아의 자동차들
국제회계기준에 따르면 기아가 발행한 신주인수권은 부채로 분류해야 한다. 그런데 2011년 금융감독원은 자본으로 분류하라는 해석을 발표한다. 이 금액을 부채로 처리하면 자본잠식이 발생하는 상황이라 규제관용을 베풀었던 것으로 판단된다.
ⓒ 기아(주)

다. 기업이 망한다면 원금도 회수하지 못할 가능성이 있다. 어쨌든 이런 기업의 자금조달 목적으로 전환권조정이 유용하게 사용되고 있는데, 만일 전환권조정이나 전환 자체를 금지한다면 자금을 외부에서 조달할 가능성 자체를 거의 막아버리는 것과 다름이 없다. 그렇다면 기업의 생존 자체가 어려워질 수 있다. 이런 것이 싫다면 기존의 보통주 주주들이 유상증자에 참여해 기업이 필요로 하는 자금을 모두 공급해주면 된다. 보통주 주주들이 이를 원하지 않아 보통주 발행을 못 하니 메자닌 증권을 발행한 것인데, 나중에 보통주로의 전환이 일어난다고 불만을 표출하는 것은 본말이 전도된 것이다.[9] 어쨌든 회계를 잘 모르는 주주라면

---

[9] 전환권조정의 이유와 효과, 그리고 이에 대한 비판 등에 대한 보다 자세한 내용은 『숫자로 경영하라 5』에 실린 '전환사채가 최근 널리 활용되는 까닭은?'이라는 글을 참조하기 바란다.

전환권조정 조항이 포함된 증권을 발행한 기업이라면 현재 일반적인 자금조달이 어려울 정도로 상황이 좋지 않은 경우가 대부분이라는 것을 기억하기 바란다.

알테오젠의 전환우선주 발행과 회계처리 이슈

이제 알테오젠의 사례를 좀 더 구체적으로 살펴보자. 알테오젠은 세 종류의 전환우선주를 보유하고 있었다.[10] 이 우선주의 총발행가액은 약 900억 원 정도이며, 보통주와 일대일로 전환가능한 조건이었다. 또한 회사의 경영성과에 따른 전환권조정 조건이 부가되어 있었다.

그렇다면 왜 이 우선주의 회계처리에 대한 논란이 발생했을까? 알테오젠은 이 증권을 2021년 반기보고서까지 부채가 아니라 자본으로 분류했다. 앞에서 필자가 설명한 IFRS 기준에 따르면, 전환권조정 조항이 있으므로 자본이 아니라 부채로 분류해야 하는데 회계기준을 따르지 않은 셈이다. 알테오젠이 이 증권을 자본으로 분류한 근거는 2011년도에 금융감독원이 발표한 '질의회신 회제이-00094 신주인수권 회계처

---

[10] 알테오젠과 알테오젠의 연결종속회사인 세레스에프엔디와 알토스바이오로직스가 발행한 전환우선주를 모두 합쳐서 설명한다. 문제가 됐던 3가지 전환우선주 외에 다른 전환우선주도 존재했는데, 이 전환우선주는 투자자의 상환청구권이 부가된 것이었다. 본고의 앞부분에서 소개한 것처럼 투자자가 청구권을 행사해서 상환을 요구하면 회사는 상환을 해야 하는 의무가 있으므로 이 경우는 전환우선주는 부채로 분류돼야 한다. 알테오젠의 경우도 이 전환우선주를 부채로 분류하고 있었기 때문에 이는 논란의 대상이 되지 않았다.

리'다. 이 질의회신은 당시 기아자동차(현 기아)가 발행한 신주인수권부사채에 포함된 신주인수권을 어떻게 회계처리해야 하는지에 대해 한국상장회사협의회가 금융감독원에 질의한 것에 대한 답변이었다. 앞에서 설명한 것처럼, 2011년 IFRS가 도입되기 이전에는 K-GAAP가 사용되고 있었다. 이때는 전환권에 대한 회계처리가 존재하지 않았다. 즉 전환권은 무시하고 회계처리가 이루어졌던 것이다. 그러다가 IFRS가 막 도입되면서, 신주인수권(warrant) 조정 조항이 포함된 신주인수권부사채(Bond with Warrant, BW)에 대한 회계처리를 어떻게 하는지를 한국상장회사협의회가 금융감독원에 질의한 것이다.

당시 이 신주인수권을 부채로 처리하면 기아자동차는 부채 총액이 크게 증가해 자산규모를 능가하게 된다. 즉 전액 자본잠식이 되는 상황이었다. 이런 일이 발생한 이유는 현대자동차가 기아자동차를 인수한 이후 기아자동차의 성과가 크게 개선되어 주가가 많이 올랐기 때문이다. 따라서 주식을 발행해서 외부에 매각하면 많은 돈을 받을 수 있는데도 불구하고, 사전에 정해진 조건에 따라 신주인수권부사채를 보유한 투자자가 신주인수권을 행사하면 새로 보통주를 발행해서 이 투자자에게 넘겨주어야 했다. 이때 시가와 행사가의 차이를 부채로 회계처리하는 것이다. 예를 들어 액면 5천 원의 보통주 1주를 5천 원에 인수할 수 있는 신주인수권이라고 가정해보자. 만약 보통주의 시가가 5천 원이 넘는다면 채권을 보유하고 있는 투자자는 신주인수권을 행사하면 이익이 된다. 그렇지만 회사 입장에서는 만약 현재 주가가 8천 원이라면 이 주식을 외부에 팔아 8천 원을 받을 수 있는데도 불구하고 5천 원에 투자자에게 넘겨야 하므로 손해가 된다. 그래서 8천 원과 5천 원의 차이

3천 원을 손실과 부채로 적는 것이다.[11] 그렇지만 금융감독원은 신주인수권이 행사되더라도 자금이 외부로 환급되는 것이 아니므로 부채로 보기 어렵다면서, 이를 자본으로 분류하는 것이 가능하다는 의견을 제시했다.

규제관용과 회계처리상의 혼란

즉 당시 금융감독원의 회신은 IFRS 기준과는 다른 해석이었다. 추후 이 해석 때문에 많은 혼란이 벌어지자 금융감독원 관계자는 "당시 내실 있는 여러 회사들이 자본잠식으로 퇴출위기에 처할 상황이 발생해 여러 논의가 있었다"며,[12] 당시의 특수한 상황에서 기업들이 재무제표를 좀 더 유리하게 표시하는 것이 가능하도록 허용해주기 위해 '회제이-00094'를 발행했다고 설명했다. 학자들은 규제기관의 이런 성향을 규제관용(regulatory forbearance)라고 부른다.

규제관용이란 정책당국이 기존의 규제를 엄격히 적용하지 않거나 완

---

[11] 이 설명이 매우 간단하므로 회계지식이 많지 않은 사람이라면 이해하기 힘들 것이다. 왜 그런지에 대한 보다 자세한 내용은 앞에서 소개한 『숫자로 경영하라 5』에 실린 '전환사채가 최근 널리 활용되는 까닭은?'이라는 글을 참조하기 바란다. 보다 전문적인 내용은 다음 연구를 참조하기 바란다.
김영준·이유진·한승엽, '전환사채 발행자의 회계처리와 주가 변화에 따른 재무적 영향: 전환권 분류를 중심으로', 〈회계저널〉, 2019년

[12] "부채? 자본?" 코리아센터 상장 둘러싼 RCPS 논란 재점화(이투데이, 2019.11.04)
www.etoday.co.kr/news/view/1817937

화해 경제위기나 곤경에 처한 기업에게 규제의 부담을 줄여주는 것을 의미한다. 대표적인 예는 2008년 금융위기 때 많이 찾아볼 수 있다. 당시 미국이나 유럽의 많은 금융사가 보유하고 있던 후순위 파생상품들의 시가가 하락해 큰 손실을 입자 당국이 회계기준을 바꿔 시가 하락에서 발생한 평가손실을 당기순이익 계산에서 빼도록 하거나 회계처리 하지 않도록 허용했던 것이 그 예다.[13] 즉 손실을 합법적으로 숨기는 것을 허용한 것이다. 물론 회계를 잘 아는 사람이야 주석을 꼼꼼히 읽으면 이런 내용을 일부나마 파악할 수 있겠지만, 주석을 잘 읽지 않고 재무제표에 보고된 수치만 보는 사람이라면 회사의 진실된 가치를 파악하기 어려울 것이다.

한국에서도 1997년 외환위기나 2008년 금융위기 때 동일한 일이 발생했다. 예를 들어 일종의 환율과 관련된 파생상품인 KIKO 계약을 맺었다가 2008년 금융위기 당시 큰 손실을 본 비상장기업에 한해 KIKO 손실을 회계처리하지 않고 주석으로만 보고하도록 허용했었다. KIKO 손실을 재무제표에 반영하면 엄청난 손실이 기록되는데, 이를 재무제표에 반영하지 않고 주석으로만 기록하니 주석을 읽지 않고 재무제표만 보면 멀쩡한 회사처럼 보인다. 당시 KIKO 손실을 본 중소·중견기업이 워낙 많았으니, 이들이 이 일시적인 손실 때문에 망하지 않도록 이런 정책을 실시했을 것이다.

결론적으로 보면 규제관용은 한국에서나 외국에서나 종종 발생하는

---

[13] 이에 대한 보다 자세한 『숫자로 경영하라 2』에 실린 '미국의 금융개혁과 시가평가제를 둘러싼 논란'이라는 글을 참조하기 바란다.

일이다. 회계투명성을 저해하는 일이기도 하지만, 특수한 상황에서 기업을 보호하려는 각국 정부의 정책목표 때문에 이런 일이 발생한다는 것을 충분히 이해할 수 있다. 어쨌든 '회제이-00094'는 전환권조정 조항이 포함된 신주인수권에 대한 것이었다. 이게 발표됐던 2011년 당시에는 거의 주목받지 않았던 내용인데, 그러다 시간이 흐르면서 많은 수의 기업이 이 질의회신을 언급하기 시작했다. 또한 이 해석은 신주인수권부사채에 포함된 전환권조정에 대한 내용이었는데, 신주인수권부사채뿐만이 아니라 다른 종류의 메자닌 증권에서도 공통적으로 적용되기 시작했다. 다수의 기업이 이 해석을 언급하면서 전환권조정이 포함된 금융상품을 자본으로 분류한 것이다. 왜 그런지 알아보자.

전환권조정과 관련된 기업들의 공시 내용

부채와 자본의 중간적인 성격을 가지고 있는 메자닌 증권을 발행하는 기업의 수는 대략 2014년 이후 크게 증가했다. 2016년부터는 상장기업 중 대략 매년 250개 이상의 기업들이 메자닌 증권을 발행하고 있다.[14] 앞에서 설명한 것처럼 이들 중 대부분이 전환권조정 조항을 포함하고 있다. 2016년부터 2019년까지 발행된 전환권조정 조항이 포함된 전환사채 674종을 분석해보니, 대략 70%의 기업들이 이를 자본으로

---

14 보다 정확한 통계는 앞에서 소개한 김필규의 연구보고서를 참조하기 바란다.

분류했지만 나머지 30% 기업들은 부채로 분류했다.[15] 즉 동일한 항목에 대해서도 기업마다 회계처리가 달랐던 것이다. 부채로 기록하면 부채비율이 증가하며 투자자에게 지급한 이자가 손익계산서에 영업외손익 항목에 이자비용으로 포함되므로 당기순손익이 감소한다. 그런데 자본으로 기록하면 부채비율도 낮게 표시되지만 이자가 배당으로 간주되므로 이자 지급액을 손익계산서에 포함시키지 않은 결과 당기순손익이 그만큼 높게 표시된다. 따라서 일부 기업들이 자본으로 기록하는 것을 선호하는 것을 이해할 수 있다.

자본으로 분류한 몇 개 기업의 이와 관련한 공시 내용을 살펴보면 다음과 같다.[16]

기업 A 금융감독원의 질의회신 "회제이-0094"에 의거하여 전환권대가와 교환권대가를 자본으로 인식하였으며, 동 회계처리는 "주식회사 외부감사에 관한 법률" 제13조 제1항 제1호의 한국채택국제회계기준에 한하여 효력이 있습니다.

기업 B 당사는 발행한 전환권이나 신주인수권이 행사될 경우 발행될 자기지분상품의 수량이 확정되지 않은 조건인 경우에는 금융감독원 질의회신 연석회의 결과에 의거하여 전환권이나 신주인수권을 자본으로 분류하

---

15 백정한·곽영민, '전환권의 분류와 이익조정에 관한 연구 – 전환가액조정(refixing)옵션을 중심으로', 〈세무회계연구〉, 2020년

16 이 내용은 강진홍 공인회계사(이정회계법인)와 김영준(한국외국어대) 교수가 학회나 세미나에서 발표한 자료에 등장하는 내용 중 일부를 발췌해 소개한 것이다.

고 있습니다. 다만 동 회계처리는 한국채택국제회계기준을 적용하는 경우에 한하여 효력이 있습니다.

기업 C 회사는 행사가격 인하조건이 내재된 상환전환우선주에 대해서는 금융감독원의 질의회신(회제이-00094)에 따라 발행시점의 전환권대가를 자본으로 분류하고, 최초 인식시점 이후의 공정가액 변동은 회계처리하지 아니하였습니다. 만일 동 질의회신의 내용에 대하여 한국채택국제회계기준 유권해석이 변경될 경우 전환권대가와 관련된 회계처리가 변경될 수 있습니다.

기업 D 당사는 … 한국공인회계사회로부터 … '재무제표 심사' 대상으로 선정되었으며 … 동 재무제표 심사 과정에서 당사가 2018년 2월 4일에 발행한 상환전환우선주식의 전환권대가 7,705백만원의 자본화 회계처리가 주요 논의 대상이 되었으며, 2019년 9월 17일 한국공인회계사회로부터 재무제표 심사 결과 특이사항이 없거나 타당한 근거에 의해 그 이유가 소명되어 심사업무를 종결한다는 안내문을 수령하였습니다. 그러나 이는 심사 대상 재무제표의 재무정보가 정확하다는 것을 보장하는 것은 아니며, 향후 회계당국의 입장이 변화될 경우 전환권대가에 대해서는 공정가치평가를 통해 부채금액으로 산정하여야 할 가능성이 존재합니다. 이로 인해 당사의 영업상황과는 별개로 재무상태에 악영향을 미칠 수 있으니 투자자께서는 이 점 유의하시기 바랍니다.

이 공시 내용을 보면 기업 A와 C는 회제이-00094를 직접 언급했고, 기업 B는 회제이-00094를 발표한 '금융감독원 질의회신 연석회의'를 언급하고 있다. 세 기업 모두 표현은 약간 다르지만 '한국채택국제회계기준의 해석'이라는 점을 언급하고 있다. 굳이 한국채택국제회계기준의 해석이라고 쓴 이유가 IFRS를 그대로 해석하면 전환권을 부채로 기록해야 하기 때문이다. 그리고 유권해석이 바뀔 수 있다는 것을 암시하는 내용도 포함하고 있다. 기업 D의 경우는 구체적으로 이런 내용을 언급하고 있지 않지만, '회계당국의 입장이 변화될 경우'라는 표현이 같은 의미를 내포한다.

전환권을 부채로 분류한 기업들의 공시 내용

이보다 더 구체적인 내용을 언급한 기업의 경우도 드물지만 존재한다. 아래 기업 E의 공시 내용을 살펴보자.

기업 E 회사는 금융감독원 질의회신 '회제이-00094'에 의거하여 전환권을 자본으로 인식하였으며, 동 회계처리는 '주식회사 외부감사에 관한 법률' 제13조 제1항 제1호의 한국채책국제회계기준에 한하여 효력이 있습니다. 한편 상기 질의회신의 내용이 향후 국제회계기준위원회(IASB) 또는 국제회계기준해석위원회(IFRS IC)의 의견과 상의할 경우 적절한 절차를 걸쳐 IASB 또는 IFRS IC의 의견으로 대체될 수 있습니다.

이 공시 내용을 보면 IFRS 내용과 회제이-00094의 내용이 서로 다르다는 것을 암시하는 내용이 포함되어 있다. 그래서 IASB나 IFRS IC의 의견(즉 전환권을 포함한 메자닌 증권을 부채로 기록해야 한다는)으로 바뀔

한국거래소
주식시장에 상장된 기업 중 상당수는 전환권조정 조항이 포함된 주식연계증권을 발행하고 있다. 일부 기업은 이 증권을 부채로 분류하고, 다른 기업들은 자본으로 분류한다. 금융감독원이 나서서 이런 혼란을 어서 바로 잡기 바란다.
© 한국거래소

수 있다는 내용을 구체적으로 포함하고 있는 것이다.

이에 비해 전환권을 부채로 분류한 기업들의 공시 내용을 상대적으로 간단하다. 다음과 같은 두 기업의 공시 내용을 보면 된다.

기업 F 회사가 발행한 전환사채는 보유자의 선택에 의해 자본으로 전환될 수 있는 전환사채로, 발행할 주식수는 보통주의 공정가치에 따라 변동될 수 있습니다. 따라서 전환권을 부채로 분류하고 파생상품으로 회계처리하고 있습니다.

기업 G 전환사채는 주계약인 부채요소와 내재파생상품인 전환권대가 및 조기상환청구권으로 구분 계상되었습니다. 주계약인 부채요소는 상각후원가로 측정됩니다. 당기말 현재 부채요소의 장부금액은 발행한 이후 유효이자율법에 따라 인식한 누적 이자비용이 가산된 금액입니다. 전환사채에 내재된 지분전환증권은 시가하락에 따른 전환가액 조정약정으로 인하여 당기손익-공정가치측정금융부채로 분류하였으며…

기업 F의 경우 '전환사채의 주식 전환 시 발행하는 주식수가 보통주의 공정가치에 따라 변동될 수 있다'는 표현이 전환권조정이 가능하다는 뜻이다. 주식수가 확정돼있지 않으므로 부채로 분류한 것이다. 기업 G는 좀 더 자세한 내용을 공시했는데, 시가가 하락하면 전환가액을 조정한다는 약정이 존재하므로 부채로 분류했다고 적시했다. 앞에서 소개한 자산으로 분류한 기업 A부터 E까지의 공시에는 해석에 따라 분류가 바뀔 수 있다는 내용이 포함돼있는 반면, 기업 F와 G의 공시에는 등장하지 않는다. 즉 부채로 분류한 기업들은 굳이 '회제이-00094'를 언급할 필요가 없으므로 주석 내용이 상대적으로 간단하다.

혼란에 대한 해결방법은?

앞에서 전환권조정 조건이 포함된 메자닌 증권을 발행한 기업 중 대략 70%가 전환권조정을 포함한 증권을 자본으로 분류했다는 통계를 소개했다. 이 회사들은 IFRS의 규정과는 다르게 회계처리를 하고 있는 것이다. 주로 감사를 하는 회계법인이 누구냐에 따라서 회계처리가 서로 다르다. 알테오젠의 사례에서는 회계법인에서 부채로 처리할 것을 요구해서 그 요구가 관철되었지만,[17] 그 반대의 사례도 존재한다. 예를 들어 티웨이항공이 발행한 전환우선주는 알테오젠과는 반대로 자본으로 분류하자는 회사의 요구를 회계법인이 수용했다. 2019년 비슷한 시점에 상장을 한 코리아센터와 캐리소프트는 상환전환우선주에 대해 각각 자본과 부채로 상반된 회계처리를 한 적이 있어서 언론에 논란이 보도된 바도 있었다.

회계법인이 누구냐인 문제뿐만 아니라 동일한 회계법인 내에서도 서로 다른 피감기업별로 회계처리가 달라지는 이상한 일도 존재한다. 다음 언론 보도 내용을 보자.

모 회계법인 관계자는 "동일한 회계법인 내에서 어떤 회사는 자본, 어떤 회사는 부채로 회계처리하는 우스운 상황까지 발생했다."며, "회제이-00094를 알고 있는 비상장사가 자본으로 처리하자고 주장하면 이를 인정하고, 이 사실을 모르는 비상장사에 대해서는 부채로 처리하는 식"이라고 말했다.[18]

결국 2011년 이후 현재까지 올바른 회계처리 방법이 무엇인지를 둘러싸고 논란이 계속되고 있는 셈이다. 2016년 이후 메자닌 증권의 발

---

[17] 참고로 알테오젠은 다음과 같은 내용을 주석으로 공시해서 분류방법이 바뀐 것에 대해 간략하게 설명했다. 상당히 애매한 표현이라서 회계를 잘 아는 사람만이 이 공시 내용의 의미가 무엇인지를 정확히 파악할 수 있을 것이다.
회사는 2021년말 제3차 전환우선주의 금융상품 분류에 대하여 자본에서 금융부채로 분류하는 회계정책을 채택하여, 전기말 재무제표상 제3차 전환우선주는 자본에서 금융부채로 분류하였으며 당기 29,006백만원, 전기 44,689백만원으로 측정되었습니다.

[18] "부채? 자본?" 코리아센터 상장 둘러싼 RCPS 논란 재점화(이투데이, 2019.11.04)
www.etoday.co.kr/news/view/1817937

행이 급속하게 늘어나면서 최근 들어 이에 대한 논란이 더 크게 발생했을 것이다.

필자는 이런 혼란을 해결하기 위해서는 금융당국에서 정확한 회계처리가 무엇인지 답을 내놓아야 한다고 생각한다. 회계처리가 이미 이뤄진 과거의 사건을 뒤집어 소급해서 바꿀 필요는 없겠지만, 최소한 새로 발행되는 메자닌 증권에 대해서는 어떻게 회계처리하는 것이 옳다는 명확한 지침을 내놓기를 바란다. 만약 1998년 또는 2008년 위기와 같은 상황이 다시 발생해서 금융당국이 기업들의 어려운 사정을 고려해 규제관용을 하고 싶다면, 그런 사건이 발생했을 때 한시적으로만 자본으로 처리하도록 용인해주면 된다. 필자 같은 회계학자의 입장에서 현재와 같은 정상적인 상황에서도 '한국채택국제회계기준에 따라 자본으로 분류한다'는 황당한 논리로 잘못된 회계처리가 계속되는 것은 가만히 보고 있을 수는 없다.

이런 주장을 보면 마치 한국채택국제회계기준이 IFRS와 다른 것처럼 오해를 할 수 있다. 하지만 실제로 한국은 IFRS를 일부만 채택(전문용어로 carve-out했다고 표현한다)한 것이 아니라 전부 다 채택(전문용어로는 full adoption했다고 표현한다)했기 때문에 한국채택국제회계기준(K-IFRS)이 곧 국제회계기준(IFRS)이다. 이런 잘못된 회계처리가 용인되기 때문에 회계기준에 맞게 부채로 기록한 기업들만 재무상태표에 부채비율이 높게 표시돼 위험한 기업처럼 보인다. 또한 부채로 기록한 기업들은 지급한 이자가 비용으로 분류되어 당기순손익이 줄어드는 효과가 발생하는데, 자본으로 기록한 기업들은 지급한 이자를 배당으로 분류하기 때문에 당기순손익도 많아 보이는 효과가 있다. 즉 회계기준에 따라 정확

하게 부채로 분류한 기업들만 영업성과나 재무상태가 나빠 보이는 손해를 보는 셈이다.[19]

따라서 금융당국이 하루빨리 나서서 이런 혼란을 바로잡아주기를 바란다. 또한 투자자들도 회계상 분류 차이에 따라 부채와 자본의 분류가 달라질 수 있다는 점을 인식하고, 기업이 어떤 분류방법을 택하든 간에 관계없이 기업의 실질을 꿰뚫어 볼 수 있는 실력을 길러야 할 것이다. 단지 부채비율만 계산해보고 기업의 재무건전성을 판단하는 사람들이 있기에, 이를 노리고 이런 비정상적인 회계처리가 계속해서 발생하는 것이다.

---

[19] 2023년부터 '오늘의 집'을 운영하는 버킷플레이스는 IFRS를 사용하기 시작했다. 상장을 준비했기 때문에 기존에 사용하던 K-GAAP을 버리고 IFRS를 사용하기 시작했을 것이다. 그런데 IFRS를 적용하자 기존에 K-GAAP에 따라 자본으로 기록되던 메자닌 증권이 부채로 분류되면서 회사는 자본잠식 상태에 빠졌다(자본=-8천억 원). 그러자 버킷플레이스는 2024년부터 다시 K-GAAP으로 돌아갔다. 그 결과 이 증권이 자본으로 분류되면서 자본잠식 상태에서 벗어났다(자본=2,200억 원). 또한 이 메자닌 증권에 대한 이자비용이 손익계산서에 기록되지 않게 됨에 따라 창사 이래 처음으로 연간 흑자를 기록했다. 부채나 자본 중 무엇으로 분류하는지에 따라 이렇게 큰 차이가 발생하는 것이다.

회계 속 뒷이야기

전환권조정 조항은 투자자를 보호하기 위해 마련된 것이다. 보통주의 주가가 하락하면 전환권조정 조건이 포함된 메자닌 증권의 투자자들이 이 증권을 보통주로 전환할 때 더 많은 보통주를 받을 수 있도록 해서 투자자들이 손해를 보지 않도록 한 것이다. 메자닌 증권이 상대적으로 재무적으로 어려운 기업들이 주로 발행하는 것이므로, 이런 기업에 대한 투자를 꺼리는 투자자들을 유치하기 위해 이런 조항이 포함된 것으로 생각된다.

그런데 이 조항이 실제 실무에 적용되다 보니 문제가 나타났다. 주가가 하락할 때는 전환가격이 조정되지만 주가가 상승할 때는 조정된다는 규정이 없었기 때문이다. 예를 들어 1 대 1의 비율로 우선주를 보통주로 전환하는 조건이 붙은 전환우선주를 생각해보자. 이 전환우선주를 발행한 기업의 보통주 주가가 전환우선주 발행시점의 5천 원에서 4천 원으로 20% 하락했다면 전환비율도 이에 맞게 바뀐다. 즉 우선주한 주가 보통주 한 주가 아니라 20%가 많은 1.2주를 받게 된다. 따라서 전환우선주의 투자자는 주가가 하락하더라도 보통주로 전환하면 동일한 5천 원 가치의 보통주를 받게 되는 것이다. 그런데 주가가 4천 원인 상태에서 전환비율이 1 대 1.2로 조정된 후 이 기업의 성과가 회복되어 주가가 6천 원으로 올랐다고 가정해보자. 그런 경우에도 전환비율은 다시 조정되지 않는다. 즉 이 상태에서 투자자가 우선주 1주를 보통주로 전환하면 1.2주를 받으므로 총 7,200원의 가치를 가진 보통주의 주주가 되는 것이다. 즉 원래 투자할 때 예측한 것보다 상당히 큰돈을 벌게 된 것이다.

물론 피투자기업이 성공해 주가가 올라 큰돈을 벌게 된다는 것을 문제 삼을 필요는 없다. 벤처기업에 대한 투자는 원래 '고위험 고수익(high risk high return)' 성격으로서, 10개 투자해서 8개쯤 실패하고 나머지 2개에서 큰돈을 버는 것이다. 그런데 지배주주나 특수관계인이 의도적으로 악재를 발표해 주가 하락을 유도한 결과 전환비율이 하향조정된 후, 호재를 발표해 주가를 상승시킨 후 전환권을 행사하는 것이 아닌지 의심이 가는 사례들이 일부 발생했다. 필자는 앞에 소개한 사례에서 보통주의 주가가 20% 하락하는 가상의 사례를 소개했지만, 실제 사례에서는 20%가 아니라 훨씬 더 많이 하락했다. 예를 들어 50%쯤 하락한 것이다. 50% 하락의 결과 전환비율이 1 대 2로 조정된 후 주가가 상승해서 5천 원 이상으로 올라감으로써 투자자가 큰돈을 벌게 된 것이다. 더군다나 이런 사례 중 일부는 지배주주나 지배주주의 특수관계인들이 바로 해당 메자닌 증권을 인수한 투자자였다. 금융사들이 인수한 경우도 있었지만, 이들 금융사 중에서도 지배주주와 긴밀한 관계를 가지고 있는 것으로 의심되는 사례가 있었다. 즉 서로 짜고 이런 일을 행해서 공정한 숫자보다 더 많은 보통주를 인수하고, 그 결과 아무것도 모르는 소액주주들은 큰 손해를 보는 일이 반복적으로 발생한 것이다. 다만 서로 짜고 이런 일을 벌인다는 것을 명백히 증명할 수 있는 증거가 없으니, 이런 일이 발생해도 법적으로 처벌하기 힘들다.[1]

이런 문제점이 재발하는 것을 막기 위해 금융위원회는 '증권의 발행 및 공시 등에 관한 규정'을 2023년 개정했다. 개정된 규정에서는 전환권조정(리픽싱)의 문제점을 보완하기 위해, 주가가 하락해 전환비율이 조정된 후 다시 주가가 상승할 경우 전환비율을 다시 상향조정하도록 했다. 다만 그 비율은 최초 전환가액 이내로 제한한다. 이 말의 의미는 다음과 같다. 앞에서 소개한 사례에서 4천 원으로 하락했던 보통주의 시가가 다시 5천 원으로 회복한다면 전환비율도 1 대 1.2에서 다시 1 대 1로 바뀐다는 것이다. 다만 시가가 원래 최초 증권 발행시점의 시가인 5천 원보다 더 올라서 6천 원이 된다고 해도 전환비율은 1 대 1 이상으로 더 바뀌지 않는다. 즉 1 대 0.8로 바뀌는 것이 아니라 1 대 1에서 더 변하지 않는다. 상향조정의 상한이 최초 발행시점에 정해진 전환비율(이 사례에서는 1 대 1)이 되는 것이다. 이런 규정 개정의 결과 고의적으로

---

[1] 실제로 지배주주가 전환권을 행사할 수 있는 증권을 보유하고 있다면 기업이 이익을 낮추는 방향으로 이익조정을 실시한다는 연구 발견이 있다. 즉 지배주주가 전환권을 행사하면 더 많은 수의 주식을 받을 수 있도록 주가를 일부러 낮추려고 행동한다는 것이다. 보다 자세한 내용은 다음 논문을 참조하기 바란다.
곽영민·백정한, '전환사채 발행기업의 이익조정 행태에 관한 연구: 전환사채에 내재된 리픽싱 조항과 콜옵션을 중심으로', 〈회계학연구〉, 2024년

주가를 낮춰서 전환비율을 하락시키고 나서 주가가 오른 후 더 많은 보통주를 받아가는 방법은 막을 수 있게 됐다. 이런 규정이 생겨도 정상적인 투자자는 달라지는 점이 없다. 예를 들어 회사가 성공해 보통주의 주가가 8천 원으로 올라간다면 투자자는 사전에 정해진 것처럼 1 대 1의 비율로 우선주 한 주를 보통주 한 주로 전환하기 때문에 큰돈을 벌게 된다.

또한 메자닌 증권과 관련된 평가손익을 자세히 주석으로 공시하도록 해서 투자자들이 필요한 정보를 좀 더 손쉽게 얻을 수 있도록 했다. 경기가 급변함에 따라 기업들의 주가도 급변했고, 그에 따라 평가손익도 크게 발생했기 때문이다.[2] 이 평가손익은 기업의 본질(fundamentals)과는 관계없고 현금흐름과도 무관한 항목이다. 더군다나 주가가 오를 때 평가손실이 발생하고 반대로 주가가 하락할 때 평가이익이 발생하기 때문에 투자자들이 이 항목의 의미를 이해하기가 쉽지 않다. 따라서 좀 더 자세한 공시를 하도록 해서 투자자들이 이 정보의 의미를 잘 이해할 수 있도록 규정을 보완한 것이다.

자본시장의 허점을 이용해 교묘하게 돈을 벌려고 시도하는 사람들이 너무 많다. 좋은 제도가 만들어져도 그 제도를 교묘하게 악용하기 때문에 새로운 규제가 생긴다. 안타까운 현실이다.

---

[2] 전환권조정 조항이 포함된 메자닌 증권의 경우 주가가 변동함에 따라 왜 상당한 평가손익이 발생하는지에 대한 보다 자세한 내용은 『숫자로 경영하라 5』에 실린 '전환사채가 최근 널리 활용되는 까닭은?'이라는 글을 참조하기 바란다.

전환형 영구채권과 HMM 매각을 둘러싼 논란

HMM(구 현대상선)은 생존의 위기를 겪던 2010년대 중후반 영구채권의 일종인 영구전환사채 등을 발행해 막대한 자금을 조달했다. 그리고 2020년 코로나19 이후 업황 개선으로 주가가 상승하면서 HMM의 영구전환사채를 매입했던 산업은행 등은 이 채권을 주식으로 전환했다. 그리고 2023년 12월 말 6조 4천억 원을 제시한 하림그룹에 HMM을 매각하는 계약을 체결했지만, 결과적으로 매각 후 경영방식에 대한 이견으로 매각에 실패했다. 영구채권을 사용해 자금을 조달할 경우 ① 자금을 부채가 아닌 자본으로 분류하기 때문에 부채비율을 낮출 수 있고, ② 이자 지급액이 비용이 아닌 배당으로 표시돼 당기순이익을 높일 수 있으며, ③ 회계상에서는 자본이지만 세법에 따르면 부채이므로 이자 지급액이 과세 소득에 잡히지 않아 세금을 절약할 수 있다.

2010년대 중반 현대그룹은 현정은 회장이 현대글로벌을 지배하고, 현대글로벌이 현대엘리베이터를 지배하고, 현대엘리베이터가 현대상선을 지배하고, 현대상선이 현대증권과 현대아산 등의 기타 회사들을 지배하는 복잡한 형태의 지배구조를 가지고 있었다. 계열사 중 해운사 현대상선이 특히 어려운 상황이었는데, 이는 2008년 발발한 세계금융위기 이후 전 세계적으로 교역량이 줄어들었기 때문이었다. 그 결과 대우조선해양을 비롯한 여러 조선사가 위기에 직면했고, 현대상선과 한진해운을 비롯한 해운사들도 생존의 위기를 겪었다. 현대상선 때문에 현대그룹은 그룹 전체가 망할 수도 있었던 위기를 겪었고, 위기를 극복하고 현정은 회장의 경영권을 지키기 위해 법적 또는 윤리적으로 논란의 대상이 될 수 있는 여러 거래를 벌이기도 했다.[1]

이런 구조조정 과정에서 현대상선은 산업은행 등의 채권은행들과 2014년 재무구조 개선약정을 체결했다. 현대그룹이 현대상선의 경영권을 계속 보유하되 약속된 스케줄에 따라 재무구조를 개선한다는 내용이었다. 그러나 상황이 계속 악화되어 2015년 6,800억 원의 손실을 기록한 결과 부채비율이 2,500%에 달했다. 결국 채권단은 2016년 6월 현대그룹의 경영권을 박탈하고 직접 현대상선을 경영하기로 결정했다. 그 방법으로서 현 회장 및 현대그룹이 보유한 현대상선의 지분 23%를 무상감자했다. 무상감자의 결과 현 회장 및 특수관계인이 보유했던 현대상선의 지분가치는 0이 됐다. 그리고 채권단은 보유하고 있던 사채를 주식으로 전환하는 출자전환을 실시했다. 그 결과 현대상선의 지분 중 14%를 산업은행이 보유하게 됨으로써 최대주주의 자리에 오르게 됐다.[2]

부채와 자본 분류의 중요성

회계를 공부했다면 '자산 = 부채 + 자본'이라는 재무상태표(대차대조표) 등식을 들어보았을 것이다. 기업이 영업 및 생산을 위해 사용하고 있는

---

[1] 이런 거래들에 대한 보다 자세한 내용은 본서에 실린 '총수익스왑과 콜옵션이 부가된 전환사채를 활용한 현대그룹의 경영권 방어 논란'이라는 글을 참조하기 바란다.

[2] 비슷한 시기인 2016년 1월 한진해운도 한진그룹이 경영권을 포기하고 채권단 자율협약에 들어갔다. 그러다가 2017년 2월 정부는 한진해운을 파산시키기로 결정했다. 이 결정을 두고 사후적으로 여러 논란이 벌어진다. 업계 1위 한진해운을 파산시키고, 한진해운보다 시장점유율도 낮고 국제해운사들 사이의 네트워크 관계도 적으며 재무상태도 더 열악했던 현대상선은 채권단이 경영권을 인수해 살려준 것이 올바른 결정이었는지에 대한 논란이다. 경제적 관점에서 보면 이해가 되지 않는 결정이었다는 점은 분명하다. 즉 경제적 이유가 아닌 숨겨진 다른 이유 때문에 이런 결정이 내려졌다고 짐작할 수 있다. 어쨌든 이 점은 회계 이슈가 아니고 필자도 왜 그런지 잘 알지 못하므로 본고에서 이 이슈에 대해서는 더 이상 언급하지 않는다.

자원(resource)인 자산은 채권자가 공급한 자금(즉 부채) 또는 주주가 공급한 자금(즉 자본)을 이용해 마련한 것이다. 자금을 조달한 기업 입장에서 보면, 부채는 상환의무가 있지만 자본은 상환의무가 없는 점이 부채와 자본의 가장 큰 차이다. 자금을 제공한 공급자 입장에서 보면, 채권자는 정해진 이자를 지급받아 효익을 얻지만 주주들은 이익 배분의 성격을 가진 배당금을 지급받거나 주가 상승을 통해 효익을 얻는다는 점에서 차이가 있다. 이자율은 사전에 정해져 있는 경우가 많지만 배당이 얼마인지는 사전에 알 수 없는 경우가 대부분이다. 즉 기업의 성과에 따라 배당률이 달라지는 것이 일반적이다. 또한 기업의 청산시점에는 채권자가 먼저 투자금을 돌려받은 후에 남는 자금이 있어야 주주가 배분받을 수 있다는 점도 다르다. 이를 전문용어로 채권자가 주주에 비해서 선순위에 있고(즉 주주가 채권자보다 후순위에 있으며), 주주는 자산에서 부채를 차감한 잔여지분에 대한 청구권을 가지고 있다고 표현한다.

　이상의 부채와 자본의 차이를 보면, 투자자 입장에서는 채권의 투자자(즉 채권자)가 되는 것이 주식의 투자자(즉 주주)가 되는 것보다 좀 더 안정적인 투자라는 것을 알 수 있다. 따라서 채권 투자에 대한 기대수익율보다 주식 투자에 대한 기대수익율이 더 높다. '고위험 고수익(high risk high return)'이기 때문이다.

　이렇게 부채와 자본을 엄격히 구분하는 이유는 다음과 같다. 부채는 대부분 정해진 시점에 정해진 이자를 지불해야 하므로 지속적인 현금 유출이 일어나고, 또 만기가 되면 원금을 채권자에게 상환해야 한다. 따라서 채권을 발행한 또는 대출을 받은 기업 입장에서는 미래에 채권이나 대출금의 상환시기가 왔을 때 현금을 마련해야 하는 재무적 압력이 발생한다. 그러나 자본은 상환할 필요도 없으며 배당을 꼭 지급하지 않아도 되므로 상대적으로 재무적 압력이 적다.³ 그러므로 규제기관, 은행, 신용평가사, 애널리스트, 그리고 개인 투자자들은 부채비율(부채/자본 또는 부채/자산)을 여러 의사결정 과정에서 기업의 재무건전성을 나타내는 매우 중요한 지표로 사용하고 있다. 부채비율이 높을수록 그 기업은 '재무적 압력이 높다' 또는 '재무건전성이 낮다'는 것을 의미한다.⁴

산업은행이 현대상선의 경영권을 인수한 후인 2016년과 2017년 동안 산업은행과 기타 주주들은 수차례에 걸친 유상증자를 실시해 현대상선에 총 2조 2천억 원 규모의 자금을 투입한다. 또한 현대상선은 당시까지만 해도 널리 알려지지 않았던 새로운 형태의 자금조달 수단인 영구전환사채(영구CB)와 영구신주인수권부사채(영구BW)를 발행해 총 3조 3천억 원 정도를 조달한다. 이 사채를 인수한 것은 산업은행과 산업은행의 특수관계인인 한국해양진흥공사다.⁵ 이하에서는 영구CB와 영구BW가 무엇인지에 대해 설명한다.

---

3 물론 주주들이 적정 수익률을 올리지 못하면 기업의 주가가 하락한다. 따라서 미래 기간 동안 주식을 다시 발행해 자금을 조달하는 것이 어려워질 수 있다. 그러므로 자본에 대해서도 재무적 압력이 전혀 없다고는 할 수 없지만. 그렇다고 하더라도 배당을 지급하거나 주가를 올리는 것이 기업의 의무는 아니다. 다만 그렇게 해야 하는 것이 당연한 것이라고 볼 수 있을 것이다.

4 부채비율은 '부채/자본'의 비율로서, 기업의 재무건전성을 나타내기 위해 널리 사용되는 비율이다. 부채비율이 높을수록 재무적으로 위험한 상황임을 나타내는데, 국내에서는 대략 200% 정도를 기준으로 이보다 부채비율이 높을 경우 위험한 회사로 간주한다. 예를 들어 부채비율이 상승하면 은행에서는 더 높은 이자율을 지불할 것 또는 부채를 상환하라고 요구하는 경향이 있다. 위험한 회사로 분류되므로 주가도 하락한다.

5 산업은행, 수출입은행, 무역보험공사가 출자해 2018년 설립한 회사로, 당시 세계적 경기침체 위기에 빠져있던 해운사들을 도와줄 목적으로 설립되었다. 산업은행이 1대주주다. 현대상선에 대한 우회적 자금지원을 위해 설립된 회사라고 볼 수 있다.

KDB산업은행
산업은행은 큰 적자를 기록해 경영상의 어려움을 겪던 현대상선의 경영권을 인수한 후 수차례에 걸쳐 자금을 투자한다. 그 과정에서 영구신주인수권부사채가 사용된다.
© KDB산업은행

IFRS의 도입에 따른 부채와 자본 분류기준의 변화

영구CB와 영구BW는 '영구채권(perpetual bond)'이라고 불리는 채권의 한 종류다. 우리나라는 2011년부터 국제회계기준(International Financial Reporting Standards, IFRS)을 도입해 상장기업들에 한해 사용하고 있다. IFRS보다 좀 더 쉽고 기업에게 유리하게 재무제표를 표시할 수 있는 K-GAAP라고 불리는 우리나라 독자회계기준은 비상장기업들만 사용한다. 현재 미국과 일본을 제외한 전 세계 대부분 국가가 IFRS를 사용하고 있다.

K-GAAP에서는 기업 외부에서 조달한 자금을 부채와 자본 중 무엇으로 분류할지에 대해 법률적인 판단을 따른다. 즉 법적으로 채권의 형태로 발행되어 조달한 자금은 부채로, 주식의 형태로 발행되어 조달한 자금은 자본으로 분류한다. 이 이야기가 당연한 것처럼 생각될 수도 있다. 하지만 주식의 형태로 발행되지만 일정 기간이 지나면 회사가 주식의 매수자(즉 주주)들에게 원금을 상환하고 소멸하는 주식인 상환우선주(Redeemable Preferred Stock, RPS)를 생각해보면 분류가 애매하다는 것

을 알 수 있다. K-GAAP에 따르면 상환우선주는 법적으로는 주식이므로 자본으로 분류된다. 예를 들어 5년 만기 채권을 발행해서 채권시장에서 매각해 필요한 자금을 조달한다고 가정해보자. 이 자금이 부채로 기록되므로 부채가 증가한 결과 부채비율이 상승한다. 반면 동일한 금액을 5년 후에 상환하는 조건의 상환우선주를 발행해 조달하면 이 자금이 자본으로 기록되므로 부채비율이 하락한다. 5년 후 자금을 상환하는 것은 두 가지 방법이 동일한데도 말이다.

 2011년 IFRS가 도입되어 상장기업들은 IFRS를 사용하게 됐고, 기존에 사용하던 K-GAAP는 비상장기업들만 사용하게 됐다. IFRS 도입에 따라 여러 가지가 변했는데, 그중에서도 부채와 자본의 분류기준이 크게 달라졌다. IFRS에 따르면 부채의 정의의 핵심은 '상환의무의 존재 여부'다.[6] 즉 외부에서 조달한 자금 중 상환의무가 없다면 자본으로 분류한다. 예를 들어 일반적인 우선주는 회사가 투자자에게 상환해야 하는 의무가 없으므로 자본으로 분류한다. 그렇지만 투자자가 요청하면 상환해줘야 하는(즉 상환청구권을 투자자가 보유하고 있는) 상환우선주는 부채로 분류한다. 그러나 기업이 원하는 경우에만 상환을 할 수 있는 상환우선주라면 상환의무가 명시적으로 존재하지 않는 것이므로 자본으로 분류한다.[7]

---

[6] IFRS에서 금융부채의 정확한 정의는 '거래상대방에게 현금 등 금융자산을 인도하거나 잠재적으로 불리한 조건으로 거래상대방과 금융자산이나 금융부채를 교환하기로 한 계약상 의무'이다 (K-IFRS 제1032호 문단11).

[7] 이를 좀 더 전문적인 용어를 이용해 설명하면, 상환우선주 중 투자자가 풋옵션(put option)을 가진 경우면 부채로, 발행사가 콜옵션(call option)을 가진 경우면 자본으로 분류한다.

IFRS 도입 이전 기업들이 상환우선주를 활용한 이유

IFRS 도입 이전에는 상당수 기업이 자금조달 수단으로 상환우선주를 사용했었다. 그 이유는 다음 2가지 때문이다. 첫째, 자금을 외부에서 조달해 사용하다가 상환하더라도 부채가 아닌 자본으로 분류할 수 있으므로 부채비율을 낮추는 데 도움이 된다. 이 자금을 부채로 기록하나 자본으로 기록하나 회사의 경제적 실질은 동일한데, 회계를 잘 모르는 상당수 외부 이해관계자들이 부채비율만을 보고 회사의 재무건전성을 판단하고 의사결정을 내리기 때문에 이런 일이 발생했던 것이다. 즉 부채비율이 낮으면 재무건전성이 높다고 착각하기 때문에 벌어진 일이다.

둘째, IFRS 도입 이전에는 상환우선주가 자본으로 분류되고 기업은 상환우선주를 보유한 주주에 대해 배당을 줬으므로, 이때의 배당금 지급액은 손익계산서에 이자비용으로 기록되지 않는다. 손익계산서의 구조를 알면 쉬운 이야기지만, 배당금 지급은 손익계산서에 기록되지 않고 자본으로 분류된 이익잉여금을 감소시키는 방식으로 기록되기 때문이다. 즉 손익계산서에서 당기순이익을 계산한 후 그중 일부를 사후적으로 배당하는 것이다. 따라서 사채를 발행해 자금을 조달하는 경우와 비교할 때 상환우선주를 발행하면 이자비용을 주지 않는 것만큼 이익이 더 높게 표시된다.[8] 즉 부채비율은 낮게 이익은 높게 표시할 수 있

---

[8] 좀 더 정확히 설명하면 배당금으로 기록되는 것은 아니다. 이 금액은 자본변동표에 '신종자본증권 수익분배금'이라는 이름으로 기록된다. 다만 배당과 동일한 방법으로 회계처리한다는 것을 설명하기 위해 배당으로 기록된다고 설명한 것이다. 현대상선(HMM)의 경우 이 금액이 2019년 545억 원, 2020년 876억 원, 2021년 962억 원일 정도로 막대했다.

으므로 상환우선주가 널리 사용되었던 것이다. 회계지식이 부족한 이해관계자들이 경제적 실질이 아니라 부채비율이나 이익 수치만 보기 때문이다.

2011년부터 IFRS를 사용한 결과 상환우선주가 부채로 분류되게 되자, 이때부터 IFRS를 적용하는 상장기업들은 상환우선주를 거의 사용하지 않는다. 다음과 같은 이유 때문이다. 보통주 주주들에게 지급하는 배당금은 사전에 정해진 것이 아니라 기업의 성과에 따라 매년 변할 수 있다. 상환우선주도 배당을 지급하는데, 보통주와는 달리 상환우선주의 배당률은 사채 이자와 마찬가지로 사전에 정해져있다. 즉 상환우선주는 기업이 몇 년 후 상환해야 하므로 실질적으로 보면 부채의 성격을 가지고 있기 때문에, 마치 이자를 지급하는 것과 동일하게 사전에 정해진 금액을 배당으로 지급하는 것이다. 즉 형식은 배당이지만 실질은 이자다.

IFRS 도입 이후 기업들이 상환우선주를 사용하지 않는 이유

그런데 이 배당률이 사채의 이자율보다 높다. 투자자(우선주에 대한 주주와 채권에 대한 채권자를 모두 포함한 개념) 입장에서 보면 회사에 부도가 발생했을 때 남아있는 자산에 대한 청구권에 대한 우선순위를 채권자가 가지고 있기 때문이다. 즉 남아있는 자산이 있으면 채권자가 먼저 받아가고(즉 채권자가 선순위이고), 그다음에 남는 자산이 있어야 우선주 주주, 보통주 주주의 순서로 받아간다. 그러므로 채권에 대한 투자가 우선주에 대한 투자보다 덜 위험하기 때문에, 동일한 기업이 발행하고 만기도 동일하더라도 채권의 이자율이 상환우선주의 배당률보다 낮다. 위험한 투자일수록 투자자들이 요구하는 수익률이 높기 때문이다. 즉 기업 입장에서 보면 상환우선주를 발행했을 때가 채권을 발행했을 때보다 더 많은 현금이 유출되는 부정적 효과가 발생한다.

    IFRS 도입 이전에는 상환우선주를 자본으로 분류했기 때문에 부채비율은 낮게 이익은 높게 표시할 수 있었으므로, 현금의 유출이 더 많음에도 불구하고 이를 사용하는 기업들이 있었다. 그러나 IFRS 도입 이후에는 상환우선주를 부채로 분류하게 되어 이런 유리한 점이 사라졌다. 일반 채권을 발행해서 자금을 조달하는 것과 비교할 때 부채비율은 동일한데 더 많은 배당(형식적으로는 배당이지만 실질적으로는 이자와 유사한 성격)을 지급해야 하는 상환우선주를 굳이 사용할 이유가 사라진 것이다. 그렇지만 상환우선주를 자본으로 분류하는 K-GAAP를 사용하는 비상장기업 중에서는 2011년 이후도 상환우선주를 사용하는 경우가 존재한다.[9] 이런 차이를 보면 상장기업과 비상장기업의 재무제표를 같은 잣대로 비교해서는 안 된다는 점을 이해할 수 있을 것이다.[10]

    IFRS 도입 이후 상장기업들이 상환우선주는 더 이상 사용하지 않지만 그 대신 사용하게 된 새로운 금융상품이 있다. 바로 영구채권이다. 영구채권은 만기가 없거나 만기가 형식적으로는 존재하지만 발행사(기

---

[9] 특히 위험도가 높은 기업들을 중심으로 상환우선주와 전환우선주를 결합한 상환전환우선주가 널리 사용된다. 상환전환우선주의 사용 예와 이 금융상품의 장점 및 단점에 대한 글은 『숫자로 경영하라 4』에 실린 '경영권 분쟁 과정에서 상환전환우선주의 역할'이라는 글을 참조하기 바란다.

[10] 언론 검색을 해보니 디스트릭트, 삼표산업, 한주라이트메탈, SK온 등의 기업이 최근 상환우선주를 사용해 자금을 조달했다.

국제회계위원회(IASB)
미국과 일본을 제외한 전 세계 국가들이 사용하는 국제회계기준(IFRS)은 국제회계기준위원회(International Accounting Standards Board)에서 만든다. 국제회계기준에서는 회사가 명시적인 상환의무를 가지고 있는 경우를 부채로 분류한다.

업)가 만기를 연장할 수 있는 채권이다. 예를 들면 만기가 5년이지만, 5년 후 발행사가 아무 조건 없이 다시 만기를 연장할 수 있다. 즉 이 채권을 구입한 투자자는 발행조건 그대로라면 앞으로 원금 상환은 받지 못하고 이자만 받을 수 있다. 이 채권은 발행사에게 상환의무가 없기 때문에 IFRS에 따르면 부채가 아니라 자본으로 분류된다. 그러나 법적으로는 채권이므로 K-GAAP에서는 부채로 분류된다.

자본으로 분류되는 영구채권의 탄생

그렇다면 원금을 상환받을 수 없을 것으로 보이는 채권을 매수할 투자자들이 과연 존재할까? 누가 이런 금융상품을 발행해 판매한다고 하더라도 매수자가 나타나지 않는다면 쓸모가 없다. 상식적으로 보면 대다수 투자자는 상당히 비싼 이자를 지급해야만 이런 금융상품을 매수할 것이다. 그런데 이자율이 그렇게 높지 않아도 판매가 가능하도록 한 구조를 가진 상품이 생겨났다. 영구채권 발행 후 일정 기간이 지난 이후 발행사가 콜옵션(call option)을 행사할 수 있는데, 콜옵션을 행사하지 않으면 가산금리가 부과되도록 구조를 만든 것이다. 콜옵션이란 발행사가 판매한 채권을 원한다면 상환할 수 있는 옵션이다.

예를 들어 5%의 이자율을 지급하는 채권인데 발행사가 3년 후 행사할 수 있는 콜옵션을 보유하고 있다고 가정해보자. 콜옵션을 행사한다는 것은 발행사가 부채를 갚는다는 뜻이다. 콜옵션을 행사할지는 발행사가 정할 수 있으므로, 이 경우 발행사가 상환의무를 가지고 있다고는 볼 수 없다. 따라서 IFRS에 따르면 부채의 정의에 부합되지 않으므로 자본으로 분류된다. 그런데 3년 후 발행사가 콜옵션을 행사하지 않을 경우 그다음 날부터 가산금리가 3% 추가돼 이자율이 8%가 된다고 해보자. 이 경우 발행사는 콜옵션을 행사해서 영구채권을 상환할 가능성이 높다. 굳이 3%나 더 비싼 이자를 내면서 해당 영구채권을 더 이상 유지할 필요가 없기 때문이다. 예를 들어 그 시점에서 시장이자율이 변하지 않아 과거와 동일한 조건으로 영구채권을 발행할 수 있는 기업이라면, 새로운 영구채권을 5%의 이자율로 발행하고 이를 매각해서 마련한 돈으로 3년 전에 발행했던 영구채권을 상환하면 3%의 이자를 절약할 수 있기 때문이다. 이렇게 새로 마련한 빚으로 과거의 빚을 상환하는 행위를 차환(借換, refinancing)이라고 한다. 또한 몇 년의 시간이 더 흐르면 다시 가산금리가 붙는 경우도 있다. 예를 들면 2년이 더 흘러 5년 차가 된 시점에 다시 콜옵션을 행사할 수 있고, 행사하지 않는다면 다시 3%의 가산금리가 붙어 이자율이 11%로 올라가는 형태다. 발행사가 꼭 옵션을 행사하도록 이자율이 매우 높아지게 조건을 정한 것이다.

영구채권이 IFRS 도입 이후 국내에서 처음 사용된 것은 2012년 12월 두산인프라코어의 사례다.[11] 그렇지만 영구채권이 국내에서 처음 개발된 것은 아니다. 우리나라보다 10년쯤 빨리 유럽에서 IFRS가 사용되고 있었기 때문에, 유럽에서 사용되던 금융상품을 국내에 도입해 사용하기 시작한 것뿐이다. 그 이후 많은 기업이 영구채권을 사용해서 필요한 자금을 조달했는데, 이 기업들은 모두 다 콜옵션 행사가 가능한 첫 번째 시점이 도래했을 때 옵션을 행사했다. 즉 이 시점에서 부채를 상환하는 것과 동일하게 옵션을 행사해서 채권을 갚았다.

흥국생명의 영구채권 콜옵션 미행사가 자본시장에 미친 여파

그런데 옵션을 행사하지 않겠다고 선언한 기업이 2022년 최초로 나타났다. 흥국생명의 5억 달러 규모 달러 표시 영구채권과 관련된 사례다. 2022년 말 '자본시장에 돈이 말랐다'는 표현이 회자될 정도로 기업들이 돈을 구하기가 어려웠다. 당시 엄청난 적자에 시달리던 한국전력이 자금조달을 위해 2022년 동안 30조 원이 넘는 채권을 발행해서 판매함으로써 자본시장에 대기하던 자금 대부분을 끌어가고 있었다. 다른 기업들은 자금을 조달하고 싶어도 거의 조달하지 못하는 상황이었다.

 그러던 중 과거 영구채권을 발행했던 흥국생명이 행사 시기가 된 콜옵션을 행사하지 않고 가산금리를 더 내겠다고 발표하자 자본시장이 완전히 마비될 정도로 큰 충격이 발생했다. 엄청난 비난이 쏟아지자 흥국생명은 다시 의사결정을 번복해서 콜옵션을 행사했다. 이 사건을 보

---

11 영구채권에 대한 좀 더 자세한 정의와 두산인프라코어 사례를 포함한 구체적인 사용 예에 대해서는 『숫자로 경영하라 3』에 실린 '영구채권은 부채인가, 자본인가?'라는 글을 참조하라.

흥국생명
흥국생명은 콜옵션의 행사기간이 돌아온 5억 달러 규모 영구채권에 대해 옵션을 행사하지 않겠다고 발표했다가 큰 비난을 받고 옵션을 행사한다.
ⓒ 주간경향

면 영구채권 투자자들은 당연히 흥국생명이 콜옵션을 행사할 것이라고 기대하고 있었다는 것을 짐작할 수 있다. 즉 투자자들은 주식을 산 것이 아니라 부채를 빌려준 것으로 인식하고 있었다는 의미다.

영구채권을 사용할 경우의 장점은 앞에서 소개한 자본으로 분류되는 상환우선주를 사용할 때의 장점 2가지와 동일하다. 첫째, 자본으로 분류되므로 부채비율을 낮출 수 있다. 둘째, 이자 지급이 비용이 아니라 배당으로 기록되므로 이익을 높게 표시할 수 있다. 여기에 추가해 세 번째 장점이 있다. 설명하기 복잡한 내용이지만 세금효과다. 영구채권의 이자 지급액은 회계적으로는 배당금이지만 세법에서는 부채에 대한 이자비용으로 본다. 따라서 이자를 지급한 것만큼 과세소득이 줄기 때문에 법인세 비용을 줄어드는 효과가 생긴다. 전문용어로는 세법상 '손금인정'이 된다고 한다. 즉 앞에서 설명한 것처럼 영구채권을 자본으로 분류하면 이익이 늘어나는데도 불구하고 세금은 늘지 않는다.

이상에서 설명한 영구채권은 모두 특정 시기가 되면 발행사가 옵션을 행사하는, 즉 현금을 투자자들에게 지급하고 채권을 회수해 소각하는(즉 채권이 소멸되는) 형태였다. 이런 종류의 영구채권을 현금결제형 영구채권이라고 부른다. 영구채권이 사용되던 초기에는 이 형태의 영구채권만 존재했다. 그렇지만 시간이 좀 더 흐른 뒤 전환형 영구채권이 탄생했다. 영구CB와 영구BW가 그 대표적인 예다. 이하에서는 국내에서 좀 더 널리 사용되는 영구CB에 대해 설명한다.

현금결제형 영구채권과 전환형 영구채권의 차이

일반적인 전환사채(Convertible Bond, CB)란 채권이지만 투자자(즉 채권자)가 보유 중 주식으로 전환할 수 있는 사채다. 투자자 입장에서는 사채의 이자를 지급받다가, 해당 기업의 주가가 많이 올라 이자를 받는 것보다 주식으로 전환해 매각하면 더 큰돈을 벌 수 있는 경우 주식으로 전환할 것이다. 따라서 투자자 입장에서 보면 일반 채권보다 한 가지 옵션이 더 있는 것이므로 유리하다. CB의 발행사 입장에서는 일반 사채를 발행할 때보다 낮은 이자율을 지급해도 채권의 매각이 가능하기 때문에 이자비용을 아낄 수 있다. 즉 투자자와 발행사가 모두 윈-윈 할 수 있는 상품인 것이다. 따라서 CB는 상대적으로 위험도가 큰 기업들의 자금조달 수단으로 널리 사용된다. 일반 채권을 발행하면 판매가 안 되는 위험한 기업이라도 CB는 판매가 될 가능성이 더 높기 때문이다.

영구CB는 일반적인 영구채권과 유사하게 발행사가 채권의 상환을 연장할 수 있는 조건을 갖춘 CB다. 상환일이 되어 발행사가 채권을 상환하지 않으면 가산금리가 붙는다. 여기까지는 일반적인 현금결제형 영구채권과 동일하다. 그런데 투자자가 상환일 이전 이 채권을 주식으로 전환할 수 있다는 점이 현금결제형 영구채권과 다른 점이다. 즉 현금결제형 영구채권은 특정 기한이 되면 발행사가 옵션을 행사해서 투자자가 투자금을 상환받을 수 있다. 반면 전환형 영구채권은 특정 기한이 되면 발행사가 옵션을 행사해서 투자자가 투자금을 상환받을 수도 있지만 그 이전에 투자자가 옵션을 행사해서 채권을 주식으로 바꿀 수도 있다. 일반CB와 마찬가지로 이자를 받는 것보다 주식으로 전환한 후 팔아서 더 많은 이익을 올릴 수 있다면 영구CB의 투자자가 이를 주식으로 전환할 것이다. 즉 투자자 입장에서는 한 가지 옵션이 더 있는 셈이므로 현금결제형보다 전환형 영구채권이 더 유리하다.[12]

따라서 발행사는 현금결제형보다 전환형 영구채권을 발행할 때 이자율을 좀 더 낮게 책정해도 된다. 또한 현금결제형인 경우 기한이 되면

---

[12] 위의 설명과는 달리 투자자가 보유한 채권을 주식으로 전환하는 것이 가능한 시기가 발행사가 채권을 상환하는 날짜보다 후에 도래하는 경우나, 그렇지 않더라도 전환권을 행사하려면 발행사의 동의를 얻어야 하는 경우가 종종 있다. 이런 경우라면 기한이 되면 발행사가 옵션을 행사해 채권을 상환하는 현금결제형 영구채권과 거의 동일한 효과가 발생한다. 발행사가 상환하지 않는 일이 만약 발생한다면 투자는 주식으로 전환할 수 있다. 만약 발행사가 상환도 하지 않고 전환에 대해 동의하지도 않는다면 법적 소송의 대상이 될 것이므로, 발행사는 둘 중 하나는 실행해야 한다. 그러므로 이런 조건의 채권이라면 현금결제형 영구채권과 비교할 때 투자자에게 한 가지 옵션이 더 있는 것이므로 유리하지만, 투자자의 전환권 행사기간이 발행사의 상환가능 시기보다 먼저 도래하거나 투자자의 의사만으로 상전환을 할 수 있는 일반적인 전환형 채권보다는 투자자에게 불리하다. 따라서 자금조달 비용(즉 채권의 이자율)은 현금결제형 채권과 일반적인 전환형 채권 사이의 중간 정도로 결정될 것이다. 이런 조건의 채권을 발행하는 기업은 신용등급이 낮은 경우가 많으므로, 이를 발행할 때 TRS 계약 등을 통해 다른 회사가 신용보강을 해주는 경우도 많다. 이에 대한 좀 더 자세한 이야기는 본서에 실린 'SK그룹 최태원 회장의 TRS 거래를 이용한 'LG실트론 주식의 의결권' 인수'라는 글을 참조하기 바란다.

채권을 상환하기 위해 회사의 현금이 유출된다. 그러나 전환형의 경우 투자자들이 주식으로 전환한 후 시장에서 주식을 매각하면 회사에서는 현금이 유출될 필요가 없다. 즉 발행사도 전환형 영구채권의 발행이 도움이 되므로, 결과적으로 투자자와 발행사 모두 윈-윈 할 수 있다.

이런 이유에서 최근 들어 현금결제형보다 전환형이 더욱 널리 사용되게 된 것이다. 영구BW란 투자자가 옵션을 행사하면 채권 발행사가 신주를 발행해서 지급해야 하는 옵션이 부가된 영구채권을 말한다. 이 채권의 장점도 영구CB와 동일하므로 추가적인 설명은 생략한다.

현대상선의 영구채권 발행 사례[13]

앞에서 이미 소개한 것처럼 2008년 세계금융위기 발발 이후 무역량이 줄어든 결과 2010년대 들어 현대상선은 생존의 위기에 직면한다. 당시 현대상선의 재무상황과 경영성과에 대해서는 〈그림 1〉을 참조하기 바란다. 산업은행이 현대상선의 경영권을 인수한 후인 2016년과 2017년 동안 산업은행과 기타 주주들은 수차례에 걸친 유상증자를 실시해 현대상선에 총 2조 2천억 원 규모의 자금을 투자한다. 또한 현대상선은 영구CB와 영구BW를 발행해 총 3조 3천억 원 정도를 조달한다. 이 사

---

[13] 현대상선의 영구채권 활용 사례에 대한 보다 구체적인 내용과 회계처리에 대해서는 다음 논문을 참조하기 바란다. 필자도 본고의 작성에 이 논문의 큰 도움을 받았다.
김영준·이수정·조미옥, '영구전환사채와 기업구조조정: HMM 사례', 〈회계저널〉, 2023년

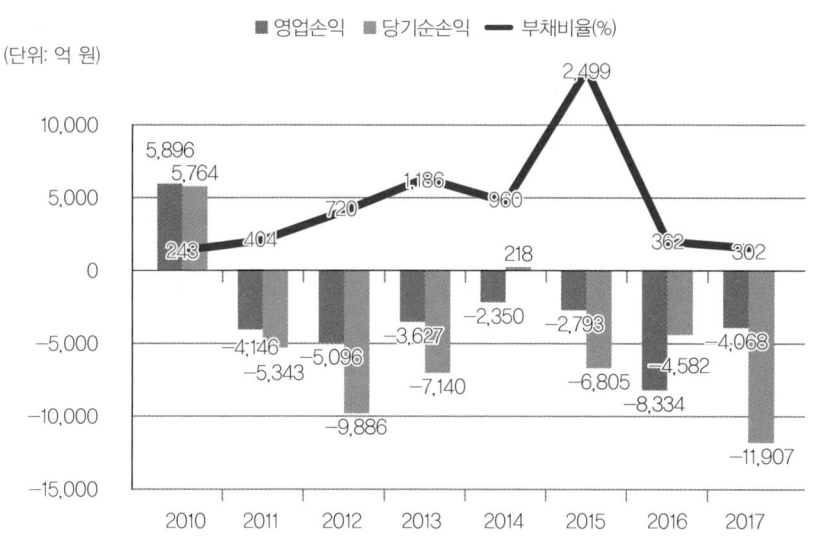

〈그림 1〉 2010년대 초중반의 현대상선 재무상황과 경영성과 요약

채를 인수한 것은 산업은행과 산업은행의 특수관계인이라고 할 수 있는 한국해양진흥공사다. 자금조달의 결과 한때 2,500%에 육박했던 현대상선의 부채비율은 2017년 말 기준 302%로 크게 개선됐다.

2016년과 2017년도 동안 총 5조 5천억 원의 막대한 자금을 조달했는데도 불구하고 부채비율이 302%에 달했던 것은 〈그림 1〉에서 알 수 있는 것처럼 2016년 약 4,500억 원, 그리고 2017년 1조 2천억 원의 막대한 당기순손실이 발생했기 때문이다. 이런 어려운 상황에서 회사를 살리기 위해 다양한 형태로 자금을 조달했던 것이다. 자금조달 결과 2017년 말 기준 현대상선의 자본총계 8,969억 원 중 영구채권은 6,200억 원으로 전체 자본의 67%를 차지한다. 5조 5천억 원이라는 막대한 자금을 투자했는데도 불구하고 자본총계가 8,969억 원이라는 점을 보면 회사가 얼마나 많은 돈을 잃고 있었는지를 짐작할 수 있다.

당시 재무상태표를 보면 영구채권이라는 계정과목명이 등장하지 않는다. 기타자본 항목 내에 신종자본증권(hybrid securities)이라는 명칭으로 기록되어 있기 때문이다. 영구채권이란 명칭은 자본시장에서 흔히 사용되지만 회계상으로는 신종자본증권이라고 불린다. 이 외에도 미래 기간 동안 주식으로 전환될 수 있는 전환사채도 수천억 원 규모로 발행했다. 2017년 말 당시 산업은행의 지분비율은 13.13%이고 한국선박해양의 지분비율은 4.45%로서 둘을 합쳐도 17.58%에 불과했지만, 영구채권과 전환사채를 보통주로 전환하면 약 45%의 지분비율을 산업은행이 확보할 수 있는 상황이었다.

2018년과 2019년에 걸쳐 현대상선은 총 4,660억 원의 당기순손실을 기록한다. 그 결과 자본확충을 위해 현대상선은 2016년부터 2020년까지 전환사채, 영구CB, 그리고 영구BW를 각각 7,400억 원, 2조 6,800억 원, 6천억 원 발행했다. 즉 약 4조 원 가까운 돈이 보통주로 전환될 수 있는 메자닌 증권 형태로 발행된 것이다. 이런 막대한 자금 수혈에도 불구하고 2020년 말 기준 부채비율은 450%에 이르렀다. 2020년 회사는 사명을 현대상선에서 HMM으로 변경한다. HMM은 Hyundai Merchant Marine의 약자로서, 과거 현대상선의 영문명을 회사의 새 이름으로 바꾼 셈이다. 2020년 말 기준 산업은행과 한국해양진흥공사가 보유한 지분과 주식으로 전환할 수 있는 물량을 모두 합해서 계산한 잠재적 지분율은 72%였다.

팬데믹의 발생과 HMM의 회복

2020년 들어 코로나바이러스감염증(Covid-19) 사태가 터지면서 미국과 유럽 각국 정부는 경제위기를 극복한다는 명분으로 엄청난 돈을 뿌리기 시작했다. 넘치는 돈 때문에 소비가 급증했는데, 미국과 유럽의 공장들이 코로나19 때문에 문을 닫았으므로 해외로부터의 수입 물량이 늘어났다. 그 결과 해운 물동량이 크게 늘었다. 해외에서 수출 주문이 늘어났는데도 불구하고 국내에서 해외로 주문받은 물건을 실어 보낼 배가 없을 정도였다. 그 결과 2020년도 중반부터 해운 운임이 급등하기 시작했고, 그 덕분에 HMM은 9천억 원의 영업이익과 1,200억 원의 당기순이익을 기록할 수 있었다. 2021년 들어서는 수에즈 운하가 사고로 막히면서 운송요금이 폭등해 HMM은 무려 7조 4천억 원의 영업이익과 5조 3천억 원의 당기순이익을 기록했다. 한 회사가 벌어들인 이익이 웬만한 대기업 집단 전부가 벌어들인 이익을 넘어선 것이다. 시장점유율 1위 업체였던 한진해운이 사라진 덕분에 살아남은 2위 업체 HMM이 더 반사효과를 본 측면도 있었을 것이다.

이렇게 상황이 변하자 HMM의 주가가 치솟기 시작한다. 2021년 3월 전환사채가 주식으로 전환된 결과 주식수가 늘어나는 희석화(dilution)가 발생했는데도 불구하고 주가는 계속 올라 한때 4만 5천 원에 달했다. 그러다 6월 들어 산업은행은 보유 중이던 일반CB의 전환권을 행사하자 주식의 수가 늘어 주가가 하락하기 시작했다. 10월 들어서 한국해양진흥공사는 보유 중이던 6천억 원 규모의 영구CB의 전환권을 행사한다. 이 CB의 전환가액은 주당 7,173원이었기 때문에, 전환 당시의

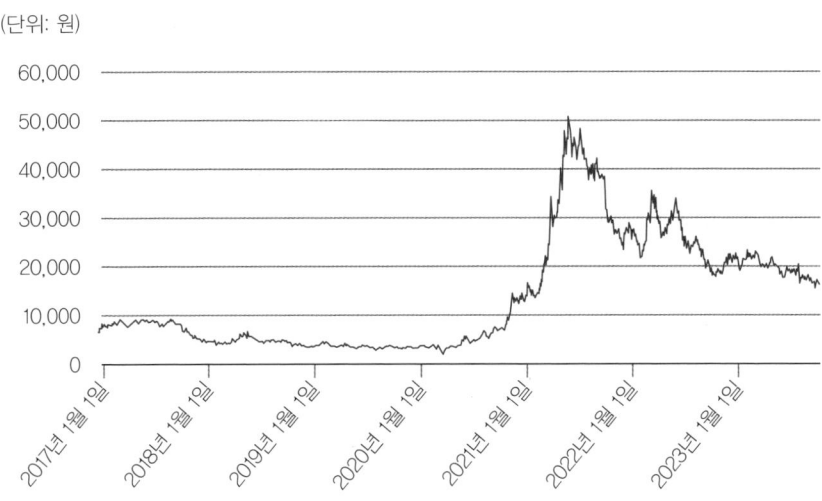

〈그림 2〉 2017~2023년 9월 사이 HMM의 주가변화

2만 9,400원이라는 주식의 시가와 비교하면 한국해양진흥공사는 전환의 결과 엄청난 이익, 주당 2만 2,227원(2,9400 - 7,173)을 얻을 수 있었다. 그 결과 한국해양진흥공사의 지분율은 4%에서 20%로 크게 증가했고, 산업은행의 지분율은 주식 총수가 늘어남에 따라 25%에서 21%로 감소했다. 그 후 주가는 점차 하락해 2022년 하반기부터 2023년 상반기까지 2만 원대에서, 2023년 중반기에는 1만 5천~1만 8천 원대에서 움직였다. 코로나19 특수가 끝난 것이다. 2017년부터 2023년 9월까지 HMM의 주가변화는 〈그림 2〉에서 확인할 수 있다.

 2022년 12월 말 기준 자본총계 20조 원 중 신종자본증권(영구CB와 영구BW)은 2조 7천억 원 정도의 규모로서, 자본 중 대략 13%의 비중을 차지한다. 현 상황에서 보면 산업은행과 한국해양진흥공사는 영구채권의 전환권을 행사하면 큰돈을 벌 수 있다. 2023년 10월 말 기준 주가가 1만 5천 원대이므로, 채권을 주식으로 전환할 때 각각 채권가액 7,498원 또는 5천 원마다 주식 1주를 받게 되므로 큰 이익이 된다. 그 결과 이 채권이 모두 주식으로 전환되면 산업은행의 지분비율은 21%에서 36%로, 한국해양진흥공사의 지분비율은 20%에 35.7%로 증가하게 된다. 당시의 시가총액이 7조 5천억 원이므로, 전환 후 시가총액이 변하지 않는다고 가정하면 산업은행과 한국해양진흥공사는 대략 5조 4천억 원의 가치가 있는 주식을 가지게 되는 것이다.

HMM의 인수대금은 어떻게 결정됐을까?

그러나 주식으로 전환되면 자본총액이나 회사의 본질가치는 변하지 않는데 주식의 수가 크게 증가한 결과 희석화(dilution)가 일어날 것이기 때문에 1주당 주가가 하락할 것이라고 예측된다. 따라서 주가 하락을 우려하는 소액주주들이 채권의 주식 전환에 대해 반대한다는 뉴스가 수차례 보도된 바 있다. 하지만 산업은행 입장에서는 소액주주들의 반대 여부와 관계없이 합리적인 선택을 해야 하고, 그 결과 주식 전환을 할 것이 분명했다. 주식 전환을 하지 않는다면 이익을 볼 기회를 스스로 버리는 것이므로 업무상 배임 행위에 해당된다. 주가가 떨어지면 소액주주들이 손해를 보게되는 것은 안타까운 일이지만, 그렇다고 해서 남에게 나 대신 손해를 보라고 강요할 수는 없다.

2022년 말부터 산업은행은 HMM의 매각작업에 착수했다. 2023년

9월 하림, 동원, LX그룹이 입찰적격후보로 선정됐다. 그런데 황당한 일이 일어났다. 2023년 10월 산업은행과 한국해양진흥공사는 기한이 도래한 1조 원 규모의 영구CB를 보통주로 전환해서 지분규모를 크게 늘렸다. 회사의 자본가치는 동일하지만 전환의 결과 주식의 숫자가 크게 늘어났으므로, 희석화 현상 때문에 1주당 주가가 주식수가 늘어난 만큼 비례해 떨어지는 것이 당연하다. 그런데 이런 합리적인 예상과는 달리 주가가 변하지 않았다. 그 결과 8조 원 규모이던 회사의 시가총액이 이날 갑자기 11조 원대로 늘어났다. 이런 논리적으로 이해하기 힘든 현상을 보면, 자본시장이 효율적이라서 주가가 합리적으로 결정된다는 전통적인 재무관리/경제학 이론이 꼭 옳은 것은 아니라는 점을 알 수 있다. 굳이 이 현상을 논리적으로 설명한다면, 곧 HMM의 새 주인이 결정될 예정이므로 앞으로 HMM의 경영권이 바뀌면 회사가 더 발전될 것이라는 소액주주들의 기대감이 이날 갑자기 주가에 반영된 것으로 볼 수도 있다.[14] 이 전환 이후 산업은행과 한국해양진흥공사가 계속 보유하고 있는 영구채권의 가치는 대략 2조 원대 초반, 보유하고 있는 주식 58%의 가치는 대략 6조 원대 초반이 됐다.[15]

이렇게 주가가 변하지 않는 황당한 일이 일어나자 HMM의 인수에 관심이 있던 기업들은 심각한 고민을 했을 것이 분명하다. 원래 대략 4조

---

14   억지로 해석하면 이렇다는 것이지만, 이날 갑자기 주가에 이런 기대가 반영됐다고는 보기 힘들다. 기대감이 주가에 반영된다고 해도 매각이 가까워짐에 따라 서서히 반영될 것이다.
15   전환 이후 HMM의 매각이 임박하면서 HMM의 주가는 더 올라 2023년 12월 말 기준 시가총액이 12조 원이 넘었다. 주주들의 기대가 크다는 것을 알 수 있다.

화물선이 가득 찬 부산항만의 전경
HMM은 국내 시장점유율 1위의 해운사로서 산업은행과 한국해양진흥공사가 지배하고 있다. 현대그룹 소속사 현대상선이 부도가 난 후 채권단이 지배하게 된 후 HMM으로 이름을 바꿨다.
ⓒ 부산항만공사

원대 초반 정도 가치의 주식을 인수한다는 계산을 하고 있었는데, 그 주식이 6조 원이 됐기 때문이다. 또한 경영권을 포함해서 인수해야 하므로 경영권 프리미엄을 고려하면 실제 인수가는 6조 원보다 높아야 한다. 국내에서 벌어진 M&A의 경영권 프리미엄이 대략 40~50% 정도라는 점을 고려하면 인수자금이 8조~9조 원 될 것으로 보이는 상황이었다. 그 결과 LX그룹은 발을 뺐고 최종적으로 하림과 동원그룹이 남았다. 그리고 11월 말 열린 최종입찰의 결과 인수가로 6조 4천억 원을 제시한 하림그룹에게 HMM이 팔리게 됐다. 동원그룹이 입찰에서 제시한 액수와 불과 수백억 원 정도의 차이만 있었다고 한다.

변화된 산업은행의 모습과 HMM의 매각 결정

그렇다면 두 기업은 왜 입찰가를 8조~9조 원이 아니라 6조 4천억 원으로 정했을까? 6조 4천억 원은 인수해야 하는 주식의 입찰 당시 시가총액 정도다. 즉 경영권 프리미엄을 고려하지 않은 것이다. 그렇지만 다른 각도에서 보면 10월에 발생한 영구CB의 보통주 전환 이전의 주가에 경영권 프리미엄을 반영한 수치다. 즉 두 기업은 보통주 전환 이후의 주가가 비정상적이라고 본 것이다. 따라서 앞으로 주가가 정상적인 수준으로 하락할 것이라고 예상하고, 그를 고려해 입찰가를 결정했다고 볼 수 있다.

입찰이 진행되던 시점 일부 정치권이나 시민단체 인사들과 노조는 졸속매각을 하지 말라거나 HMM을 팔지 말고 공기업으로 운영해야 한다고 주장했다. 필자는 개인적으로 해운업의 대호황이 다시 오기는 힘들다고 생각한다. 따라서 대호황의 결과, HMM을 손해 보지 않고 매각할 수 있게 됐을 때 신속하게 매각하는 것이 더 옳다고 믿는다. 물론 기다리다 보면 회사의 가치가 더 상승할 수도 있다. 그렇지만 희망만으로 언제까지나 기다리고만 있을 수는 없다.

예를 들어 대우조선해양의 경우 산업은행에서 경영권을 인수한 후 21년이 지난 2022년에서야 매각이 이뤄졌는데, 그동안 구조조정도 제대로 이뤄지지 않고 경영성과도 부진해 회사의 가치가 수분의 1로 하락한 바 있다. 사모펀드들이 인수한 기업들이 몇 년 이내에 구조조정을 끝내고 성공적으로 매각되는 것과 대비할 만하다. 이 과정에서 기업에 투자됐던 많은 공적자금(즉 국민의 세금)이 낭비됐다.[16] 심각한 대리인 문제가 발생했고, 정권이 임명한 경영진이나 직원들이 기업을 위해 노력하기보다는 자신의 이익만 극대화하려고 했던 결과라 생각된다. 횡령, 배임, 막대한 보너스 등으로 빠져나간 돈이 수천억 원에 이른다. 퇴직자의 일자리를 잡아주기 위해 산업은행이 자회사들을 일부러 매각하지 않는

HMM의 초대형 컨테이너 2호선 HMM오슬로호
2020년 이후 HMM의 주가가 급등하자 산업은행은 HMM을 매각하기로 결정한다. 입찰에 하림과 동원그룹이 참가해 치열하게 경쟁했는데, 최종 승자는 하림그룹으로 결정됐다.
© HMM

다는 이야기가 나왔을 정도다. 대우조선해양을 매각하려고 했을 때도 졸속매각이니 팔지 말라거나 공기업으로 운영하자는 이야기가 동일하게 등장했었고, 노조는 매각을 반대하며 파업도 했다. 산업은행의 경영 하에 계속 있는 것이 편하니 이런 이야기가 나왔을 것이다.

그렇지만 지난 몇 년간 아시아나항공이나 대우조선해양의 경영권을 매각한 것처럼 산업은행은 과거와는 다른 적극적인 모습을 보이고 있다. 자회사를 제대로 경영하는 것에도 더욱 관심을 기울이는 듯하다. 논란의 대상이 됐던 여러 사건으로부터 교훈을 얻었기 때문일 것이다.

---

16 그 대표적인 예로 대우조선해양의 경영실패와 분식회계, 그리고 분식회계를 은폐하려고 시도한 사례를 들 수 있다. 대우조선해양의 분식회계에 대한 좀 더 자세한 내용은 『숫자로 경영하라 4』에 실린 '대우조선해양의 분식회계 여부에 대한 논란'이라는 글을, 분식회계가 산업은행(결과적으로는 국민)에 미친 피해는 『숫자로 경영하라 5』에 실린 '대우조선해양 분식회계 사건이 한화와 산업은행의 소송전에 미친 극적인 영향'이라는 글을, 산업은행 일부 인사와 분식회계의 관련성 및 산업은행의 사건 은폐 시도에 대해서는 '대우조선해양 분식회계 사건에 대한 이상한 뒤처리가 벌어진 이유'라는 글을 참조하기 바란다.

HMM의 매각에 따라 오랫동안 묶여있던 공적자금이 드디어 풀려나게 된 것이다. 산업은행이 지금처럼 노력해 앞으로도 부실기업에 투자한 국민의 돈을 낭비하지 않고 신속하게 회수할 수 있기를 바란다.

하림과 HMM의 미래는?

하림은 HMM의 인수대금을 마련하기 위해 국내의 유명 사모펀드 JKL 파트너스와 힘을 합쳤다. 하림은 2015년 STX팬오션을 인수할 때도 JKL파트너스의 도움을 받은 바 있다. STX팬오션은 그 이후 팬오션으로 이름을 바꿨고, 하림이 성공적으로 경영을 한 결과 부활에 성공한 바 있다. 이번 인수 건에는 JKL이 약 7,500억 원을 투자하며, 금융사로부터의 차입(즉 인수금융)을 통해 약 2조 5천억~3조 원, 자체 보유자금과 유상 증자를 통해 2조 5천억~3조 원을 마련할 계획이라고 한다. 이 금액이 너무 많아 이자비용만도 매년 수천억 원이 된다. 따라서 앞으로 하림의 경영형편이 어려울 것이라는 예측도 많다. '승자의 저주'에 빠질 것이라고 언급한 언론사도 있었다.

인수금융의 규모만 보면 이런 견해가 틀리다고 볼 수 없다. 그러나 하림이 배당을 받아 인수금융 상환과 이자 지급에 사용할 수 있다는 점도 고려해야 한다. HMM이 1년 내 상환해야 하는 유동부채가 2조 6천억 원이 조금 넘는데 10조 원 이상의 현금이 있으므로, 유동부채를 상환한 후 7조 4천억 원, 그리고 운영자금을 고려해도 6조 원 정도의 여유현금이 있다. 하림이 58%의 HMM 주식을 인수한 후 HMM이 여유자금 6조 원을 배당이나 유상감자의 형태로 주주들에게 지불한다면, 하림은 그중 58%인 3조 5천억 원을 받는다. 물론 갑작스럽게 이 돈을 다 빼내간다면 회사의 가치가 크게 하락하는 것이므로, 산업은행은 3년간 매년 배당액을 5천억 원으로 제한한 인수조건을 제시한 바 있다. 따라서 5천억 원만을 배당한다고 해도 58%인 2,900억 원을 받을 수 있으므로 인수금융에 대한 이자비용을 지급하는 데는 아무 문제가 없다.

회사가 불필요한 현금을 다량 보유하면서 아무 일도 하지 않는 것은 주주들의 이익에 반하는 행위이므로, 앞으로 HMM은 그 돈으로 배당을 지급하던 새로운 대규모 투자를 하던지를 선택해서 기업가치를 증진시켜야 할 것이다. 경기가 풀리고 HMM의 경영형편도 더 개선된다면, JKL파트너스는 이번에 인수한 HMM 주식을 시장에서 팔아 이익을 실현할 것이다. 그렇게 된다면 산업은행과 한국해양진흥공사도 현재 보유 중인 영구CB를 주식 14%로 전환해 시장에서 매각할 것이다. 따라서 시장상황이 어떠냐에 따라 다르겠지만, 주가만 오른다면 하림이 JKL파트너스나 산업은행이 보유한 지분을 되살 필요는 없다.

그렇지만 우크라이나 전쟁과 러시아/중국과 서방의 대립 등의 이유로 전 세계적으로 경기가 안 좋은 지금, HMM의 미래가 꼭 밝다고는 볼 수 없다. 하림이 팬오션을 인수한 후 성공적으로 경영해 발전시킨 것처럼 앞으로 HMM도 잘 경영하기를 바란다. 규모가 작은 팬오션과는 달리 HMM은 국내 최대 규모의 해운사다. 만약 HMM이 망한다면 우리나라는 세계적으로 경쟁할 수 있는 대규모 해운사가 하나도 없게 된다. 즉 HMM이 어려워진다면 국내 경기에 미치는 효과도 클 것이다. 따라서 하림의 성공이 국가 전체적으로 볼 때도 이익이 될 것이다.

영구채권에 대한 공시를 강화해야…

마지막으로 영구채권과 관련해 정책적으로 개선이 필요한 사항을 짚어본다. 2022년 12월 31일 기준 HMM의 재무상태표를 보면 총자본이 20조 원이다. 구체적인 자본 항목의 모습은 〈표 1〉에서 확인할 수 있다. 자본항목 내에 자본금, 기타불입자본, 이익잉여금, 기타자본구성요소 등의 세부 항목이 등장한다. 그런데 이 자본의 세부 구성항목에 영구채권이 등장하지 않는다. 주석사항을 찾아보면 영구채권은 자본의 세부 구성항목 중 '기타자본구성요소'라는 항목 3조 5천억 원 중 2조 7천억 원을 차지한다. 즉 상당히 중요한 비중을 차지하며, 자본금 2조 4천억 원보다도 더 많다. 이렇게 큰 비중을 차지하는 항목이 기타자본구성요소라는 이름 밑에 숨어있는 것이다.

 영구채권을 사용하는 것은 기업의 자유다. 그렇지만 이해관계자들이 알 수 있도록, 이런 상품은 재무상태표의 자본 항목에서 별도로 구분해서 표시하는 것이 더 바람직할 것이다. 그래야 주석을 읽지 않아도 회사가 어떤 자금을 사용하고 있다는 점을 이해관계자들이 좀 더 쉽게 알 수 있기 때문이다. 모든 메자닌 증권에 대해 이럴 필요는 없지만, 보통주 자본금 대비 일정 비중 이상의 규모라면 중요한 정보라고 볼 수 있다. 따라서 일정 규모 이상의 경우라면 구분 표시하도록 의무화하는 게 필요하다. 영구채권을 사용하는 기업들은 이런 내용이 이해관계자들에게 투명하게 알려지는 것을 바라지 않을 가능성이 높다. 따라서 관계당국이 공시 규정을 바꿔 이에 대한 자세한 공시를 의무화한다면 정보의 투명성 강화에 도움이 될 것이다.

•• 〈표 1〉 재무상태표에 표시된 HMM의 자본 항목

	2022년	2021년	2020년
자본			
자본금	2,445,197	2,445,197	1,633,632
기타불입자본	4,317,505	4,317,505	1,459,614
이익잉여금 (결손금)	10,376,965	652,632	−4,595,332
기타자본구성요소	3,476,870	2,885,386	3,077,703
자본총계	20,616,537	10,300,720	1,575,617

● 후기

이 글을 발표한 지 두 달 후인 2024년 2월, 하림과 산업은행/한국해양진흥공사 사이의 협상이 중단됐다는 발표가 보도됐다. 매각하려는 산업은행과는 달리 한국해양진흥공사가 2대주주로 남아 하림과 함께 HMM을 공동경영을 하겠다는 주장을 한 것으로 보인다. 하림은 '그런 조건이면 아무도 HMM을 인수하지 않을 것'이라고 반발했다고 보도되었다. 앞으로 산업은행과 한국해양진흥공사가 HMM을 잘 경영할 수 있을까? 대우조선해양 사태를 보고 교훈을 얻었으면 하는 바람이다.

회계 속 뒷이야기

앞에서 설명한 것처럼, 현금결제형 영구채권이 국내에서 사용되기 시작한 이후 이를 발행했던 모든 기업은 콜옵션이 행사가능한 시기가 돌아오면 옵션을 행사했고, 그 결과 영구채권을 투자자(=채권자)들에게 상환한 바 있다. 그런데 옵션을 행사하지 않겠다고 선언한 기업이 2022년 말 최초로 나타났다. 흥국생명의 5억 달러 규모 달러 표시 영구채권과 관련된 사례다. 2022년 말 흥국생명이 콜옵션을 행사하지 않고 가산금리를 더 내겠다고 발표하자 자본시장이 마비될 정도로 충격이 발생했다. 흥국생명뿐만 아니라 거의 모든 기업의 채권 거래가 중지될 정도였다. 왜 이런 일이 발생했는지 알아보자.

당시 전 세계 금융당국들이 인플레이션을 잡기 위해 이자율을 올리고 있었다. 미국의 경우 2008년 금융위기가 발발한 이후 금융위기를 극복하기 위해 오바마 행정부가 엄청난 돈을 뿌렸다. 임기 초기는 돈을 회수하던 트럼프 행정부도 코로나19 위기가 발생하자 돈을 뿌렸다. 그러다 2021년 말 코로나19와 관련된 봉쇄조치가 풀리고 일상생활이 재개되면서 전 세계적으로 그동안 뿌려졌던 돈이 돌기 시작하자 인플레이션이 발생했다. 설상가상으로 우크라이나 전쟁의 발발 때문에 에너지 가격이 폭등하면서 물가 상승의 압박 요인으로 작용하고 있었다. 그래서 전 세계 금융당국들은 이자율을 올려서 인플레이션을 낮추려고 노력했다.

이런 상황이니 기업들이 시장에서 자금을 조달하는 데 사용되는 금리(시장금리라고 표현함)가 급등하고 있었다. 그 결과 2022년 12월 흥국생명 입장에서는 기존에 발행했던 영구채권에 대해 가산금리를 내는 것이 새로운 영구채권을 발행해서 차환(refinancing)하는 것보다 더 이자율이 낮은 상황에 직면하게 됐다. 그래서 흥국생명은 영구채권을 상환하지 않고 가산금리를 내겠다는 결정을 내렸던 것이다. 사실 흥국생명 입장에서는 합리적인 결정이다. 그렇지만 이 결정에 대해 엄청난 비난이 쏟아지자 흥국생명은 다시 의사결정을 번복해 콜옵션을 행사했다. 이 사건을 보면 영구채권의 투자자들은 당연히 흥국생명이 콜옵션을 행사할 것이라고 기대하고 있었다는 것을 짐작할 수 있다. 즉 투자자들은 채권을 상환받을 것으로, 즉 이 상품이 부채인 것으로 생각하고 있었는데 상환하지 않는다고 하니 놀랐던 것이다.

흥국생명의 발표 이후 자본시장이 거의 마비됐던 이유는 당시 금융시장의 상황도 관련되어 있다. 2021년 이후 값비싼 신재생에너지 비중의 확대와 에너지 가격의 폭등 때문에 한국전력은 막대한 적자를 입었다. 그러나 대통령 선거를 앞둔 문재인 정권은 전기요금을 올리지 않았고, 선거 이후 2022년 5월 취임한 윤석열 정권도 인플레이션을 잡자는 명분에서 일부만 올렸을 뿐이다. 그러다 보니 엄청난 적자를 기록하게 된 한국전력은 필요한 자금을 채권을 발행해서 조달했다. 그런데 2022년 말까지 그 금액이 23조 원에 달했다. 한국전력 한 회사가 이렇게 막대한 돈을 빌려가니 자본시장에 남아있는 돈이 거의 없었다. 즉 한국전력을 제외한 다른 기업들은 돈을 빌리기가 힘든 상황이었다. 절대 망할 염려가 없다는 높은 신용등급을 자랑하는 한전이 6%의 이자율을 내고 돈을 빌리니, 다른 회사들은 10%쯤을 준다고 해야 겨우 돈을 빌릴 수 있었다.

그러던 중 10월 들어 레고랜드가 2천억 원 규모의 빚을 갚지 못하겠다고 선언하니 자본시장은 큰 충격을 받아 거의 마비가 되어버렸다. 정부가 부랴부랴 대책을 마련해서 20조 원의 자금을 자본시장에 제공하겠다고 발표해서 혼란을 진정시켰다. 그런 상황에서 12월 흥국생명이 빚을 갚지 않겠다고 선언하니 자본시장이 더 놀란 것이다. 만약 한전채 문제와 레고랜드 사태가 없는 상태에서 흥국생명이 이런 발표를 했다면, 아마 이 정도 규모로 자본시장이 놀라서 다른 기업들의 채권도 거래가 안 되는 상황은 발생하지 않았을 것이다. 이런 사건을 보면 자본시장에서는 여러 사건이 서로 긴밀하게 연결되어 다른 기업들에게도 영향을 준다는 것을 알 수 있다.

이제 논의의 주제를 바꾸도록 하겠다. HMM의 사례를 보면 알 수 있듯이, 영구채권은 국책은행이 부실한 기업에게 자금을 투자할 때 자주 사용된다. 대우조선해양의 경우 2021년 말 기준 총자본 2조 2천억 원 중 신종자본증권(영구CB)이 2조 3천억 원이다. 즉 영구채권을 제외하면 자본이 음(-)인(즉 자본잠식 상태인) 것이다. 이 영구채권은 2022년 12월

31일까지는 이자율이 1%이지만, 그 이후는 채권의 시장금리에 매년 0.25%를 가산하는 방식으로 이자율이 결정된다. 즉 시장금리가 5%라면 2023년은 5.25%, 2024년은 5.5%, 2025년은 5.75%로 이자율이 상승한다. 다만 대우조선해양은 HMM과는 달리 이 영구채권을 재무상태표에 드러나게 표시했다. 그래서 이해관계자들이 주석을 읽지 않더라도 재무상태표만 보면 영구채권이 존재한다는 것을 알 수 있다.

2023년 초 한화그룹이 약 2조 원을 투자해 대우조선해양이 발행하는 신주를 인수하는 형태로 대우조선해양의 지배주주가 됐다. 그리고 새출발을 하자는 의미로 대우조선해양의 사명을 한화오션으로 바꿨다. 그런데 언젠가는 이 영구채권을 갚아야 한다. 2023년 현재야 워낙 시장이자율이 높으니 0.25%의 가산금리가 높지 않지만, 앞으로 시간이 흘러 계속 가산금리가 올라간다면 시장이자율보다 월등히 높아질 것이기 때문이다.

그런데 채권을 주식으로 전환하면 한화오션이 채권을 상환할 필요가 없다. 2025년 5월 기준 주가가 8만 원대 정도인데 이 영구CB의 전환조건은 주당 4만 350원이다. 즉 주가가 4만 350원보다 더 올라야 채권자들이 전환사채를 주식으로 전환할 것이고, 그래야 한화그룹은 이 전환사채를 상환할 필요가 없게 된다. 지금 주가가 충분히 올랐으므로, 이제 한화는 영구CB의 상환을 위해 고민할 필요가 없어졌다. 즉 열심히 일해 회사를 살린 결과 주가가 올랐고, 그 때문에 회사와 채권자 모두 윈-윈 하는 결과가 도출된 것이다.

SK에코플랜트가 상환전환우선주와 전환우선주를 발행한 이유는?

SK에코플랜트는 그룹 전체의 ESG 경영 기조에 부응하고 사업 포트폴리오를 확장하기 위해 2020년부터 다수의 친환경 관련 기업을 인수했다. 하지만 이런 공격적인 투자 전략이 부채 증가로 이어지면서 총부채는 2019년 3조 원에서 2022년 9조 6천억 원으로 3배 이상 증가했다. 이런 상황에서 이자율 상승으로 이자비용이 급증하자 2022년 SK에코플랜트는 재무구조 개선을 위해 상환전환우선주와 전환우선주를 발행해 총 1조 원의 자금을 조달했다. 그러나 이 상환전환우선주와 전환우선주에는 특수한 조항들이 부가돼있어 형식적으로는 자본으로 분류되지만 실질적으로는 부채에 가깝다. 이로 인해 회사는 5년 내인 2027년까지 기업성과를 개선해 상장을 성공적으로 완료하지 못할 경우 상당한 재무적 부담을 지고 투자금 상환의 압박을 받게 될 가능성이 있다.

MANAGING BY NUMBERS

2010년대 중반부터 경기침체 및 원자재 가격 급등이 발생하고 인구가 정체상태로 접어듦에 따라 주택시장이 포화되면서 건설 업계가 불황국면에 들어섰다. 당시 건설사 대부분의 주가가 하락하면서 주가장부가치비율(Price-book Value Ratio, PBR)이 0.3~0.6에 불과할 정도였다. 주식의 가치가 회사가 보유하고 있는 자본의 가치에도 미치지 못한다는 의미다.

2010년대 후반 SK그룹의 최태원 회장은 ESG(환경·사회·지배구조) 경영 기조를 강화하기 시작한다. 그 일환으로 주주만을 위한 이윤추구를 넘어 '사회적 가치(social value)'를 창출할 것을 강조했다. 2018년 들어서는 이를 뒷받침하는 싱크 탱크 역할을 하는 사회적가치연구원을 만들었다. 연구원에서는 사회적 가치를 얼마나 창출했는지를 별도로 계산하는 방법을 개발했다. 그리고 그룹 계열사들의 경영성과를 평가하고 보상 수준을 결정할 때 이익과 사회적 가치의 두 척도를 대등하게 이용했다. 이러자 그룹 계열사들도 어떻게 하면 사회적 가치를 증진시킬 수 있을지를 고민하게 됐다. 말로만 ESG를 외치는 것이 아니라 실제로 기업의 행동에 변화를 주기 시작한 것이다.

이런 ESG 경영 기조에 맞추어 SK건설은 친환경 사업에 주목했다. 사업 포트폴리오를 대대적으로 개편해, 산업 폐기물을 많이 발생시키는 건설 및 플랜트 사업 비중을 축소하고 에너지와 환경 분야로 진출한 것이다. 그 과정에서 다수의 기업을 인수했다. 이러한 변화에 따라 현재 건설 및 플랜트 사업부문이 차지하는 비중은 70%이고 나머지 30%를 신사업에 해당하는 에너지 및 환경 분야가 차지한다. 변화를 반영해 사명도 2021년 SK건설에서 SK에코플랜트로 변경했다. 사명을 변경한 배경은 'ESG를 선도하는 아시아 대표 환경기업이 되기 위한 출사표'라고 알려졌다. SK그룹이 계열사들에게 '고유한 재무 스토리(financial story)를 만들라'고 강조하고 있으므로, 앞으로 어떤 회사가 되겠다는 스토리를 외부 이해관계자들에게 전달하는 목적으로 사명을 변경했을 것이다.[1]

사업구조 변화를 위해 기존 주력 산업이었던 플랜트 부문을 물적분할해 자회사 SK에코엔지니어링에 넘긴 후, 이 회사의 지분의 50% 이상을 외부에 매각해서 경영권을 넘겼다. 이어 다른 일부 사업부문도 외부

---

[1] 2020년 최태원 회장은 "최고경영자는 직접 스토리텔러가 돼야 한다"고 강조했다. 그러면서 '재무 스토리'란 말이 탄생했다. 좋은 재무 스토리는 매출이나 영업이익 등의 재무성과뿐만 아니라 매력적인 목표와 구체적인 실행 계획을 담은 성장 이야기를 말한다. 목표를 숫자로만 제시하는 것과 비교할 때, 이런 스토리를 함께 제시해야 고객, 투자자, 시장 등 외부 이해관계자로부터 신뢰와 공감을 이끌어 낼 수 있다. 최 회장의 언급 이후 SK그룹 계열사들은 각각 고유한 재무 스토리를 만들어 차별화하기 위한 노력을 시작했다. SK에코플랜트도 그런 과정에서 사업 포트폴리오를 전면 개편해 신사업에 진출하기로 한 것으로 추측된다.

로 매각해 대략 9,400억 원 정도의 현금을 마련했다. 그리고 에너지와 환경 분야의 기업을 인수하기 위해 수조 원을 지출했다. 예를 들면 폐기물 처리업체 EMC홀딩스 인수를 위해 1조 500억 원, 전기·전자 폐기물 및 폐배터리 재활용 업체 TES 인수를 위해 1조 2,500억 원을 지출했다. 자회사가 지출한 금액을 포함하면 2020년부터 2022년까지 3년 동안 대략 4조 5천억 원이 사용됐다. 짧은 시간 동안 엄청난 변화가 일어난 것이다. 그 결과 회사의 연결재무제표 작성에 포함되는 자회사 수는 2019년 11개에서 2022년 104개로 급증했다.[2]

막대한 자금조달로 인한 재무건전성의 악화

마련한 현금이 9,400억 원인데 지출한 현금이 4조 5천억 원이나 됐으므로, 회사는 부족한 현금 대부분을 부채를 통해 조달했다. 그 결과 회사의 부채가 급증한다. 부채가 급증하는 추세는 다음 〈그림 1〉을 통해 확인할 수 있다. 예를 들어 2019년 3조 원 규모였던 총부채는 2022년 9조 6천억 원 규모로 3배 이상 증가했다. 동기간 동안 자산규모가 5조 원에서 13조 원으로 2.6배 증가한 것과 비교해보면, 자산의 증가액 8조 원 중 6조 6천억 원 정도가 부채의 증가 때문에 발생한 것임을 알 수 있

---

[2] 이런 과정을 통해 회사는 성공적으로 사업구조를 변화시켰지만, 에너지와 환경 분야로 돈이 몰려들어 이 분야 기업들의 시장가격이 급상승한 시점에 무리하게 비싼 가격으로 회사들을 인수했다는 평가도 일부에서 있었다.

〈그림 1〉 SK에코플랜트의 부채 변화

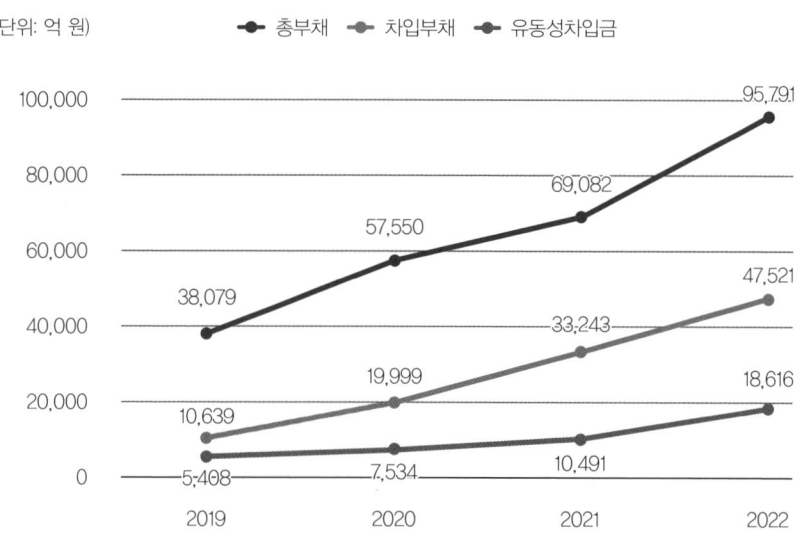

다. 그 결과 2022년 말 기준 차입부채는 4조 8천억 원이며, 이 중 1년 이내에 갚아야 할 유동성 차입금은 1조 9천억 원이다. 특히 4년간의 연평균 유동성차입금 증가율은 57%에 달했는데, 이는 총부채의 증가율 29%, 차입부채의 증가율 48%보다 훨씬 높은 수치다. 부채의 상당부분이 단기부채로 조달되고 있다는 것을 의미하는 결과다.

이런 부채총액의 급격한 증가는 회사의 재무구조를 악화시켰다. 그 결과 재무구조의 적정성을 평가하는 목적으로 종종 사용되는 부채비율은 2019년 278%에서 2020년은 662%, 2021년은 573%로 크게 증가했다. 재무구조가 적정한 회사와 위험한 회사를 구별하는 기준이 대략 부채비율 200% 정도라는 것을 감안하면, 어떤 기준으로 평가해도 회사의 재무건전성이 의심스럽다고 볼 수 있는 수치다. 〈그림 2〉가 당시 회

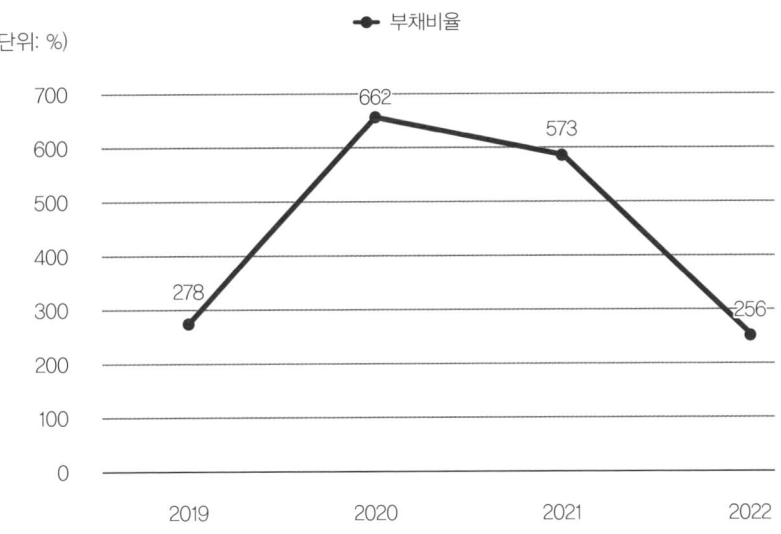

•• 〈그림 2〉 SK에코플랜트의 부채비율

사의 부채비율 추세를 보여준다. 크게 증가했던 부채비율이 왜 2022년 급감하는지에 대해서는 아래에서 설명한다.

이자비용의 급증과 우선주 발행을 통한 자본의 확충

부채비율이 높았지만 2020년까지는 정부가 빚을 내어 마련한 막대한 돈을 시장에 풀면서 금리가 하락했기 때문에 이자비용을 지불하는 데 큰 문제가 없었다. 그런데 2020년 코로나19 위기가 발생하고 국회의원 선거가 닥치자 정부는 재정지출 규모를 엄청나게 늘렸다. 그 결과 연간 재정적자 규모가 100조 원에 달하고 누적된 중앙정부의 채무가 1천조 원을 넘어서게 됨에 따라 재정위기가 발생한다. 당시 연간 정부의 재정 수입이 400조 원대라는 것과 비교해보면 부채가 얼마나 많은지 알 수 있다. 이 속도로 부채의 증가가 조금만 더 지속되면 부채를 갚기가 거의 불가능한 정도에 다다를 수 있었다. 그 결과 2021년 말부터 국가신용등급이 하락할 수 있는 위기가 발생하고, 정부가 재정지출을 줄이자 이자율이 상승하기 시작한다.[3] 미국도 코로나19 위기가 종료되자 그동안 풀었던 돈을 거두어들이기 위해 기준 금리를 올리기 시작하면서 이자율이 상승했다. 이자율 상승의 결과 2022년 중반에는 우량한 기업이 발행한 회사채라도 6~7% 이상의 이자를 지급해야 했다.[4]

이렇게 이자율이 상승하자 막대한 부채를 가진 SK에코플랜트 입장에서는 이자비용 지급이 큰 재무적 압박으로 작용하기 시작한다. 회사가 채권자들에게 지불하는 이자비용은 2019년 500억 원 정도에 불과했지만, 2021년은 1,800억 원, 2022년은 4,300억 원으로 급증한다. 2021년과 2022년은 영업이익보다 이자비용이 더 많았다. 그 결과 '영업이익/이자비용'의 공식으로 계산하는 이자보상비율이 1 미만이 됐다. 또한 회사의 현금흐름표를 보면 확인할 수 있는 영업활동현금흐름도 2019년은 2천억 원 흑자였지만 2020년부터 2022년까지는 매년 적자

---

[3] 쉽게 설명하면, 1997년 말 발생해서 전 국민에게 엄청난 피해를 끼쳤던 국가 부도사태의 전 단계 정도에 접어든 순간이었다. 1997년은 아니지만 1995년이나 1996년 정도의 상황과 유사했다고 비교할 수 있다.

[4] 이자율 상승 때문에 당시 정부가 지불하는 이자비용만도 거의 연간 20조 원에 달했다. 이런 상황인데도 선거를 앞둔 시점이었던 당시 일부 정치인들은 돈을 더 풀어야 한다고 주장했다. 돈을 더 풀었다가는 한국이 1998년 IMF 경제위기나 그리스의 2008년 경제위기와 유사한 상황에 직면할 수도 있는 상황이었다.

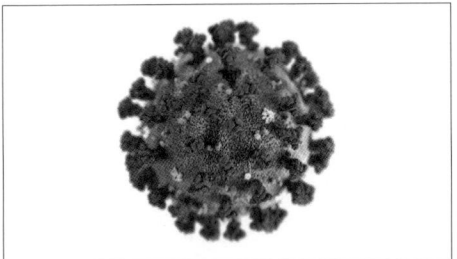

코로나19 바이러스
코로나19 기간에 각국 정부는 불황을 극복한다는 명목으로 엄청난 돈을 뿌렸다. 그 결과 인플레이션이 발생하자, 이를 억누르기 위해 이자율이 상승했다. 부채가 많았던 SK에코플랜트가 위기에 처하게 된 이유다.
ⓒ 순천향대학교서울병원

를 기록한다. 3년간 적자를 합하면 약 1조 8천억 원 규모. 동기간 동안 투자활동에 지출된 순현금은 총 3조 1천억 원에 달한다. 이 둘을 합치면 4조 9천억 원의 현금이 유출된 것이다. 이렇게 막대한 자금을 재무활동을 통해 외부로부터 조달하고 있었던 것이다.

따라서 회사는 자본을 확충하기 위한 방안 마련을 위해 고심한다. 그 결과 2022년 중 우선주를 발행해 성공적으로 매각함으로써 총 1조 원을 조달했다. 6월에 조달한 4천억 원은 상환전환우선주(Redeemable Convertible Preferred Stock, RCPS)를 발행해서, 7월에 조달한 6천억 원은 전환우선주(Convertible Preferred Stock, CPS)를 발행해서 마련한 것이다. 이 돈으로 사채를 일부 상환했기 때문에 부채비율이 2021년 573%에서 2022년 256%로 하락했다. 따라서 부채비율 수치만 본다면 회사의 재무상황이 개선된 것으로 판단할 수 있다.

이 자금조달은 일종의 Pre-IPO로서 이루어진 것이다.[5] 회사는 신사업으로 추진 중인 환경 및 에너지 사업 분야의 성과가 가시화되어 수익

---

[5] Pre-IPO란 주식의 신규상장(Initial Public Offering, IPO)을 하기 전 단계에 외부로부터 투자를 받는 것을 말한다. 투자자들은 IPO 시점까지 기다렸다가 상장이 이루어질 때 투자금을 회수한다.

성이 개선될 것이라는 계획에서, 그때 회사를 상장시킬 목표를 가지고 있었다. 2023년 하반기 기업가치 10조 원으로 상장을 목표로 한다는 구체적인 계획을 발표하면서, 상장 전 기간에 필요한 자금을 상환전환우선주와 전환우선주 발행을 통해 마련한 것이다. 이 우선주를 인수한 것은 증권사나 사모펀드 등 재무적 투자자들이다. 표면적으로 보면 회사의 발전가능성을 믿고 우선주를 인수한 것이라고 볼 수 있다.

우선주, 상환우선주, 전환우선주, 상환전환우선주의 회계처리

우선주(preferred stock)는 보통주(common stock)와 달리 의결권은 없지만 기업이 배당금을 지급할 때 또는 기업이 해산할 때 잔여재산의 분배 등에서 보통주보다 우선권을 갖는 주식을 말한다. 일반적인 우선주는 국제회계기준(International Financial Reporting Standards, IFRS)상 자본으로 분류한다. 부채에 대한 정의의 핵심은 '상환의무의 존재 여부'이기 때문에, 회사가 상환의무를 가지고 있지 않은 일반적인 우선주는 자본으로 분류하는 것이다. 즉 보통주와 동일하게 취급하는 것이다.

  우선주는 의결권이 없기 때문에 이를 보상하기 위해 보통주보다 배당을 더 많이 주는 것이 일반적이다. 또는 배당률이 기업의 경영성과에 따라 달라지지 않고 사전에 정해져 있는 경우도 많다. 마치 사채에 대해 정해진 이자를 지급하는 것처럼 배당을 지급하는 것이다. 그 결과 우선주의 가격은 보통주보다 현저히 낮다. 의결권의 가치가 중요한 데다, 사전에 정해진 비율의 배당을 지급하는 우선주의 경우 부채와 성격이 유사하기 때문에 회사의 경영성과가 상승한다고 해도 우선주 주주는 아무 추가적인 혜택을 보지 못하기 때문이다.

그런데 우선주에는 종종 일반적인 보통주와는 다른 부가적인 속성이 부여되는 경우가 있는데, 상환우선주(Redeemable Preferred Stock, RPS)가 그 한 예다. 회사 또는 투자자가 요구하면 투자자에게 원금(또는 원금에 일정금액을 추가한 금액)을 상환하고 소멸되는 우선주가 상환우선주다. 전문용어로는 '상환청구권을 회사 또는 투자자가 보유한다'고 표현한다. 상환청구권을 투자자(즉 주주)가 보유한 상환우선주는 투자자가 요구하면 대금을 투자자에게 상환해야 한다. 즉 회사가 상환의무를 가지고 있으므로, IFRS 기준에 따라 자본이 아니라 부채로 분류한다. 그러나 회사가 상환청구권을 보유한 경우라면 회사가 원하지 않는다면 상환할 의무가 없다. 따라서 이 경우는 자본으로 분류한다.

전환우선주(Convertible Preferred Stock, CPS)도 부가적인 속성이 부여된 예에 해당된다. 전환우선주는 보통주로 전환할 수 있는 우선주로서, 상환해야 하는 의무가 존재하지 않으므로 자본으로 분류한다. 앞에서 설명한 것처럼 우선주의 가격이 보통주보다 현저하게 낮기 때문에, 우선주 주주 입장에서는 보통주로 전환하면 그만큼 이익이 생긴다. 다만 전환우선주 발행시점부터 바로 보통주로 전환이 가능한 것은 아니다. 예를 들어 CJ는 2019년 말 약 3천억 원 규모의 전환우선주를 발행해 보통주 주주들에게 우선배정 방식으로 팔았다. 당시 보통주의 가격이 대략 9만 원대였는데 이 전환우선주의 가격은 대략 7만 원대 정도에 형성됐다. CJ의 이재현 회장은 배정받은 우선주를 매수한 후 두 자녀에게 절반씩 증여했다. 이 우선주는 발행 10년 후인 2029년 보통주로 전환가능하다. 따라서 두 자녀는 이 우선주를 10년 동안 보유하면서 배당을 받다가, 10년이 지난 후 보통주로 전환할 것으로 예상된다. 이 경우처럼 장기간 보유할 계획을 가진 지배주주 가족의 경우 상속 또는 증여의 수단으로 전환우선주를 사용할 수 있다. 우선주가 보통주보다 가격이 싼 만큼 보통주를 상속 또는 증여하는 것보다 세금이 적기 때문이다.[6]

상환전환우선주는 전환권과 상환권이 모두 부가되어 있는 우선주다. 즉 투자자가 상환받을 수도 있고 보통주로 전환도 가능한 우선주다. 이 경우 상환우선주와 마찬가지로 상환청구권을 누가 보유하느냐를 기준으로 부채나 자본으로 분류한다. 즉 상환청구권을 투자자가 보유하고 있다면 부채, 그렇지 않다면 자본으로 분류한다.

전환비율이 확정되어 있지 않은 전환우선주와 상환전환우선주

앞에서 소개한 회계처리는 일반적인 경우를 설명한 것이다. 그런데 우선주에 특수한 조건이 부가되어 있는 경우가 있다. 일반적인 전환우선주는 보통주로 전환될 수 있는 비율이 사전에 정해져 있다. 예를 들어 위에서 설명한 CJ가 발행한 우선주의 경우는 전환비율이 1 대 1로 고정되어 있다. 즉 우선주 1주를 보통주 1주로 전환하는 것이다.

---

[6] 지배주주만 이런 혜택을 누리는 것은 아니다. 우선주를 배정받아 매수한 모든 주주가 동일한 혜택을 누리는 것이므로 불법하거나 부당한 일이라고 보기 힘들다. 따라서 CJ가 발행한 이 우선주(CJ4우)도 주식시장에서 거래되고 있으므로, 장기투자를 원하는 사람은 누구나 이 우선주를 구입할 수 있다. CJ4우 외의 일반적인 우선주(CJ우)도 존재하므로 주의하기 바란다.

그런데 전환비율이 사전에 명확하게 정해져 있지 않은 경우도 존재한다. 이런 경우라면 회계상 분류가 완전히 달라진다. IFRS에 의하면 자기지분증권(즉 자본)으로 결제되는 파생상품은 '확정 대 확정 조건(fixed-for-fixed)'을 기준으로 부채와 자본을 분류한다. 확정 대 확정 조건이란 '우선주 1주를 보통주 1주와 교환한다'는 것처럼 주식 1주에 대해 교환되는 현금 또는 금융자산의 가치나 수량이 확정되어 있는 조건을 말한다. 확정 대 확정을 만족하는 경우 자본으로 분류한다. 그렇지만 우선주 1주와 교환되는 보통주의 수량이 변할 수 있는 조건이 있다면 (이를 전문용어로 '전환권조정(refixing)이 가능하다'고 표현한다) 확정 대 확정 조건을 충족시키지 못한다. 이 경우에는 부채로 분류해야 한다.[7]

전환권조정이 가능한 우선주는 왜 부채로 분류하는지에 대해 궁금할 것이다. 전환권조정이 가능한 대부분의 우선주의 경우 주가의 변화에 따라 전환비율이 조정된다. 예를 들어 보통주 주가 1만 원을 기준으로 한다면, 주가가 1만 원 이상이면 우선주와 보통주를 1 대 1로 전환한다. 즉 보통주 주가가 1만 원이라면 우선주 주주는 1만 원 가치의 보통주를 받는 것이다. 그런데 만약 보통주 주가가 1만 원보다 20% 하락한 8천 원이 된다면, 전환비율이 비례적으로 증가해 우선주 주주는 더 많은 보통주를 받는다. 즉 전환해서 받는 보통주의 가치가 1만 원이 되도록 1주가 아니라 1.25주를 받는 것이다. 그 결과 우선주 주주는 보통주 주가가 하락하더라도 전환을 통해 손해를 보지 않는다. 그런데 그 반

---

[7] 전환권조정에 대한 더 자세한 설명과 국내 기업들의 사용 예에 대해서는 본서에 실린 '부채인가, 자본인가? 전환우선주를 둘러싼 논란'이라는 글을 참조하기 바란다.

대로 보통주 주가가 1만 2천 원으로 상승하면 기준 전환비율인 1 대 1 그대로 전환이 이루어진다. 즉 1만 원짜리 우선주를 1만 2천 원짜리 보통주로 전환하니 우선주 주주에게 이익이 된다. 이처럼 전환비율 재조정은 보통주 주가가 하락하는 경우에만 이뤄진다. 즉 우선주 주주 입장에서는 전환을 통해 손해를 볼 가능성은 거의 없지만 이익을 볼 가능성은 존재한다.[8] 즉 전환권조정이 존재하는 우선주는 기업의 성과에 따라 주주의 부가 영향을 받는 정도가 보통주와 크게 다르다. 우선주 주주에게 최소한의 정해진 금액을 보장하는 형태다. 그런 이유에서 전환권조정 조건이 존재하는 경우 부채로 분류하는 것이다.

부채나 자본 분류가 가져오는 차이

이제까지 설명한 내용을 간단히 요약하면, 전환권조정 조항이 존재하는 경우라면 전환우선주와 상환전환우선주 모두 부채로 분류한다. 또한 상환청구권을 투자자가 보유할 경우 부채로 분류한다. 즉 상환전환우선주의 경우 투자자가 아니라 회사가 상환권을 보유하고 있으며 전환권조정 조항도 없는 경우에만 자본으로 분류한다. 이 조건 중 하나라도 만족시키지 못한다면 부채로 분류한다.

---

[8] 최소한 1만 원 가치의 보통주를 받을 수 있으므로 우선주 투자자가 손해를 볼 가능성이 전혀 없다고 생각할 수도 있다. 그러나 회사가 사업에 실패해 파산한다면 보통주의 가치가 0원이 될 수 있으므로, 더 많은 수의 보통주로 전환하는 것이 거의 의미가 없을 수도 있다. 그래서 손해를 볼 가능성이 거의 없는 것이지 가능성이 전혀 없다고는 할 수 없다.

이런 설명은 IFRS를 사용하는 상장기업에 해당하는 것이다. 비상장기업들은 K-GAAP(일반기업회계기준)라고 불리는 우리나라 독자적인 회계기준을 사용한다. K-GAAP에 따르면 회계처리가 간단하다. 우선주라면 어떤 특징을 가지고 있느냐와 무관하게 무조건 자본으로 분류하면 된다. 따라서 K-GAAP를 사용하면 IFRS를 사용하는 것보다 부채는 적게 또는 자본은 많이 표시되기 때문에, 부채비율이 낮게 계산되어 재무건전성이 더 우수한 것처럼 보인다. 소규모 비상장회사들을 보호하고 이들에 대한 투자를 촉진하려는 이유에서 K-GAAP를 이렇게 만들었을 것이다. 그렇지만 투자자 입장에서는 단순히 형식적인 부채비율만 볼 것이 아니라 과연 해당 우선주가 앞으로 상환될 가능성이 있는지를 꼼꼼히 따져서 판단해야 할 것이다.

부채나 자본 중 무엇으로 분류하느냐에 따라 부채비율만 달라지는 것이 아니다. 부채로 분류한 금융상품이라면, 해당 금융상품에 대해 지불하는 배당금은 이자비용으로 회계처리된다. 즉 포괄손익계산서의 영업외비용 항목으로 포함되므로 당기순이익이 낮게 표시된다. 그런데 자본으로 분류된다면 배당금 지급은 손익계산서에 표시되지 않는다. 당기순이익이 먼저 계산된 후 매해 미배당 당기순이익이 누적된 결과인 이익잉여금의 일부를 배당으로 지급하는 것이므로, 배당 지급액은 자본변동표에만 등장한다. 따라서 부채로 분류될 때와 비교할 때 자본으로 분류되면 이익이 높게 표시된다. 두 경우 모두 현금 유출액은 동일한데도 말이다. 따라서 이런 점에 주의하지 않는다면 우선주를 자본으로 분류한 기업의 수익성이 높은 것처럼 투자자들이 오해할 수 있다.

이런 특성의 차이 때문에 상환전환우선주는 사업 초기의 스타트업에

사회적가치연구원 홈페이지(cses.re.kr)
SK그룹은 ESG경영을 추구하는 싱크 탱크로서의 역할을 수행할 것을 기대하면서 사회적가치연구원을 창립했다. 그러자 그룹 계열사들의 경영도 사회적 가치를 증진시키는 방향으로 변하기 시작했다.

대한 투자를 할 때 투자 수단으로 종종 사용된다. 스타트업에 대한 투자가 실패할 가능성이 높기 때문에, 위험을 상쇄하기 위해 상환전환우선주를 이용해 투자하는 것이다. 투자 후 사업 추이를 지켜보다 성공가능성이 낮다고 판단되면 상환청구권을 행사해 투자금을 돌려받으며, 성공가능성이 높다면 상장 직전 보통주로 전환한다. 그 후 상장시점에 보통주를 매각하는 방법을 통해 투자금과 이익을 회수(exit)하는 방법을 주로 사용한다.[9] 사업 초기의 기업은 비상장 상태다. 따라서 K-GAAP를 사용하므로 상환청구권을 투자자가 보유하고 있더라도 자본으로 분류할 수 있다. 그러다가 상장을 하려면 IFRS로 회계기준을 바꿔야 하는데, IFRS를 사용하면 상환청구권이 존재하는 우선주는 부채다. 그러므로 그대로 상장한다면 부채비율은 높게 표시되고 이익은 낮게 표시되므로

---

[9] 상환전환우선주의 사용 예는 『숫자로 경영하라 4』에 실린 '경영권 분쟁 과정에서 상환전환우선주의 역할'이라는 글을 참조하기 바란다.

주가에 부정적인 영향을 미칠 수 있다. 그래서 IFRS로 전환하는 시점에 우선주를 보통주로 전환해서 부채비율이 높아지지 않고 이익도 변하지 않도록 하는 것이다.

SK에코플랜트가 발행한 상환전환우선주의 특징

SK에코플랜트는 비상장사이므로 K-GAAP를 사용할 수 있다. 따라서 회사는 2021년까지 K-GAAP에 따라 회계처리를 수행했다. 그런데 상장을 하기 위해서는 K-IFRS(한국채택국제회계기준)를 적용해야 한다. 그래서 회사는 2022년부터 K-IFRS를 적용하기 시작했고, 따라서 2022년 발행한 전환우선주와 상환전환우선주는 K-IFRS에 따라 회계처리를 했다. 그런데 이 두 종류의 우선주에는 부채 처리를 의무화하는 데 필요한 조건인 투자자의 상환청구권이나 전환권조정 조항이 존재하지 않았다. 전환비율도 우선주 1주당 보통주 5주로 고정되어 있었다. 따라서 SK에코플랜트는 이 우선주를 자본으로 분류했다. 그래서 자본이 1조 원 증가한 결과 부채비율이 2021년 573%에서 2022년 256%로 크게 하락한 것이다.

그런데 SK에코플랜트가 발행한 우선주의 발행조건을 자세히 살펴보면 이제까지 사용되던 다른 일반적인 우선주 발행 시에는 존재하지 않았던 복잡한 조건들이 있다. 먼저 2022년 6월 발행한 상환전환우선주를 살펴보자. 이 우선주는 우선배당률 5.5%인 누적적 및 참가적 우선주이며, 배당률 가산(step-up) 조항이 있다. 미배당가산배당률은 매년

2.5%, 상환가산배당률은 발행시점부터 5년이 지난 2027년부터 매년 2% 증가하는 조건이다. 회계를 잘 모른다면 이런 조건들이 너무 복잡해서 도대체 무엇을 의미하는 것인지 이해하기 힘들 것이다.

누적적 우선주란 배당을 금년도에 지급하지 않는 경우 미지급한 부분을 차기년도 배당에 추가해서 지급하라는 조건이다. 즉 5.5%를 배당해야 하는 조건인데 금년도 이익잉여금이 부족해 3.5%만 배당했다면, 차기년도에 이익이 발생해서 배당을 지급할 때 전년도에 미지급한 2%를 추가한 7.5%를 지급해야 한다. 누적적 우선주에 대비되는 비누적적 우선주라면 이런 조건이 없다. 그렇다면 전년도에 3.5%만 지급받았다고 해도 차기년도에 5.5%만 배당받게 된다.

참가적 우선주란 보통주의 배당에 참여할 수 있는 우선주다. 예를 들어 정해진 5.5%를 배당으로 지급받았는데, 만약 보통주가 5.5%보다 높은 7%를 배당한다면 우선주 주주도 1.5%를 추가적으로 지급받는 것이다. 그 결과 보통주 주주와 우선주 주주 모두 7%를 배당받게 된다. 참가적 우선주에 대비되는 비참가적 우선주는 이런 조건이 없다. 그렇다면 보통주 주주가 얼마를 배당받느냐에 관계없이 우선주 주주는 5.5%만 받을 수 있다.

누적적 및 참가적 우선주는 위에서 설명한 누적적 및 참가적 성격을 모두 갖는다. 그 결과 투자자는 매년 최소 5.5%의 배당률을 보장받는다.[10] 물론 이는 회사에 누적된 양(+)의 이익잉여금이 존재할 때의 이야기이며, 그렇지 않다면 회사는 배당을 지급하지 못할 것이다. 양(+)의 이익잉여금이 있어야만 배당을 지급할 수 있기 때문이다.[11]

가산(step-up) 조항의 복잡한 의미

누적적 또는 참가적 조항은 다른 우선주들도 일부 가지고 있는 것으로서 특별한 내용이 아니다. SK에코플랜트가 발행한 우선주에서 더 중요한 점은 배당률에 대한 가산 조항이다. 미배당가산배당률은 매년 2.5%, 상환가산배당률은 발행시점부터 5년이 지난 2027년부터 매년 2% 증가하는 조건이라고 위에서 설명한 바 있다. 미배당시의 가산배당률이란 이런 것이다. 예를 들어 2025년 양(+)의 이익잉여금이 없어서 우선배당률 5.5%를 지급하지 못했다면, 2026년 우선배당률 5.5%에 추가로 가산배당률 2.5%를 더한 8%를 지급하라는 것이다. 즉 2026년에는 전기분 5.5%와 당기분 8%를 합한 13.5%를 지급해야 한다. 만약 2026년에도 배당을 지급하지 못했다면 가산배당률은 2.5%가 또 증가한 5%가 된다. 그래서 2027년도에는 전년도분 13.5%(= 2025년도 5.5 + 2026년도 2.5 + 5.5)와 당년도분 10.5%(= 2.5 + 2.5 + 5.5)를 지급해야 한다.

즉 이런 구조는 회사로 하여금 최대한 당기에 정해진 배당을 투자자

---

10 최소 5.5%의 배당률이 보장된다는 것을 보면, 이 우선주는 상당히 부채와 유사한 성격을 갖고 있다고 볼 수 있다. 채권에 대한 이자를 지급하는 것과 유사하기 때문이다. 투자자 입장에서 볼 때는 채권에 투자하는 것과 비슷한 효과를 보는데, 우선주 주주가 채권자보다 후순위에 있으므로 위험이 더 크다. 그래서 확정된 금액인 5.5%가 아닌 최소 5.5%의 배당을 투자자가 받을 수 있도록 해서 위험에 대한 보상을 하는 것으로 보인다.

11 기초적인 회계지식이 있어야 이 설명이 이해될 수 있다. 포괄손익계산서에서 당기순이익이 발생하면 이를 재무상태표상의 이익잉여금에 누적시킨다. 그리고 그 금액 한도 내에서만 배당을 지급한다. 즉 양(+)의 이익잉여금이 없다면 배당을 지급할 수 없고, 배당을 준 만큼 이익잉여금은 감소한다. 당기에 손실이 발생했다고 하더라도 과거에 배당을 많이 주지 않아 누적된 양(+)의 이익잉여금이 있다면 그 한도 안에서 배당을 지급할 수 있다. 이익잉여금이 음(-)인 경우는 누적결손금이 있다고 표현한다.

에게 지급해 미래에 배당금 지급 부담이 급증하지 않도록 유도하는 것이다. 이자비용의 경우 매년 의무적으로 정해진 금액을 채권자에게 지불해야 한다. 그렇지만 일반적인 배당은 회사의 판단에 따라 지급하지 않을 수도 있다. 그런데 이 가산 조항 때문에 SK에코플랜트가 2022년 6월 발행한 상환전환우선주는 마치 이자비용을 지급하듯이 매년 일정한 배당금을 거의 강제로 투자자에게 지불해야 한다.

이제 두 번째 가산 조항인 '상환가산배당률이 발행시점부터 5년이 지난 2027년부터 매년 2% 증가하는 조건'의 의미를 설명하겠다. 이는 2027년도에 회사가 보유하고 있는 상환권을 행사해 우선주를 투자자에게 상환하지 않는다면 매년 배당률이 2% 올라간다는 의미다. 회사가 2026년까지 계속 5.5%의 배당을 지급했다고 가정해보자. 그런데 2027년 6월 이 우선주를 상환하지 않는다면 2027년도의 배당률은 2%가 상승한 7.5%가 된다. 이때 회사가 우선주를 상환하지 않는다면 2028년도의 배당률은 다시 2%가 상승한 9.5%가 된다.

이렇듯 상환전환우선주 투자금을 회사가 상환하지 않으면 고율의 배당금을 지급해야 하므로, 이 조항은 SK에코플랜트로 하여금 실질적으로 상환권을 행사하도록 반강제한다. 형식적으로는 투자자가 상환청구권을 보유하지 않기 때문에 K-IFRS에 따라 부채가 아닌 자본으로 분류하지만 실질적으로는 회사가 상환하지 않을 수 없는 것이다. 즉 이 상환전환우선주 4천억 원의 경제적 실질은 부채에 가깝다.

이런 가산 구조를 가진 상환전환우선주는 과거에는 거의 사용되지 않았었다. 따라서 자본시장에 거의 알려지지 않았었다. 필자가 인터넷 검색을 해보니, 키움증권이 2021년 발행한 4천억 원 규모의 상환전환우선주가 발행 5년 후인 2026년부터 가산금리가 적용된다. 따라서 가끔 이런 특징을 가진 금융상품이 사용되고 있다는 점을 알 수 있는데, 앞으로는 사용빈도가 더 증가할 것으로 예상된다. 이에 반해 가산 구조를 가진 영구채권은 종종 사용되고 있었다.[12] 투자자 입장에서 보면 영구채권과 상환전환우선주가 약간 다른 특징을 가지고 있다. 따라서 둘 중 하나의 투자 수단을 택했을 때 가산금리와 결합시켜 투자한다면 투자자에게 더욱 유리한 조건이 만들어질 수 있다.

배당률이 증가하는 전환우선주의 회계상 분류

이제 2022년 7월 발행된 6천억 원 규모 전환우선주의 특징에 대해 살펴보자. 이 우선주는 전환비율이 우선주 1주당 보통주 5주로 고정되어 있다. 또한 회사가 원할 경우에만 배당을 지급할 수 있으므로 보통주와 유사한 특성을 가진다고 볼 수 있다. 회사는 매도청구권을 가지고 있는데 이 청구권을 행사하면 투자자로부터 우선주를 되사올 수 있다.[13] 회사가 매도청구권을 반드시 행사해야 하는 의무가 존재하는 것은 아니

---

[12] 영구채권은 만기가 없어 원금상환은 하지 않고 이자만 지급하는 채권이다. 즉 명시적 원금상환의 의무가 없으므로 IFRS에서는 자본으로 분류한다. 그렇지만 일정 시기가 지나면 이자율에 가산금리가 붙어 상승하게 되므로, 발행한 회사에게 상환을 하도록 반강제하는 효과를 가지고 있다. 따라서 경제적 실질은 부채에 가깝다고 볼 수 있다. 영구채권의 사용 예와 좀 더 자세한 내용은 『숫자로 경영하라 3』에 실린 '영구채권은 부채인가, 자본인가?'를 참조하기 바란다.

[13] 이 계약에서는 '매도청구권'이라는 용어를 사용하지만, 이 청구권의 본질은 앞에서 소개한 상환전환우선주나 상환우선주에서 사용하는 '상환권' 또는 '상환청구권'과 같은 개념이다.

다. 결론적으로 전환권조정 조항도 없고 명시적 상환의무도 없으므로 이 전환우선주는 자본으로 분류할 수 있다.

그런데 특별한 가산 조항이 존재한다. 회사가 상장을 하거나 매도청구권을 정해진 기한인 5년 내에 행사하지 않는다면, 그다음 달부터 연간 5%의 배당을 지급해야 한다. 즉 배당지급의 의무가 생기는 것이다. 또한 그다음 해부터 배당률은 매년 3%씩 상승한다. 즉 2027년까지는 배당을 지급하지 않다가, 2028년도는 5%, 2029년은 8%, 2030년은 11%의 배당을 지급해야 한다. 배당이 급격히 증가하기 때문에 회사 측에서는 매도청구권을 행사해 이 돈을 투자자에게 상환할 수밖에 없다. 이게 싫다면 5년 차가 되기 이전 회사를 상장시키면 된다. 그렇다면 우선주 투자자들은 상장시점에 우선주를 보통주로 전환한 뒤 시장에서 매각해 투자금과 이익을 회수할 것이다. 결국 5년 이내에 회사를 상장시킬 수 있을지에 따라 이 우선주가 어떻게 해결될지가 결정되는 것이다. 회사가 상장을 하면 우선주를 상환해야 할 의무가 없고 상장을 하지 않는다면 우선주를 상환할 것으로 보인다. 즉 회계상 자본으로 분류되지만 실질적으로는 부채로 볼 수 있는 측면도 존재한다.

이런 내용을 종합해보면 SK에코플랜트가 발행한 상환전환우선주의 경제적 실질은 부채로 볼 수 있다. 전환우선주의 경우는 이와는 약간 달리 부채와 자본의 중간적인 성격을 갖고 있다. 상장에 성공하면 확실한 자본이 되고 상장에 실패하면 부채가 된다. 따라서 5년 기한이 끝나는 2027년이 매우 중요한 시점이다. 이때까지 성공적으로 상장하지 못한다면 회사는 큰 재무적 부담을 지게 된다.

필자는 앞에서 일반적인 전환우선주, 상환우선주, 상환전환우선주의

SK건설이 시공한 센텀 아스트룸 SK뷰 투시도
SK건설은 에너지 및 환경 분야 업종으로의 전환을 시도하면서, 이런 목표를 나타내기 위해 사명을 SK에코플랜트로 변경했다.
© SK에코플랜트

회계처리에 대해 소개한 바 있다. 그런데 배당률에 대한 가산 조항이 붙어있는 금융상품이 사용되기 시작함으로써, 이런 상품의 경제적 실질을 이해하기가 훨씬 복잡해졌다. 따라서 투자자들은 회사의 재무제표에 보고된 수치만 볼 것이 아니라, 주석을 꼼꼼히 읽어보고 금융상품의 본질을 파악해서 의사결정에 사용해야 할 것이다.

회사의 상장계획과 2023년 및 2024년 발생한 일들

만약 전환우선주와 상환전환우선주를 자본으로 분류하지 않고 부채로 분류한다면, 회사의 2022년 부채비율은 재무제표에 보고된 256%가 아니라 386%가 된다. 또한 이자비용도 대략 220억 원 정도 증가한다. 회사의 2022년 영업이익이 1,570억 원에 불과한데 4,300억 원의 이자비용을 지급했으므로, 이자비용이 추가로 220억 원 증가한다면 포괄손익계산서에 나타난 회사의 상황이 어떻게 보일지는 자명하다. SK에코플랜트가 이런 어려운 현실을 타개하기 위해서는 회사를 잘 발전시켜 2027년 이전까지 상장을 완료해야 할 것이다.

2022년 들어 회사는 상장 시의 기업가치 10조 원을 목표로 2023년 상장을 추진한다는 계획을 발표한 바 있다. 새롭게 진출한 환경과 에너지 분야 신사업들의 성과가 곧 가시화될 것이라서 경영성과가 크게 향상될 것이라는 계획이었다. 신사업부문을 비싸게 샀다는 일부의 우려를 불식시키기 위해서라도 턴어라운드가 필요한 시점이었다. 현대건설의 시가총액이 약 3조 7천억 원, 대우건설이 약 1조 5천억 원, DL(구 대림산업)이 약 1조 4천억 원이라는 것과 비교하면, 회사의 목표가 상당히 야심차다고 볼 수 있다. 건설업만 영위해서는 시가총액이 10조 원까지 상승할 수 없겠지만, 미래산업이라고 볼 수 있는 환경 분야에 진출한 효과가 앞으로 크게 나타난다면 불가능한 것만은 아니다.

그렇지만 회사의 최초 계획이었던 2023년 상장은 실패했다. 2022년 대비 회사의 성과도 개선되지 않았으며, 러시아-우크라이나 전쟁으로 인한 에너지 가격 폭등과 그로 인한 경기침체로 시장상황이 개선되지 않았던 것이다. 2024년 3월 열린 주주총회에서 회사는 기존의 재무 스토리를 수정해 좀 더 보수적으로 회사를 경영하겠다는 계획을 발표했다. 2023년 영업이익은 1,700억 원이지만 당기순손실이 336억 원이었다. 어려운 상황을 반영해서 새로운 투자는 자제하고 수익성 향상을 목표로 경영하겠다는 의미로 해석된다. 최초 10조 원이라고 발표했던 기업가치 목표액도 3조~5조 원 정도로 내려잡았다. 현대건설의 시가총

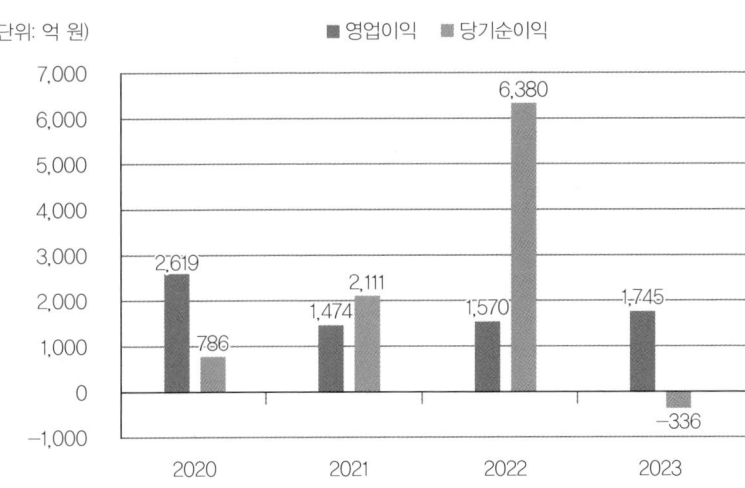

•• 〈그림 3〉 SK에코플랜트의 이익 추세

액이 3조 7천억 원이므로, 비슷한 정도로 목표를 내린 것이다.

회사가 사업 포트폴리오 전환을 시작한 2020년부터 2023년까지 회사의 영업이익과 당기순이익 추세는 〈그림 3〉에 제시되어 있다. 영업이익 계산에 포함되지 않는 금융비용이 컸는데도 불구하고 2021년과 2022년 당기순이익이 영업이익보다 큰 이유는 여러 사업부서를 매각하면서 발생한 중단영업이익이 컸기 때문이다.[14] 2021년은 2,043억 원, 2022년은 6,020억 원에 달한다. 따라서 중단영업이익을 제거하면 2021년과 2022년 당기순이익은 각각 67억 원과 360억 원 정도에 불

---

14 포괄손익계산서의 구조를 보면 이해할 수 있겠지만, 법인세비용차감전순이익에서 법인세와 중단영업손익을 차감한 후 당기순이익이 계산된다.

과했다. 2022년까지는 신사업의 효과가 가시화되지 않았던 것이다. 2023년 영업이익이 약간 증가했는데도 불구하고 당기순손실 336억 원이 발생한 이유는 무형자산에 대한 손상차손 1,700억 원 때문이다. 최근 인수했던 환경분야 기업들의 가치가 기대에 못 미친다는 것이 판명되어, 인수시점 때 인수대금과 회사의 공정가치 사이의 차액을 영업권(무형자산)으로 기록했던 것을 한꺼번에 상각처리한 것이다.

2024년 들어서도 회사의 상황은 크게 나아지지 않았다. 2분기까지 회사는 1,200억 원의 영업이익과 1천억 원의 당기순이익을 기록했다. 2023년 상반기와 비교할 때 둘 모두 줄어든 수치다. 그러나 2023년 하반기의 영업성과가 매우 좋지 않았다는 점을 고려하면, 2024년 상반기 들어 2023년 하반기보다는 성과가 개선되는 중이라고 볼 수 있을 것이다. 2024년 하반기에는 더욱 개선된 성과를 올리기를 기대한다.

SK에코플랜트의 미래 전망과 발전 방향

회사는 현재 2025년이나 2026년 상장을 목표로 준비 중에 있다. 2027년까지 상장하지 못하면 우선주 1조 원을 상환해야 하는 큰 재무적 압박을 받게 되므로 꼭 상장을 완료해야 한다. 본고에서 자세히 설명하지는 않았지만 자회사 SK에코엔지니어링에 투자받은 돈도 상환해야 하므로 실제 상환해야 할 금액은 1조 5천억 원에 가깝다.

다른 SK그룹의 계열사 중에도 현재 재무적 압박을 받고 있는 회사들이 다수 있다. 그룹 차원에서의 위기를 극복하고자 SK그룹은 2024년 들어 SK이노베이션과 SK E&S를 합병시켰다. 현재 SK이노베이션은 큰 적자가 발생하고 있는 상태다. 거기에 추가로 SK이노베이션의 자회사 SK온(자동차 배터리를 생산하는 회사)도 투자자금을 확보해야 한다. 그래서 2023년 동안 1조 원의 당기순이익을 올린 SK E&S를 SK이노베이션에 합병시켜서, SK E&S의 돈으로 이노베이션의 어려운 재무상황과 SK온에 대한 투자자금을 해결하려고 한 것이다. 여기에 SK렌터카와 다른 여러 소규모 계열사나 사업부 등을 매각해 대략 1조 5천억 원을 마련했다. 특수가스업체 SK스페셜티의 매각도 추진하고 있다. 그동안 성장 일변도로 추진해오던 전략에서 벗어나서 사업구조 재편을 시작한 것이다.

이런 상황이므로 SK그룹이 SK에코플랜트를 나서서 도와줄 형편이 되지 않는다. 그러므로 SK에코플랜트는 꼭 회사의 성과를 개선시켜서 2027년까지는 상장을 완료할 수 있기를 바란다. 그 결과 SK에코플랜트가 한국뿐만 아니라 세계 속에서 환경 및 에너지 분야를 선도하는 훌륭한 회사로 탈바꿈할 수 있기를 바란다.[15] 그것이 ESG 분야를 선점하고 새로운 재무 스토리를 만들어 투자자들에게 접근하고 소통하겠다는 SK그룹의 장기 경영전략과도 부합되는 방향일 것이다.

---

15 본고는 다음 사례의 일부분을 요약하고 기타 내용을 보충한 것이다. 본고에서 자세히 언급되지 않은 회사의 사업구조 개편 등에 대한 보다 자세한 내용은 사례를 참조하기 바란다.
최종학·안혜진, 'SK에코플랜트의 신사업 전환과 자본조달: 하이브리드 증권의 활용', 〈Korea Business Review〉, 2024년

회계 속 뒷이야기

본고에서 자세히 설명하지는 않았지만, SK에코플랜트는 원래 플랜트, 주택, 인프라의 세 분야 사업을 영위하고 있었다. 그러다가 사업구조를 전환하는 과정에서 플랜트 사업부문을 물적분할해 종속자회사로 신설된 SK에코엔지니어링에 흡수합병시켰다고 설명했다. 2022년 1월의 일이다. 그 후 회사는 이 자회사의 지분 50.01%를 특수목적법인(special purpose entity) 에코에너지홀딩스에 매각했다. 이 회사는 사모펀드 이음프라이빗에쿼티와 미래에셋증권이 공동으로 설립한 회사다. 매각 후 SK에코플랜트의 SK에코엔지니어링에 대한 지분비율은 49.99%가 되어 더 이상 1대주주가 아니다. 따라서 이 회사는 SK에코플랜트의 종속회사에서 관계회사로 변경된 것이며, 그 결과 SK에코플랜트의 연결재무제표 작성 범위에서 빠지게 됐다. 지분법 회계처리만 하는 것이다. 이 매각의 결과 SK에코플랜트는 6,300억 원의 중단영업이익을 기록했다. 자회사를 매각한 결과 큰돈을 벌게 된 것이다.[1] 이렇게 매각을 통해 마련한 돈과 외부에서 조달한 돈을 합쳐 새로운 회사들을 인수하는 데 사용했던 것이다.

　재무적 투자자에 해당하는 이음프라이빗에쿼티와 미래에셋증권은 4,500억 원을 투자해서 상환전환우선주를 인수하는 형태로 SK에코에너지홀딩스의 경영권을 인수했다. 이 상환전환우선주에서 상환권은 SK에코플랜트가 가지고 있으며, 보통주로의 전환권은 재무적 투자자들이 보유한다. 이런 거래구조를 보면 SK에코플랜트가 앞으로 플랜트 사업부문을 매각하겠다는 의지를 보인 듯하다. 그래서 경영권을 포함한 다수 지분을 재무적 투자자들에게 넘긴 것이다. 재무적 투자자들은 앞으로 SK에코에너지홀딩스를 상장시키거나 다른 주인을 찾아 매각해서 투자금과 이익을 회수(exit)할 것으로 예상됐다. 즉 SK에코플랜트는 플랜트 사업부문에서 완전히 철수하겠다는 의사를 가졌던 것이다. 당시 유가 하락으로 일감이 줄어든 데다가, 코로나19 사태의 여파로 공사 중단이나 부실이 계속 발생하던 상황이었다. 즉 플랜트 사업부문의 사업 전망이 좋지 않았던 시점이다.

　그런데 그 후 재미있는 일이 발생했다. 코로나19 극복을 위해 세계 각국 정부가 돈을 뿌리면서 소비가 급증했다. 그러자 국제유가가 상승하기 시작했다. 이는 유가 상승으로 돈을 번 중동 국가가 주요 시장인 플랜트 사업 발주가 확대됨을 의미한다. 그에 반해 국내에서는 고물가

1　본문의 〈그림 3〉을 보면 2022년 영업이익 1,570억 원과 비교할 때 당기순이익이 6,380억 원으로 둘 사이에 매우 큰 차이가 있다는 점을 알 수 있다. 영업이익 계산에 포함되지 않지만 당기순이익 계산에는 포함되는 중단영업이익 때문에 당기순이익이 커진 것이다.

고금리 시대로 접어들자 주택과 인프라 사업부문의 발주량이 쪼그라들었다. 즉 SK에코플랜트가 계속 영위하던 사업부문은 축소되지만 매각하려던 플랜트 부문은 확대되기 시작한 것이다. 그 결과 2020년과 2021년 각각 1조 2천억 원과 1조 8천억 원이던 플랜트 분야 매출액이, SK에코엔지니어링으로 넘어간 2022년 2조 9천억 원으로 급상승했다. 영업이익도 710억 원과 1,084억 원에서 2022년 1,562억 원으로 급상승했다.

    이런 일이 발생하자 SK에코플랜트는 SK에코엔지니어링에 대한 기존의 매각 계획을 전면 수정했다. 재무적 투자자들이 보유한 상환전환우선주 중 일부에 대해 상환권을 행사해 투자자에게 투자금을 상환하고, 투자자로부터 회수한 우선주를 소각한 것이다. 상환한 금액은 총금액 4,500억 원의 10%인 450억 원이다. 그 결과 우선주 물량이 줄어들면서 SK에코엔지니어링에 대한 SK에코플랜트의 지분비율이 49.99%에서 52.65%로 상승했다. 지분비율이 50%가 넘어 1대주주가 됐으니, 1년 전 매각해버렸던 경영권을 다시 찾아온 것이다. 이 거래의 결과 SK에코엔지지어링이 다시 자회사가 됐으니, SK에코플랜트의 연결재무제표 작성 범위에 포함되게 된다. 즉 SK에코엔지니어링의 성과 전부가 SK에코플랜트의 성과에 반영되게 된 것이다. 따라서 주택과 인프라 부문의 부진한 성과를 SK에코엔지니어링의 우수한 성과로 만회할 수 있게 된 것이다. 플랜트 사업부문을 다시 자회사로 편입시킨 이유는, SK에코플랜트의 성공적인 2027년 상장을 위해서는 회사가 좋은 성과를 기록할 필요가 있기 때문일 것이다. 그 대신 이음프라이빗에쿼티와 미래에셋증권이 투자한 자금의 잔여분 4,050억 원을 어떻게 돌려줄 것인지에 대한 문제가 발생한다. 만약 SK에코플랜트가 성공적으로 상장을 완료해 많은 현금이 유입된다면, 이 돈을 이용해서 상환권을 행사할 수 있을 것이다. 우선주 잔여분 4,050억 원을 재무적 투자자들에게 상환하는 것이다.[2]

그런데 만약 상장이 이루어지지 않는다면 문제가 발생한다. 상장이 이루어지더라도 상장가격이 기대만큼 높지 않아 큰돈이 회사로 유입되지 않는다고 해도 마찬가지로 문제가 발생할 수 있다. 그런 일이 발생한다면 그 이유는 회사에서 인수한 신사업 분야의 성과가 아직 가시화되지 않았기 때문일 것이다. 그런 경우라면 우수한 업적을 올리고 있는 SK에코엔지니어링을 따로 상장시킬 수 있을 것이다. 그래서 재무적 투자자들이 상환전환우선주를 보통주로 전환한 후 상장시점에 시장에서 지분을 매각할 수 있도록 하는 것이다. 앞으로 SK그룹이 어떤 방식으로 이 문제점을 해결할지 지켜보도록 하자.

---

[2] 정확한 조건이 공시되지 않아 알 수 없지만, 투자원금 4,050억 원뿐만 아니라 이자비용과 대부분 투자자들에 대한 보상에 해당하는 일종의 가산금도 함께 상환해야 할 것이다.

2023년 필자가 〈중앙일보〉에 연재했던 칼럼 중 일부를 골랐다. 본서에 실린 다른 원고들과 비교할 때 내용이 짧지만, 최초 언론에 원고가 게재되었을 때보다는 일부 내용이 보강되어 분량은 늘어났다. 칼럼으로 실렸던 내용이니만큼 전문적이거나 구체적인 숫자에 대한 내용은 아니고 시사적이면서 쉽고 재미있는 내용이 많다. 그렇지만 우리가 한번쯤은 생각해볼 필요가 있는 것들로서, 분량이 적거나 재미있는 내용이라고 해서 가볍게 다루어질 내용은 아니라고 생각한다. 경영이란 결국 직면한 문제를 해결할 수 있는 방안을 찾는 과정일 것으로서, 그 문제점을 해결하는 과정에서 논리성과 통찰력이 필요할 것이다. 따라서 이와 관련된 내용을 골라 실어 우리가 생각해볼 문제점이나 교훈점을 제시하고자 한다.

4부

경영에 대한 단상

'대리인 문제' 드러난 대우조선해양, 빠른 매각이 정답이다

한화그룹이 대략 2조 원을 투자해 대우조선해양(이하 대조양)이 발행하는 신주를 인수해서 대조양의 1대주주로 올라설 예정이다. 그 결과 산업은행은 28%의 주식을 보유하는 2대주주로 바뀐다.

대조양에서는 지난 몇 년간 여러 사건이 발생했었는데, 그중 2017년 전모가 드러난 대략 3조~4조 원 규모의 분식회계 사건이 매우 중요하다. 보너스를 더 받기 위해 최고경영진과 다수의 직원이 공모해서 분식회계를 통해 가공의 이익을 기록했는데, 그 결과 받지 말아야 할 보너스를 받은 액수가 분식회계가 발견되기 직전 5년 동안으로만 범위를 제한해도 6천억 원이 넘었다. 공소시효가 지난 시기까지 다 조사했다면 아마 1조 원에 육박하는 금액이 될 것으로 추측된다.

이 시기 노무현 정권과 이명박 정권에서 임명한 사장들이 경영을 담당했는데, 이들은 분식회계와는 별도로 다수의 횡령을 저질러 회삿돈을 빼돌렸을 뿐만 아니라 자신을 임명한 정권 최고위층에게 뇌물을 제공하고 향응을 베풀었다고 알려졌다. 즉 회사를 잘 경영해서 살려내기보다는 어떻게 하면 이 자리에서 큰돈을 챙겨갈 수 있는지와 자신을 임명해준 정권의 은혜에 보답하는 것이 이들의 주요 관심사였던 것 같다. 이런 일에 협조를 구하기 위해 분식회계를 수행해서 적자 회사를 흑자 회사로 조작해서 보너스를 직원들에게 두둑하게 챙겨주었던 것이 아닌가 하는 의심이 든다.

　기업이 제대로 경영되고 있는지를 감시해야 할 사외이사들의 과반수도 정치권 출신 인사들이었다. 즉 회사가 정권의 전리품처럼 취급되고 있었다. 그래서 이 사건이 벌어졌을 때 여당과 야당이 모두 상대적으로 조용히 넘어갔었을 것이다. 경영진이 분식회계를 통해 챙겨간 막대한 돈이 어디로 흘러갔는지에 대한 조사도 이루어지지 않고 덮였다.

관리를 위임받은 대리인이 자기 이익 추구

당시 1대주주였던 산업은행은 대조양을 엄밀히 감독하지 못해 이런 내막을 제대로 파악하지 못했거나 알면서도 묵인한 듯하다. 감사를 담당했던 회계법인이 분식회계를 발견하자, 산업은행이 적극 나서서 이를 숨기려고 시도했을 정도다. 이런 황당한 사건의 결과 지금까지 약 7조 원에 달하는 엄청난 공적자금(즉 국민의 세금)이 투입됐는데도 불구하고 대조양은 아직 적자 상태다. '세금 먹는 하마'라고 부를 만하다. 국민 세금을 받다아 그중 상당 부분을 보너스를 나눠주는 데 썼다는 것은 정말 황당하다. 자신의 돈이라면 절대 하지 않을 일이다.

이런 일이 벌어지는 동안 일부 시민단체 인사들은 대조양의 지배구조가 앞으로 오너 경영자 체제를 대체할 우리나라 지배구조의 모범이라고 칭송하기도 했다. 우수한 지배구조를 가진 기업으로 수차례 선정됐을 정도다. 오너 경영자 체제가 제일 좋다는 의미는 아니지만, 제대로 견제받지 않고 방치되던 회사의 지배구조를 모범적이라고 칭송한다는 것은 어불성설이다.

대조양 사례에서 드러난 문제점을 학술적으로는 '대리인 문제'라고 부른다. 본인(principal)-대리인(agent) 관계에서 본인으로부터 관리를 위임받은 대리인이 자신의 이익 추구를 위해 본인의 이익을 희생하는 소위 도덕적 해이가 발생하는데, 이 문제 때문에 경제 전체적으로 비효율성이 발생한다는 이론이다. 쉽게 설명하면 내 돈은 아끼고 남의 돈(이 경우는 회삿돈이나 세금)은 막 쓴다는 것이다. 예를 들어 지배주주가 50%의 지분을 가진 기업이라면 그 기업에서 발생한 손실 중 50%는 지배주주의 손해가 된다. 따라서 지배주주는 자신이 직접 경영하거나 유능한 경영자를 고용해서 경영을 맡김으로써 손실을 보지 않으려고 할 유인이 있다. 이런 지배주주의 행동 덕분에 나머지 50%의 지분을 소유한 소액주주들도 이익을 본다. 산업은행의 경우도 대조양의 지분 56%를 가지고 있었다. 만약 산업은행이 개인주주였다면 대조양에 이렇게 엄청난 손실이 발생하도록 그냥 두지 않았을 것이다.

이론상으로 보면 이 사건에서는 산업은행이 본인이고 대조양 경영진이 대리인이다. 그런데 좀 더 범위를 넓혀 올라가 보면 산업은행의 주인은 대한민국 정부나 정부를 이끄는 대통령이나 여당(정치인이라고 통칭함)이라고 할 수 있으므로, 정부/정치인이 본인이고 산업은행은 대리

대우조선해양 옥포조선소 전경. 대우조선해양에서는 경영진들의 주도로 막대한 분식회계가 저질러졌다. 대리인 문제가 악화되어 발생한 것으로 볼 수 있다.
© 대우조선해양

인이다. 즉 산업은행은 정부/정치인을 위해 열심히 일해야 하는데 실제로는 그러지 않았던 셈이다. 그리고 정부/정치인에 대해서도 더 범위를 넓혀 올라가 보면 국민이 본인이고 정부/정치인이 대리인이다. 즉 이들이 국민을 대신해서 산업은행의 행동을 철저히 감시했어야 하는데 그렇지 못했다. 이처럼 본인-대리인 관계가 꼬리에 꼬리를 물고 3개가 이어지기 때문에, 모두 자기 이익을 극대화하려고만 했을 뿐 이 연결고리의 가장 상단부에 위치한 최종적인 본인에 해당하는 국민의 이익에는 거의 관심이 없었다. 그 결과 이 사건과 관련된 소수의 사람은 엄청난 이익을 봤겠지만 이들을 제외한 국민 모두가 조금씩 손해를 보는 일이 벌어졌던 것이다.

인센티브를 고쳐야 문제가 해결된다

사모펀드들이 인수한 부실기업들은 대부분 몇 년 이내에 구조조정을 하고 실적을 개선해 매각되는 데 반해, 산업은행은 대조양을 비롯해 많은 자회사를 오랫동안 거느리면서 업황도 지지부진하고 매각하려는 강한 의지를 보이지 않았다. 이런 차이가 발생한 이유는 인센티브 구조에 있다고 생각된다. 사모펀드에서는 회사를 가장 잘 경영할 수 있는 전문가를 찾아 매각시점까지 장기간 경영을 맡기고 매각가격에 따라 확실한 인센티브를 부여한다. 즉 회사의 가치를 올려 성공적으로 매각하면 벌어들인 이익이 얼마냐에 따라 큰 보너스를 받을 수 있다. 그에 반해 정치권에서 임명한 최고경영자는 빠른 매각을 할 인센티브가 없다. 정권이 바뀌면 연임할 수 없으므로, 자신의 임기 내에 한몫 단단히 챙겨나 가기만을 원했을 것이다. 일부에서는 퇴직자들의 자리를 만들어주기 위해 산업은행이 자회사들을 매각할 의사가 별로 없다고 비판한다. 따라서 앞으로 이런 문제점을 줄이기 위해 산업은행은 인센티브 구조를 제대로 만들어야 할 것이다.

　어쨌든 산업은행은 이번 사태로부터 큰 교훈을 얻은 것으로 보인다. 분식회계가 적발된 이후 산업은행의 전임 이동걸 회장은 적극적인 자세로 나서서 금호타이어와 아시아나항공을 성공적으로 매각했다. 적자가 계속 나던 HMM의 사장을 과감히 외부 전문가로 교체한 것도 이 회장의 지휘하에서 이루어진 일이다. 그 후 HMM은 성공적으로 흑자전환을 했다. 2022년 정권이 교체된 이후 임명된 신임 강석훈 회장도 이 회장 못지않은 재빠른 움직임을 보이고 있다. 산업은행이 2001년 대조양을 인수했으니, 강 회장이 취임 6개월 만에 21년간 매각하지 않고 있던 대조양을 매각하기로 한 것은 정말 대단한 일이다. 앞으로도 산업은행이 계속해서 이런 모습을 보여 자회사들을 빨리 정상화시켜 매각하기 바란다. 그것이 국민에 대한 의무를 이행하는 일이다.

'특혜'나 '헐값 매각' 비판 타당성 없어

매각 계획이 발표되자 일부에서는 7조 원의 돈이 들어갔는데 불과 2조 원에 회사를 넘긴다는 것은 한화그룹에 대한 특혜이며 헐값 매각이라는 비판을 내놨다. 필자는 이런 의견에 동의하지 못한다. 그 돈이 아까워서 대조양을 팔지 않는다면 시간이 흐르면 회사의 가치가 더 떨어질 수 있다. 2008년 매물로 내놨다가 6조 3천억 원의 가격에도 팔지 않고 다시 거두어들였던 대조양이 14년 후 2조 원짜리가 됐는데, 얼마나 어떻게 더 기다린다는 것인가? 산업은행과 대조양에게는 지난 21년이라는 충분한 시간을 줬다. 이제는 제대로 회사를 경영할 수 있는 사람이나 기업을 찾아 회사를 맡겨야 한다. 그래야 아까운 세금을 절약해 더 도움이 필요한 어려운 사람들을 위하거나 산업 발전을 위해 국가가 사용할 수 있을 것이다.

 대조양의 경영을 맡을 예정인 한화그룹이 앞으로 능력 있고 책임감을 가진 경영진을 임명하고 회사를 환골탈태시켜, 외화를 벌어오고 고용을 창출하며 직원들에게도 넉넉한 보수를 지급할 수 있는 훌륭한 회사로 대조양을 발전시키는 역할을 하기를 기원한다. 이것이 기업 본연의 역할이다. 산업은행도 계속해서 대조양의 주식을 일부 보유하기로 한 만큼, 대조양이 부활해 주가가 상승한다면 나중에 더 높은 가격에 남아 있는 주식을 매각해서 투입된 세금을 일부라도 회수할 수 있을 것이다.

사랑에 빠져 결혼하면 일도 더 잘할까?

2022년 월드컵이 아르헨티나의 우승으로 막을 내렸다. 세계의 강호들과 격돌해서 선전을 펼쳤지만 브라질에 패해 아깝게 16강전에서 탈락한 한국 팀에 대해 우리 국민들은 아낌없는 박수를 보냈다. 월드컵 기간 중 손흥민이나 조규성, 메시나 네이마르 등 경기에서 활약한 선수들만 각광을 받은 것이 아니다. 한국이나 외국을 막론하고 월드컵 등 중요한 스포츠 행사가 열리는 동안에는 선수의 부인이나 여자 친구도 언론의 주목의 대상이 된다. WAGS(Wives and Girlfriends)라는 말이 생겼을 정도다.

그렇다면 운동선수가 사랑에 빠진다면 운동을 더 잘할까? 운동과 사랑 사이에 아무 관계가 없는 듯하지만, 놀랍게도 이 질문에 대한 대답은 예스(Yes)다. 사랑에 빠지면 옥시토신이라는 호르몬이 분비된다. 그 결과 심장이 갑자기 빨리 뛰고 손에 땀이 나며 볼이 붉게 변한다. 상대방을 좋아한다는 신호다. 이 호르몬은 감정을 자극해 사람의 마음을 읽는 능력과 동료들 사이의 유대감을 향상시키지만 동료가 아닌 사람들에 대한 적개심도 키운다. 즉 사랑에 빠져 이 호르몬이 많이 분비되는 단계에 있다면 축구 같은 단체 스포츠의 경우 팀워크의 증진과 상대 팀을 꼭 이겨야겠다는 정신력의 향상에 공헌한다. 고통이나 피로도 쉽게 잊는다. 출산을 한 엄마가 막 태어난 아기를 보면서 고통을 잊고 행복함을 느끼는 것도 이 호르몬의 작용 때문이다. 그래서 운동선수들의 경우 사랑에 빠지면 기록이 향상되는 결과가 나온다. 우연의 일치일 수 있지만, 골프선수 리디아고도 2022년 중반 결혼 계획을 발표한 후 성적이 수직 상승해 두 대회 연속 우승을 차지하고 세계 랭킹 1위에 오른 바 있다. 김시우 선수도 결혼하자마자 신혼여행 겸 출전한 하와이에서 열린 2023년 소니 오픈에서 우승했다. 재미있는 사실은 부인 오지현 선수도 2021년 중반 3년 만에 KLPGA 대회에서 우승한 직후 김시우 선수와 결혼한다는 소식을 발표했었다는 점이다. 즉 결혼 발표와 결혼식 직후 부부가 각각 우승한 셈이다.

기혼자가 미혼자보다 보수 더 받아…

그렇지만 호르몬이 분비되는 기간은 대략 교제 시작 후 6개월 이내다. 즉 6개월이 지나면 흥분상태는 가라앉는다. 눈에 한 꺼풀 씌어있던 콩깍지가 벗겨지는 것이다. 감성의 작용에 밀렸던 이성이 힘을 발휘하기 시작하면서 상대방의 단점이 눈에 들어온다. 현실적인 문제에 직면하게 된 커플은 이를 극복하고 결혼에 성공하거나 헤어지게 된다. 그렇다면 결혼 후에는 어떨까? 학술연구 결과에 의하면 다른 모든 조건이 동일할 때 기혼자는 미혼자에 비해 대략 20~30% 더 많은 보수를 받는다. 이를 결혼 프리미엄(marriage premium)이라고 부른다. 기업, 학교, 병원, 정부 기관 등 다양한 조직에서의 성과평가나 승진 결과에서도 기혼자와 미혼자 사이에 상당한 차이가 발견된다.

왜 이런 차이가 발생하는지에 대해서는 3가지 가설이 존재한다. 첫째, 기혼자들이 실제로 일을 더 잘해서일 수 있다. 결혼한 후 돌봐야 하는 가족이 생기기 때문에 더 책임감을 가지고 열심히 일해서일 것이다. 또한 결혼 후 만족감을 느끼고 행복해지므로 직장일에도 더 몰입할 수 있기 때문이다. 둘째, 기혼자들이 결혼해서 일을 더 잘하는 것이 아니라 일 잘하는 사람이 결혼에 성공할 가능성이 높기 때문일 수 있다. 첫 번째 가설과 원인과 결과가 반대로 바뀐 내용이다. 필자가 학교에서 가까운 미혼 제자에게 빨리 결혼하라고 하면 '괜찮은 사람들은 이미 다 결혼해서 주변에 결혼할 만한 사람이 없다'라는 답변을 듣는 경우가 종종 있는데, 이런 답변에 딱 어울리는 가설이다. 셋째, 직장에서 상급자들이 하위 직급자들을 평가할 때 기혼자가 더 유능하다는 편견을 갖고 있을 수 있다. 그래서 실제로는 성과나 능력 차이가 없는데도 불구하고 상급자들이 가진 편견 때문에 기혼자가 더 많은 보수를 받거나 빨리 승진할 수도 있다.

이 세 가설 중 무엇이 더 정확한 답인지 학술적으로 정확히 규명해낸다는 것은 쉽지 않다. 그런데 미국 군인들의 성과평가와 승진 자료를 가지고 정교히 분석한 연구 결과에 따르면, 동일한 직급의 기혼자와 미혼자를 비교할 때 다른 요인을 통계적으로 통제한 후에도 기혼자의 성과

동일한 직급이라고 해도 기혼자가 미혼자보다 보수가 많고 승진도 더 빨리한다. 이를 결혼 프리미엄이라고 부른다. 연구 결과 실제로 결혼하면 더 열심히 일하는 것으로 나타났다.

평가 점수가 더 높고 승진도 빨랐다. 예를 들어 소위 시절 성과평가 점수가 비슷해 중위 승진은 동일한 시점에 한 두 사람을 비교하면, 중위 시절에 결혼한 사람이 대위가 된 후 성과평가 점수가 높아졌고 소령 승진도 빨리했다. 마찬가지로 중위 시절 성과평가 점수가 비슷해 대위 승진은 동일한 시점에 한 두 사람을 비교하면, 대위 시절 결혼한 사람이 미혼자보다 상위 직급인 소령이 되면 성과평가 점수가 높아졌고 중령 승진도 빨리했다. 즉 결혼 이전에는 차이가 없다가 결혼 이후 차이가 나타나는 것이다.

  기혼자에 대한 상급자의 편견 때문에 이런 결과가 나왔다고 생각할 수도 있겠지만, 상급자가 주관적으로 평가를 한 것이 아닌 경우에도 동일한 현상이 관찰된다. 예를 들어 오히려 하급자라고 할 수 있는 학교 학생들이 선생님이나 교수의 강의에 대해 준 강의평가 점수도 기혼자가 미혼자보다 높으며, 주관적 평가가 아니라 객관적으로 계산되는 대학교 교수의 연구업적이나 개인 투자자들의 주식투자 수익률도 기혼자가 미혼자보다 높다. 즉 편견 때문에만 이런 결과가 나왔다고 보기 힘들다. 물론 편견의 영향이 크지는 않더라도 일부 존재할 수도 있을 것이다.

'행복한 가정'이 '행복한 직장'으로

또한 기혼자가 이혼, 별거, 또는 사별로 혼자가 됐을 때 과거보다 성과가 하락한다는 연구 발견도 있다. 즉 결혼 프리미엄이 존재하는 이유 중 최소 일부는 실제로 기혼자가 결혼 후 일을 더 잘하게 되기 때문인 것으로 판단된다. 그래서 결혼생활이 끝나면 성과가 하락하는 것이다. 하지만 모든 기혼자가 일을 더 잘하지는 않는다. 가정 불화가 생기면 업무 만족도나 성과가 떨어진다는 발견도 있다. 즉 행복한 결혼생활을 해야 업무 성과도 올라간다. 필자의 개인적인 경험일 수도 있겠지만, 필자는 결혼 후 아내로부터 많은 것을 배우고 부족한 점들을 보완할 수 있었다. 그 결과 필자의 시야가 넓어져서 더 다양한 각도에서 업무나 사회생활에 대해 생각하고 행동할 수 있는 사람으로 성장했다. 시간이 오래 걸리기는 했지만, 어쨌든 그 결과 필자의 업무성과가 향상되었다고 믿는다. 따라서 행복한 결혼생활이 직장생활뿐만 아니라 사회생활 같은 다른 여러 측면에서도 도움이 되었을 것이다. 이런 측면에서 항상 아내에게 감사하는 마음을 가지고 있다.

기혼자의 평균수명도 미혼자보다 대략 8년 정도 길다. 즉 기혼자들이 더 오래산다는 것이므로, 이는 결혼이 업무성과뿐만 아니라 건강에도 영향을 미친다는 것을 의미한다. 즉 행복한 사람이 더 건강하게 산다고 볼 수 있다. 결혼과 무관한 연구에서도, 현재 외로움을 느끼는 사람의 업무 만족도나 성과가 나쁘다는 발견도 존재한다. 즉 결혼을 하든 하지 않든 남들과 더 잘 어울리면서 생활하는 사람들이 일을 잘한다고 볼 수 있다. 다만 기혼자들의 일과 삶의 균형(흔히 워라밸이라고 이야기하는)은 미혼자보다 못하다는 연구 결과가 있다. 결혼한 후 가족을 돌보느라 더 바쁘게 됐기 때문이라고 볼 수 있다.

그렇다면 기업 경영자들은 이런 발견을 어떻게 응용해야 할까? 기혼 직원들은 행복한 결혼생활을 할 수 있도록 지원해야 업무성과가 올라갈 것이다. 즉 더 행복한 결혼생활을 즐길 수 있도록 교육하는 프로그램을 만들고, 어린 자녀들을 위한 유치원을 운영하며, 직원들의 가족을 위한 프로그램을 운영하거나 워라밸을 높이는 등의 방법으로 직원들의 결혼 만족도를 높이는 것이다. 그래야 행복한 가정으로부터 행복한 직장으로 연결되어 애사심이나 업무성과가 올라갈 것이다. 요즘은 미혼 또는 비혼주의자들도 많은데, 이런 사람들을 위해서도 외로움을 느끼지 않도록 취미활동을 장려하거나, 멘토나 버디 등의 제도를 잘 운영해서 가족 같은 유대감을 느낄 수 있는 사내 문화를 만드는 것도 도움이 될 것이다.

회계감사 제도의
개선을 위한 제언

지난 몇 년간 대우조선해양 사건 등 대규모 분식회계 사건이 수차례 발생해서 주목받았다. 왜 이런 일이 발생했을까? 깐깐히 감사를 수행하면 감사인을 교체해버리니 회계법인들이 독립적으로 감사를 수행할 수 없었다. 제대로 일하면 손해가 됐던 것이다. 회계법인들도 일감을 따려고 과잉경쟁을 한 결과 감사보수가 적정 수준 이하로 정해지는 경우가 많았다. 즉 충분한 시간을 투입해 제대로 감사를 수행할 여건이 마련되지 않았다. 그러니 부실한 감사가 이루어질 수밖에 없었다. 이런 이유 때문에 분식회계를 적발하기 힘들었고, 사건이 터진 후 주주나 채권자 등의 투자자나 직원 등 기타 이해관계자들이 큰 피해를 보는 일이 반복됐다.

그러다가 대우조선해양 사건 때문에 회계환경은 크게 변하게 된다. 분식회계가 부실감사 때문에 적발되지 않았다고 판단됐기 때문에, 정부는 법을 개정해 주기적 감사인 지정제와 표준감사시간제도를 도입했다. 주기적 감사인 지정제란 기업이 6년간 감사인을 자율적으로 선임하면 그 후 3년은 금융당국이 감사인을 지정하는 제도다. 즉 기업이 감사인의 선임과정에 영향을 미칠 수 없도록 해서 감사인의 독립성을 향상시키기 위해 마련된 제도다. 일부 상장기업에 대해 지정제를 실시하는 나라들은 다수 있지만, 모든 상장기업을 대상으로 하는 것은 한국이 유일할 정도로 파격적인 제도다. 표준감사시간은 '대략 어느 정도 감사시간을 투입해야 한다'는 기준을 마련한 것이다. 적정한 감사시간이 투입되어야 감사가 제대로 수행될 수 있다. 학술연구 결과를 보면, 제도 도입 후 감사시간이 증가했으며 결과적으로 감사품질도 향상됐다. 즉 제도가 효과를 발휘하고 있는 중이다.

감사보수, 부당한 폭리일까?

그렇지만 이런 변화 때문에 회계 관련 비용이 너무 늘었고, 회계법인이 고압적인 자세로 갑질을 한다는 기업의 불만이 제기됐다. 이 주장이 맞는지 살펴보자. 통계를 보면 감사보수는 자료 공개가 시작된 2006년 시간당 9만 7천 원에서 제도가 도입되기 직전인 2018년 7만 9천 원까지 점차 감소했다. 그러다 제도 도입 후 2021년 10만 2천 원 정도로 보수가 올랐다. 그동안의 물가상승률을 고려하면 2006년 대비 대략 30% 하락한 수치다. 즉 감사인이 부당한 폭리를 취한다고 보기 어렵다. 총보수는 동기간 동안 대략 2배 상승해서 상장기업의 경우 2021년 중위수가 1억 4천만 원 정도다. 그러나 그 이유는 기업의 규모와 복잡성이 증가하고 내부회계관리제도에 대한 감사 등 관련 법률이 강화되어 감사시 수행해야 할 업무가 늘어난 결과 감사투입시간이 기업당 평균 1.8배 늘어났기 때문이다. 동 기간 동안 기업의 자산규모는 3배, 시가총액은 2.5배가 증가했다는 점을 봐도 감사시간이 별로 늘어나지 않았다는 것을 알 수 있다.

오른 감사보수가 대략 미국의 1/3, 일본, 홍콩, 싱가포르의 절반에서 2/3 정도다. 이를 보면 감사보수가 높아서 문제라고 보기 힘들다. 또한 감사인들이 독립적으로 행동하게 됨으로써 '어떤 방식으로 회계처리를 하자'는 기업의 요구를 들어주지 않게 됐으며, 감사인이 어떻게 회계처리할 것인지에 대한 의사결정을 기업 대신 내려주는 것도 불법이 됐다. 이런 비정상적인 일을 바로잡기 위해 법이 개정된 것이다. 따라서 일부 기업 입장에서는, 예전에는 고분고분하게 기업의 의사를 따르고 기업을 대신해 회계처리 업무나 재무제표도 작성해주던 감사인이 그런 요구를 거절하니 당황했을 수 있다. 예외적인 경우겠지만, 회계법인에서 무리한 보수를 요구하거나 정말로 갑질을 한 것으로 보이는 사례도 있었다. 전임 및 신임 감사인이 맞는 회계처리가 무엇인지에 대해 다투다가 기업에게 피해를 입히는 사례도 수차례 발생했다. 이런 경우는 당연히 시정되어야 할 것이다.

일부에서는 감사 무용론을 주장한다. '기업하기도 어려운데 왜 회계사들이 우리를 괴롭히냐?'나 '감사가 왜 필요하냐'고 주장하는 기업인도 만나봤다. 이런 주장은 감사의 효과에 대해서는 잘 모르기 때문에 생겨난 것이다. 감사가 없다면 주주나 채권자들은 기업에서 작성한 재무제표를 신뢰하기 힘들어질 것이다. 그래서 이들이 투자를 망서리면 자금을 조달해야 하는 기업은 어려운 상황에 처하게 된다. 품질 높은 감사를

감사를 통해 자금조달비용을 낮출 수 있으므로, 감사는 모두에게 윈-윈이 된다. 그러기 위해서는 제대로 감사를 수행하기 위한 조건이 마련되어야 한다.

받는 기업이 자금조달 비용을 낮춰서 얻을 수 있는 비용의 감소분이 감사보수보다 월등히 크다는 것을 보여준 외국 연구들이 다수 있다. 즉 감사를 제대로 받으면 기업에게 실질적인 도움이 된다. 그렇지만 우리나라에서는 주주나 채권자들이 감사에 무관심한 경향이 많다. 따라서 앞으로 주주나 채권자들이 나서서 능력있는 회계법인에게 감사를 맡기고 감사가 제대로 이루어졌는지에 대해서 점검할 것을 촉구한다. 주주나 채권자들의 이런 태도 변화가 없다면 아무리 제도를 변경해도 효과는 미미할 것이다. 그러기 위해서는 이런 제도들이 도입되어 기업이나 이해관계자들이 얼마나 혜택을 봤는지를 보여주는 학술연구가 수행될 필요가 있다. 즉 학계가 적극적으로 나서 연구를 수행하고, 그 발견을 널리 알려야 한다. 관계당국이나 업계에서도 이런 연구를 장려하기를 권한다.

감사인 지정제 폐지는 시기상조

감사가 불필요하다고 주장하지는 않지만, 일부에서는 주기적 지정제에 따른 잦은 감사인 교체와 지정 감사인의 능력 부족 때문에 역효과가 발생한다는 이유로 지정제 폐지를 주장한다. 회계 인프라를 잘 갖춘 우수한 기업이 이런 주장을 제기한다면 이해가 되지만, 현실적으로 다수의 기업은 아직 회계 인프라와 감사환경의 개선이 필요한 상황이다. 따라서 필자는 이 주장에 동의하지 못한다. 어쨌든 그동안 드러난 일부 문제점은 보완할 필요가 있다. 주기적 지정과는 별도의 제도로 직권 지정제가 동시에 실시되고 있으므로, 현재 상장기업의 50%쯤이 지정 감사인으로부터 감사를 받고 있다. 즉 많은 수의 기업에 대한 감사인이 지정되다 보니 시장기능이 지나치게 축소되는 문제가 있다. 이 경우 감사인들이 감사품질이나 효율성 향상을 위한 노력없이 지정된 기업을 감사하는데만 만족하고 안주할 유인이 있다.

　이 문제를 해결하려면 모든 기업들의 1회 지정이 이루어진 후에는 제도를 변화시켜 6년 자유선임 기간을 늘리거나 3년 지정 기간을 줄여야 한다. 또한 지정 감사인을 선정할 때도 감사를 잘 하는 감사인이 더 많은 기업을 감사하도록 해야 한다. 그래야 회계법인 입장에서도 감사품질을 높이기 위해 교육훈련을 늘리고 내부 심리실의 역할과 통제를 강화할 인센티브가 생긴다.

　전문성이 부족한 감사인이 지정되어 벌어지는 문제점을 줄이려면 해당 업종에서의 감사 경험도 지정 시 고려돼야 한다. 표준감사시간 추정 시 기업규모에 대한 가중치는 줄이고 위험이나 복잡성에 대한 가중치를 높여, 결과적으로 위험이 낮은 기업은 표준시간을 줄이는 등 보완할 필요는 있겠지만 제도는 반드시 유지되어야 한다.

투명한 회계는 모두에게 윈-윈

현재 개선 방안을 논의 중인 금융위원회가 이런 점들을 고려해 기업의 부담은 완화되면서 회계투명성은 유지할 수 있는 대안을 제시하기 바란다. 또한 회계법인 업계에서도 현재의 문제점을 반성하고, 전임 및 신임 감사인이 자기의 의견만이 옳다고 고집하고 다투다 기업에게 피해를 입히는 등의 문제가 발생하지 않도록 해야 할 것이다. 이런 일을 줄이기 위해 공인회계사회나 회계기준원이 적극 나서서 유권해석을 내리거나 갈등의 중재를 위해 노력하기 바란다. 전문가들의 의견도 받아들이지 않고 자신의 의견만 옳다고 고집해서 기업과 다른 회계법인에게 피해를 끼치는 일부 회계법인의 일탈을 막지 못한다면, 회계법인들이 갑질한다는 불만은 사라지지 않을 것이다.

 개인적인 견해이기는 하지만, 장기적으로 볼 때 회계투명성이 개선되고 정상적인 감사관행이 정착되는 시기가 되면 주기적 지정제는 폐지해야 한다. 대신 직권 지정제를 강화하기만 해도 효과는 충분할 것이다. 그렇지만 지금처럼 갈등이 계속 발생한다면 제도가 정착되기도 전에 폐지하자는 목소리가 더 큰 힘을 얻을까 우려된다. 어느 한쪽만을 위하는 것이 아니라, 회계투명성 확보를 통해 기업 및 기업의 이해관계자들과 감사인 모두 윈-윈 하는 것이 제도의 목표임을 기억하기 바란다.

최고경영자의 멋진 외모,
기업에 도움이 될까?

TV를 보면 전 세계의 팬들이 열광하는 한류 스타들을 만날 수 있다. 연기면 연기, 노래, 춤 등 못하는 것이 없다. 하지만 이들이 인기를 얻기 위해서는 연기나 가창력이나 춤솜씨뿐만 아니라 외모도 중요할 것이다. 예를 들면 현빈이나 송중기, 송혜교나 이영애 같은 유명 배우, 그리고 차은우(아스트로)나 장원영(아이브) 같은 유명 아이돌 가수도 지금의 인기를 얻는 데는 외모가 일부 역할을 했을 것이다. 여러 드라마에서 성공한 젊은 CEO로 등장하는 배우들도 하나같이 잘생긴 외모를 가지고 있다.

그렇다면 잘생긴 사람이 엔터테인먼트 업계를 제외한 사회의 다른 분야에서도 더 성공하기 쉬울까? 학자들의 연구 결과에 따르면 직장을 얻기 위해 면접을 할 때 잘생긴 후보자는 면접 기회를 얻기 쉬우며, 면접 이후 합격할 가능성도 높다. 취직을 하는 것뿐만 아니라 취직 때 더 많은 보수도 제안받는다. 그래서 요즘 취업이 어렵자 젊은이들이 취업 면접을 대비해서 성형수술을 하기까지 하는 것으로 보인다. 심지어는 젊은이도 아닌 경제학 박사학위를 가진 사람들이 대학들로부터 받는 교수초빙 제안과 연봉도 외모의 영향을 받는다는 발견도 있다. 즉 중년이 되어도 외모의 효과가 존재하는 것이다. 학계에서는 이런 현상을 미인 프리미엄(beauty premium)이라고 부른다. 외모가 첫인상을 형성하는 중요한 기준인 것이다. 필자같이 평범한 외모를 가진 사람이 볼 때 참 불공평한 세상이다.

잘생겨서 일 잘할까? vs. 일 잘하는 사람이 잘생겨 보일까?

직장에서만 이런 일이 벌어지는 것은 아니다. 교육학 분야 연구 결과에 따르면 선생님들이 잘생긴 학생들을 더 열심히 보살피기 때문에, 이들은 학교에서 특별 대우를 받고 반장 등의 중요한 역할을 맡을 가능성이 높다. 판사의 판결도 피고의 외모에 영향을 받는다는 연구 결과가 있다. 잘생긴 정치인은 그렇지 않은 정치인보다 훨씬 더 많은 유권자의 표를 받는다는 것은 잘 알려진 이야기다. 1960년 벌어진 미국 대통령 선거에서 라디오로 후보자의 토론 방송을 들은 사람 중 과반수는 닉슨이 케네디보다 더 토론을 잘했다고 판단했다. 그런데 동일한 토론 방송을 TV로 본 사람들은 그 반대로 판단했다. 즉 케네디의 멋진 외모를 TV를 통해 직접 본 사람들은 케네디에게 호감을 느꼈던 것이고, 그 결과 선거에서 케네디가 승리했다. 케네디의 승리에는 케네디의 부인 재클린 여사의 미모도 큰 기여를 했다고 알려져 있다. 클린턴 대통령은 백악관에서 엄청난 섹스 스캔들을 일으키고 나서도 여성 유권자들의 압도적인 지지를 받았는데, 그 역시 외모 덕을 본 경우로 꼽힌다.

그렇다면 과연 가장 잘생긴 최고경영자(CEO)는 누굴까? 미국에서 설문조사를 통해 '가장 잘생긴 CEO(The Sexiest CEO Alive)'로 뽑힌 사람은 1위가 테슬라(Tesla)의 CEO인 일론 머스크, 2위가 패션회사 토리버치(Tory Burch)의 CEO인 토리 버치, 3위가 전(前) 트위터(Twitter)의 CEO 잭 도시다. 다른 리스트에서도 1위는 일론 머스크였는데, 2위는 버진(Virgin) 그룹의 리차드 브랜슨 회장, 3위는 스릴리스트(Thrillist) 미디어 그룹의 벤 러러 회장이다. 이들 중 토리 버치를 제외한 다른 사람들은 모두 남성이다.

그런데 놀라운 점은, 이들이 사회적으로 유명한 성공한 CEO인 것은 분명한데 못생긴 사람은 아니지만 그렇다고 해서 특별히 빼어난 외모를 가진 사람도 아니라는 것이다. 그렇다면 이들이 왜 가장 잘생긴 CEO로 뽑혔을까? 설문조사 당시 사람들은 단지 이들의 외모뿐만 아니라 성공 스토리나 화려한 언변과 당당한 자세에 반해서 이들이 섹시하다고 느꼈을 수 있다. 즉 잘생겨서 뽑힌 것이 아니라 성공했기 때문에 사람들이 잘생겼다고 봤을 수 있다. 이런 이유 때문에 설문조사 결과는 다른 많은 요인에 영향을 받을 수 있으므로 객관성이 낮아 신뢰하기 힘들다. 이들이 누구인지 모르는 사람들에게 사진만을 보여준 후 외모를 평가하도록 하고, 그 평가결과만 보고 리스트를 작성해야 신뢰성이 확보될 수 있다.

그렇지만 최근 엄청나게 발달한 컴퓨터 기술 때문에 사람의 외모도 객관적인 평가가 가능해졌다. 얼굴의 대칭 정도, 눈썹의 모양, 구조, 그리고 턱부터 눈썹까지의 거리의 비율(golden ratio), 턱의 각도, 인중의

가장 섹시한 CEO로 뽑힌 일론 머스크(좌)와 리차드 브랜슨(우)의 모습. 이 사람들이 잘생겨서 뽑힌 것인지, 성공한 CEO라서 사람들이 잘생겼다고 생각한 것인지 명확하지 않다.

길이 등의 다양한 정보를 이용해 외모 점수를 컴퓨터가 자동으로 계산하는 것이다. 사진을 입력하면 외모 점수를 계산해주는 앱도 있을 정도다. 학자들이 이런 기술을 사용해서 CEO들의 외모 점수를 계산하고, 계산된 점수에 따라 잘생긴 CEO가 과연 일도 더 잘하는지 연구해봤다. 그 결과는 매우 흥미롭다. 잘생긴 CEO나 그렇지 않은 CEO나 기업의 성과에는 별 차이가 없었다. 재무제표에 등장한 수치를 이용해 계산한 회계적 수익률이나 주가의 변화를 이용해 계산한 주가 수익률 모두 마찬가지였다. 여러 다른 연구들이 경영개선 정도, 혁신의 정도, 신기술의 개발, 사회적 책임의 수행, 재무보고의 품질 등 여러 측면에서의 차이를 살펴봤는데도 동일한 결론을 얻었다. 즉 필자같이 평범한 외모의 사람도 일은 잘한다는 것이다. 심리학이나 사회학 분야 학술연구 결과에 따르면 외모는 자신감에 영향을 미친다. 따라서 자신감 있는 행동이 간접적으로 성과에 영향을 미칠 수 있을 수도 있겠지만, 실제로 외모가 CEO의 성과에 영향을 미쳤다는 과학적 증거는 없는 것이다. 다만 잘생긴 CEO가 더 많은 이해관계자들의 주목을 받는다는 연구 결과는 존재한다.

결국 CEO는 외모가 아니라 성과로 말한다!

그렇다면 빼어난 외모는 정말 성과를 올리는 데 도움이 되지 않을까? 연구에 따르면 외모가 도움이 되는 자리도 있다. 외모가 뛰어난 사람은 다른 사람과의 교류나 정보 교환의 기회를 더 많이 얻는다는 연구 발견이 있다. 즉 다른 사람들을 만났을 때 좀 더 특별한 취급을 받는다. 그래서 그런 자리에 외모가 뛰어난 사람을 배치한다면 더 우수한 성과를 올릴 수 있을 것이다. 외모는 첫인상을 형성하는데, 첫인상에 따라 상대방 측에서 '더 신뢰할 만한 사람'이라는 편견을 갖게 되기 때문인 것으로 보인다. 영업, 홍보, 로비 등의 업무가 이런 범위에 해당할 것이다. 심지어는 일반적인 직종이 아니라 전문직군에 해당하는 변호사, 회계사, 컨설턴트도 외모가 뛰어난 사람이 더 많은 일감을 따온다는 연구결과가 있을 정도다. 이들에게 일감을 주는 역할을 하는 사람들이 이들의 외모에 무의식적으로 영향을 받는다는 의미다. 즉 CEO가 되기 전 하위 직급에 근무할 때는 외모가 도움이 되는 업무가 일부 있지만, 아주 복잡하고 다양한 업무를 함께 다뤄야 하는 CEO의 성과에는 외모가 별로 도움이 되지 않는다고 볼 수 있다. CEO가 아닌 다른 고위직도 마찬가지일 것이다.

  그런데 외모는 선천적으로 주어지는 것일 뿐 우리가 노력한다고 크게 바꿀 수 없다. 물론 성형수술을 하거나 잘 꾸며서 일부를 바꿀 수는 있겠지만 말이다. 그렇다면 CEO는 더 멋있게 보이기 위해 무엇을 해야 할까? 필자는 앞에서 설문조사를 통해 가장 잘생긴 CEO로 뽑힌 사람들이 실제로는 그렇게 꽃미남이나 꽃미녀가 아니라고 소개했다. 그들의 스토리, 인품, 능력, 자신감, 언행 등이 그들의 이미지에 영향을 미쳤기 때문에 사람들이 그들을 잘생겼다고 고른 것이다. 즉 이들은 단지 외모 때문이 아니라 다른 여러 측면에서 사람들의 존경과 사랑을 받았기 때문에 가장 섹시하다고 뽑혔을 것이다. 그러니 성형수술을 받기보다는 훌륭한 인품과 당당한 자세를 갖도록 노력하는 것이 중요하다고 생각된다.

  그리고 외모는 첫인상을 형성하는 기준일 뿐, 결국 CEO에 대한 최종 평가는 결과에 따라 달라진다. 즉 외모에 신경 쓸 시간에 열심히 노력해 우수한 성과를 올리는 것이 존경받는 CEO가 되는 최선의 방법일 것이다. 이와 관련해 경영 구루 피터 드러커는 '리더는 조직이 바라는 결과를 도출하는 사람'이 되어야 하고, '그 결과로 존경받는 사람'이 되어야 한다고 말했다. 뛰어난 외모 때문에 남들에게 좋은 첫인상을 줘서 취업에 성공한 젊은이라도 첫인상은 잠깐일 뿐이다. 결국은 주어진 자리에서 높은 성과를 올려야 성공할 수 있다는 사실을 명심하기 바란다.

〈이상한 변호사 우영우〉가 알려주는 공정한 평가와 보상의 중요성

2022년에 가장 인기를 끈 TV 프로그램은 무엇일까? 사람마다 의견이 다를 수는 있겠지만 필자는 ENA 채널에서 방송됐던 〈이상한 변호사 우영우〉가 제일 인상 깊었다. "제 이름은 똑바로 읽어도 거꾸로 읽어도 우영우입니다."로 시작되는 여주인공 박은빈 씨의 신들린 연기는 시청자들의 넋을 빼앗았고, 자폐를 앓는 사람들에 대한 대중들의 인식까지 바꿀 정도였다. 이 드라마를 보기 이전까지 필자는 ENA라는 채널이 있다는 것조차 몰랐는데, 알고 보니 ENA는 KT의 계열사 스카이라이프가 가진 채널 중 하나였다. 2022년 동안 이 외에도 JTBC의 〈재벌집 막내아들〉, SBS의 〈천원짜리 변호사〉, tvN의 〈슈룹〉 등이 대략 시청률 20% 내외를 기록하며 인기를 끌었다.

그렇다면 2021년은 어떤 프로그램이 인기를 끌었을까? TV조선의 〈내일은 미스트롯 2〉와 SBS의 〈펜트하우스 2〉가 시청률 35%쯤을 차지했었다. 시청률이 10%만 넘겨도 대박이라고 하는데 35%란 엄청난 기록이다. 참고로 살펴보면, 2022년 월드컵 때 한국팀의 경기를 중계방송한 지상파 3개 채널의 시청률을 모두 합해야 40% 정도였다. 2020년은 어땠을까? TV조선의 〈미스터트롯〉의 시청률이 제일 높았고, JTBC의 〈부부의 세계〉, SBS의 〈낭만닥터 김사부 2〉, tvN의 〈사랑의 불시착〉도 많은 인기를 끌었다. 2019년의 경우는 JTBC의 〈SKY 캐슬〉과 TV조선의 〈내일은 미스트롯〉이 인기였다. 이들 프로그램의 시청률이 대략 20~30% 정도다.

그런데 이렇게 과거 몇 년간의 인기 프로그램 명단을 돌아보면서 깨닫게 된 사실이 있다. 우리는 흔히 '지상파 3사'라고 불리는 KBS, MBC, SBS가 시청률 선두에 서있으며, 다른 방송사들은 이들 3사에 한참 뒤떨어졌다고 생각한다. 즉 이들 3사의 시청률이나 영향력이 가장 높을 것이라고 착각한다. 그런데 위 프로그램들을 돌아보면, SBS가 명단에 포함됐을 뿐 다른 두 방송사는 단 한 프로그램도 이 명단에 이름을 올리지 못했다. 이것이 우연일까?

채널별 평균 시청률 차이는 박빙

이런 개별 프로그램의 시청률은 특정 방송사의 전체적인 평균 시청률과는 많이 다를 수 있다. 시청률이 전체적으로는 낮더라도 개별 프로그램 하나만 높았을 수도 있기 때문이다. 그래서 방송사 전체의 평균 시청률이 어떤지 찾아봤다. 1위는 1TV와 2TV를 합친 KBS가 시청률 5%, 그 뒤를 6개의 다른 채널들이 시청률 2~3% 정도로 추격하고 있다. 2위와 7위의 시청률 차이가 1%p뿐일 만큼 박빙이라 해마다 순위가 변할 정도다. 7위까지의 명단에 CJ E&M은 등장하지 않는데, 실제로 CJ E&M이 보유한 tvN, Mnet, Olive 등의 다양한 채널의 시청률을 합친다면 2~3위쯤 된다고 전해 들었다. 또한 CJ E&M의 채널들은 TV가 아니라 OTT를 통해 시청하는 젊은 매니아층이 많기 때문에 콘텐츠의 영향력은 시청률보다 월등히 높다. 예를 들어 Mnet에서 방영한 댄서 경연 프로그램 〈스트릿 우먼 파이터〉의 시청률은 3% 정도에 불과했지만 그 영향력은 엄청났다. 무명이던 출연자들 다수가 유명인이 되어 데뷔를 하고 광고도 찍었다. 비슷한 경우로 채널A에서 방송해서 젊은 여성들에게 인기를 끌었던 〈하트시그널〉과 젊은 남성들에게 인기를 끌었던 〈강철부대〉의 사례를 들 수 있다. 넷플릭스나 티빙처럼 차원이 다른 경쟁자들도 있다.

어쨌든 평균 시청률을 봐도 지상파 3사 중 일부는 이미 CJ E&M에게 뒤졌고, 종편 TV라고 불리는 언론사를 모회사로 둔 TV사들과 치열하게 경쟁을 펼치는 중이라는 것을 알 수 있다. 시청률이 아니라 콘텐츠의 영향력을 비교하면 지상파 3사는 상대적으로 더 떨어진다. 시청률만 가지고 방송에 대해 이야기할 수는 없겠지만, 그렇다고 하더라도 시청률은 방송사의 능력을 이해하는 가장 중요한 척도다. 또한 앞에서 소개한 프로그램들이 시청률을 높이기 위해 말초신경만을 자극하는 저질 프로그램도 아니다. 시청자들도 성숙한 성인이다. 좋은 프로그램을 잘 만들어서 시청률이 높았던 것이다.

CJ E&M이나 스카이라이프야 오래전 케이블 TV가 생겨날 때부터 방송을 해왔으니 시청률이나 영향력이 높다는 것이 이해되지만, 언론

배우 박은빈 씨가 등장한 〈이상한 변호사 우영우〉 포스터. 2022년 동안 채널 ENA에서 방송된 〈이상한 변호사 우영우〉가 큰 인기를 끌었다. 최근 종편 TV나 케이블 TV 채널들이 선전하면서 지상파 TV가 경쟁에서 뒤처지는 현상이 점차 나타나고 있다.

사가 모회사인 종편 TV는 2011년 출범했으니 이제까지 역사가 불과 11년 됐다. 종편 TV 출범 당시 필자가 여러 경로로 만났던 복수의 지상파 3사 관계자들은 이구동성으로 종편 TV가 시청률 1%를 확보하는 것은 불가능하다고 단언했었다. '밑 빠진 독'처럼 돈을 쏟아붓다가 모회사인 신문사도 망할 것이라는 이야기도 들었다. 그런데 11년이 지나자 오히려 반대의 현상이 벌어져서, 지상파 3사와 케이블 TV사들이 거의 동등한 위치에서 치열하게 경쟁하고 있는 것이다. 또한 주목할 만한 점은, 지상파 3사의 시청률은 하락하고 있는 데 반해 케이블 TV사들의 시청률은 증가하는 추세라는 것이다. 시청률 2위도 종편 TV이며, 모 지상파 회사는 시청률 순위에서 거의 꼴찌일 정도다.

그렇다면 왜 이런 놀랄 만한 변화가 일어났을까? 필자는 그 이유를

'정확한 이익의 계산과 성과평가에 따른 보상의 차이'라고 생각한다. 놀랍게도 지상파 TV들은 프로그램이나 채널별 정확한 이익의 계산을 하지 않거나 하더라도 결과를 공개하지 않는 것으로 알려졌다. 성과에 따른 보상도 미미하다. 시간만 지나면 대부분 자동으로 승진하고 봉급이 올라가는 경우가 대부분이다. 믿기 어려운 이야기지만, 업무성과는 거의 무시하고 선거 때 특정 정파에 줄을 잘 대는 것이 승진비결인 회사도 있다고 전해 들었다. 즉 시청자에게 사랑받는 좋은 프로그램을 만들기 위해 노력할 인센티브가 부족하다. 필자가 만난 어떤 PD의 이야기에 따르면, 유일한 인센티브는 유능하다는 평판을 얻어 다른 회사에 좋은 조건으로 스카우트되는 것이라고 한다. 과장된 내용일 수 있겠지만, 이런 극단적인 불만을 누군가가 이야기한다는 것 자체가 회사에 문제가 많다는 의미다. 열심히 일하지도 않으면서 동일한 보상을 받는 주변 사람들이 많다면 왜 나만 열심히 일하고 싶겠는가? 이런 회사라면 점점 '악화가 양화를 구축'하는 현상이 나타날 것이다.

왜 스타 PD들이 지상파를 떠날까?

그렇지만 케이블 TV사들은 사정이 다르다. 예를 들어 tvN에서 〈꽃보다 할배〉, 〈삼시세끼〉, 〈신서유기〉, 〈윤식당〉 등 히트작을 양산한 나영석 PD와 '응답하라'와 '슬기로운 생활' 시리즈를 만든 신원호 PD는 KBS 출신이다. TV조선의 인기의 도화선이 된 '트롯' 시리즈를 제작한 서혜진 PD는 SBS 출신이다. 한때 'MBC의 간판'이라고 불렸던 김태호 PD

는 MBC를 떠나 별도의 개인회사를 차렸다. 이들이 지상파 TV를 떠난 것은 '열심히 일한 대가를 제대로 보상받고 싶다'는 소박한 이유 때문일 것이다.

MZ세대들의 가장 큰 불만이 자신이 기여한 정도에 걸맞은 공정한 보상을 해달라는 것인데, 이는 MZ세대들만의 요구가 아니라 그 윗세대들도 똑같다. 그래서 50대의 유명 PD들도 회사를 떠나 새로운 도전을 시작한 것이다. 공정한 보상이란 모든 직원에게 똑같은 돈을 달라는 의미가 아니라, 각자가 기여한 만큼 보상을 해달라는 것이다. 따라서 공정한 보상제도를 만들기 위해서는 조직의 각 구성원이 얼마나 이익 창출에 기여했는지를 객관적으로 측정할 수 있는 회계 시스템이 필요하다. 즉 특정 프로그램 제작에 얼마의 원가가 투입됐고 얼마의 수익이 창출됐는지 알아야 한다. 그 결과를 투명하게 이해관계자들에게 공개하고, 그 결과에 기반해서 모두가 납득할 만한 기준을 만들어 보상을 지급해야 한다. 그렇게 하지 않으니 지상파 TV가 유능한 인재들로부터 점차 외면받게 된 것이다.

필자는 이 글에서 지상파 3사에 대한 이야기만 했지만, 이 이야기는 다른 언론사나 기업, 정부기관, 그리고 대학에도 똑같이 해당되는 이야기다. 그렇지 않은 기업이라면 유능한 직원뿐만 아니라 소비자나 고객(국민이나 학생)들이 점차 외면할 것이고, 그 결과 지금 당장은 아니겠지만 장기적으로는 생존의 위험에 처하게 될 것이다. 우리 회사의 현실은 과연 어떤지 한번 생각해보자.

합스부르크 가문이
나폴레옹에게 패배한 이유

　서울 용산에 위치한 국립중앙박물관에서 2022년 가을부터 6개월 동안 열렸던 '합스부르크 600년, 매혹의 걸작들' 전시회가 성황리에 끝났다. 유럽 3대 미술관 중의 하나인 빈미술사박물관의 소장품 중 합스부르크 가문과 관련된 96점의 작품을 전시했는데, 유명한 명화들을 국내에서 직접 볼 수 있는 기회라 인기를 끌었다. 스페인의 유명한 화가 벨라스케스의 대표작 중 하나인 '흰옷을 입은 마르가리타 테레사 공주'도 전시품 중에 포함되어 있었다.

　합스부르크 가문은 13세기부터 20세기까지 오스트리아를 중심으로 유럽의 패권을 장악했던 가문이다. 전성기 때는 서쪽의 스페인부터 스위스, 독일 남부, 이탈리아, 그리고 동유럽까지 통치할 정도였다. 그런데 그런 엄청난 가문에서 후대에 올수록 자손이 잘 태어나지 않거나, 태어난 자손도 정신병을 앓든가 허약해서 일찍 죽는 경우가 많았다. 그 이유는 근친결혼 때문이다. 합스부르크 왕가는 자신들의 고귀한 혈통을 보호한다는 명목으로 배우자를 가문 안에서 골랐다. 수백 년 동안 이러다 보니 나쁜 유전자가 유전되어 유전병이 발생했던 것이다. 스페인 테레사 공주의 초상화가 빈미술사박물관에 있는 이유도 근친결혼 때문이다. 테레사 공주는 태어나자마자 11살 연상의 삼촌 오스트리아 레오폴드 1세와 정혼했기 때문에, 공주가 잘 자라고 있다는 것을 보여주기 위해 스페인 왕실에서 몇 년 간격으로 공주의 초상화를 그려 오스트리아 왕궁으로 보냈다. 그림에서는 더할 수 없이 우아하고 귀여운 모습인 공주도 가문의 유전인 주걱턱을 가지고 있었다. 그림은 일부러 이쁘게 그린 것이라 주걱턱이 잘 보이지 않지만 실제로는 더 두드러졌다고 한다. 가문의 많은 사람이 심한 주걱턱 때문에 생긴 치아 부정교합으로 음식을 제대로 씹기 어려웠다고 전해진다. 그래서 영양섭취를 잘 못 해 건강에 문제가 많았다. 그녀도 몸이 약해서 16세에 레오폴드 1세와 결혼했지만 21세에 사망했다.

식민지 출신 하급 장교에서 정상에 오른 나폴레옹

중세에서 근대로 넘어오면서 합스부르크 가문이 힘을 잃은 또 다른 이유는 철저한 중세 신분제에 기반한 폐쇄적인 국가였기 때문이다. 한번 귀족으로 태어나면 영원히 귀족으로서 부를 물려받고 고위직을 차지할 수 있었지만, 평민은 철저히 차별받아 교육을 받지도 못하고 신분상승의 기회가 없었다. 이와 대비되는 국가가 합스부르크 왕가와 많은 전쟁을 벌였던 나폴레옹 시대 프랑스다. 왜 그런지 자세히 알아보자.

벨라스케스의 '흰옷을 입은 마르가리타 테레사 공주' 그림. 합스부르크 왕가는 혈통의 순수성을 보존하기 위한 근친혼을 거듭했다. 그 결과 후대에 내려오면 가문의 대부분이 유전병에 시달렸다. 공주의 그림도 유전병인 주걱턱을 숨겨 그린 것이다.
ⓒ 빈미술사박물관

 피비린내가 몰아치던 프랑스 혁명 시기에는 계급, 혈통, 국적이 중요하지 않았다. 나폴레옹은 프랑스가 정복한 섬 코르시카 출신이다. 가난한 식민지 출신이라고 천대받던 그는 사관학교를 졸업하고 하급 장교에서 출발했지만, 수많은 전투에서 승리하면서 승진을 거듭하다가 마침내 황제의 자리에까지 올랐다. 나폴레옹을 도운 여러 맹장들 중에서도 귀족 출신은 거의 없다. 사병이나 하급 장교에서 출발해서 각종 공적을 쌓으면서 자신의 능력을 증명해 승진했던 것이다. 혁명의 이념에 공감해서 달려온 외국 출신의 장군도 있었다. 즉 능력 위주의 사회라서, 하층민이나 외국인들도 능력을 증명하면 승진할 수 있다는 점을 알고 있었다.
 나폴레옹의 몰락 이후 부르봉 왕가가 프랑스 왕위에 복귀했지만 다시 시민혁명이 일어나 쫓겨난 것은 이렇게 바뀐 시대 분위기를 몰랐기 때문이다. 그래서 '만인은 평등하다'는 시민들의 의식을 억누르려고 했다. 즉 나폴레옹의 성공비결은 개방성과 능력 위주의 실용적인 인사라고 요약할 수 있다.

합스부르크 왕가도 부르봉 왕가와 똑같은 이유로 몰락의 길을 걸었다. 프랑스가 유능한 엘리트 관료들을 비귀족층으로부터 발탁해서 개혁을 실시하는 동안, 스페인과 오스트리아를 통치하던 합스부르크 왕가는 중세에 머물러 있었다. 귀족 출신만 사관학교에 가거나 교육받을 수 있었고, 귀족 출신이라는 이유만으로 능력이 없어도 자동으로 장군이 된 사람들이 전쟁을 지휘했다. 그러니 수많은 전쟁 경험을 지닌 유능한 나폴레옹의 장군들의 상대가 되지 않았던 것이다. 자유를 누리지 못하고 억압받던 국민도 왕조를 위해 목숨을 걸고 싸울 이유가 별로 없었다. 그래서 맥없이 전쟁에서 패하고 국력이 쪼그라들었던 것이다. 제1차 세계대전에서 패하고 왕이 퇴위할 때까지 오스트리아는 이런 폐쇄적 체제를 유지했다.

이런 나폴레옹의 성공비결이나 합스부르크 왕가가 몰락한 이유를 우리나라 기업들도 명심해야 할 것이다. 성공하기 위해서는 폐쇄성을 버리고 개방적인 자세를 취해야 한다. 나나 우리 조직의 사람들이 모든 것을 다 알고 있고 잘할 수 있다는 사고방식으로는 성공하기 어렵다. 한때 한국 기업들은 평생 한 기업에서 뼈를 묻을 충신들만을 찾았다. 즉 다른 기업에서 옮겨온 사람은 못 믿을 사람으로 취급했다. 이처럼 외부 사람들은 배제하고 기업 내부 사람들로만 일을 하려는 것이 바로 합스부르크 가문의 근친결혼과 유사한 행위다. 물론 요즘은 분위기가 바뀌어서 대기업들도 능력 있는 외부 사람을 영입하는 경우가 생겼다. 외부에서 영입한 사람은 내부에서 오랜 시간을 보내면서 성장한 사람들과 사고방식이나 일에 대한 접근방법이 다르다. 이런 서로 다른 배경 사람들의 토의를 통해 의사결정을 한다면 다각도에서 문제점을 바라볼 수 있을 것이므로 좀 더 발전된 방향으로 회사를 이끌 수 있을 것이다.

폐쇄성을 버리고 개방적인 자세를 취해야…

다만 학술연구 결과를 보면 평균적으로 외부에서 영입된 CEO의 성과가 내부에서 승진한 CEO보다 못하고, 영입 후 기존에 없던 새로운 문제점이 발생하는 경우도 있다. 과거 성공적인 경력을 쌓아온 사람이니까 CEO로 영입되었을 것임에도 불구하고 새 회사에 적응하기가 어렵다는 의미다. 그러므로 CEO나 다른 고위 간부를 외부에서 영입한다면 멘토나 보좌관 역할을 하는 사람을 같이 붙여서 새 사람이 조직에 적응할 수 있도록 힘을 합쳐 도와야 한다. 이런 보완이 있어야지 영입의 긍정적 효과가 발생할 가능성이 높다.

또한 누구의 자녀나 친척이라서 또는 누구랑 잘 알아서 임원이 되어서는 안 된다. 지배주주의 자녀가 회사에 입사해서 일하는 것을 탓하는 것은 아니다. 다만 능력을 보여주지 못했는데도 불구하고 자동으로 승진해서 높은 자리에 앉아 회사를 경영하는 것을 당연시하는 시기는 지났다. 이는 마치 유럽의 중세 봉건시대 귀족의 아들은 장교로서 군생활을 시작해 시간만 지나면 장군이 되던 것과 비슷하다. 이런 경영진을 부하 직원들이 존경하고 믿고 따를 수 있을까? 이제는 혈통이 아니라 능력 있는 사람이 경영을 맡아야 한다. 과거 100년 동안 벌어졌던 변화보다 최근 10년 동안 벌어지는 변화가 더 많을 정도로 환경이 급변하는 지금, 능력 없는 사람이 경영을 맡았다가는 변화하는 환경에 적응하지 못해 회사가 큰 타격을 받을 것이다. 아무리 지배주주라고 하더라도, 본인이나 자녀들의 능력이 부족하다고 판단되면 과감히 일선에서 물러나서 능력 있는 사람에게 경영을 맡겨야 할 것이다. 그러지 않더라도 최소한 능력 있는 사람을 주변에 두고 의견을 들어야 한다.

결론적으로, 능력이 뛰어나다면 적이라도 마다하지 않고 영입을 해서 우리 회사를 맡기겠다는 자세가 필요하다. 『삼국지』를 보면 조조나 유비도 전쟁에서 패한 적장을 설득해서 자기 편으로 끌어들이는 모습이 종종 등장한다. 직접 인력을 영입하지 않는다고 하더라도 컨설팅을 통해 외부의 견해를 참고해서 의사결정을 내리는 방법도 도움이 될 것이다. 또한 연공이 아니라 능력 위주로 평가하고 보상하고 승진하는 제도를 만들어야 한다. 그래야 직원들이 제도에 만족하거나 동의하고 회사를 위해 열심히 일할 유인이 생긴다. 그렇지 않다면 직원들은 회사를 '잠시 거쳐가는 곳' 정도로만 여길 가능성이 높다. 바뀌지 않는다면 한때 전 유럽을 통치하던 합스부르크 왕가가 눈 녹듯이 사라져 버렸듯이 지금 잘나가는 우리 회사도 인재들의 외면을 받다가 멀지 않아 쪼그라들 가능성이 높을 것이다.

내부통제제도를 제대로 갖춰야 부정을 예방할 수 있다[1]

2022년 발생한 오스템임플란트 직원의 2,215억 원 횡령 사건은 모두를 놀라게 했다. 그 직후 우리은행 직원이 무려 10년이 넘는 기간 동안 동일한 업무를 담당하면서 문서를 위조해 697억 원을 빼돌렸다는 소식이 보도됐다. 계양전기 재무팀 직원은 250억 원을 횡령했다. 공공기관도 예외가 아니다. 강동구청 공무원은 폐기물처리시설 투자 유치금 중 115억 원을 횡령했고, 한국수자원공사에서는 취득세 납부과정에서 세액을 중복 청구하는 방식으로 85억 원을 횡령했다. 대부분 자금 횡령은 수면 위로 드러나지 않은 채 기업의 이미지 보호를 위해 유야무야 덮는 경우가 일반적이다. 따라서 이렇게 공개된 경우보다 공개되지 않은 사건들이 더 많을 것이다.

적잖은 경영자들은 아직도 이런 사태의 중요성을 잘 인지하지 못하는 듯하다. 대부분 이런 사건들은 '다른 기업'의 문제점일 뿐이며 '우리 회사는 안전하다'라는 생각을 갖고 있는 것이다. 위에서 언급한 횡령사건들이 일어나자 '혹시나 해서 철저히 조사해봤는데 우리는 시스템이 잘 정비되어 있어서 절대 그럴 염려가 없더라'라고 자랑하는 이야기를 모 회사의 경영자로부터 듣기도 했다. 그런데 며칠 지나지 않아 바로 그 회사에서 대규모 횡령이 적발되었다는 뉴스가 보도됐다. 그 후 필자에게 위의 이야기를 해주셨던 분을 다시 만나니 '회사가 인지하지 못했던 문제점이 하나 있어서 발생한 사건인데 그 문제도 이제 고쳐졌다'고 설명했다. 하지만 이후에도 이 회사에선 불과 몇 개월 만에 또 다른 사건이 적발됐다. 횡령이 그만큼 만연하다는 이야기다.

200년 전통 크레디트스위스의 몰락

또한 횡령을 경험한 기업에서도 이 사건의 중요성을 잘 인지하지 못한 듯하다. 오스템임플란트의 입장은 "전(前)재무팀장의 개인 일탈에 의한 범행이다"였다. 계양전기도 "자금관리 시스템을 교묘하게 악용한 개인 단독의 일탈에 기인한 것"이고, 수자원공사 또한 "개인이 장기간 계획적으로 저지른 일탈행동"이라고 밝혔다. 회사는 잘못이 없고 개인의 잘못뿐이라는 설명이고, 왜 문제가 발생했고 그 문제를 어떻게 고치겠다는 더 중요한 내용은 발표 내용에 없다. 나중에라도 어떻게 문제점을 고쳤

---

1 본고는 삼정회계법인의 김유경 전무와 공동으로 작성해 2022년 〈동아비지니스리뷰〉에 기고했던 글을 요약하고 일부 보완한 것이다. 본서에 이 글을 포함할 수 있도록 허락해준 김유경 전무에게 감사를 표한다. 김유경 전무는 감사위원회의 올바른 역할 정립 및 활성화를 돕는 역할을 하는 삼정KPMG 감사위원회지원센터를 이끌고 있다.

유럽 최대이자 세계 5위권 투자은행이었던 크레디트스위스는 위험관리를 소홀히 하다가 여러 스캔들에 휘말리면서 2023년 파산 후 헐값에 UBS에게 인수됐다.

다는 내용이 발표된 것을 본 적도 없다. 필자가 주주라면 이 점에 제일 관심이 있는데도 말이다. 세월호나 이태원 사건 등 큰 참사가 발생했을 때 희생양만 찾아 정치적으로 이용하려고 할 뿐, 보다 중요한 시스템을 어떻게 고쳐서 유사한 사건이 재발하는 것을 막을지에 대해서는 관심이 없는 정치권의 모습과 비슷하다.

기업은 다수의 주주와 채권자가 제공한 자금으로 운영된다. 당연히 '성장'이나 '이익'뿐만 아니라 '자금의 투명한 운영'을 경영목표로 삼아야 한다. 얼마 전 200년 전통의 크레디트스위스가 무너져 헐값에 UBS에게 팔린 것도, 고위 경영진과 직원들이 저지른 여러 불법행위가 적발되면서 5조 원이 넘는 벌금을 지불하고 각종 소송에 연루된 결과 투자자들의 신뢰를 잃은 것이 몰락의 시발점이 됐다. 이런 일탈행위가 일어나는 것을 시스템적으로 막을 수 있어야 성장이나 이익 목표를 달성하는 것도 용이할 것이다.

이러한 '자금의 투명한 운영'을 위해서는 회계·자금 업무를 담당하는 조직뿐만 아니라 내부감사와 리스크관리 조직의 역할이 중요하다. 그런데 다수의 횡령 사건이 회계·자금 조직에서 발생하며 내부감사나 리스크관리 조직도 형식적으로만 존재할 뿐이라 사후 적발의 가능성 또한 낮다. 이런 상황에서 횡령을 회사와 무관한 개인의 일탈만으로 치부할 수는 없다. 이렇게 큰 규모로 횡령이 이루어지지 않아 적발되지 않았을 뿐이지, 작은 규모의 소소한 횡령이 자주 발생하고 있었을 가능성도 있다. 통계를 보면 우리나라에서는 800명당 1명꼴로 횡령을 저지르며, 2020년 전체 횡령액 2조 7천억 원 중 회수액은 5% 미만이다.

우리 회사는 안전할까?

횡령은 주식거래 정지와 집단소송으로 이어지면서 기업에 큰 피해를 미친다. 이때마다 기업들은 내부감사부서를 신설하고 감사위원회 제도를 도입하는 등 거버넌스를 개선한다면서 이미지 쇄신 작업에 매진한다. 그렇지만 당장의 부정적 여론을 잠재울 수 있는 형식적 개선에 매몰되어, 정작 일상적인 업무프로세스 개선이나 회계전문성 확보와 내부감사체계 정착과 같은 실질적 과제들에는 관심을 기울이지 않는 경우가 종종 있다. 횡령을 막는 역할을 하는 내부통제나 리스크 관리를 '비용과 업무부담'이라고 보기 때문이다. 한 사람이 하던 일을 여러 사람으로 나누는 업무분장을 하고, 주기적 순환보직을 실시하고, 상급자의 검증과 승인 단계를 만들고, 전문가가 이런 절차를 감시하게 하려면 더 많은 인력과 시간의 투입이 필요하다. 이런 일을 하기는커녕, 단기적 이익증대에만 관심 있는 일부 기업들은 최근 들어 이런 내부통제의 수준을 점검하고 횡령이나 회계부정을 막는 역할을 하는 내부회계관리제도에 대한 감사를 없애거나 감사범위를 줄여달라고 정부를 대상으로 로비를 하기도 했다.

하지만 이런 생각을 하는 사람에게 '과연 우리 회사에서는 이런 일이 일어나지 않을 것이라고 자신할 수 있는가?'라고 묻고 싶다. 횡령사건이 자주 발생하지는 않지만 일어나기만 하면 회사의 명성이나 가치를 크게 깎아내린다. 교통사고의 발생빈도가 높진 않지만 보험에 가입해 대비하는 것과 마찬가지다. 운전을 잘하기 때문에 보험료가 아깝다고 생각하는 사람도 있겠지만, 그렇다고 해서 보험에 가입하지 않는다면 큰 사고가 일어났을 때 감당하기 힘들어진다. 교통사고는 예상하지 못한 순간 예상하지 못한 방법으로 발생한다. 크레디트스위스가 망하거나 오스템임플란트에서 핵심 직원이 거액을 횡령하리라고 누가 예상했겠는가? 내부통제를 정비하는 것도 교통사고에 대비하는 것과 유사한 입장에서 생각해야 한다.

2021년 외부감사인이 내부회계관리제도의 중요한 취약점이 존재한다고 지적한 상장기업은 무려 93개다. 2022년 상장폐지된 기업 중 절반이 2021년 내부회계관리제도에 취약점이 있다는 의견을 받았다. 이 점을 보면 내부통제의 중요성을 잘 알 수 있다. 학술연구들의 발견에 따르면 우수한 내부통제제도를 갖춘 기업에선 횡령뿐만 아니라 분식회계 등의 회계부정이 일어날 확률도, 재무제표 재작성이나 이익조정이 발생할 가능성도 줄어든다. 즉 재무보고의 품질이 전반적으로 상승하는 것이다. 이런 결과를 보면 내부통제가 잘 운영된다면 하위 직원들의 비리를 줄이는 것뿐만 아니라 최고경영진의 부정한 또는 기회주의적 행동 가능성도 억제한다는 것을 알 수 있다. 이런 효과가 종합돼 기업에 대한 투자자의 신뢰성이 향상되고, 그 결과 기업의 주가나 신용등급이 상승, 이자비용은 감소하는 효과가 2차적으로 발생한다.

내부통제 개선의 긍정적 효과

내부통제 개선의 효과가 이런 부분에서만 나타나는 것은 아니다. 실제로 기업 운용이 개선되어 기업을 더 효과적으로 경영하게 된다는 연구 발견도 있다. 예를 들면 더 효율적으로 투자를 하거나 재고관리를 한다는 증거가 있다. 시스템이 도입되면 그 시스템에 따라 행동하게 된다. 즉 시스템을 잘 설계한다면 업무의 표준화를 할 수 있고, 그 결과 불요불급한 일에 시간을 소비하지 않게 된다. 이를 통해 중요한 일에 역량을 집중함으로써 기업의 성과가 개선되는 것이다.

이처럼 내부통제가 제대로 이루어진다면 여러 긍정적인 효과를 기대할 수 있다. 그러므로 당장의 효익이 눈에 안 보인다고 해서 법규 준수를 위한 최소한의 제도만 형식적으로 운영하거나 그것도 싫어서 제도를 없애자고 할 것이 아니라, 경영자 스스로가 제도의 필요성을 깨닫고 내부 시스템 개선을 위해 노력하고 필요한 전문인력을 뽑거나 양성해야 한다. 제도의 정비와 실행이 몇 년은 지속돼야 문화가 바뀔 것이고, 그래야 효과가 제대로 나타날 것이다. 그 결과 내부 시스템이 충분히 개선된다면 그때 가서 외부감사는 얼마든지 간소화시킬 수 있을 것이다.

남성적인 얼굴을 가진 CEO가 일도 잘할까?

최근 자본시장이나 기업에 대한 학술 연구들이 관심을 가진 주제 중 하나는 CEO 개인의 특성이 기업 의사결정에 어떤 영향을 미치는지에 대한 것이다. 이런 연구 중에서 개인의 남성적인 성향을 나타내는 의미인 남성성(男性性, masculinity)에 대한 발견이 독특하다.

남성적인 성향을 초래하는 것은 테스토스테론이라는 남성 호르몬이다. 테스토스테론 수치가 높으면 자신감이 상승하고 승부와 도전을 두려워하지 않는 성격을 갖게 된다. 테스토스테론이 쾌감을 느끼는 뇌를 활성화시키기 때문이다. 그러나 과다하게 분비되면 충동적이고 욕구를 잘 절제하지 못하게 된다. 남성적인 성향의 사람은 목표지향적이고, 자신감이 높고, 활동적이며, 경쟁에서 이기려고 하며, 남들을 지배하고자 하는 성향이 강하다. 여성도 일부 테스토스테론이 분비된다. 여성 중에서도 테스토스테론의 분비량이 상당히 많은 사람은 남성적인 외모를 가지게 된다고 한다.

얼굴이 넓을수록 남성성이 강하다?

그렇다고 해서 사람마다 테스토스테론이 얼마나 분비되는지를 의학적으로 검사할 수는 없다. 그래서 그 대신 사용하는 방법이 얼굴 생김새를 가지고 구분하는 것이다. 테스토스테론은 성격을 형성하는 두뇌의 발달뿐만 아니라 얼굴의 생김새에도 영향을 미친다. 테스토스테론은 얼굴에 있는 뼈의 성장을 촉진해서 광대뼈와 턱뼈를 발달시켜 얼굴이 수평적으로 커지게 만든다. 그래서 남성성이 두드러진 얼굴의 사람이 좀 더 남성다운 행동을 하는 것이다. 따라서 얼굴을 보면 테스토스테론이 분비되는 정도를 유추할 수 있다. 얼굴의 가로세로 길이의 비(facial Width-to-Height Ratio, fWHR)를 통해서다. 이 비율은 얼굴의 가로 길이(양쪽 광대뼈 사이의 거리)를 세로 길이(눈꺼풀 상단에서 입술 상단까지의 거리)로 나눈 수치다. 이 수치가 클수록 남성성이 강하다고 한다. 즉 세로가 긴 갸름한 얼굴보다 가로가 긴 얼굴이 더 남성적인 것이다. 얼굴 사진을 업로드하면 컴퓨터가 자동적으로 남성성의 정도를 계산해주는 앱까지 있을 정도다.

그동안 심리학, 인류학, 의학, 법학, 경영학, 교육학 등 다양한 학문 분야에서 fWHR을 이용한 연구가 이루어졌다. 연구의 발견에 따르면 fWHR이 더 큰 사람은 적극적이고, 자신감이 강하며, 성욕이 강하고, 이성에게 인기가 많으며, 반사회적 또는 폭력적 행위를 할 가능성이 높으며, 거짓말도 잘한다. 주식투자도 좀 더 공격적으로 하고 거래빈도가 높은데, 그 결과 수익률은 낮았다. 운동선수들의 경우 운동도 잘하지만 경기 중 반칙을 저지를 가능성도 높다. 재미있는 사실은, 사람이 아닌 무리를 지어서 사는 동물의 경우도 fWHR이 큰 동물이 집단에서 우두머리가 될 가능성이 높다는 점이다.

성공한 CEO의 fWHR 수치는?

기업과 관련해서 살펴보면 최고경영자(CEO)들은 평균적으로 fWHR이 일반인들보다 크다. 일반인들의 평균은 1.7 정도인 데 반해 CEO들의 평균은 1.8~1.9 정도다. 영국 대기업 CEO들을 대상으로 계산한 경우는 2.04가 나왔다. 애플의 CEO 스티브 잡스나 테슬라의 CEO 일론 머스크도 2가 넘고, 알리바바의 마윈 회장은 2.09가 나왔을 정도다. 치열한 경쟁에서 이기고 위험을 감수한 투자에서 성공하면서 CEO 자리까지 올라간 사람들이다 보니 남성성이 강한 것이다. 한국 경영자들을 대상으로 분석한 경우 창업자 CEO들은 1.9가 넘었는 데 반해 2세나 3세 CEO들은 1.85 정도였다. 즉 2세나 3세 CEO도 이 수치가 일반인들보다 높기는 하지만 창업자만큼은 안 되는 것이다.

미국 대통령 29명의 평균도 1.99로서 일반적인 사람들의 평균치보다 무척 높다. 트럼프 전(前) 미국 대통령이나 현재 한국의 양 정당을 대표하는 윤 대통령이나 이 대표의 얼굴을 봐도 남성성이 높다는 것을 알 수 있다. 즉 CEO뿐만 아니라 사회 각 분야에서 성공한 사람들의 fWHR이 높은 경우가 많다. 아무래도 적극적인 사람이 그런 자리에 올라갈 가능성이 높기 때문일 것이다. 이런 관계는 남자들 사이에서 더 강하게 나타나지만 여자도 예외는 아니다. 우연의 일치일 수도 있겠지만, 세계적

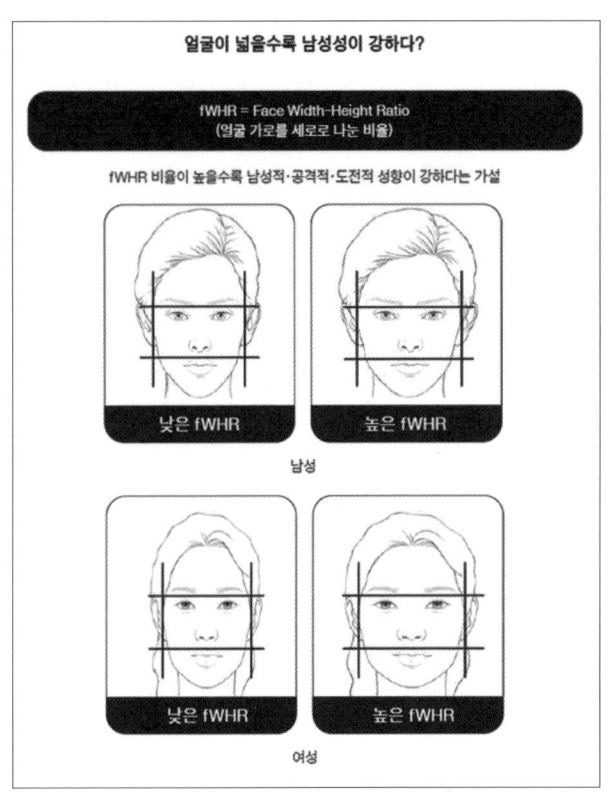

© www.joongang.co.kr/article/25195903

인 여성 지도자로 뽑히는 영국의 마거릿 대처 총리, 독일의 앙겔라 메르켈 총리, 미국의 힐러리 클린턴 부통령도 fWHR이 남성 못지않게 높다고 한다.

그렇다면 남성적인 얼굴을 가진 CEO들이 내리는 의사결정은 기업에 어떤 영향을 미칠까? 이들은 위험 선호 현상이 강하므로 위험한 투자안도 쉽게 채택하며, 부채도 더 많이 빌리고, 타 기업에 대한 인수합병(Merger & Acquisition) 빈도도 높다. 그러다 보니 과감한 투자가 성공해서 큰 기업으로 성장했기 때문에 유명한 회사의 CEO 중에 fWHR 수치가 큰 사람이 많은 것이라고 생각된다. 그래서 fWHR 수치와 기업의 성과에는 정(+)의 관련성이 나타난다. 그러나 이런 과감한 투자가 실패할 가능성도 높기 때문에 기업성과의 변동성이 높아지고, 경우에 따라서는 쪽박을 찬 경우도 틀림없이 있을 것이다. 즉 아직 과학적 연구 결과는 없지만 실패한 CEO들의 fWHR 수치도 높지 않을까 추측한다. 이와 관련된 발견이, fWHR이 높은 CEO는 좀 더 공격적으로 회계처리하거나 이익조정하는 것을 선호한다. 따라서 이런 CEO가 경영하는 기업은 회계부정을 저지를 가능성이 높다. 이에 반해 fWHR 수치가 낮아 여성성이 좀 더 강한 CEO가 경영하는 기업에서는 R&D 지출이나 특허출원 수가 높다. 즉 꼼꼼하게 디테일한 것을 챙기고, 신중히 연구하고 분석하는 성향이 더 뚜렷하게 나타난다.

복잡한 조직에서는 큰 관련성이 없어…

이런 결과를 보면 남성성이 높은 CEO가 경영하는 기업이라고 해서 반드시 성공할 가능성이 높다고만 볼 수는 없다. 남성성보다는 여성성이 좀 더 높은 CEO가 적합한 기업도 있다는 의미다. 동일한 기업에서도 업무에 따라 그 일을 잘할 수 있는 사람이 다를 것이다. 성과가 우수한 기업의 CEO가 평균적으로 fWHR이 높지만, 이런 현상도 상대적으로 최고경영진 내의 조직구조가 상대적으로 단순한 회사의 경우에 두드러지게 나타났다. 즉 많은 일을 처리해야 하는 복잡한 구조를 가진 현대대기업의 경우 CEO 남성성의 영향이 상대적으로 덜 중요한 것이다. 대학생들을 대상으로 한 연구에서도, fWHR이 높은 남녀학생 모두 비계량적 교과목 성적이 우수하지만 계량적 교과목에서는 차이가 발생하지 않았다. 즉 좀 더 복잡한 계량적 과목에서는 남성성이 미치는 영향이 없는 것이다.

당연한 이야기이지만, 이런 학술적 발견이 있다고 해서 사람의 얼굴만 보고 그 사람의 성격이나 능력을 판단해서는 안 된다. 사실인지는 알 수 없지만, 과거 국내 모 대기업의 회장은 사원 면접을 할 때 관상을 보는 사람을 동반했다고 한다. 즉 얼굴을 보고 그 사람의 성격에 대해 판단했다는 의미다. 다른 정보가 부족한 신입사원을 뽑을 때는 얼굴 생김새, 즉 첫인상을 보고 그 사람에 대해 판단하는 관상이 일부 효과가 있을 수 있다. 그렇지만 신입사원이 아닌 경력직을 뽑는 경우라면 관상에만 의존해서는 안 될 것이다. fWHR에 대한 연구 발견을 보면 관상은 허무맹랑한 미신이 아니라 통계지만, 통계는 평균일 뿐이며 모든 사람이 통계대로 움직이는 것도 아니다. 그러니 인재를 적재적소에 등용하기 위해서는 평상시에 그 사람을 꾸준히 관찰해서 그 사람의 성품과 능력, 그리고 장단점을 파악해야 한다. 그리고 그 사람의 특성에 알맞는 일을 할당해줘야 할 것이다.

초나라와 한나라가 대결하던 2천 년 전, 초왕 항우에 비해 모든 것이 열세였던 한왕 유방이 중국을 통일한 비결이 바로 지인선용(知人善用, 사람을 잘 알아보고 활용한다)이다. 내가 모든 것을 다 알아서 의사결정을 하는 것은 불가능하다. 그러니 나 대신 이런 의사결정을 할 수 있는 각 분야의 전문가들을 잘 뽑아 활용하는 것이 성공의 비결일 것이다.

서울대 최종학 교수의 숫자로 경영하라 6

초판 1쇄 발행 2025년 7월 17일
초판 3쇄 발행 2025년 9월 22일

지은이 | 최종학
펴낸곳 | 원앤원북스
펴낸이 | 오운영
경영총괄 | 박종명
기획편집 | 최윤정 김형욱 이광민
디자인 | 윤지예 이영재
기획마케팅 | 문준영 박미애
디지털콘텐츠 | 안태정
등록번호 | 제2018-000146호(2018년 1월 23일)
주소 | 04091 서울시 마포구 토정로 222 한국출판콘텐츠센터 319호(신수동)
전화 | (02)719-7735　　팩스 | (02)719-7736
이메일 | onobooks2018@naver.com　　블로그 | blog.naver.com/onobooks2018

값 | 28,000원
ISBN 979-11-7043-654-6 03320

* 잘못된 책은 구입하신 곳에서 바꿔드립니다.
* 이 책은 저작권법에 따라 보호받는 저작물이므로 무단 전재와 무단 복제를 금지합니다.
* 원앤원북스는 독자 여러분의 소중한 아이디어와 원고 투고를 기다리고 있습니다.
　원고가 있으신 분은 onobooks2018@naver.com으로 간단한 기획의도와 개요, 연락처를 보내주세요.